城镇化进程中农民工媒介素养与利益表达研究

党静萍 欧　宁 徐春英　著

A Study on Migrant Workers' Media Literacy and Interest Expression in the Process of Urbanization

中国社会科学出版社

图书在版编目（CIP）数据

城镇化进程中农民工媒介素养与利益表达研究/党静萍等著．—北京：中国社会科学出版社，2015.11

ISBN 978-7-5161-6086-2

Ⅰ.①城… Ⅱ.①党… Ⅲ.①民工—传播媒介—素质—教育—研究—中国 Ⅳ.①D669.2 ②G219.2

中国版本图书馆CIP数据核字(2015)第094967号

出 版 人	赵剑英
选题策划	卢小生
责任编辑	侯苗苗
责任校对	石春梅
责任印制	戴　宽
出　　版	中国社会科学出版社
社　　址	北京鼓楼西大街甲158号
邮　　编	100720
网　　址	http://www.csspw.cn
发 行 部	010-84083685
门 市 部	010-84029450
经　　销	新华书店及其他书店
印　　刷	北京君升印刷有限公司
装　　订	廊坊市广阳区广增装订厂
版　　次	2015年11月第1版
印　　次	2015年11月第1次印刷
开　　本	710×1000　1/16
印　　张	23.75
插　　页	2
字　　数	405千字
定　　价	88.00元

凡购买中国社会科学出版社图书，如有质量问题请与本社营销中心联系调换

电话：010-84083683

主要写作内容分工

上　编

第一章　方蕊佳　党静萍
第二章　张云帆　党静萍
第三章　李　楚　欧　宁
第四章　依思萌　欧　宁
第五章　肖逸然　徐春英
第六章　傅倩雯　徐春英

下　编

第七章　甄雪瑶　党静萍
第八章　李媛媛　党静萍

前　言

进入21世纪以来，中国的城镇化水平不断提高。2012年党的十八大提出了城镇化建设，强调要积极稳妥推进城镇化，走中国特色新型城镇化道路。2012年12月初召开的中央经济工作会议更是将“城镇化”首次单独列为主要任务，进一步凸显出这一战略的重要性。2013年7月国务院发展研究中心副主任韩俊表示，近年来我国城镇化水平稳步提高，城镇化率从1990年的22%上升至2012年的52.57%，预计2020年将达到60%。同时，城镇人口大幅攀升，从1990年的2.54亿人增长到目前的7.1亿人，预计至2030年，我国将新增城镇人口3亿人，城市对国内生产总值的贡献将达到75%。在城镇人口增长比例中农民工又占了大多数。国家统计局发布的《2012年我国农民工调查监测报告》显示，截至2012年年末，全国农民工总量达到26261万人，同比增长3.9%。截至2010年年末，全国农民工总数达2.42亿人，其中外出就业1.53亿人，本地非农就业0.89亿人，农民工总量已经超过农村劳动力从业人员总量的40%。然而，在城乡二元结构体制下，农民工被视为城市的过客，他们不能享受与城市居民同等的待遇，他们虽然走出了农村，但并未真正融入城市社会。他们的身份非常尴尬：是我国现代产业工人的主体，却缺乏有效的组织化利益表达渠道；是农民的身份，却在城市从事着工人的职业；他们为城市的发展做出极大贡献，却仍得不到城市的尊重和承认；他们既渴望被欣欣向荣的城市接纳，又频繁地在城市和农村之间做钟摆式漂泊。

在当今的信息时代，大众媒介已经成为人们获取知识与信息、学习社会规范、实现社会化的一个重要工具。作为公共信息的传播渠道，大众媒介应该而且能够为农民工的城市融入做出努力。然而，由于农民工处于城市社会底层，其政治经济文化地位较低，农民工的传播权、知情权和媒介接近权得不到合理体现。农民工除了物质生活上的基本要求，这个群体对于信息、资源的需求也在日益增强。加上大众传播媒介的蓬勃发展，拓宽了信息接收的渠道，越来越多的农民工通过媒介来了解更多符合他们需要的信息。然而，现实中的农民工一直被挤在工业化和现代化的边缘，远离权力中心，也成了传播学意义上的弱势群体，被大众媒介排斥或疏远。有关农民工的媒介报道内容的僵化，导致农民工很难通过媒介来获取需要的信息，并与其他群体的“知沟”越来越大，陷入恶性循环的马太效应：信息贫困使得他们物质贫困，物质贫困使得他们在社会上处于弱势群体地位，无法获得话语权。社会学家孙立平认为，当前社会分化的结果是强势群体占有大量资源、弱势群体拥有大量人口。强势群体包括经济精英、政治精英和知识精英，其间不仅形成比较稳定的结盟关系，且具有相当大的社会能量，其后果直接导致了农民工话语权的媒介缺失。这种媒介失语状态是其政治经济失语的具体反映，它不仅阻碍了农民工群体的利益表达与诉求，也导致社会对这一群体的认识有失偏颇。巨大的经济贡献与社会话语权缺失的矛盾使农民工生存在城市夹缝中，尴尬而艰苦。

庞大的农民工群体的存在，使得城市人群的生活越发便利。但农民工依然受到诸多的政策歧视和来自市民的歧视，时常遭受不公正待遇，农民工群体对政治经济、社会生活、文化休闲的参与呈现出脆弱性。他们在城市化进程中交往的有限性与空间的流动性形成强烈反差，有限交往说明农民工群体对变动信息的需求停留在较低层次上；生存空间的流动性表明面对城市大量的不确定因素，农民工群体有着强烈的信息需求。作为乡土社会和现代社会的桥梁和纽带，他们尴尬地徘徊在话语传播需要与社会交往障碍之间；因其利用媒介搜寻信息的能力较差，在遭遇社会不公时，往往找不到主持公道的机构，他们除了默默忍受，几乎没有更好的选择。他们既没有相应的组织形式表达其利益要求，也很难用其他方式发出自己的声音，成为传播学角度定义的弱势群体。农民工既缺乏参与传播活动的机会和手段，也缺乏接近媒介的条件和能力，总是被动地、无条件地接受来自大众传播媒介的信息，而几乎无法主动得到与自身利益相关的各种信息，也不知道如何发出自己的声音。特别是在利益已高度分化的情况下，他们既没有相应的组织形式表达其利益要求，也很难用其他方式发出自己的声音。同时，农民工群体基本游离于城市边缘，他们既缺乏保护也缺乏约束；更缺乏现代意义上的积极的传播观念，缺乏接近大众传播媒介的积极性和主动性。他们对媒体有着距离感，由于各种原因也无法吸引媒体的重视，因为自身的素养问题而又缺乏利用媒体的意识和能力，从而缺乏话语权，处于弱势地位。农民工为社会发展做出了巨大贡献，应该享受与城市人群等同的传播权，也有权利用媒体传播自己的声音，保护自己的合法权益。农民工也需要加强媒介利用意识、加强自身媒介素养，以便更好地获得社会认同并保护自己的合法权益。农民工作为社会现代化进程中重要的有机力量，如何在大众传播中改变弱势形象、谋求媒介地位？如何依托新闻媒介对群体的权利和利益进行鼓与呼？如何主动选择和接近媒介、传播话语、形成媒介议题和社会关注？这些是社会媒介和农民工群体必须共同正视的问题。特别是在农民工对社会发展越来越具影响力，其整体境遇日益受到社会关注的今天，农民工媒介话语权的获得，以及社会是否能为其提供必要的话语表达环境，已成为社会文明和谐的基本标志。

农民工群体因其独特的社会处境和所面临的城镇化鸿沟，其媒介素养状况理应被纳入考察的视野之中。但由于我国城乡分割二元体制的实际存在，与城市受众相比，如何提高农民工的媒介素养更是城镇化进程中农民工城市融入亟待解决的问题。但遗憾的是，国内新闻传播学界关于媒介素养的探讨更多的是集中于城市受众，虽然目前学者也开始关注和研究农民工群体，但是在研究过程中往往侧重于大众媒介对农民工的报道、农民工在大众媒介中的形象等，却忽略了农民工作为受众的主动性。作为信息的接收者，农民工也有其主观能动性，他们也会主动地、有选择地获取信息，他们也有对媒介信息的主观评价和态度，更重要的是他们也会有表达的欲望。因此，本书重点研究了农民工的媒介素养与利益表达的问题，了解以农民工为代表的弱势群体的媒介素养现状，考察他们从媒体获取信息和使用媒体发声的能力，使得农民工群体的利益得到最大化表达，并希望以此为突破口，拆除媒体和农民工之间的樊篱，促使农民工在城镇化的进程中加快向新市民的转变，帮助进城农民工获得城市居民身份和平等权利，促进社会和谐并推动我国的城镇化进程，让城镇化成为保持我国经济平稳较快发展的持久动力。

本书重点研究了农民工的媒介素养与利益表达的问题，希望把提高农民工的媒介素养作为突破口，打破媒体和农民工之间的藩篱，提高农民工媒介素养水平，使农民工在城镇化的进程中加快向新市民转变，促进社会和谐并推动我国的城镇化进程，让城镇化成为保持我国经济平稳较快发展的持久动力。同时，在当前构建和谐社会的时代背景之下，了解以农民工为代表的弱势群体的媒介素养现状，培养他们运用大众媒介为个人生活服务的能力，并引导他们理性、批判地接受和处理媒介信息，提升他们的媒介素养，是帮助他们获得社会认同、尽快融入城市社会的重要途径之一。

全书分为上下两编。上编的第一章介绍了选题背景、意义、文献综述和研究创新。第二章介绍了媒介素养的基本内容，分析了农民工的媒介素养特征，着重考察了农民工媒介素养与性别、教育程度和从事职业的关系及其媒介素养现状。第三章以农民工媒介素养与社会融入的关系为研究重点，分析了农民工媒介消费的现状，揭示了农民工媒介素养与社会融入的内在机制，提出了加快农民工社会融入的政策建议。第四章结合当前农民工政治参与这一热点问题，重点研究了农民工媒介素养与政治利益表达等问题的相互关系，提出了提高农民工媒介素养水平，减少非制度化政治参与的对策。第五章主要探求农民工媒介素养与话语权二者之间的影响机制与关系，该章从农民工话语权现状入手，提出作为城镇化进程中重要的有机力量，农民如何利用大众媒介获取自己需要的信息，要善于利用媒介发出心声，表达自身的利益需求。第六章专门探讨新生代农民工问题，归结出新生代农民工的特点，以他们这个群体的社会认同与自我发展及其与新媒介的关系为重点，提出了改善农民工媒介素养现状的可行性建议。下编主要是实证研究，通过对调查问卷的处理与分析，对农民工及新生代农民工媒介素养及政治参与与话语权的内在机制进行比较深入的论证，揭示出城镇化进程中农民工与新生代农民工的媒介素养现状及与政治参与、话语权之间的影响关系，最终提出提高农民工媒介素养的基本策略与途径。

目　录

上编　理论分析

下编 实证研究

上编　理论分析

第一章　传播学视野下城镇化进程中农民工媒介素养与利益表达研究

第一节　传播学视野下农民工媒介素养与利益表达研究意义

一　问题的提出

近年来，我国城镇化发展迅速，城镇化进程进入发展的关键阶段。以往我国的城镇化发展远远落后于工业的发展，并且随着时代的发展这一矛盾渐渐显露出来，对于国家和社会的可持续发展极为不利。城镇化目标是否能成功实现，关系到我国经济发展是否健康、充满活力，关系到我国是否能向和谐社会更进一步向前推进。因此，实现城镇化的顺利过渡就显得尤为重要。

根据我国的现实国情与历史经验，我们不难发现，我国城镇化的核心实则是人的城市化。当前问题就是要解决如何实现从农民过渡到城市居民这一现实问题。农民工是农民向城市化转变的重要桥梁，是农民实现身份转换的重要过渡阶段。因此，要想促进我国城镇化高效健康地进行，必须对农民工这一群体进行深入分析，针对农民工这一群体的特性和现状，从问题着手来促进农民工的顺利转化。截至 2012 年，我国农民工总量达到 26261 万人，比上年增长了 3.9%，数量十分庞大且还在不断地增加。农民工是社会中一个十分特殊的群体，他们来自农村，向往城市，却往往成为城市社会中的流浪者。作为城镇化中的农民工，他们无法彻底割弃自己与乡土的联系，因为他们对城市生活和环境没有安全感。他们也无法融入城市成为其中一员，因为他们无法获得城市居民的认同，也常常不能维护自己的合法权益。

因此，农民工游走在城镇边缘。为维护自身利益和表达自己的不满，许多农民工在走投无路的情况下选择了非制度化、较为激进的方式，误入歧途。农民工本是国家和社会的一部分，却在求生过程中变成了社会的定时炸弹，他们也常常作为刻板化的愚昧形象代表出现，越发引人诟病。在这种状况下，增强农民工在社会中合法自我表达的能力就显得十分迫切和必要了。可以说，要促进农民工的顺利转换，最重要的是实现农民工利益的维护，增强他们对城市的归属感，同时也增强城市居民对农民工的认同感，成功地实现农民工的城市融入。我们前面曾提到，农民工由于自身素质的限制，不能在利益博弈中处于有利地位，造成自身认同感缺失，定位不明，存在着严重的自卑心理。这些都使农民工成为了人们眼中扭曲的群体，长此以往，恶性循环，极为不利。在政治维权一时难以突破的情况下，农民工必须另辟蹊径，寻找更为有效快速的途径。

如今，随着社会民主的发展，大众媒介逐渐成为监督社会和政府、表达民众诉求的有效手段。因而农民工在利益形式暂时不利的情况下，利用大众媒介来维护自身权益，不失为一个切实可行的方法。然而，在大众媒介中农民工的表现实则不容乐观。他们不能广泛有效地接触媒介，对媒介认知有限，媒介评价能力缺乏，不能主动有效地参与到媒介中，在大众媒介中处于弱势地位。政治失语和媒介失语，使农民工目前成为社会发展过程中的不稳定因素。因此，农民工必须要提高自身的媒介素养，使大众媒介成为农民工手中的维权利器，从而实现农民工的健康转换。

作为转化中关键的一环，农民工能否提高媒介素养，正确有效地维护自己的权益从而顺利地融入城市，对城镇化进程有着至关重要的作用。在后面的章节中，本书将从传播学角度入手，探究农民工城镇化过程中媒介素养与利益表达的问题并进行深入分析，力求为我国城镇化进程及研究提供有效借鉴。

二 研究意义

庞大的农民工群体是我国社会重要的群体现象。他们的存在为我们的生活提供了便利，更为国家经济的发展提供了源源不断的发展动力。而当前的现实是农民工并不能公平地享有其为经济发展所做出的贡献。相反，他们处处受到不公平待遇。包括户籍制度、土地制度、公共服务以及一些非制度化认知在内的城乡二元性的存在严重阻碍了农民工的市民化进程，农民工难以迅速而顺利地过渡。这也展现出城乡居民的利益对峙，城市居民凭借其较高的科学文化素质和媒介素养，具有较强的谈判能力和政策影响力，他们在利益博弈中往往处于优势地位，农民工却恰恰相反，成了沉默中的大多数，眼睁睁地看着自我利益的失去。

农民工的弱势地位，其缘由是多方面的，主要包括利益意识、文化素质、媒介素养。而我们的研究意义也正在于此。

（1）加强农民工的利益意识。农民工由于受农村保守思想的影响以及接受知识的限制，并没有完全形成当代自由平等的思想。他们身上还存在某些逆来顺受的影子，很多时候维护利益的意识和斗志十分薄弱，可以说是不被逼入绝路简直难以察觉。虽然当代农民工的维权意识有了较大提高，但是迫于城市的压力，他们往往以不愿意招惹麻烦为由，拒绝进行权益的维护。此现象在许多城市人的心中造就了农民工软弱好欺的印象，使他们对进城的农民工采取鄙夷和轻视的态度，越发地拉大了城乡的心理距离，使农民工的城市融入困难重重。本书希望通过对农民工的研究以对其利益意识加深入的思考，从而提出针对此问题的合理建议。

（2）提高农民工的文化素质。这里讲到的农民工的文化素质并不仅仅是科学文化素质，而是其法律文化和政治文化素质。农民工缺乏对法律和政治的认识，因此在他们心目中，法律和政治往往被神圣化，显得高不可攀，无形中拉大了农民工与制度化维权途径之间的距离。农民工并不明白哪些是自己合法权益，是自己可以争取的利益，更不明白如何去维护这些权益。我们在探究农民工利益意识的同时也关注农民工的文化素质，希望能找到提高农民工素质的有效途径。

（3）提升农民工的媒介素养。农民工普遍存在媒介素养较低的情况，难以利用大众媒介来维护自己的权益。他们受其交际范围的局限和媒介素质的限制，信息源十分有限，对许多情况要么是道听途说，要么是来源于其群体的意见领袖。准确度尚且不说，其信息量是无法与许多关注新闻且习惯看报的城市人相比的。在不少农民工看来，大众媒介是与自身绝缘的，使用大众媒介在他们看来无异于天方夜谭。他们习惯性地沉默，习惯性地遵从，使人们在利益分配时往往忽视了他们的存在。农民工的媒介素养是本书的核心内容，本书以多角度综合视角，着力研究如何提高农民工的媒介素养，力求促进农民工的顺利转化。

无可否认，前两个问题，即农民工的利益意识和农民工的文化素质都是与其媒介素养息息相关的。提高农民工的媒介素养，不仅能在信息接收和解读过程中提高其文化素养，增加其维权意识。而且，能使农民工形成使用媒介的能力，为维护其权益提供强有力的武器。

我们在传播学领域关注农民工的权益问题，力图突破传统的以城市受众为主体的媒介素养研究，在收集资料和大量实践的基础上集中力量分析农民工的媒介素养问题，尝试从农民工的城市融入、政治参与、话语权构建以及新生代农民工的媒介素养来对其进行深入全面的探讨，以求发现深层联系并由此提出切实可行的建议，以帮助农民工顺利融入城市，为社会的和谐发展做出更大贡献。

三 农民工研究综述

随着中国城镇化水平的不断提高，农民工这一特殊的社会群体也不断壮大，特别是近几年其数量以4%的增幅稳步上升，伴随而来的社会问题也不断地出现。农民工成为城镇化进程中不可忽视的存在，开始高频度地活跃在研究领域。许多学者对其从不同的领域和角度进行了较为全面的研究。对此，大致可以分为现状研究和问题研究。

（一）现状研究

关于农民工的现状研究，大致可以概括为三个方面，即迁移行为研究、媒介接触研究、政治参与行为和城镇化角色。

关于迁移行为研究，国内外主要从不同的领域对迁移原因进行分析。在外国研究中具有代表性的是 William Petty、W. A. Lewis、D. W. Jorgenson 和 Schultz。William Petty 从经济学角度揭示了迁移行为源于比较经济利益；W. A. Lewis 则认为是城乡收入差距的结果；D. W. Jorgenson 认为其发生的可能性是因为农村劳动力的剩余；而 D. W. Jorgenson 提出了条件之一是迁移成本小于收益。在国内研究中，罗霞和王春光认为其迁移动机由最初的“解决生存问题”不断发生变化；林毅夫和赵耀辉都认为是城乡收入差距的结果；王华、彭华、熊波、石仁炳等都认为农民工的迁移行为是理性的，是追求利益的结果；虞小强则认为农民工迁移行为是经济利益、文化程度和判断力综合影响的结果。

关于农民工的媒介接触研究中，文一篇认为农民工的居住模式对媒介接触有很大影响；刁松龄认为教育分化、制度阻隔和单一的传播渠道都造成了农民工信息获取的弱化；董迅石认为农民工不能有效利用新媒体，信息鉴别能力差，媒介素养不容乐观，媒介接触呈现出庸俗化特点；杨英新认为大众媒介对农民工的重视不够，农民工因社会地位劣势而形成了

"信息鸿沟"；张雅利认为农民工有一定的信息需求并且对大众媒体有相当的期望，在农民工身上议程设置和两级传播仍然适用，大众传播媒体是农民工主要信息来源；黄俊华和徐同文认为新生代农民工媒介参与度低、媒介利用不充分、媒介接触障碍广泛存在；王炎龙、朱韫慧和王优则发现手机与电脑日渐成为农民工接触信息的重要渠道。

关于农民工政治参与行为，国内在这方面的研究开始于20世纪80年代，90年代以后进入新的发展阶段，而农民工的政治参与问题是城镇化发展过程中随着问题的出现才渐渐被关注的。国内学者大都将农民工政治参与分为制度化政治参与和非制度化政治参与来研究。任中平认为农民工的政治参与存在边缘化、政治冷漠与政治渴求并存、政治参与目标认识模糊、政治信任度不高的特点。刘军认为农民工政治参与通常以经济诉求为主要目的，而对政治利益的争取较为冷漠，政治参与异化（往往通过制度外途径或采取暴力等极端方式，甚至以生命相胁）并且农民工的政治参与缺乏有效的法律保护，政治参与机制尚未健全。邓秀华提出农民工政治参与问题存在的原因是权利的边缘化，主要表现为乡村政治参与的缺位和城市政治参与的无助。艾丽颖认为当前农民工开始出现政治参与意识的萌发，但是农民工政治参与目的明确，主要是为了获取和维护自身的利益，特别是经济利益；政治参与具有不均衡性，主要表现为地区的不均衡和参与能力的不均衡；农民工政治参与的强度不高，对政治影响微乎其微。对于政治参与的影响因素大多分为主观因素和客观因素进行研究。客观因素主要是以户籍制度为核心的城乡二元体制、制度化参与渠道的缺失、教育忽视、社群隔离、参与成本较高等；主观因素主要是农民工自身参与能力不足。

在农民工的城镇化角色方面，学者大多从农民工在城镇化过程中的地位、对城镇化的影响以及农民工市民化的作用、过程中存在的问题和解决方法等角度进行分析。张占斌提出在城镇化进程中必须处理好农业剩余人口市民化与土地非农化的关系。辜胜阻提出城镇化的核心是人的城镇化，重点解决农业转移人口的"半城镇化"问题。刘洪银提出农民工市民化是城镇化稳定发展的基础。易毅认为，农民工是城镇化的关键，且目前农民工市民化有三个关键问题，即市民化地域导向、市民化对象确定和利益关系调整。肖金成认为解决农民工问题的基本途径就是农民工市民化、农民工本地化和农民工家庭化。笱丰明认为农民工市民化有利于加快城镇化进程、扩大消费、实现农业的规模效益、促进社会稳定与融合；当前农民工市民化的障碍主要包括住房问题、教育、医疗和保险问题以及就业问题；要促进农民工市民化就必须消除户籍制度带来的不平等待遇，创新土地制度，推动服务均等化。

（二）问题研究

关于农民工问题的研究大致可以分为农民工的媒介素养问题研究、农民工社会融入问题的研究以及农民工形象话语构建问题的研究。

国内外关于媒介素养问题的研究很多，并且很早就提出了媒介教育。近年来，各领域对媒介素养，尤其是农民工媒介素养愈加重视，并希望通过研究，能对农民工问题有所指导和帮助。郑素侠从媒介使用、媒介认知、媒介评价、媒介参与四个维度对农民工媒介素养进行研究后，认为农民工媒介素养现状不容乐观，而提升农民工媒介素养的唯一途径就是开展媒介素养教育。李卫卫从手机使用出发研究发现农民工话语权意识增强、希望被关注但仍存在信息解读缺乏理性、娱乐信息过度接触的问题。陈静通过研究农民工媒介消费存在的问题提出了相应的解决措施。钟奉将农民工媒介素养与政治参与、社会融入等相联系进行分析，认为虽然农民工的媒介信息获取能力逐步增强，但是农民工的媒介信息鉴别能力和大众媒介利用能力有待改善。李洁玉以网络素养为研究基点提出了农民工媒介素养的隐忧与建议。

农民工社会融入问题随着城镇化矛盾的加深，日益成为了热门课题。但国外伴随移民产生的社会融入问题却更早获得了关注。美国学者发现第二代移民与第一代移民相比，其心理特征和行为发生了重大变化。法裔美国学者克雷夫科尔进而对美国的移民问题提出了“熔炉理论”。美国芝加哥学派的著名学者帕克提出“社会同化理论”，提出移民一般要经历定居、适应和同化三个阶段。国内学者从农民工融入现状、困境及建议进行研究，还在两代农民工对比的基础上对新生代农民工进行了更为全面的分析。在我国，最早由田凯在 1995 年进行了农民工城市适应的研究。王春光于 2001 年提出了新生代农村流动人口的社会认同和城市融入问题。目前对于农民工的城市融入问题，郭星华、姜华归纳出学界已有的四种研究工具，即社会排斥理论、社会资本理论、社会距离理论、社会认同理论，并提出文化解释的视角。胡杰成归纳出现代性视角、社会化视角、社会整合视角、社会分层与社会流动视角、社会网络视角等五种理论视角。陈旭峰、田志锋、钱志辉更是列举了分析农民城市融入问题的七种理论。

农民工由于其传播中的弱势地位，在社会生活中往往缺乏有效维护自身利益的正当途径。再加上其受教育水平与媒介素养有限，在现实中任由大众媒介构建自身的形象、成为自己的代言人，真实情况往往与之存在差距。农民工形象话语构建问题近年来颇受关注。梅淑宁运用定性与定量研究发现以下问题：农民工的议程设置，明显受到国家政策和社会热点事件的双重影响；选择内容、套路单一，对农民工的形象塑造也十分平板、单一；报道中还滥用新生代农民工图解政策，使其变为政策宣传工具；报道重心失衡，作为客体的政府报道比重远大于本该作为主体的农民工。郭霞则利用“框架理论”发现大众媒介对女性外来务工人员的报道存在类型化、模式化的特点，主要展现其负面形象、受难者形象、受关爱形象等从而引导社会的偏见。关江娜以新浪网农民工报道为研究对象，发现网络意见表达的去理性化，导致了农民工形象建构的偏颇；农民工主角身份未得到彰显，话语权仍不能有效保障。孙朝芳发现媒体对农民工的报道无论是内容选择还是言辞斟酌都存在极强的政治性，展现农民工被界定的过程并从宏观社会环境和媒介话语霸权角度进行分析。

由以上综述可以看出，当前对农民工的研究并不全面，往往只是从单方面的角度对之进行研究，研究方向也大多是政治、经济、文化等方向，传播学视野下的研究较少，缺乏综合角度的研究。同时，农民工是一个变化发展中的群体，目前的研究也缺乏老农民工与新生代农民工的结合研究。这些问题，本书都将加以阐述。

四　研究的创新点

农民工无疑是一个极为特殊的群体，出现得很早，而真正出现“农民工”这一称呼是在1984年。虽然如此，农民工的发现并引起国家和社会的关注经历了一个过程。近年来，国家对农民的关注越来越多，“三农”问题作为稳固国家基础的关键被提高到极其重要的地位，连带地农民工也获得了更多的关注。本书力图综合前人和本课题组的研究，在此基础上对农民工这一群体进行更深入的挖掘，以期为农民工问题的解决提供有用的思路。本书对农民工问题研究的创新点主要体现在以下几个方面：

（1）过去，学术界对农民工这一群体的研究主要从迁移行为、媒介接触、政治参与行为和城镇化角色等角度进行单一因素的研究，而不能发现这些问题中的相关性，不能综合这些因素而从相当的高度审视农民工群体的生存状况与发展前景。本书将从多个角度进行互补和综合，从而发现农民工群体的一些潜在状况，并针这些状况提出有效合理的意见。

（2）以往的研究成果对农民工问题基本上是从政治、经济、文化等方面进行研究，而真正把它放在传播视野下，用传播学、社会学等理论来探析的研究较少且不全面。因此，本书将立足于传播学的角度，对农民工这一群体进行传播学意义上的分析，进行大胆尝试。

（3）农民工的媒介素养与利益是农民工研究的两大重要问题，二者之间有密切的关系，然而已有的研究成果对此关注得却并不多。本书力图弥补这一空白，将农民工的媒介素养与利益结合起来，尝试揭示其中的关系。并且，进一步探究农民工在传播中被动地位与失语的潜在原因，为提高农民工的媒介素养，维护其合法利益提供有效借鉴。

（4）本书将新生代农民工作为单独的问题提出来进行补充性研究，普遍性与特殊性相结合，力求做到以发展的眼光来看待农民工问题，使研究的结论更加具有时代意义和社会意义。

五 研究思路

本书以陕西省社会科学基金课题“新生代农民工媒介素养与政治参与研究——以西安地区为例”与教育部课题“农民工媒介素养及其话语权构建”的研究为基础，从基本概念出发，对大量文献进行综述。然后将定性研究与定量研究相结合，采用问卷调查法与深度访谈法，对不同年龄段、不同工作类型与不同省份的农民工，尤其是新生代农民工进行了全面调查研究。最后，对有效数据统一整理和分析，力图发现对新生代农民工政治参与造成影响的媒介素养因素和二者之间的影响关系以及大众传播环境下农民工媒介素养与其话语权之间的关系和影响，从而探讨如何提高农民工媒介素养并构建其话语权，并提出有效建议。

第二节 城镇化进程中农民工媒介素养与利益表达研究背景

一 城镇化的相关概念

（一）城镇化

改革开放以来，城镇化一直是各相关领域的热门话题，受到中央政府的高度关注，也成为各领域学者的研究对象。城镇化这一说法最早源于国外，但却是中国最先使用。在字典上一般将“urbanization”译为“城市化”或“都市化”，用以描述农村向城市转变的过程。“urban”包含有城市（city）和镇（town），但是世界上许多地区尤其是欧美国家要么不设“镇”，要么将“镇”设为最低级的行政区域。因此它们选择“城市化”作为人口聚集形态由低级向高级发展的精准概括。然而中国的情况大不一样，马克思主义讲求一切从实际出发。因而根据中国省县乡（镇）村的行政规划，中国理所当然地选择了更加符合中国国情的“城镇化”作为这一发展阶段目标的概括和命名。

1991 年，辜胜阻最早在《非农化与城镇化研究》中使用并阐述延伸了“城镇化”的概念。后来，他在研究中大力提倡中国的“城镇化”这一概念的使用，并且取得了相应的一批研究成果。随着中共十五届四中全会通过《关于制定国民经济和社会发展第十个五年计划的建议》，“城镇化”这一概念被正式采用。这是近 50 年来中国首次在最高官方文件中使用“城镇化”这一说法。

事实上，对于“城镇化”这一概念，历来并没有统一准确的定义。不同的学科从不同的角度对这一阶段进行定位。人口学更关注农村人口的城市化过程以及这一过程带来人口状态的变化；经济学关注的是在社会经济发展的大环境中农村经济向城市经济水平靠拢并由于这一变化带动的整个国民经济状况的变化；社会学关注的是“城镇化”过程中的各种社会现象及问题，并对这些问题进行分析研究后提出可行建议，如崔功豪等认为，“城镇化”是传统农村向现代城市发展的历史过程，主要表现为人口转移、城镇增加、城镇规模扩大与社会经济水平的提高。美国学者索罗金则从社会学观点出发，认为“城镇化”是农村意识、行为向城市演变的过程。

无论从何种角度上说，“城镇化”作为城市发展的自然阶段与历史过程，其意义绝离不开三方面的内涵，即城市人口的增加、城市规模的扩大及社会经济结构的优化。城市人口的扩大不仅仅是追求数量上的优势，更关注的是比重的增加，其重要手段就是农村人口的城市化。城市规模的扩大，除了城市自身空间上的横向扩张，最重要的途径是促进农村的城市化。至于社会经济结构的优化则是一个含义广泛的概括，不仅包括生活方式、行为方式、意识形态的趋同，同时还存在着对公共服务平等、权益保障及社会心理认同等一些现实问题的关注。

（二）城镇化意义

首先，城镇化是社会历史发展进步的必然。各国的发展历程表明城镇化是人类文明发展过程中的重要一环，它是发展的必然趋势。一个国家如果想要永久地立于世界民族之林，那么它要实现的不仅仅是工业化，还有与之相适应的城镇化。[①] 联合国2012年4月发布的《世界城市化展望》表明从2011年到2050年，世界城镇人口将从36.3亿增加到62.5亿，城市化率由52.08%提高到67.13%，其中较发达地区将提高到86.26%，而欠发达地区也将提高到64.08%。

其次，城镇化是经济增长的动力。在城镇化过程中，各种生产要素不断向城镇集聚，资源得以集中利用，发挥最大潜力，从而促进资源的优化配置、带动经济结构的优化、推动发展方式的改进，达到社会与文明进步的最终目的。一方面人口向城镇集聚，提供了大量的劳动力与广阔的消费市场，为经济的发展提供持久动力，同时大量农业人口进入二、三产业，促进了产业结构的优化；另一方面城镇规模的扩大，创造了更多的就业机会，促进了专业化分工，也致使人口、企业、科研单位集中，使私人和公共投资集中，减少平均成本与边际成本，实现利润的增长。

再次，城镇化有利于促进城乡和谐。城镇化过程中，大量的农村富余劳动力向非农产业和城镇转移，不仅有效利用了农村闲散劳动力，而且促使农村居民人均资源占有量大幅度增加，实现土地的规模经营，有利于农业生产规模化、市场化水平提高，加快农业现代化进程，解决农业增长、农村稳定及农民增收的问题。同时，有较好基础的城镇发展将会对周边的农村形成辐射效应，带动周边农村经济的发展，推动工业反哺农业、城市支持农村，促进基本公共服务均等化，逐步缩小城乡差距，实现城乡共同繁荣发展。

最后，城镇化是实现共产主义最高理想的必经之途。城镇化实现农民的城市化，城镇的规模化，从而促进农民增收、服务均等，增强心理认同，加快观念转换，使农村原籍居民各方面向城镇居民靠拢，缩小城乡鸿沟，减小城乡差距，实现共同富裕。

（三）城镇化质量

发展城镇化意义重大，然而怎样的城镇化发展途径才是有效、有利

---

① 联合国经济和社会事务部：《世界城市化展望》，http：//www.hse365.net/renju huanjing/yiju/2012051543201_2.html。

的？近几年来，我国经济发展迅猛，城镇化发展呈现出“急速”的状态，各种城镇化问题开始暴露。其主要表现为人口城镇化虚高、资源浪费、环境污染、土地的浪费与破坏。在城镇化过程中不能只关注发展的一个方面，而要进行全面协调。因此，城镇化的质量评估非常重要。

目前学术界对城镇化质量的看法不一，各有侧重。我们从构词来看，“质”是强调品质优劣好坏，即是看重城镇化中各构成要素的协调以及城镇化与社会、自然的统一。“量”是关注数量，即提出一些具体的指标，如城镇人口的数量和比重、城镇的数量及规模等。因此，我们可以理解为“城镇化质量”是指城镇扩张过程中，既保持自身发展的有效稳定，又能恰当地协调与社会自然的关系，形成可持续发展的态势。

很明显，我国的城镇化质量远远落后于城镇化速度。而要实现“城镇化的质量”，最重要的是要处理好人的城镇化问题。人口的变迁（主要是农民）为城镇规模的扩大提供了动力，但同时对公共服务、社会保障甚至迁移人口的物质文明、精神文明都提出了较高的要求。人口的城市化是城镇化道路的核心。只有从各方面真正增加城镇的有效容量，提高城镇的包容性，使农业人口适应城镇的生活、观念并在心理上获得认同，在城镇中真正定居下来，成为城镇的一部分，城镇化才可能健康快速地发展，从而充分挖掘城镇的潜力，促进经济社会发展，缩小城乡差距，满足人民的物质文化需求，达到城镇化的最终目的。人的城镇化非常重要，而作为向城镇化过渡，处于半城镇化状态的农民工，就引起了各方面广泛的关注。关于农民工问题将在以后的章节进行详细的论述。

二　中国的城镇化现状

（一）城镇化状况分析

Northam（1979）认为城市化发展过程是一条S形曲线，大致可分为三个阶段，即低水平低速度的初始阶段（城市化水平低于25%）、水平不断提高而呈加速发展状态的加速阶段，以及高水平低速度的最终阶段（城市化水平60%以上），而中国恰处于第二阶段。近几十年来，我国的城镇化增长率以一个百分点的速度持续提升，发展十分迅速。城镇化率由1978年的17.9%增长到2012年的52.6%，在国家发改委向全国人大提交的《关于2012年国民经济和社会发展计划执行情况与2013年国民经济和社会发展计划草案的报告》中，甚至提出2013年中国城镇化率预期将达到53.37%。

目前，中国的城镇化发展极为迅速，但是质量却落后于速度。首先是城镇化率虚高，2012年我国名义上的城镇化率是52.6%，但人口城镇化率只有35.29%左右，人口城镇化严重滞后于名义上的城镇化。其次，我国的城镇化过程中出现了不少严重的“城市病”，许多矛盾开始显现并加剧，如人口城镇化与土地城镇化的矛盾、城镇化速度与产业结构演进不同步的矛盾、农民工的建设地位与利益不平等的矛盾等。这些矛盾严重影响了城镇化发展的活力，阻碍了城镇化的健康快速发展。

根据李圣军按照工业化与城市化之间的关系对城镇化模式的划分，城镇化大致可分为欧美同步型、拉美超前型与滞后型。同步型是目前比较均衡的模式，由工业原始资本积累和劳动力的需要而产生城市化，城市化与工业化相互协调，相互推进，共同发展，它呈现出市场推进、各级城市协调推进的特点，但出现了难以忽视的“城市病”问题。超前型在政府的主导下进行，虽耗时极短但短时间大量的移民大大超出了城市的负荷，导致极其严重的社会问题，极大地阻碍了经济的发展，对可持续发展极为不利。而我国则属于滞后型。我国在新中国成立后一段时间内集中全力发展工业尤其是重工业，为工业化打下了较为坚实的基础，改革开放后更是发展迅速。但是，我国的城镇化一直徘徊在较低水平。以制度性阻碍为主的横立的屏障严重阻碍了农民身份的顺利转变，而农民的教育水平和媒介素养都还不足以打破这一屏障，为自己争取平等有利的地位与利益，我国城镇化进入较长的过渡期。

目前，我国的城镇化建设出现了几个基本趋势。其一，由重视量的积累转到重视质的提高。改革开放以来，我国城镇化进程持续推进，城镇化率由1978年的17.9%提高到2011年的51.3%，年均提高1个百分点，与发达国家城镇化水平的差距迅速缩小。然而，如此迅速的城镇化导致国家对其过程中出现的问题疲于应对。虽然表面上城镇化率大幅增长，但质量增长却大大受限。政府显然也注意到了这个问题，以往我国城镇化增长率多年一直维持在1个百分点上，而2012年国家发改委却提出2013年预期仅增长0.77个百分点，速度大大减慢，开始重视质的追求。其二，土地的转换逐渐成为城镇化的重要手段。许多地区采取“宅基地换房”、“城市社会保障换承包地”等方式实现土地的集约经营和城市规模的扩大，以此促进城镇化进程，如成都、重庆。其三，乡镇企业的发展成为城镇化的重要支柱。政府大力扶持鼓励乡镇企业，以解决农民增收、农民工就业的问题，推动农村经济的发展，如苏南、广东。其四，城市集团将成为主要形态。从1978年到2011年，我国城市数量由193个增加到657个，初步形成了以都市圈、城市群为主体，大中小城市协调发展的城镇发展格局。以基础好、容量大的大城市辐射带动周边的小城市，提高小城市的容量，致使小城市变大城市，乡村变城镇。

我国城镇化现阶段出现了许多问题。其一，城乡二元制的不合理导致农村居民不能顺利在城市落户，不能分享城镇化成果。与城市土地不同的市场准入条件和对农村土地的低成本征集造成乡村建设用地无序扩张，农民利益受损。未紧跟农民入城的基本服务和社保导致农民工在城市的生活难以为继，甚至出现“低人一等”的心理认识。其二，农民工的就业难以妥善安置。大量农民工进城，一方面造成非技术劳动力价格愈发低廉，农民工城市收入降低；另一方面，劳动力结构失衡更加严重，供需不平衡。其三，严重的环境问题伴随而来。高污染、高能耗的企业成为产业主体，城镇化以牺牲资源环境为代价。城镇人口增加、工厂和建设增加、私人汽车增加，产生的废气、固体污染物、噪声等使城市环境质量越来越差。其四，城镇化的发展出现了严重的不平衡现象。城镇化地区发展出现极大差异，农业人口多向经济发达、就业机会较多的沿边沿海地区聚集。而且，由于我国区划的层级控制，出现了“大吞小，小吞乡”层层剥夺的现象，城乡差距拉大。

（二）城镇化途径与发展

鉴于我国的城镇化率高质低的现状，结合当今世界全球化、市场化、信息化、生态化的大背景，寻找一条符合中国国情的发展道路势在必行。党中央在十八大报告中明确提出了要走新型城镇化道路，并将之作为全面建设小康社会的载体。

那么，什么是新型城镇化道路，其科学内涵是什么？虽然学术界对此没有统一的界定，但是根据十八大的精神，我们可以看到，所谓“新型城镇化”就是以科学发展观和城镇化规律为指导，以市场为主导，在政府的辅调下，以提高城镇化水平和质量，建设集约型经济与和谐社会为目标，坚持以人为本和全面协调可持续的原则，与新型工业化、信息化、农业现代化相结合的城乡一体化发展道路。

与以往的城镇化发展思路相比，新型城镇化道路更加强调城镇化的质量，不再单一地要求速度的提高，而更重视资源的优化配置、城乡统筹和全面发展。

建设新型城镇化，首先要“四化同步”进行协调发展。[①] 要在坚实的产业基础上实现工业化与城镇化的良性互动，同时使信息化、工业化和城镇化深度融合，发展智慧城市，使城镇化和农业现代化相互协调，通过农业现代化满足城镇化所需要的劳动力需求，推动沿海产业向中西部转移和农民工向流出地的回流，缩小地区差异，缓和特大城市人口膨胀。

其二，要实现集约化、生态化的发展模式。人口、经济、资源和环境相协调，通过产权流转等方式实现资源的优化配置和产业的集约化发展，整合城镇内部要素并提升其功能，重视生态建设和治理以及自然资源的合理利用，倡导集约、智能、绿色、低碳的发展方式，建设生态文明。

其三，建设大、中、小协调发展的城市群，构建合理的城镇体系。合理布置城市，加强区域城市的联系以增强相互辐射与带动作用。同时，提高城市的容量，促进城市功能的多元化。改善基础设施，实现公共服务的平等化。

最后，在建设过程中要坚持以人为本，实现人的全面发展。提高城市容量的同时一定要重视保护农民的利益，明确农村户口享有的权利和承担的责任并且实施有效有力的保护和督促，加快农村居民和谐转入城市的步伐。

新型城镇化道路是我国在新时期从国际大环境与国内的发展状况出发拟定的一条具有中国特色的发展思路。它能有效适应城镇化的发展规律，解决城镇化过程中的社会问题，推动经济的可持续发展，是实现我国现代化的强国之路。

（三）城镇化的城乡二元制度的阻碍

从政府参照“苏联模式”构建“城市工业，乡村农业”的二元结构开始，我国在长期的发展过程中，城镇化进程受到了特定历史时期形成的至今余威犹在的城乡二元制的影响，致使农民的身份过渡难以顺利进行，对此改革也是困难重重。

首先，所谓的城乡二元制度，简单来说就是指政府实行的对城乡进行区别对待的制度，实质上也是不同的资源配置制度。它以城乡户籍迁移制度为核心，几乎涉及社会生活的方方面面，并且具有明显的城市偏向性，

① 辜胜阻：《中国城镇化机遇、问题与路径》，《中国市场》第3期。

从而造成了以户籍制为基础的城乡壁垒。

我国的城乡二元结构形成于20世纪50年代。当时我国作为一个刚经过战乱洗礼的新兴的社会主义国家，百废待兴，而国外资本主义国家更是虎视眈眈。为了振兴中华，避免前政府的老路，国家领导人做出了“优先发展重工业”的决策，这在当时是非常合理且必要的。但是，当时无论是资本、技术还是客观环境都不具备实现工业化的条件。为了实现赶超发展，一方面国家为保证城镇劳动力的必要生活资料和实现资本积累颁布了一系列政策；另一方面，为了维持农业生产进行，让其继续为工业化提供材料，避免农业人口因城乡差别待遇而脱离土地产生无法吸收的劳动力，国家颁布了严格的户籍制度禁止农民进行迁移，城乡二元差异由此而起。

后来，由于二元制度的延续和政府对下级考核方式导致越来越严重的城市偏向性的经济政策，城乡二元性在无形之中不断加剧。至今，虽然有意识地进行改革，但“三农”问题仍服从于国家工业化和城镇化的发展战略。

我国的城乡二元差异主要体现在户籍制度、土地制度、公共服务和一些非正式制度上。

1. 户籍制度

“户口”是一个历史悠久的概念。在当代，“户口”是指具有一定关系的人口组成的群体，通常分为家庭户和集体户，而户口只有具备长居地址并经户口登记机关登记后，才真正被法律承认。① 户籍是指在家庭和居住地的基础上，国家统一管理的个人身份证明的标志。在实际社会生活中，户籍通过个人的户口表现出来。但实际上很多时候，户籍和户口在意义上是一样的。

户籍制度是国家一项基本的行政管理制度。我国现代的户籍制度是“国家依法收集、确认、登记公民出生、死亡、亲属关系、法定地址等公民人口基本信息的法律制度，以保障公民在就业、教育、社会福利等方面的权益，以个人为本位的人口管理方式”。我国现行二元户籍制度，实行城乡有别的户口登记和管理制度。

---

① 马福云：《当代中国户籍制度变迁研究》，中国社会科学院研究生院，博士学位论文，第24页。

城乡区别由来已久，具有深远的历史渊源。城乡的经济结构、发展程度、生活方式等差异并不是新中国成立后才存在的，它们的改变也不是一朝一夕能够完成的，具体情况在这里不加赘述。而这里提到城乡二元户籍制度的差别主要是指不同户籍上所依附的福权和义务的差别，它是城乡二元差异的深刻原因。

随着新中国工业化进程的开始，城市当仁不让地成为国家发展和政府权力利益渗透的中心。在物质短缺的情况下，为保证城市居民的利益，国家将生活必需品、住房、教育等与户籍挂钩，使城市居民得以攀附大量的社会资源而生存。

1953 年，国务院颁布了《关于实行粮食计划收购和计划供应的命令》，确立了粮食的计划收购和供应制度。1955 年，国家又先后发布了《农村粮食统购统销暂行办法》和《市镇粮食定量供应暂行办法》。国家采用统购统销的办法，以远低于市场的价格收购农民的余粮，然后以平价计划供给城市居民。即使在荒年，国家也先保证城市居民的供应，甚至每年要支出巨额的财政补贴。后来统购统销的范围又扩展到了棉、油在内的其他农产品。而对于农村居民，则规定农民自吃产粮，入城自带粮食。国家还颁布了《粮食市场管理暂行办法》加强对粮食市场的管理，排除农村人口在城市取得口粮的可能性。在荒年，农民除了偶尔的救济粮，更多时候是靠自己渡过的。

在住房方面，农民靠节衣缩食，辛苦耕作多年，才有可能建新房居住。而在城市，国家出资建房，作为公务员和国有企业职工的福利进行分配，国家仅仅象征性地收取少量的租金。

在城市，各级学校基本上都是国家出资修建，国家保证城市居民接受教育的权利，每年在教育上投入大量资金。而当时农村的学校大都是农民自己修建的，各类教学资源、师资力量还远远低于城市。如果农村居民无法筹资建校，那么，其后代的受教育机会便很有可能失去。另外，国家在城市投资建立起来的各种中高级技术学校、职业学校等基本上都是为城市人口的就业培训服务的。这类学校在农村极少，也不对农村招生。

如此种种，造成了农业人口向城市大量流动。新中国成立之初，《共同纲领》确定了人民群众享有广泛的权利，其中包括居住和迁徙的自由，“五四宪法”再一次肯定了人民自由居住和迁徙的权利。因此，人口迁移并不受限制，以致城市劳动力过剩，而农业生产无法保证，造成了社会混乱，对经济发展极为不利。

为了防止农村人口盲目外流，1958 年 1 月 9 日，全国人民代表大会常务委员会第 91 次会议通过《中华人民共和国户口登记条例》，其中最重要的是第 10 条第 2 款，即“公民由农村迁往城市，必须持有劳动部门的录用证明，学校的录取证明，或者城市户口登记机关的准予迁入的证明，向常住地户口登记机关申请办理迁出手续”。《中华人民共和国户口登记条例》第一次以法律的形式将新中国成立以来日渐形成的城乡有别的户口登记制度与限制转移制度固定下来，这一条例与以前及以后颁布的相关法律、法规、规章、政策结合在一起，共同构建起中国独特的二元户籍制度体系。《中华人民共和国户口登记条例》将城乡居民的利益固化，标志着城乡有别的二元户籍制度正式确立，此后国家对户籍制度迁移进行了更加严格的管理。

1977 年 11 月 8 日，国务院批准了《公安部关于处理户口转移的规定》，第一次提出了“农转非”的说法和具体政策。迁移政策虽然有所松动，但进行了严厉的控制。尽管如此，一时之间，城市人口仍大量增加。80 年代后，随着改革开放，户籍制度有了相应调整。到 1992 年，全面取消粮食的计划供应，商品粮供应制度解体，城市非正规部门的劳动就业制度改革以及农村家庭联产承包责任制实行，解除了土地对农民的行政性束缚。

2000 年 6 月 13 日，中共中央、国务院下发了《关于促进小城镇健康发展的若干意见》，规定“从 2000 年起，凡在县级市区、县人民政府驻地镇及县以下小城镇有合法固定住所、固定职业或生活来源的农民，均可根据本人意愿转为城镇户口，并在子女入学、参军、就业等方面享受与城镇居民同等待遇，不得实行歧视性政策”。

虽然，户籍迁移制度已经松动，但前提条件是“有合法固定住所、固定职业或生活来源的农民”，而更多的农民因为种种原因并不能在城市安居下来，成为了候鸟式迁移的“农民工”。依附在城乡户籍制上的各种利益仍然成为阻止“农民工”市民化的一大障碍。

而后，虽然进行了户籍制度改革，却收效甚微。例如，从 2000 年开始，小城镇的户籍基本放开，实行低门槛落户。一些城市很大程度上放宽了落户条件，但由于缺少就业机会，不能提供与原有市民相同的社会福利，如养老保障、入学和升学等，并不能使入城农民工成功落户。而另外一些城市虽然宣布取消农业和非农户口名义上的差别，但由于居住在城市或乡村，居民并不能享受同样的社会福利。由此，户籍制度仍是限制城市化进程的一大要素。

2. 土地制度

土地是与农民息息相关的大问题，我国土地制度的不完善在一定程度上阻碍了农民工的市民化。长此以往，对城镇化发展极为不利。

解放初期，为了巩固政权、获得农民的支持，国家根据“平均主义”原则对土地实行重新分配，农民获得了赖以生存的生产资料，促进了农业生产。接着，为了完成工业化发展目标，实行农业合作化改革。在高级农业生产合作社阶段，政府全面组织初级社及其他分散农户成立高级农业生产合作社，土地被归集体所有，实行统一经营、按劳分配。

改革开放后，逐渐实行了家庭承包的经营制度，土地所有权与经营权分离，农民对土地获得了相当程度的支配权并以此获得收益。一方面，在农村实行“按人均包”，农民可以利用土地的租让获得相当的收益；再加上国家取消了农业税，使农民无偿或抵偿使用土地，土地成为了一种福利。国家规定，“当承包户拥有稳定的职业或收入后，经发包方同意，可以将部分或全部土地的经营权转让给其他农户并确立新的承包关系”。实际上，农民无论有无稳定职业和收入都不愿意放弃承包地，极其不利于土地的流转，限制了农民与土地的有效分离，成了农民市民化的障碍。另一方面，《土地管理法》规定：“征收耕地的补偿费用包括土地补偿费、安置补助费以及地上附属物和青苗的补偿费。征收耕地的土地补偿费，为该耕地被征收前三年平均年产值的六至十倍。征收耕地的安置补助费，按照需要安置的农业人口数计算。每一个需要安置的农业人口的安置补助费标准，为该耕地被征收前三年平均年产值的四至六倍。但是，每公顷被征收耕地的安置补助费，最高不得超过被征收前三年平均年产值的十五倍。被征用土地上的附着物和青苗的补助标准，由省、自治区、直辖市规定。依照本条第二款的规定支付土地补偿和安置补助费，尚不能使需要安置的农民保持原有生活水平的，经省、自治区、直辖市人民政府批准，可以增加安置补助费。但是，土地补偿费和安置补助费的总和不得超过土地被征收前三年平均年产值的三十倍。”致使耕地低成本转为非农用地，而农民失去土地后，进入城市务工，生活缺乏保障又不能享受城市较为完善的福利，常常陷入生活困境，严重阻碍了市民化进程。

3. 农民工整体社会保障水平低

公共服务的二元性极大地体现了社会资源与利益的分配不均。无论哪一个历史时期，城镇永远是国家经济的中心，国家公共服务理所应当地向城镇偏移。再加上新中国成立初期，国家“优先发展重工业”的政策导向，致使农村一再被忽视，公共服务水平远远落后于城市。改革开放后，家庭联产承包责任制使农民从人民公社的集体性恢复到个体经营，农村公共服务基本靠农民自主提供，极大地加重了农民的生活负担。

在基础设施的投入上，城市投入明显大于农村，每年财政投入大量资金在城市修桥建路，进行城市规划，修建各类公园、体育活动场所等，而许多农村甚至没有一条能通车的公路，何况是其他的娱乐设施。

在教育投入上，城乡教育经费投入明显失衡。例如，据统计局发布数据整理，我国农村小学的人均教育经费支出为4560.31元，低于普通小学的4931.58元；全国初中阶段的农村中学学生人均教育经费支出为5874.05元，也低于普通中学的6526.73元。

就医疗卫生条件而言，城市无论是在医疗水平还是医疗条件都远远好于农村。例如，2010年，城市和农村卫生技术人员分别达到7.62人和3.04人。

在社会保障方面，长久以来，我国农民由于缺乏政策支持，在社会中处于弱势地位，常常被动地依靠家庭养老和土地保障。而随着社会老龄化速度的加快和计划生育政策的开展，家庭养老逐渐陷入困境。不同于城市较为完善全面的社会保障，农村社保往往存在资金不足、管理落后、范围小、覆盖窄、社会化程度低等问题。

1951年，我国颁布《劳动保险条例》，标志着中华人民共和国社会保障制度的确立。但是当时占人口总数90%以上的农民并没有被纳入保障之列，而这一排除农民的社保制度竟延续了43年之久。1991年，由民政部负责开展农村社会养老保险工作。此后，农村社保工作开始受到重视并逐步开展起来。

目前，我国的农村社保主要包括作为第一支柱的“五险”制度（养老、失业、医疗、工伤、生育）和作为第二支柱的以“低保”为主的相关补充制度。近年来，国家不断增加对“三农”的财政支出，但城乡的巨大差距仍不容忽视。例如，据国家统计局发布，2011年新农合人均筹资246.2元，平均每人次补偿受益130元；新农保人均筹资

450.94 元，人均领取养老金 658.72 元，占农民人均纯收入的比例即替代率仅为 9.44%。而 2011 年城镇基本医疗保险人均筹资 1170 元，人均补偿受益 936 元；城镇职工基本养老保险人均筹资 7834.31 元，人均领取养老金 18699.86 元，占城镇单位就业人员平均工资的比例即替代率为 44.74%。

我国社保制度主要针对城镇居民设立，城镇社保覆盖广，体系完善，人均受益高。而农村还存在诸多问题，不仅水平低，覆盖面也十分狭窄。

社会保障作为国家对居民有针对性提供的公共服务的一部分，对满足条件的公民应具有非竞争性和非排斥性。而我国却因为历史等种种原因产生了巨大的城乡二元差别，致使农民在城镇化进程中对于养老、医疗等问题的种种担忧不能解决，城乡居民因不同的待遇而产生巨大的心理落差，这些都大大阻碍了我国的城镇化进程。

4. 城市融入的非制度化阻碍

农民由于其在传统认识中较为低下的经济、社会地位，在社会中往往受到歧视，被认为是落后和缺乏文化的象征。这种社会上普遍存在的歧视心理致使对农民利益表达被忽视和剥夺，一方面使他们感觉低人一等，逆来顺受，难以主动追求、保护自己的权益；另一方面，城市居民面对农民工时往往感觉高人一等，严重阻碍了农民工融入城市，对城镇化造成巨大阻碍。同时，这种心照不宣的普遍认识也容易造成制度上对农民的忽视。而这种忽视往往拘束了农民工的选择权利，致使他们的政治行为和经济行为产生非理性倾向，并继续加重了社会歧视。实际上，农民作为经济发展的基础是不容忽视的，将农民排除在现代文明进程之外，剥夺其享受社会经济发展成果是极其不明智的，这无形之中对城市化产生的阻碍可能更甚于制度性的歧视。

由此可见，我国城乡居民之间存在着较强烈的利益对峙。城乡二元性的存在严重阻碍了农民的市民化进程，使农民工这一过渡群体长期存在，难以顺利迅速地进行转化。城市居民由于其较高的科学文化素质和媒介素养，具有较强的谈判能力或政策影响力，使其在利益博弈中往往处于优势地位；农民则常常成为沉默的弱势群体，很多时候甚至连最基本的权益都无法保证。

第三节　传播学视野下城镇化进程中农民工媒介素养与利益表达研究

一　城镇化进程中农民工基本现状

（一）农民工的界定

农民工作为城镇化进程中的主要劳动力大军，是农民向市民集中过渡的产物。农民工，也叫民工、进城务工人员。农民工的叫法最早出现于1984年中国社会科学院《社会学通讯》中，后来逐渐被广泛使用。然而，尽管近年来农民工作为研究的热门课题受到学者普遍的关注，学术界对"农民工"一词仍没有明确统一的定义。① 有的学者认为"农民工是指那些进入城镇务工、户口在农村的人，是1980年代以来，我国经济体制转轨、社会结构转型背景下产生的新的特殊的社会群体。他们离土不离乡，或选择家乡的乡镇企业，或进入大城市从事二、三产业"。② 有的学者认为，农民工"是指拥有农业户口、被人雇用去从事非农活动的农村人口"。③ 也有学者认为，农民工是指"户口尚在农村，而来城市从事各种自由职业为其主要经济来源的人，也可以说农民工是从农村剩余劳动力转移为城市劳动力者"。由此可见，不可否认的是"农民工"首先具有双重身份。其一，农民工的户籍在农村，法定身份是农民，拥有自己的责任地。其二，农民工是从事着非农劳动的工人，他们的职业和真实身份是背离的。进入城市的农民工在二、三产业出卖劳动力换取微薄的收入，他们身份特殊不仅没有特权，许多时候连城市工人的普通权利也不享有，其合法权益更是常常受到侵犯，是社会中的弱势群体。

我国农民工"多以血缘、地缘、业缘关系聚集，就业多不稳定，流动性大，主要从事技术含量低，脏、重、累、苦、险的行业，在物质生

---

① 孙朝芳：《议程设置下农民工媒介形象构建》，硕士学位论文，西南政法大学，第3—4页。

② 陆学艺：《当代中国社会流动》，社会科学文献出版社2004年版，第307—308、328—329、334页。

③ 杨爱民：《城乡差别与民工潮》（http：//www. usc. cuhk. edu. hk/wk_ wzdetails. asp？id = 1742）。

活、社会参与和职业声望上均处于社会最底层”,[①] 文化程度低，分布以制造业和建筑业为主。除此之外，国务院发展研究中心课题组先后于2006年、2007年两次在全国范围内开展了大规模的调查研究，发现我国农民工目前还存在以下特征：[②]（1）虽然总体上农村劳动力仍然过剩，但结构性供求矛盾开始突出，农村劳动力供求关系正从长期“供过于求”转向“总量过剩，结构短缺”；（2）外出务工仍然是农民工就业主要途径，农民工流动的稳定性增强；（3）农民工群体不断分层分化，不同群体的利益诉求有较大差异；（4）制造业和建筑业仍然是农民工的主要就业领域，第三产业就业比重不断提高；（5）农民工流向区域仍相对集中，就近就地转移速度加快；（6）农民工回乡创业步伐开始加快，新型双向流动正在形成。

我国农民工依据“出生年代”可将农民工划分为新生代、中生代和老一代。一般将1980—1995年出生、20世纪90年代中后期进城务工经商的农民工界定为新生代农民工（他们的年龄为16—30岁），将1980年之前出生的农民工统一界定为第一代农民工（包括中生代和老生代农民工）。虽然新生代农民工由于成长环境与老一代农民工的区别而呈现出自己的特征，然而他们仍然保留农村户籍而不具有城市户口；其次，他们大部分时间已脱离农业生产，主要在城镇务工经商以赚取工资性收入。

依据务工环境的不同又可将农民工分为“在乡农民工”和“入城农民工”。改革开放后，我国曾经出现过两次农民工大潮，一次始于20世纪80年代中期，一次始于90年代初期。20世纪80年代民工潮中的农民工大多进入乡镇企业，成为“离土不离乡、进厂不进城”的在乡农民工。而90年代初期民工潮中的农民工，随着乡镇企业吸纳能力的降低进入城市，成为“离土又离乡”的入城农民工。

农民工的演变经历了三个时期，从不成熟到成熟，从被否认到渐渐被认可。第一个时期（1978—1991年）是农民工生存最艰难的时期。随着十一届三中全会的召开，改革开放的政策在中国确立并不断完善。户籍制度放宽，许多农民离开土地进入城镇寻找生计。由于当时我国计划经济尚

① 郑素侠：《媒介化社会中的农民工：利益表达与媒介素养教育》，中国社会科学出版社2013年版，第12页。

② 《中国农民工战略问题研究》课题组：《中国农民工现状及其发展趋势报告》，《改革》2009年第2期。

未完全打破，正处于“有计划的商品经济时代”，农民工不仅不被农村人理解，被看作“不务正业”，更是受城市人鄙视。他们的进城行为被看作是计划之外的自发行为，受到排斥，被称为“盲流”。80年代中期的民工潮更是引起了社会的恐慌，一些沿海城市甚至采取措施企图阻挡农民工进城的脚步。第二个阶段（1992年—21世纪初）是农民工逐渐被理解和承认的时期。1992年，邓小平南方谈话和十四大的召开，使沿海城市迎来了发展的春天。大量的工程和企业致使劳动力的需求不断增加，越来越多的农民离开乡土来到经济发展的前沿。随着社会主义市场经济体制的建立，劳动力也逐渐成为一种商品。农民工的务工行为开始被社会认可并成为经济建设的重要力量。第三个阶段（21世纪初至今）是农民工逐渐被重视和关注的时期。农民工虽然被社会接受，但由于自身能力有限、传统心理和制度忽视而常处于劣势地位，成为社会弱势群体。随着农民工和城镇矛盾的加深，越来越多的问题显露出来，引起社会的普遍关注。近年来，国家为保护农民工的利益，促进农民工的顺利过渡，加大了对农民工政策倾斜的力度，使农民工的待遇有了显著提高。今后，农民工的相关政策将不断完善，农民工的问题将不断被解决。

（二）中国农民工现状

随着城镇化的发展，近年来农民工的增长势头虽有减缓但仍不可遏制。根据国家统计局发布的《2012年全国农民工监测调查报告》，截至2012年，全国农民工总量达到26261万人，比上年增加983万人，增长3.9%。我国农民工呈现出基数大、增长迅速的特点。[①] 从输出地看，2012年我国东部地区农民工11191万人，比上年增加401万人，增长3.7%，东部地区农民工占农民工总量的42.6%；中部地区农民工8256万人，比上年增加314万人，增长4.0%，中部地区农民工占农民工总量的31.4%；西部地区农民工6814万人，比上年增加268万人，增长4.1%，西部地区农民工占农民工总量的26.0%。我国东部是农民工的大本营，较多的农民能成功挣脱土地的束缚，进入城市。而中西部由于发展较慢，许多农民工仍然不愿离开农村。但这一情况正在改变，中西部地区农民工人数增长快于东部地区，这说明中西部农民正改变传统观念，积极

① 本节数据和图表来自《2012年全国农民工监测调查报告》，中国国家统计局（http://www.stats.gov.cn/tjfx/jdfx/t20130527_402899251.htm）。

加快自身市民化步伐。

表 1 – 1　　　按输出地分的农民工地区构成　　　单位:%

	2012 年			2011 年		
	东部	中部	西部	东部	中部	西部
农民工	42.6	31.4	26.0	42.7	31.4	25.9
1. 外出农民工	31.5	36.7	31.8	31.6	36.6	31.8
2. 本地农民工	60.8	22.9	16.3	61.4	22.7	15.9

从农民工的就业地区来看。首先，2012 年在东部地区务工的农民工 16980 万人，比上年增加 443 万人，增长 2.7%，占农民工总量的 64.7%，比上年降低 0.7 个百分点；在中部地区务工的农民工 4706 万人，比上年增加 268 万人，增长 6.0%，占农民工总量的 17.9%，比上年提高 0.3 个百分点；在西部地区务工的农民工 4479 万人，比上年增加 263 万人，增长 6.2%，占农民工总量的 17.1%，比上年提高 0.4 个百分点。可以看出，东部仍是我国农民工的主要聚居地，而近年来中西部的增长速度逐渐超过了东部。这是由于我国西部大开发和中部崛起的策略促进了中西部的经济发展，大大提高了中西部对劳动力的吸纳能力。其次，在长三角和珠三角务工的农民工虽然仍在增长，但占全国比重却有所下降。从数据来看，在长三角和珠三角地区务工的农民工分别占全国农民工的 22.6% 和 19.8%，分别比上年下降 0.5 个和 0.3 个百分点。再次，跨省流动农民工比重有所下降，在省外务工的比重比上年下降了 0.3 个百分点。地区上，东部以省内流动为主，多为近距离迁移，而中西部则以省外流动为主。最后，从数据可以发现，地级市由于近年来的迅速发展，逐渐成为农民工就业的主要场所，农民工向地级市转移的比重超过了省会城市和直辖市。

从农民工的性别、年龄和教育培训情况来看。首先，我国农民工以男性为主，青壮年较多，年轻农民工比重逐年下降。其次，整个农民工群体文化水平较低，以初中文化为主，但明显高于留守农民。其中外出农民工和青年农民工文化水平较高，较高文化水平的农民工比重在上升。再次，从数据中还发现，没有参加过任何技能培训的农民工占多数，青年农民工参加农业技术培训的比例低。

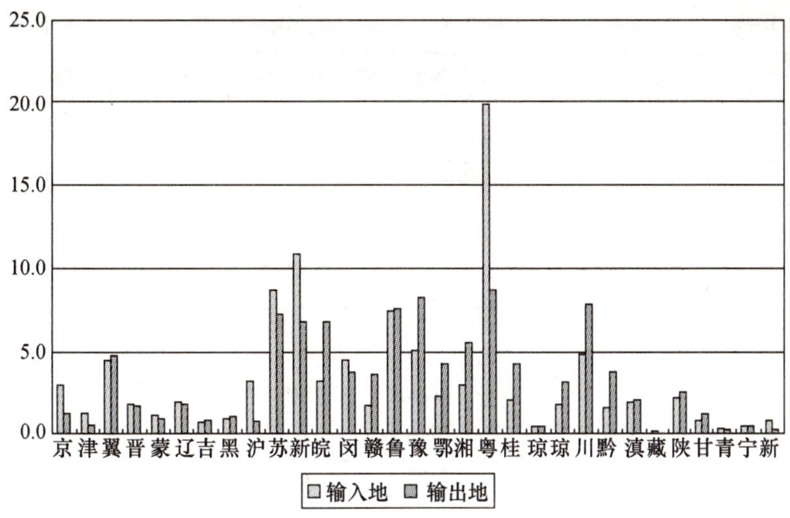

图 1－1　2012 年农民工在输入地与输出地的分布（%）

表 1－2　　**农民工年龄构成**　　单位:%

	2008 年	2009 年	2010 年	2011 年	2012 年
16—20 岁	10.7	8.5	6.5	6.3	4.9
21—30 岁	35.3	35.8	35.9	32.7	31.9
31—40 岁	24.0	23.6	23.5	22.7	22.5
41—50 岁	18.6	19.9	21.2	24.0	25.6
50 岁以上	11.4	12.2	12.9	14.3	15.1

表 1－3　　**2012 年农民工的文化程度构成**　　单位:%

非农民工	全部农民工	本地农民工	外出农民工	30 岁以下	青年农民工
不识字或识字很少	8.3	1.5	2.0	1.0	0.3
小学	33.8	14.3	18.4	10.5	5.5
初中	47.0	60.5	58.9	62.0	57.8
高中	8.0	13.3	13.8	12.8	14.7
中专	1.5	4.7	3.3	5.9	9.1
大专及以上	1.4	5.7	3.6	7.8	12.6

表 1-4　　2012 年不同年龄组农民工参加培训情况　　单位:%

	参加过农业技术培训	参加过非农职业技能培训	两项培训都没有参加过
16—20 岁	4.0	22.3	76.0
21—30 岁	6.2	31.6	66.0
31—40 岁	11.0	26.7	68.0
41—50 岁	14.9	23.1	69.5
50 岁以上	14.5	16.9	74.5

从农民工的就业情况来看，首先，二、三产业均有涉及，但以第二产业为主，第二产业又主要集中在制造业。近年来，农民工从事制造业比重在持续下降，而建筑业比重持续上升，隐隐有取而代之的势头。其次，农民工中，受雇人员的增长快于自营人员的增长，自营比重继续下降，自营人员主要从事批发零售业。

表 1-5　　农民工从事的主要行业分布　　单位:%

	2008 年	2009 年	2010 年	2011 年	2012 年
制造业	37.2	36.1	36.7	36.0	35.7
建筑业	13.8	15.2	16.1	17.7	18.4
交通运输、仓储和邮政业	6.4	6.8	6.9	6.6	6.6
批发零售业	9.0	10.0	10.0	10.1	9.8
住宿餐饮业	5.5	6.0	6.0	5.3	5.2
居民服务和其他服务业	12.2	12.7	12.7	12.2	12.2

从农民工收入情况来看，2012 年末，外出农民工人均月收入水平为 2290 元，比上年提高 241 元，增长 11.8%，但增加额比上年同期减少 118 元，增幅回落 9.4 个百分点。其中以境外就业的农民工工资最高，月收入水平为 5550 元。我国农民工收入增长减慢，东、中、西三部收入差距逐渐减小，在大中城市务工收入明显高于小城市。同时，我国农民工收入水平出现行业差异，交通运输、仓储邮政业和建筑业收入较高，而服务业、住宿餐饮业和制造业收入较低。又由于各个城市的生活成本差异，农民工的工资结余有较大不同。我国外出农民工每人月均收入结余 1557 元，低于本地务工的农民。因此，近年来，农民工就近就业逐渐成为一种趋势。

表1-6 外出农民工在不同地区务工的月收入水平 单位：元/人

	2008年	2009年	2010年	2011年	2012年
全国	1340	1417	1690	2049	2290
东部地区	1352	1422	1696	2053	2286
中部地区	1275	1350	1632	2006	2257
西部地区	1273	1378	1643	1990	2226

注：农民工的就业地区除东部、中部和西部地区外，另有0.3%的外出农民工在港澳台地区及国外从业，境外就业的农民工月收入水平为5550元。

从外出农民工的居住情况来看，以雇主或单位提供住宿为主，自购房的比重下降。但仍有41.3%的农民工雇主既不提供住宿也无住宿补贴，生活负担较重，且该比重呈上升趋势。

表1-7 外出农民工的住宿情况 单位:%

	2008年	2009年	2010年	2011年	2012年
单位宿舍	35.1	33.9	33.8	32.4	32.3
工地工棚	10.0	10.3	10.7	10.2	10.4
生产经营场所	6.8	7.6	7.5	5.9	6.1
与他人合租住房	16.7	17.5	18.0	19.3	19.7
独立租赁住房	18.8	17.1	16.0	14.3	13.5
务工地自购房	0.9	0.8	0.9	0.7	0.6
乡外从业回家居住	8.5	9.3	9.6	13.2	13.8
其他	3.2	3.5	3.5	4.0	3.6

从农民工权益保障来看，首先，近年来我国农民工工资拖欠情况引起了社会的高度关注，致使拖欠情况持续改善。到2012年，我国外出受雇农民工，被雇主或单位拖欠工资的占0.5%，比上年下降了0.3个百分点。其次，外出受雇农民工与雇主或单位签订劳动合同的占43.9%，与上年基本持平，农民工签订劳动合同的情况改变不大。从行业来看，建筑业的情况稍好，比重为75.1%，比上年上升1.5个百分点。再次，从农民工参加社保情况来看，雇主或单位为农民工缴纳养老保险、工伤保险、医疗保险、失业保险和生育保险的比例分别为14.3%、24%、16.9%、

8.4%和6.1%，分别比上年提高0.4个、0.4个、0.2个、0.4个和0.5个百分点。农民工参保比重低，增长缓慢，情况不容乐观。而在地区上，东部农民工的参保情况比中西部要稍好一些。同时，不同行业的参保情况也存在差异。制造业、交通运输、仓储邮政业、批发零售业和服务业的参保情况相对较好一些，其他产业比例明显较低。

表1－8　　外出农民工参加社会保障的比例　　单位:%

	2008年	2009年	2010年	2011年	2012年
养老保险	9.8	7.6	9.5	13.9	14.3
工伤保险	24.1	21.8	24.1	23.6	24.0
医疗保险	13.1	12.2	14.3	16.7	16.9
失业保险	3.7	3.9	4.9	8.0	8.4
生育保险	2.0	2.4	2.9	5.6	6.1

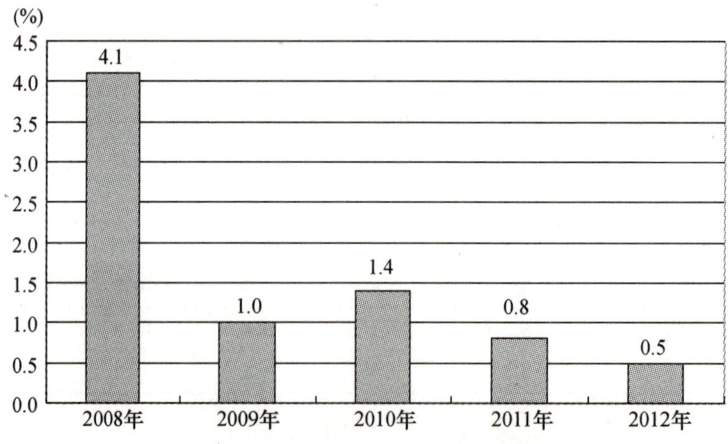

图1－2　外出农民工被拖欠工资的比重

（三）城镇化进程中的农民工与媒介素养

农民工从农村进入城市，其社会交际圈必然会扩大。农民工社会交往的情况，尤其是与城市居民的关系好坏，很大程度上制约着农民工是否能成功地实现身份转变，融入城市。而农民工的关系网中一般有城市、乡土和同质群体三个主要对象。通过西安交通大学人文学院媒介素养课题组所做的调查数据分析情况可以看出以下几点：

首先，从某种程度上说，农民工进城行为是社会关系的重构。城市关系网的确立意味着可以和更多的社会资源和信息接触，其生活质量、心理适应情况也会得到极大改善。然而许多农民工与城市居民的交往情况并不理想，但是与第一代农民工相比，情况有所改善。当代农民工与城市交往的意识逐渐增强，企图在原有初级关系网的基础上构建一个更为有利、广泛和全面的关系网。

农民工与城市关系的疏离，究其原因主要有五个方面：

第一，城市人的排斥。在传统认识中，"农民"意味着"低文化、低素质、低品位"，再加上制度上的偏见，城市居民在心理上有极大的优越感。在他们的观念中，农民工是外来入侵人员，是城市的多余人，在潜意识里对其抱有歧视和偏见。在与农民工发生利益关系尤其是利益冲突时，城市居民对农民工的排斥尤为强烈。对农民工采取轻慢甚至侮辱的态度，使农民工产生了"城市人欺负农村人"的认识，更加疏远了关系。

第二，农民工的自我认同困境。许多农民工虽然羡慕城市的优越生活，但下意识地感到了自己与城市的差距，在心理上与城市产生隔阂。社会无形的压力使农民工产生了强烈的自卑感，本能地局限自己与城市的交往，就算有必要发生联系，也会不自觉地采取低下妥协的态度，而不能理直气壮地将自己放在平等的地位上。

第三，农民工在城市居住模式的影响。在城市中，农民工的居住模式通常可分为聚居和散居。聚居的农民工工作地点和生活区位与市民隔离明显。他们基本上以血缘、亲缘和地缘关系为基础形成居住圈，并以此为基础构建自己的交际圈。他们的生活环境和工作环境都十分闭塞，交往对象大都是同为农民工的老乡，缺乏与城市居民交往的机会，形成了规模小、紧密度高、趋同性强、异质性低、具有内倾向的社交网络。一旦生活中出现了难以克服的困难，他们极少想到求助于城市居民，对乡土存在着极大的依赖性。而散居的农民工，对乡土的依赖程度虽然较低，但业缘关系却成为其构建交际圈的基础。尽管如此，他们仍希望能寻求新的社会关系，尽力融入城市。

第四，生活方式的差异。无论在城市居民还是农民工的眼中，生活方式的趋同都被看作是农民工向城市靠拢的一个方式。农民工的生活方式主要体现在消费习惯和娱乐方式上。在消费习惯上，由于当代农民工与老一代农民工成长环境的差异，当代农民工的思想观念在很大程度上发生了变化。他们不再将赚钱养家当作唯一目的，而逐渐转向了追求梦想、谋求发展和改变命运。随着媒介和通信的发展，他们受现代文化的影响越来越深，逐渐改变了传统的认知，形成了较为开放的思维。当代农民工非常容易受同龄城市人示范性消费的影响，他们将“炫耀性消费”当作拉近与城市距离的工具。然而很多时候，城市人并不理解这一点，常带着嘲讽和偏见的眼光看待辛苦攒钱享受高档品的农民工。在娱乐方式上，当代农民工受城市时尚文化潮流的影响，闲暇时除了看电视、上网和老乡聊天外，也喜欢逛街、听音乐、打牌等。但他们的消遣娱乐方式更多的是一种自娱自乐，与城市人的交流依然很少。而与此同时，仍然有一部分农民工不习惯城市的生活规律和习惯，不愿意在城市定居，更遑论与城市居民建立较稳定的交往关系。

第五，媒体霸权的影响。近年来，社会上对农民工的关注越来越多，而由于城市居民与农民工的相互交往较少，双方缺乏真实的了解，很多时候城市居民只能通过媒体来获得有关农民工的信息，从而形成相应的认知。但许多情况下媒体对农民工的报道是刻板化、模式化的。农民工在媒体报道上经常以负面或受难者的形象出现，在城市居民心中，相应地也留下厌恶或同情的印象。而农民工由于自身素养和能力的限制，既不能通过大众媒介争取自己的利益，也不能通过媒体为自己正名。一边倒的媒介霸权，使城市居民与农民工之间的误解冰冻三尺，成为双方交往的隔阂。

其次，乡土是农民工社会关系网的基础。许多农民工是由同乡或亲戚介绍而来到城市务工的，在融入城市存在巨大困难的情况下，乡土依然是农民工最大的心理依托。乡土与农民的联系根深蒂固，并非一朝一夕就能改变。农村的朋友、亲人是他们作为“城市孤独者”的感情寄托。但由于农民工在城市中被逐渐同化，对农村往往产生一定程度的疏离。在这种情况下，农民工既不能被城市所认同，自身又逐渐与乡土疏离，使他们很可能成为游走于城市和农村之间的边缘人。

最后，同样身为农民工的同质群体是农民工在城市的心理依托。“远亲不如近邻”，在城市中，农民工之间比起城市居民要多一份亲切，少一分隔阂。在同质群体中，他们能找到共同的情感和话题，能互相帮助，互相尊重，满足归属和爱的需要。

从以上分析中我们可以看到农民工的处境并不乐观。我国的农民工数量呈现出基数大、增长快的特点。流动情况呈现出输出地与输入地较集中的特点，且男性居多，老龄化趋势越来越明显。从生存状况来看，由于教育程度较低，因此收入较低，而保障也往往缺失。这些情况与农民工狭隘的交际圈结合起来，往往使农民工的生存越发艰难。他们往往因此缺失了庞大的信息源，不能及时获得与自己切身利益相关的信息，这对其生存极为不利。当代农民工被排挤到社会的边缘，却没有能力去保护自己的合法利益，与城市产生巨大的隔阂是非常不稳定的因素。

二　城市化进程中的农民工媒介素养与利益表达

（一）农民工的迁移行为与利益

在城镇化大背景下，农民工的迁移行为已成为一种常见现象。农民工为城市发展提供了动力和活力。但是，他们自身却陷入了城乡迁移的矛盾，许多农民工在永居和暂居间徘徊，使农民工的迁移行为表现出一定的复杂性和不稳定性。

首先，农民工的迁移行为受主观因素和客观因素的影响。客观原因来源于国家政策和城乡经济差距。改革开放以来，二元户籍制度的松动和“农转非”门槛的降低都为农民工的迁移创造了可能性。而城乡之间实实在在存在且不断扩大的经济差距则为农民工的入城行为提供了外在动力。城市高速发展的经济和优越的公共环境对农民工而言意味着更高的经济收入、更好的生活状况和更有利的发展条件等。这些条件是对农民千年来固守土地传统的挑战，也刺激着农民的迁移选择。

主观原因受客观原因的刺激产生，主要影响农民工的迁移意愿。农民工入城的目的不外乎两个方面，其一是求生存，其二是求发展，其根源都是对预期高收入的追求。对于求生存的农民工而言，其家庭状况影响很大。许多研究都发现，无论是家庭状况极好还是极坏，都容易使农民工产生迁移意愿。经济状况较好的家庭，具有相当的初始迁移成本，为追求发展愿意支付一定的成本；而家庭状况较差的，在生活艰难的情况下，很容易受城市高收入的吸引。在被逼无奈的境况下，为改善生活条件，通常愿意入城“冒险”。对于求发展的农民工而言，其目的一般可分为自身发展和子女发展。追求自身发展的更倾向于较年轻的农民工，他们期待在城市中实现自身价值，获得受尊敬的地位。同时，很大程度上也是对美好生活的一种向往。年轻的农民工与老一辈农民工不同，他们受现代文明的影响，已不安于依靠土地生活而渴望获得更加时尚优越的生活。研究发现，与男性农民相比，女性农民更倾向于进城生活。而追求子女发展的农民工，大多数已步入中年。他们年轻时曾依靠土地生活，进城后对城市优越的生活条件感触很深。他们不愿意子女再回到“面朝黄土，背朝天”的艰苦生活，希望在城市定居，为子女创造良好的条件。

其次，农民工的迁移行为分为暂时性迁移和永久性迁移。从城镇化发展与社会和谐的角度来看，农民工永久性迁移无疑是理想的，然而前提是农民工愿意永久地在城市定居。事实上，很大一部分农民工并不愿意这样做。农民工的永久迁移行为取决于两个方面，其一是迁移成本，其二是城市融入情况。如果迁移成本过高，超过了农民可负担的范围，权衡之下，农民工更愿意回到农村或选择循环迁移，难以定居。同时，很多农民不愿意永久迁移的主要原因是不愿意放弃农村的责任田。放弃责任田意味着生活风险增大，造成安全感的缺失，生活成本也会增加。而城市融入情况常在很大程度上影响农民工的永久迁移意愿。由于制度压力、城乡心理差距等原因往往使农民工难以融入城市，而产生一种“剥夺感”，造成对城市归属感的缺失，对农民工永久性迁移形成巨大的障碍。

（二）农民工的移民适应与利益表达

所谓“融入”，实质上是两个群体的相互适应过程，但更多时候是少数群体对多数群体的适应，即多数群体对少数群体的同化。农民工迁移后，必须要经过相当长的适应过程才能融入城市，实现身份转变。农民工对城市的适应可分为经济适应、社会适应和心理适应。

农民工要想实现经济适应，从宏观上讲是农民工能否获得与自己的贡献对等的待遇，而对个体而言主要取决于农民工在城市的收入能否支付其生存与发展成本。农民工作为我国产业工人的主体，几乎覆盖了我国的所有第二产业，第三产业也有涉及，其贡献不可忽视，是我国经济发展的重要支柱。但就是作用如此重要的农民工，却无法对等地享受经济发展成果，在社会保障、医疗教育等方面常常受到忽视。同时，我们发现，由于农民工自身素质限制和城乡潜规则的存在，农民工不仅工资低，还常常出现拖欠情况。农民工的就业环境也十分不理想，不仅劳动时间长、强度大、环境差，还存在着极其明显的就业歧视。由于二元劳动力市场结构的存在，农民工只能进入一些技术含量较低、主要依靠体力的行业，并且职位向上流动的机会很有限。许多农民工入城也只能从事一些暂时性的、不稳定的工作。在消费上，农民工消费结构单一，消费水平很低，基本上都是一些日常消费，而主要的收入很多都会转为储蓄或返回农村。由此可见，农民工的经济适应并不理想。

在社会适应上，农民工主要通过扩大社会交际网和行为方式的模仿来靠近城市。然而，农民工与城市居民的交往并不理想，大部分仍局限于与城市人群隔离的同质群体，血缘、地缘、业缘依然是交际的中心。为了得到城市居民的认可，适应城市的生活，一部分农民工尤其是新生代农民工也通过模仿城市人的衣着、言语，甚至通过“炫耀性消费”来努力适应城市。他们极力改变自己的生活习惯，力图与城市靠近，表现得“像一个城市人”。

在心理适应上，农民工必须要转变思想观念，提高自身科学文化素养与媒介素养。不少农民工用业余时间参加各类培训，学习文化知识和技能，然而事实上情况并不理想。据2012年中国国家统计局的数据，在农民工中，接受过农业技术培训的占10.7%，接受过非农职业技能培训的占25.6%，既没有参加农业技术培训也没有参加非农职业技能培训的农民工高达69.2%。由于城乡文化和观念差异较大，尽管农民工积极适应，城市人仍然对他们充满了歧视和排斥，使农民工产生了“被剥夺感”，无法在心理上获得认同。

农民工的城市适应是他们融入城市的重要步骤。如果无法适应城市，就无法获得城市的认同，进而不能自我认同，农民工将难以融入城市。

农民工在进入城镇时往往怀着美好的心愿，他们来到城市求生存、谋求发展，但由于现实的残酷，最后发现无法满足自己的期望时，要么回到农村另谋出路，要么成为城市的不稳定因素。如果不能使其在实现愿望过程中在经济、社会和心理上靠近城市，产生归属感，那么上述情况依然会发生。因此，国家与社会都必须尽力为农民工的生存发展开发足够的空间，主动为农民工的利益保障提供可能与条件，让处于移民抉择中的农民工不再犹豫而能成功定居。

三　传播关系中的农民工媒介素养与利益表达

（一）媒介与农民工

随着社会的发展，我们处在被各种媒介覆盖的环境中。在大众媒介高度发展的今天，人类很多时候成为了媒介支配的对象，伴随着社会发展而出现的农民工，更在一定程度上成为媒介迎合政策和大众的工具。

1. 大众媒介中农民工形象

大众媒介对农民工形象的构建始于20世纪80年代。改革开放后，农民工这一群体开始大量出现。由于农民工大量入城造成城市管理的严重负担，在一定程度上引起了社会混乱，更是引起了城市居民的不满。因此，在大众媒介中，农民工开始以“城市入侵者”的形象出现。劳动力突增，加深了就业矛盾，增加了社会不安定因素，交通堵塞、超载、住房紧张、人均资源减少等问题不断暴露。国务院发布《关于严格控制民工外出的紧急通知》等，要求加强对农民工的控制，大众媒介也戏称他们为“超生游击队”，称他们为“盲流”。据统计，当时以《羊城晚报》为代表的都市报，对农民工的负面报道占75%，正面报道仅占6%。农民工成为令城市居民厌恶的对象。

1992年，邓小平南方谈话，强调以经济建设为中心，社会主义市场经济体制逐步确立，大量企业成立，急需大量劳动力。政府颁布了相应的政策鼓励农民进城，鼓励人口流动，以此来满足劳动力缺口。媒体对农民工的报道也相应地转为积极、正面。如《打工青年，轮下抢险》、《打工归来书满箱》等都向城市居民展现了农民工奉献城市、自强不息的良好形象。农民工逐渐被认同，但同时也有不少农民工迷失于城市的繁华，不知道何去何从，甚至走向了不归之路。

但是，2003年以后，农民工的形象又有了新的转变。2002年，时任国务院总理朱镕基在政府工作报告中提出“对弱势群体给予特殊的就业援助”。劳动和社会保障部社会保险研究所所长何平公开将农民工归入弱势群体，农民工问题也被纳入了政府议程设置内。紧接着，2003年媒体对农民工的报道在沉寂多年后再次攀向高峰。仅《人民日报》的报道量就近30篇，超过了前五年的总和。农民工的弱者形象开始大量在报道中出现。

在农民工“受同情者”形象奠定的同时，农民工也逐渐被妖魔化、污名化。在媒介报道中，他们素质低下、无知愚昧、能力差，是举止行为、衣着语言无不令人发笑的“土包子”。他们甚至还涉及偷抢、拐卖、卖淫等犯罪活动。为迎合大众的猎奇心理，许多媒体专门报道农民工的各种奇闻怪事，如《18岁女孩竟将分娩镇痛当胃病》、《富士康“八连跳”自杀之谜》等。虽然反映了社会现实，但也有哗众取宠之嫌。

媒体报道中，农民工主体地位缺失。由于文化水平、媒介素养较低，他们甚至没有为自己正名的能力，任由媒体为他们设置形象、命名。他们的名字被打上了不平等的印记，被社会以异样的眼光关注。又由于缺乏与城市人的沟通交流，农民工被误会至深，致使他们难以被城市认同，常常处于不被理解的艰难境地。

2. 大众媒介关于农民工的信息

农民工是中国社会相当庞大的一个弱势群体，农民工问题的解决是保障社会主义公平、促进社会长治久安的必经之路。然而，在大众媒介上却往往出现对农民工的报道频度与农民工数量不相称的状况，对农民工的报道往往缺乏长期性的有效关注。① 据对人民网 2005 年 4 月到 2006 年 4 月期间有关农民工议题的报道进行调查发现，该时期内对农民工的报道共 1050 条，其中报道主要集中在 8 月、9 月、10 月、11 月、12 月，这是因为当时 8 月、9 月珠三角的“民工荒”和 11 月、12 月农民工“返乡潮”引起了媒体的关注，而其他时候对农民工的关注则十分有限。

表 1－9　　农民工报道时间分布表

时间	1 月	2 月	3 月	4 月	5 月	6 月	7 月	8 月	9 月	10 月	11 月	12 月
报道数	13	9	11	9	12	16	38	223	169	128	185	237
百分比	1.4	0.9	1.1	0.9	1.2	1.5	3.6	21.2	16.1	12.2	17.6	22.6

同时，调查还发现对农民工报道的线索来源往往并非作者的第一手资料，这些报道的题材通常是间接获得的，主要来源是政府官员和一些意见领袖。

表 1－10　　相关农民工新闻报道线索来源分布表

来源	数量	百分比
政府部门、政府官员	472	45%
专家、知名人士	220	21%
农民工或其子女	168	16%
企业或企业主	63	6%
法律援助中心等民间组织	47	4.5%
学生及其他	52	5%
不明	26	2.5

在这 1050 篇报道中，评论、深度报道和评述比例较高，占 50% 以

① 徐艳：《社会公正视角下的农民工报道研究》，博士学位论文，华中科技大学，第 107—136 页。

上，并且对农民工的报道往往并不客观。其中，40%的报道带了不同程度的感情色彩，尤其是同情色彩比例最高，达25%。大众媒介是社会的眼睛和嘴巴，大众媒介通常代表并引导着社会群体的看法和观点。因此，缺乏客观而带有主观色彩的报道，给农民工带来了很大影响，尤其是在大众媒介对农民工的认识不全面的情况下，这对农民工融入城市无疑是不容忽视的障碍。

表1-11　　相关农民工报道类型分布表

类型	数量	百分比
消息	189	18%
评论	399	38%
深度报道	178	17%
调查性报道	55	5.2%
评述	102	9.8%
综合新闻	73	7%
人物访谈	31	3%
读者来稿及其他	21	2%

表1-12　　媒体对农民工报道情感倾向分布表

倾向	中性	同情	关怀帮助	居高临下	忧虑	无奈	赞扬	猎奇
数量	630	263	42	38	32	13	13	21
百分比	60%	25%	4%	3.6%	3%	1.2%	1.2%	2%

3. 大众媒介中与农民工相关的信息

农民工毫无疑问是社会的弱势群体，他们在媒介的生存状况不容乐观。农民工是传播中“沉默的大多数”，他们不仅不能阻止自己的形象被“妖魔化”，而且整个大众媒介都对其呈现出一种极度忽视的态度。被“活跃的大多数”把持的媒介更着眼于为自身服务，对农民工的相关消息自然而然处于一种失衡状态，这样，农民工在媒介中接触的信息往往与自身需要的信息无论在内容上还是在数量上都存在着相当大的差距。调查发现，[①] 40.7%的农民工认为大众媒介提供的与之相关的信息“太少”，39.7%认为“稍

① 刘娜：《农民工对媒介的使用与满足研究》，硕士学位论文，同济大学，第36页。

微有点少”，仅有7.5%认为正合适。大众媒介应该而且必须要敏锐挖掘农民工需要的相关信息，为农民工在城市的生存与发展做出有效指导。

首先，农民工由于就业不稳定且由于文化技能的限制，找工作困难重重，他们的就业渠道也十分受限，往往是通过老乡介绍，而且常常上当受骗。大众媒介应设置具有权威性的并且针对农民工的就业栏目，为农民工在城市的生存和发展提供有效途径。

其次，农民工在城市要想生活得更好就必须拓宽自己的技能范围，对特定技能的认识层次不断提高。因此，一些比较权威且价格实惠的技能培训班信息也是十分受农民工欢迎的。

再次，为农民工提供新的科技和创新致富的思路，对农民工自主创业生存是一个很好的引导。有了自己产业的农民工往往也更容易融入城市。

最后，农民工的文化水平十分有限，对于政府的许多新政策常常难以理解，因而也往往并不关注，这对农民工合法利益的维护十分不利。大众媒介应多报道这方面的内容，帮助农民工及时了解、学习政府的新政策，这对解决农民工问题有极大的帮助。

4. 媒介议题与农民工认知

为了分析媒介议题与农民工认知间的关联性，本研究还就农民工在社会融入中所遇到的具体问题认识程度进行了问卷调查。调查采用判断抽样方法，设计内容为“请您对农民工群体的下列具体问题依重要程度排序：工作情况、生活处境、社会保障、权益状况、社会服务、自身素质、身份地位”。问卷调查结果为，农民工问题中最重要的是权益状况，社会服务排在最末位。这说明农民工在社会融入过程中，“权益状况”、“社会保障”是他们最看重与认知的要素，同时他们对“自身素质”也很重视。

表1-13　农民工对其社会融入因素的认识

具体	权益状况	社会保障	自身素质	工作情况	生活处境	身份地位	社会服务
频数分析	323	294	252	241	213	208	149
排序	1	2	3	4	5	6	7

（二）农民工的媒介行为与素养

媒介接触是农民工城市生活的重要组成部分，也是其融入城市的重要途径。我们把农民工的媒介行为和素养分为四个方面，即媒介接触、媒介认知、媒介评价和媒介参与。

农民工的媒介接触是指农民工通过接触媒介来获取信息的能力。首先，在接触媒介方面，研究表明“在三大传统媒体中，电视的接触率最高，报纸次之，广播的接触率最低”，但在农民工进城后“报纸媒体的接触率提升”。同时，“网络媒体在新生代农民工中接触较多”，虽然频率和数量十分受限，但网络媒体是真正意义上的新媒体，是跨越城乡知识鸿沟的重要工具。① 许多研究也表明，手机媒体在农民工中也颇受欢迎，许多农民工除了用手机联系外也用手机上网、看报等。其次，在媒介内容方面，调查显示“他们最关注的是天气预报等公共信息，娱乐节目排第二，国际、国内新闻排第三，而有利于提高自身修养的文化艺术节目和致富信息等，是农民工最不关心的内容”。② 大多数农民工获取信息的目的仍然是休闲娱乐，信息获取的主动性与目的性不强。总的来说，农民工的媒介接触情况虽有所好转但仍不容乐观，各种媒体虽有涉及但还是电视媒体居多，渠道单一，信息内容也有泛娱乐化倾向。

农民工的媒介认知是指农民工对各种媒介的了解、认识和评价。当代农民工基本上都能准确把握媒介的基础功能，即信息传递功能。但认识不深，存在层次浅、水平低的问题。由于受教育水平和生活状况的限制以及社会支持不足，农民工与新兴媒介之间存在数字鸿沟。数字经验缺乏、使用机会少，导致农民工对新技术怀着敬畏感，难以靠近。而已接触新媒介的农民工大多数又局限在娱乐聊天层面，难以深入。在传统媒介上，他们认识到电视的娱乐功能、广播的消遣和交流功能以及报纸的信息提供功能。然而，他们的认知依旧片面，例如不知这些媒体还有舆论监督和宣传功能。

农民工的媒介评价是指农民工对在媒介中获取的信息的解读、判断和反应。由于二元教育制度的影响，我国农民工存在着受教育水平较低、媒介素养欠缺的情况。农民工对信息的认知很多的时候只停留在表面，不能进行更深层次的分析并为自己的工作和生活做出指导。对信息的判断同时存在两种情况。他们对新闻、科技以及所谓专家学者的言论深信不疑，而

---

① 杨英新：《农民工媒介接触行为与大众传媒的关怀》，《时代文学》（上）2010 年第 5 期，第 218—220 页。

② 董迅石：《南京市区农民工媒介接触现状研究》，《新闻世界》2011 年第 9 期，第 214—262 页。

对一些招聘信息、广告等又存在两种态度。一些有社会经验的“老”农民工，他们对此抱着完全怀疑的态度，但是刚进城的“新”农民工却常常宁可信其有，不可信其无，对工资的期望往往使他们失去了判断力。

农民工的媒介参与是指农民工参与到媒介互动中，作为信息传播者的能力和意识。在传统媒介中，农民工往往失去了自身的主体地位。由于文化自卑和媒介素养较低，农民工无法在制度歧视中维护自己的话语权，与传统媒介之间产生巨大的鸿沟。在新兴媒介中，由于网络媒介的互动性较强，因此一定程度上提高了农民工的自主性，为农民工“发声”提供了一个平台。然而接触网络媒介的农民工只有有限的一部分，并且其中有相当一部分并未意识到“网络维权”或意识到了却没有实践。

如今，平等自由成为人们的共识。人人都有话语权、人人都有维护自我利益的意识和权利。而我国农民工却由于自身的局限和社会、制度的不平等待遇而在相当长的时期中停留在传播的弱势地位，成为了“沉默的大多数”。农民工的失语症使他们无法为自己正名、无法公开争取自己的利益、维护自己的权利。长此以往，不仅不利于我国城镇化的发展，对社会和谐也产生不稳定的因素，是社会、国家极应重视的问题。

农民工在媒介接触、媒介认知、媒介评价和媒介参与方面能力的不足，成了他们利益表达的障碍。他们或没有意识到大众媒介可以维权这一现实，或意识到了却没有途径可以表达。上述状况的出现是我国大众媒介市场化发展的结果。媒介不能真正客观冷静地表达弱者的利益需求、不能真正向受众展现真实的世界，却愿意以偏概全、追求噱头来迎合公众的猎奇心理，不能不说我国大众媒介的发展仍然任重而道远。

四 政治活动中的农民工媒介素养与利益表达

（一）农民工权利与利益

百度百科上对“利益”的解释是人们通过社会关系而表现出来的不同需要。而国家的存在和社会的形成就是希望能够通过各种约束来满足个人需要，使个人更好地生活。为此，国家出台政策、制定相关法律来实现个人利益。因而，受国家保护的利益就被称为“权利”。

作为国家公民，农民工理应享受与其他公民同样的权利。然而，事实并非如此，“农民工”就像一个烙印一样，将被城市边缘化的这一特殊群体标示出来，然后剥夺他们的权利，使他们成为社会上卑微而弱势的存在。自农民工这一群体出现以来，他们的权利就时常面临被忽视和被侵犯的境况，其中存在问题最多的包括生命健康权、劳动就业权、政治权和文化教育权。

政府为保障农民工的生命健康权，帮助农民工抵抗来自生活不安定因素带来的风险，国家积极推动社会保险的发展。国家规定了农民工基本保障的“五险”：养老保险、工伤保险、医疗保险、失业保险和生育保险，然而实施并不理想。由于缺乏法律保障和流入地政府企业认识差异等原因，农民工的“五险”实施很低。据国家统计局公布的数据，截至2012年，雇主或单位为农民工缴纳养老保险、工伤保险、医疗保险、失业保险和生育保险的比例分别为14.3%、24%、16.9%、8.4%和6.1%，分别比上年提高0.4个、0.4个、0.2个、0.4个和0.5个百分点。从近五年调查数据看，外出农民工养老保险、医疗保险、失业保险和生育保险的参保率提高4个百分点左右，而“五险”中参保率相对较高的工伤保险并没有明显提高。同时，农民工社会保障的实现度还存在着地区和行业差距，这些都对农民工的生存发展极为不利。

国家还依法保障农民工的劳动就业权。百度百科对劳动就业权的解释是，“具有劳动权利能力与劳动行为能力，并且有劳动愿望的劳动者依法从事有劳动报酬或经营收入的劳动的权利”。它包括平等就业权和自主择业权，其衍生出来的权利还包括劳动报酬权、劳动安全卫生保护权、休息权、接受职业技能培训权等。国家还通过签订劳动合同等途径保护农民工的劳动就业权。然而，近年来，农民工的劳动就业权保障的实际情况并不理想。首先是存在着就业歧视，农民工常在就业、工作中遭受不平等待遇。由于长期以来对农民工的歧视以及城乡分割的劳动力市场体制，很多时候农民工只能从事一些次属劳动力市场的职业，不仅累、脏、苦，还常常没有安全保障。农民工就业机会有限，常常无法选择时间与地点，也很少有向上流动的机会。其次，农民工的劳动报酬权时常被侵犯。由于对农民工的就业歧视，农民工的劳动报酬有时候无法被保证。同工不同酬、拖欠工资、恶意克扣工资的情况屡见不鲜。农民工所从事的职业本来报酬就不高，企业单位还往往按照最低工资标准支付，再加上恶意克扣，农民工与城市职工的收入差距远远拉大。再次，农民工的休息权和劳动安全卫生保护权常被忽视。工作时间长和工作环境的恶劣在农民工中并不少见。在经济发展前沿的珠三角，随便一家工厂的农民工一般便可工作12—14小时，实在令人难以置信。农民工还被安排到城市居民都不愿意从事的工作环境中，不仅脏乱差，还常常有毒有害，危险性极高，如矿山、建筑工地等。农民工还常常失去接受职业技能培训的权利。据国家统计局发布的一项数据，在农民工中，接受过农业技术培训的占10.7%，接受过非农职业技能培训的占25.6%，既没有参加农业技术培训也没有参加非农职业技能培训的农民工占69.2%。由于农民工自身能力的限制，农民工的就业领域非常狭窄，因而接受职业技能培训便显得非常必要。最后，农民工签订劳动合同的情况也不容乐观。据国家统计局的数据，2012年外出受雇农民工与雇主或单位签订劳动合同的占43.9%，与上年基本持平。据调查显示，农民工与用人单位有口头约定的所占比例为48%；签了书面合同，但几乎不知道合同内容的比例为32.5%；既没有签订书面合同，又没有口头约定的占15.8%。[①] 虽然国家极力改变这种状况，但改善并不明显。因为缺乏劳动合同的保障，农民工的工资、工时得不到保证，工作岗位也极其不稳定。

农民工的政治权是农民工的一项重要权利，它是农民工为自己争取其他权利的重要保证。

可是，作为流动人口的农民工政治权利时常形同虚设。政治权又称参政权，是人们参与政治活动的一切权利的总称。它包括选举与被选举权，公民言论、出版、集会、结社、游行、示威的权利，担任国家机关职务的权利，担任国有公司、企业、事业单位和人民团体领导的权利。其中，选举权与被选举权是公民最基本的权利。我国《宪法》规定，凡满18岁公民都享有各项政治权利。虽然法律对农民工的政治权利予以保障，农民工拥有参加村民自治和村委会选举的权利，但由于政治权的属地赋予再加上时空阻隔、交通成本、工作成本等原因，农民工常常选择放弃而无法实行自己的政治权利。农民工在政治上被置于边缘化的地位，失去了为自己争取合法权益的机会。

文化教育权是农民工取得发展，融入城市的重要途径。但是，农民工的文化教育权正面临着巨大的挑战。一方面，长期以来农民工随迁子女并没有享受到与城市子女同等的受教育权利。《义务教育法》规定："义务教育事业，在国务院的领导下实行地方负责、分级管理；实施义务教育所需事业费和基本建设投资由国务院和地方各级政府负责筹措、予以保

---

① 龙萍：《新生代农民工权益保障探索》，《经法纵览金田》第299期，第239—240页。

证。”因此，流入地政府对随迁子女教育的保证并没有责任，随迁子女受教育不仅没有政府补贴，还要补交高昂的借读费。这使农民工的负担和压力极大，许多农民工子女面临辍学困境。另一方面，农民工由于受户籍限制，难以享受和城市居民同样的公共服务，许多企业还对农民工进行封闭式管理，致使农民工文化生活缺乏，无所依托，精神上陷入极度无聊痛苦之中。再加上城市的歧视和农民工的文化自卑，形成了不利于农民工文化消费的环境，农民工的文化权堪忧。

现实中，我国农民工权益受损却束手无策的情况比比皆是。无论在任何时候，维权都是一场耗费巨大的博弈，需要强力的支撑。而农民工虽然数量巨大，但由于分散，缺乏有力、有效组织和正确的指导而往往在博弈中处于弱势地位。

（二）农民工的政治行为与利益表达

农民工作为中国饱受争议的社会群体，不仅失去了话语权，合法权益也常常面临被侵犯的境况。随着社会的发展，农民工的维权意识不断成长，利益诉求愿望强烈。政治参与逐渐成为农民工维护自己权益的手段，但是“作为政治的边缘人”，农民工的政治参与行为仍然存在着很多问题。

“政治参与”至今在学术界并没有明确的界定，存在的争议也很多。但本书认为所谓“政治参与”应是指公民在自愿或动员的情况下，为维护自身利益而做出影响政治决策和决策执行的政治心理和行为。农民工的政治参与行为由于其特殊的社会身份而备受关注。许多学者对农民工政治参与进行了研究，发现当代农民工的政治参与行为存在着以下特点：政治参与边缘化、政治冷漠与政治渴求并存、政治参与目标明确、政治信任度不高、以非制度化行为为主、对政治系统影响甚微。当前我国政治参与机制尚未健全，农民工因其流动性和差别的户籍制度而处于政治边缘化的位置。他们一方面渴求着能得到政治关注，在政治决策中占据一席之地，另一方面由于政治权利的缺失，无形中拉大了自身与政治的距离，抱着事不关己的态度，对政治态度异常冷漠。虽然如此，他们仍然渴望能维护自己的合法权益，尤其是经济权益，但是由于权益表达不畅和对政治的信任度日渐降低，以及一些制度内的政治诉求无法得到重视。于是，他们常常采用一些极端的以伤害自身或别人为代价的制度化外的方式来引起社会的关注，争取自己的权益。

本章将农民工政治参与的研究分为政治参与认知、政治参与方式和政治参与反馈来进行简单的分析。

首先是农民工政治参与的认知。农民工政治参与的认知包括农民工对政治参与性质、作用等的认识，政治参与的意识以及对待政治参与的态度。事实上，当代农民工基本上能认识到政治参与的作用，认为能维护权益，实现平等。在一项调查中，受访新生代农民工，有76.5%的人意识到公民政治权利的重要性，87.8%的人认为个人和民间舆论能够影响政府的决策，虽然32.6%的人认为这种影响十分有限，但认为个人与民间舆论无法影响政府决策的新生代农民工只占12.2%。当新生代农民工群体的利益受到损害时，90%的受访者表示会采取方式来维护自己的合法权益，其中25.8%的人会诉诸法律，但是28.5%人则考虑私下解决。这说明当代农民工的政治意识觉醒，有较强的维权意识。对于政治参与目的，当代农民工的政治觉悟也有所增长。在一项调查中，我们发现58.4%的新生代农民工进行政治参与的动机是为了反映农民工群体的利益，他们的政治参与目的在于寻求群体的整体利益，以改善共同处境，维护共同利益，偏重个人功利性的狭隘的政治参与观有所改变，仅为了自身利益而进行政治参与的新生代农民工只占调查总体的25.6%。这说明农民工正在脱离自身局限，对自已的力量有了新的认识。一个人的政治力量是不足以保证政治维权这场博弈的胜利的，而整个农民工的力量是强大的。这也说明，他们开始对农民工的群体有了稳定的归属感。在政治参与态度方面，当代农民工对政治的关注度在不断提高。他们通过电视、报纸、广播、手机、互联网等媒介来了解时事，虽然对于政策的解读能力有限，但通过关注国家与自身的命运极大限度地激发了他们政治参与的热情与政治渴望。

其次是政治参与的方式。研究领域通常把农民工的政治参与行为分为制度化政治参与和非制度化政治参与。制度化的政治参与具有合法性、合理性和均衡性等特点，它主要包括政治选举、政治团体活动、政治信访和媒介利用等，如参加各级代表大会选举和投票、参加村民会议、听取及表决村委会工作报告等。而非制度化政治参与行为则具有非理性、破坏性、无序性、无组织性和极端性的特点，它包括上访告状、公共场所的群体骚乱以及其他报复性攻击行为。事实上，国家虽然规定保证农民工的制度化参与途径，但情况并不理想。据调查，在投票选举上，51.3%受访者从未参加过投票选举，28.8%受访者很少参加，仅有4.2%的人经常或较常参与政治选举。在政治团体活动中，经常或较常向组织单位提意见的新生代农民工仅占3.2%，经常或较常向人大代表或政协委员提意见的人也只占2.1%。在信访上，对这一渠道“不太了解”、“完全不了解”和“不清楚”的人占了总受访人群的绝大多数，为68.4%，通过信访办向政府提建议的新生代农民工为13.0%。在媒介利用上，情况稍有改观，46.9%受访者选择利用网络、电视等媒体来向政府提出建议。可见，农民工的制度化政治参与渠道并不通畅、有效利用率极低。而由于市场经济制度的建立和各种利益关系的调整，农民工问题日益凸显并有了一些新矛盾。再加上制度化政治参与渠道的不通畅，许多农民工选择了非制度化的政治参与来维护自己的权益。近年来集体上访和越级上访成为农民工维权的非制度化重要渠道，他们通常认为上访级别越高、人员越多、规模越大，就越容易引起重视，问题就会解决得越快，效果也就会越好。对于农民工的上访现象很多地方政府的处理并不合理，提出要“依法治访”、“严厉打击越级上访”，对上访农民工进行严厉地惩处。同时，农民工较常用的非制度化方式还有集体罢工、抗议与暴力对抗、加入非法组织（老乡帮会）、自杀性威胁等。

最后是政治参与的反馈。农民工的政治参与反馈是指对农民工参政广度、参政深度和参政效度的评价。随着时代的发展，当代具有政治参与意识的农民工越来越多。同时，为了促进民主政治的发展，加快构建和谐社会的步伐，国家不断地拓宽民主政治的渠道。可以说，我国农民工政治参与的广度虽仍显不足，但是现在以及今后都必将不断拓展，民主政治将愈加完善。在政治参与的深度上，也并不理想。其一，农民工政治参与的主动性和持久性不强，一般是在利益受到损害时才会想到通过政治参与来维护自己的权益。也就是说，当代农民工的民主意识虽有发展，但是仍然十分受限。维权行动应是时时刻刻都在进行的，而不是只有权益被侵犯后才开始。农民工的民主意识没有形成习惯，在平时不能主动维护自己的民主权利，这对更切实维护权益十分不利。其二，我国实行社会主义民主政治，农民工也是国家的主人，也是国家权力机构的组成部分。而在农村实行基层民主自治，成立村委会，无疑都是对农民工政治权利的保证，只是因为实施有不尽如人意之处，使得农民工的政治参与十分艰难。对此，政府也在关注并将不断完善农民工政治参与的保障，积极促进农民工政治权利涉及的深度，而农民工民主意识也不断发展，农民工政治参与程度将不断加深。在参政效度上，主要是对农民工政治活动产生效果的评价。过去很长一段时间，农民工的政治行为不能引起国家和政府的重视，致使农民工的权益受到侵害的情况时常发生。而现在，农民工作为产业主体，作为城镇化进程不断发展的基础，将越来越得到国家和社会的关注。而农民工的政治行为、其利益诉求也将会不断引起国家的重视，农民工政治参与的效度也将不断提高。

我国农民工利益的保障，归根结底是要引起政治的反响。农民工的政治参与是农民工维护自身利益的唯一的制度化途径。然而，我国农民工制度化的政治参与不仅存在渠道不畅的问题，而且效果不佳、历时长，还很难引起重视，所以常常被农民工忽视。农民工在渠道受限的情况下只能另辟蹊径，使可能产生负面影响的非制度化政治参与反而喧宾夺主，成为了主要途径。这是国家民主制度不完善、民主权利难以保障的表现。因此，推动农民工政治参与合法化，完善农民工政治参与的途径将成为促进我国民主政治的题中之意。

第二章 城镇化进程中的农民工媒介素养

第一节 城镇化进程中农民工媒介素养研究基础

一 媒介素养的概念及演变

“媒介素养”这一概念最早来源于20世纪30年代的英国，当时电影等具有商业诉求的流行文化的盛行，引起学者们的关注。他们对以电影为代表，以新兴的电子传播媒介为核心的大众传播媒介所传播的流行文化的泛滥，以及这种流行文化给传播社会的文化传统、价值观念、生活观念等所带来的冲击，表示了极大的担忧。

1933年，学者F. R. 利维斯和D. 汤普森发表了媒介素养教育的开山之作《文化和环境：批判意识的培养》。在这部书里，两位学者发挥文学批评家的敏锐和深刻，观察到了上述崭新的社会现象，首次就学校引入媒介教育的问题做了系统的阐述，提出了一套完整的建议，并设计了内容丰富的课堂练习。①

媒介素养的概念属于地地道道的舶来品，据学者鲁宾分析，主要有三个层面，即能力模式、知识模式和理解模式。就能力模式而言，指公民所具有的获取、分析、评价和传输各种形式信息的能力，侧重于对信息的认知过程。知识模式观点认为，媒介素养就是关于媒介如何对社会产生功能的知识体系，其侧重点是信息如何传输。而理解模式的观点声称，所谓媒介素养就是理解媒介信息在制造、生产和传递过程中受到来自文化、经济、政治和技术等力量的强制作用，侧重的是对于信息的判断和理解

---

① ［英］大卫·帕金翰著：《英国的媒介素养教育：超越保护主义》，杨晓丽译，《媒介研究》2004年第3期。

能力。

目前所研究的“媒介素养”中的“素养”一词来源于英语中的“literacy”，也有人将其翻译为“媒介识读”，据说这两种翻译都来自台湾地区。如果用科学的语言来表述，媒介素养应该是什么呢？这里我们引用国内外学者的不同理解来加深认识。

美国学者 James Potter 认为：“媒介素养是一种观察方法，即当我们置身于媒介中时，为了解读我们所遇到的信息时主动采取的一种方法，我们通过知识结构来构建我们的方法，建构知识结构则需要工具和原始资料，工具是我们的技巧，原始资料则是来自于媒介和现实世界的信息，主动采用指我们不但知晓信息，而且还会不断地与信息互动交流。”

美国的一家媒介素养专业机构研究网站提出：“媒介素养是一种能力，用这种能力来接触、分析和评价大众媒介中所传递的诸多复杂信息。媒介素养着重于帮助人们尤其是青年人成为对媒介信息更谨慎和理性的消费者，从而在有关健康、购物和价值判断上能做出更明智的选择；同时也帮助人们成为媒介有创新的生产者，从而更有效地传递他们的所思，所想和优势。”①

英国学者 David Buckingham 认为：“媒介素养指使用和解读媒介信息所需要的知识，技巧和能力。”

美国学者艾伦·鲁宾曾经集中提供过三个关于媒介素养的定义：“一个定义来自‘全国媒介素养指导会议’，即将媒介素养视为获取、分析、衡量以及传播讯息的能力。第二个定义来自媒介学者保罗·梅瑟里斯，即将媒介素养视为关于媒介如何在社会中起作用的知识，第三个定义来自大众传播研究者贾斯廷·刘易斯和苏特·加利，即将媒介素养视为理解文化、经济、政治和科技对讯息的创造、生产和传播的制约。”②

加拿大人对媒介素养的定义是：媒介素养旨在帮助学生发展对大众媒介的本质有知晓和判断的理解力，懂得大众媒介所运用的技术以及这些技术所产生的影响。更具体地说，媒介素养是一种教育，这种教育的目的是增加学生对媒介如何运作、媒介如何传递意义、如何组织起来以及如何构

---

① http：//medialiteracy. education. uconn. edu.

② ［美］斯坦利·巴兰、丹尼斯·戴维斯著：《大众传播理论：基础，争鸣与未来》，曹书乐译，清华大学出版社 2004 年版，第 367—368 页。

建现实的理解和享受。媒介素养也旨在让学生具有创造媒介产品的能力。①

概括地说，所谓媒介素养就是指正确地、建设性地享用大众传播资源的能力，能够充分利用媒介资源完善自我，参与社会进步。主要包括受众利用媒介资源动机、使用媒介资源的方式方法与态度、利用媒介资源的有效程度以及对媒介的批判能力等。

二　媒介素养的基本理论及发展

虽然媒介素养教育的发展前后历经了70多年的光景，然而在各国之间甚至在起源国——英国本土内也存在着不同的认识和界定。根据英国伦敦大学教授、世界知名媒介素养教育学专家 David Buckingham 的研究结果，对于儿童、青少年和青年群体，媒介素养技能包括三大要素，即获取、理解、创新。它代表着人的三个不同方面的能力，即功能性、思辨性和能动性。“获取”不仅指获取信息的设备，如电脑、网络、电视、收音机等；操作技术，如软件、硬件、信息技术等基本知识；有效采集自己所需要的信息和主动拒绝不良信息的能力，还有对媒体潜在危险的认知，尤其是儿童与青少年对新媒体——因特网的潜在危险和自己冒险行为的认知。这一认知度的深与浅被视为推动媒介素养教育事业的主要发展因素之一。“理解”的要素主要涉及如何正确认识和理解媒介语言、媒介再现性质、媒介工业和媒介受众等内容，其中媒介受众是理论研究者们最为关注的重点之一，他们不仅延续了传统传播学对受众研究的思路，还以受众自我认知为切入点，研究受众对媒介内容反馈信息的认识，以及与他人之间的比较，从而在比较中找出差别和导致差别的原因。通过多种方法的研究，媒介素养教育者们创建了媒介素养教育理论，包括教学理念、教学内容、教学方法、教学成果评估等。“创新”就是将吸收的知识转化为运用和创造的知识，它包括自己动手制作各种视频节目、编排杂志、设计网页，甚至涵盖日常使用媒介进行交流的各种活动，如发送电子邮件、进入网络聊天室、从电视商场和网络商场购物、体验网络游戏的刺激和快乐等。在英国，“创新”受到广泛的重视，多数学者坚持认为媒介产品的制作过程是整合前面所学知识的过程，是学生反思的过程，是成功完成角色

① 杨光辉：《走向传媒——如何开展媒介教育》，蔡帼芬等主编：《媒介素养》，中国传媒大学出版社2005年版，第67页。

转换的过程。

2005年英国出版了由英国考试与课程权威机构“Qualifications and Curriculum Authority”撰写的*Media Matters – A Review of Media Studies in Schools and Colleges*一书。此书认为媒介素养的培养应立足于四个主要理念，即：媒介语言、媒介受众、媒介机构和媒介的再现本质。全书在不同章节从不同角度力图向读者传输作者的观点，那就是上述的四个主要理念无论是在理论上还是在实践中都以帮助受众提高媒介素养为落脚点。

美国的媒介素养理论框架含有五个核心理念：（1）媒介讯息都是经过建构而成的；（2）媒介讯息的建构建立在各个媒介自身创造性语言的基础上；（3）受众在接收、处理媒介讯息时存在着个体差异性；（4）价值取向和思想观点嵌入在媒介和媒介讯息之中；（5）媒介讯息的传播不可避免地打着经济利益或意识形态的烙印。为了帮助人们理解和掌握这五个核心理念，他们还设计出相应的五个问题，即：谁建构了媒介讯息？媒体使用了什么技巧来抓住受众的眼球？受众是如何产生个体差异的？媒介和媒介讯息中有怎样的价值取向？何谓传播媒介讯息的目的？其实，美国这五个理念和五个问题的共同关注点就是实现媒介素养教育终极目标的关键内容——构成媒介讯息的五要素，它们是：讯息的制作者、讯息的形式、受众、媒介内容和讯息制作的动因。

媒介理论的范式内涵也在不断变化。库恩将范式视为“一种对本体论、认识论和方法论的基本承诺，是科学家集团所共同接受的一组假说、理论、准则和方法的总和，这些东西在心理上形成科学家的共同信念”（引自百度百科“范式”词条）。正如库恩的范式理论所阐述的，科学的发展得益于研究范式的革命性突破，而所谓的范式即是在一个时期的科学。媒介素养正实现了这种革命性的突破，既拓展了功能分析范式的视野，又融合了文化与批判的研究传统。①

心理学家提出了社会认知理论，通过认知心理学的方法证明了电视对个人（尤其是儿童及青少年）的强大效果，控制论专家强调了双向传播与反馈机制，在系统环境中发现了媒介对社会的巨大影响。学者们逐渐认识到受众的积极性，开始关注受众对媒介的使用与满足，使传播学研究柳

① 孙文彬：《媒介素养内涵演变与发展研究》，硕士学位论文，中国科学技术大学，2009年，第36－48页。

暗花明，此时对受众的研究不仅限于观念劝服与行为反应，还开始关注受众的知识学习、信息接收与认知框架等研究领域，促使媒介的强大效果理论逐渐成形。

媒介的强大影响，尤其是暴力与色情信息对儿童与青少年的巨大负面影响引起了社会的担忧，因此欧美各国先后掀起了媒介素养运动，美国发起“视觉素养”和“批判性观看技巧”运动，英国倡导“屏幕教育”运动等。虽然各国媒介素养运动的动机各异，但普遍认同这样的观点：公众需要通过媒介教育来提高媒介素养，尤其要培养他们的批判性意识，以便能合理地欣赏、解读和批判媒介信息，并自主地使用媒介，而不受媒介及内容的支配，通过媒介素养实现个人的终身学习与全面发展。

媒介素养思想在全球范围内引起重视，并得到联合国教科文组织的支持，尤其随着数字革命的到来与计算机的普及，社会的媒介形态与传播模式发生改变，个人的媒介观念与交往方式也随之改变，这直接导致了传播学研究的重心与范式的转变，受众对媒介及信息的认知、解读、批判与使用的主体性与控制权问题得以凸显。媒介素养理论研究开始复兴，并随着欧洲文化批判主义的媒介研究传统，极大地冲击了美国主流的实证经验主义的传播研究。媒介素养理论强调受众本位的回归、媒介的自主性使用、信息的批判性解读、个人的终身学习以及社会的民主对话等，同时，它预示着当代传播学研究的发展方向。媒介素养不仅是一场文化的民主运动，还是一种公民素质的教育理念。它既是一个内涵丰富的传播学理论，又是一种多元视角的传播学研究范式。

三　国内农民工媒介素养研究动态

中国正在突飞猛进地发展，在经济不断发展的同时，大众媒介在其中扮演的角色也越来越重要，我国媒介素养的研究如火如荼，在各个领域都有很多论述，尤其是在中国城镇化进程中农民工的媒介素养研究应是重中之重，它将极大影响社会整体媒介素养提高的进程。农民工接触和使用媒介的方式是否发生了变化，在新媒介的冲击下，农民工是怎样的心态，农民工是如何看待和理解媒介的，农民工是否会利用媒介传达自己的意愿和声音，农民工通过大众媒介得到了多少有效资源，以及农民工面对大众媒介所传播的海量信息是否有筛选辨别和抵抗能力等就成为非常重要的问题。综观国内农民工媒介素养研究，我们看到主要有以下几个方面：

（1）以地域为特征进行农民工媒介素养研究：东部以方晓红教授为

代表，进行了苏南农村的实证调查，是研究农民工媒介素养不可多得的资料。西部研究以贫困地区和少数民族为典型对象，比如姚君喜教授以甘肃为个案，深入研究了甘肃贫困地区的媒介情况。林晓华以少数民族为研究对象，研究了媒介素养与少数民族的发展关系。中部地区吉林、河南等省份做过相关的实证研究。大众媒介作为国家发展的重要推进工具，是应在农村环境下着力研究的。

（2）对于在新媒体环境下农民工媒介素养现状的调查研究。这些研究的亮点在于这类研究的方法主要用的是一种定量的研究方法，而不是定性研究。他们主要是对农民工的媒介素养能力水平进行考察。这种抽象的媒介素养能力主要划分为三个层面：第一是对媒介信息判断、辨别和认知能力；第二是对媒介信息的质疑与批判水平；第三是对媒介资源的利用能力。这样就把一个抽象的概念进行了具体化呈现。并且在这个基础上，又进行了详细的分析，之后指出了有效改善的具体实施方式、措施、建议等，非常具有现实意义。例如杜忠锋和史晓宇（2011）的研究，他们的研究主要是以昆明大学的一个建筑工地为个案，以工地的农民工为调查对象。主要采取了统一问卷调查、随机抽样调查、个人访问的研究方法。在研究中他们主要考察的是农民工受众在大众媒介影响下的消费态度和选择，农民工对媒介信息的认知与判断能力，农民工对媒介信息的理解、解读及批判能力，以及应该怎样利用媒介资源的能力，并着眼于这四个方面进行了详尽的描述与分析。他们研究的创新之处在于设定了四个标准——即农民工受众对于媒介所提供的大量信息内容的真实度的看法、大众传播媒介对于农民工受众生产生活的重要性的程度、农民工受众对于大众媒介所给予的内容信息的选择，现在各类新闻报道怎样干预农民工社会生产生活，以及影响的程度怎样。主要是从这几个方面来考察农民工的媒介素养水平，重点集中在大众媒介信息的理解能力与批判能力。研究者在最后得出了重要的观点：现如今，农民工所接触到的海量媒介信息慢慢走向多元化，社会上的一些娱乐新闻、娱乐化信息更加受到农民工的青睐；农民工媒介接触经验和他们生产生活经历，这两者共同影响了农民工群体对大众传播媒介信息的认知与理解；其次，农民工群体使用媒介的能力有多个制约因素，他们使用媒介能力的培养主要也由硬件条件来决定，比如说时间、职业、精力等。

而在魏业群、张伶俐、徐晶（2011）的研究中，主要对杭州等一些南方的大小城市的农民工的媒介素养进行了实际调查，从对媒介的使用接触、媒介认知、农民工受众这四个方面对于媒介内容的评价、农民工的媒介参与，主要是为了对农民工群体的媒介素养的现状，在整体上有直观的了解。最终目的是培养农民工对于使用媒体来认知、了解社会，从而表达民情，实现理性批判，提高他们接受收、理媒介信息的能力。

又如师建辉（2011）的研究，他主要是从理论上来论证，亮点在于理论性很强，通过怎样提高农民工群体媒介素养的价值意义以及实现途径这两个方面来进行论证和表述。还如景江瑛（2010）的研究，以重庆市的一个工业园，即九龙坡工业园中的一些农民工为研究对象进行调查，这是一种很新颖的形式，主要是想通过围坐问卷调查的形式来总结出他们所处的大众传播媒介的整体环境，以及农民工使用传播媒介的现实情况，从农民工的信息需求以及农民工整体对媒介的评价这几个主要方面来概括出他们的媒介素养现状。并从他们的媒介素养现状出发，探求现状中存在的问题，客观提出了他们的媒介素养存在的一些现实问题，之后对提升工业园区内农民工的媒介素养提出了一些具体对策。

（3）对于农民工媒介素养教育的理论意义与价值分析研究。比较典型的是贺文发的研究，在他的文章《反对不民主的伪精英和不精英的伪民主——媒介素养的中国视角》中，他就直接提出了他自己的观点：现在大众传播媒介素养的内涵很宽泛，而媒介素养的本质，主要是对大众文化的一种认知能力和解读能力，这不仅是对文化的一种理解，也是当下中国社会主义发展的重要一步，推进社会主义民主进程的一种重要形式。他总结出，在当下的中国社会，教育的途径很多，但是要找到一个正确的方式需要很长的时间来探索。个人媒介素养教育的途径不可以总是一味地走批判之路，也不能一直盲目地跟风。媒介素养的教育方式应有全球化的眼光和角度，不仅要学习和模仿好的经验，更要因地制宜，根据本土的实际情况进行创新。白传之的研究也比较典型，在他的文章《推进媒介素养的研究，培养高素质的阅听人》中，对“媒介素养教育”这一概念给予了很大的关注，亮点在于他在文章中对中国媒介素养的研究现状、存在的问题，以及媒介素养教育在我国实践的现状进行了详尽的梳理工作，由点及面，以小见大，并在文章最后提出了自己的观点。他认为，媒介素养教育在各国已成为个人整体素质的一部分。媒介素养的最终的目的是为社会培养高素质的阅听人，个人媒介素养教育的提高，一定程度上也会促进社会整体素质的提高。国外很多学者对媒介素养教育进行了大量研究。比如，加拿大的学者巴里·邓肯和卡罗琳·威尔逊在《全球研究和媒介教育：新世纪的出路》这篇文章中也对媒介素养教育的途径进行了有效而深刻的探索。

通过资料我们可以看出，大规模的全国性农民工媒介素养总结和概括的研究还不多见，多以区域性研究为主。我国农民工生存范围广、数量大，因此大面积调查难度大，研究时间长。比起媒介素养研究的其他领域，农民工媒介素养的调查研究更为复杂和艰难。

在对农民工媒介认知的调查中发现，由于农民工没有很多机会去接触各种各样的媒介，因此他们不能准确把握媒介的功能；此外，他们每天从事繁忙的体力劳动，没有时间和精力去关注媒介，因此也无法准确认识到媒介自身存在的问题；在媒介重要性的认识上，由于农民工每天从事的工作不需要媒介的参与，生活中也不需要过分依赖媒介，因此他们并不认为离开了大众媒介就无法很好地生活，也就是说，大众媒介并非与他们的生活息息相关；由于文化水平所限，农民工不具备充分的法律知识，因此在问到他们如何看待媒介公开个人隐私时，大部分人对媒介应当遵循的道德法律规范不是很清楚。

在媒介的评价问题上，农民工对媒介报道信息真实性的评价不高，他们认为媒介不是真实世界的客观反映，媒介报道的信息得不到他们的信任。同时他们也不能主动地加工与处理媒介信息，缺乏一定的批评和质疑精神。

在媒介的参与上，他们中的一部分人会积极参与一些自己感兴趣的节目或拨打热线电话，会为媒介提供一些重要的新闻线索，但总体的媒介参与意向不是很强。

总之，农民工是都市生活中很重要的一个特殊群体，加强农民工的媒介素养教育，提高农民工的媒介素养，是帮助农民工获得城市认同和加速其社会化的一个重要途径，应该引起社会各界的关注。

四　农民工的“世纪迁徙”

自20世纪30年代英国学者提出媒介素养问题以来，媒介素养教育已经在许多发达国家普及。中国香港和台湾地区从20世纪80年代开始推广，至今已形成一定规模。相比之下，媒介素养教育较晚进入中国大陆，90年代末被传播学者卜卫引入，但近年来，后发之势强劲。大家已经认识到，在高速发展的中国社会里，公民素质亟待提升，媒介素养作为现代社会公民素养培育的重要方面，不可小视。从媒介素养教育的对象来看，目前包括中国在内的多数国家，大多集中在青少年或针对弱势群体的媒介素养教育刚刚起步。在中国，针对农民工的媒介素养教育更是处于空白。① 而实际上，在中国这样一个强调发展与和谐并重，且处于转型期的特殊社会语境下，在社会弱势群体中开展包括媒介素养在内的全方位的素养教育尤为必要。

随着城镇化进程的加快，我国的农民工正以每年500万人的速度进城，加入到1.2亿的打工大军中，演绎着一场规模空前的“世纪迁徙”，也成了中国社会转型期的一个特殊人群。他们不远千里都市寻梦，成为地理和文化上的“双重移民”。他们多是中国农民中的精英，渴望通过辛勤劳动被城市认可，对社会地位和经济地位的提升充满期待；与此同时，还要在新环境中不断调整自己的工作方式、生活习惯、价值观念。可以说，农民工群体受到适应与发展、经济与心理的多重压力。在“世纪迁徙”的大潮中，他们急需找到推动其完成顺畅的市民化的养料，以及释放、缓解压力的渠道。尽管受到诸多条件限制，大众媒介在农民工群体中的影响力已不可小觑，且有扩大的趋势。但调查也显示了与之对应的另一个事实：农民工媒介素养水平整体偏低。我们必须有意识地在农民工中开展媒介素养教育，引导其找到信息社会的路标，有效利用大众媒介完成城镇化进程。

第二节　当代新媒介素养内涵的丰富与发展

一　新媒介素养内涵的丰富

（一）新媒介素养与信息素养

随着技术的发展与进步，新媒介素养与信息素养不断融合，不同于传统媒介的传播模式，新媒介凭借其强大的数字处理技术与网络交互技术创造出一种全新的媒介景观与文化生态，以批判意识为核心的传统媒介素养

① 杨英新：《寻找世纪迁徙中的数字路标——农民工媒介素养教育前瞻》，《中国劳动关系学院学报》2010年10月。

已经很难适应信息环境下公众的生存需要，参与式文化与交往型社会的形成对公众的媒介素养提出了更高的要求，第三次浪潮席卷全球并向人们宣告了数字化生存时代的来临，而大众媒介正是这场数字化革命的急先锋与助推器，新媒介的数字化转向伴随着媒介形式的网络化与媒介内容的信息化，新媒介素养也正是在这样的时代背景下开始与信息素养相融合。

麦克卢汉曾经阐述过著名论断“媒介即信息”，当然不能据此来简单判断媒介素养即信息素养，这样大胆的论断还存在着许多争议，也并不是所有学者都认同这样的观点，更不乏质疑与批判的声音。但可以肯定的是，这样的思想确实激起了传播学者们极大的思考热情。就其本身而言，媒介的信息化与信息的媒介化趋势有目共睹，即使不能由“媒介即信息”武断地认为媒介素养即信息素养，而且有必要辨析与梳理两者的区别与联系，但我们应该认识到新媒介素养与信息素养的一体化趋势。尽管二者过去确实存在着不同的理论源流与实践取向，但当下乃至将来对媒介与信息的整体化思考意义重大，因为形式与内容已经浑然一体，新媒介素养与信息素养必将走向融合，这种趋势随着传播学与情报学的融合同步进行。

其实，学者们对媒介素养的理解与界定往往少不了对信息的涉及，如美国媒介素养研究中心的经典定义就是人们面对媒介各种信息时的选择、理解、质疑、评估、创造与制作，以及思辨的反应能力，甚至有学者将媒介素养划分为微观与宏观层面，而微观层面直接命名为“媒介信息素养”并分析了其内容。更有学者从教育视角深刻地解析了媒介素养与信息素养的关系，从概念的起缘层面、内涵的变迁过程、培养的实施方式这三个方面对两者的差异进行了详尽比较，并在此基础上明确阐述了媒介素养与信息素养相互融合的必然趋势。

（二）“媒介即信息”的辩证统一

媒介素养由传统的文化素养一步步发展而来，从听说读写的纸质媒介到广播电视的电子媒介形态的变革推动了媒介素养在20世纪后半叶的繁荣。而今传播技术的发展再次导致了媒介形态的变革，以网络计算机为代表的数字媒介已经取代传统电子媒介，并导致了社会文化的剧变，传播与信息成为这个时代的成型标志与典型特征。与此同时，信息、传播领域的各门学科相互碰撞与交融，共有研究领域越来越多，共有的理论与范式的探索也在进行，尤其是伯格曼与施门特的“信息社会理论”值得关注。传播学的信息化与情报学的交流观发展迅速，而解释学成为它们对话的基础，不仅在理论界，在产业界也同样能看出传播与信息的融合，信息产业与媒介产业正在互联网络的熔炉中相互渗透。①

随着大众传播理论从信息来源主宰论向积极的受众中心论的重心转移，以及媒介功能与影响向媒介使用与交互的范式转变，我们有理由相信在当代信息社会中，新媒介素养是大众传播理论的发展趋势，它代表了由拉扎斯菲尔德所划分的“行政的”与“批判的”两大传播学研究传统的融合。所谓行政的传播学研究即是美国传统的经验管理学派，而批判的传播学研究则是欧洲传统的文化批判学派，尽管这样的简单二分法并不全面准确，却非常概括实用，经验传统的美国大众传播研究也正是在20世纪六七十年代协调欧洲的文化与批判理论才走出了死胡同，发展成如今以受众与文化为中心的媒介素养理论的。

当代大众传播研究是以受众素养与社会文化为中心诉求的，联系它们的桥梁就是媒介。媒介形态随着技术革命突飞猛进的发展，进而更加迅速、深刻与广泛地影响着个人与社会，由此媒介逐渐成为传播学的关注焦点，而媒介研究也成为一个充满活力、涵盖广泛的热点学术领域。20世纪末的数字革命，以信息技术与网络技术为核心的新媒介（以多媒体计算机为代表）的普及导致了媒介生态的数字转型与媒介素养的技术转向。这让以文化素养与批判精神为核心的传统媒介素养理念受到了严重挑战，甚至有被以信息技术与操作能力为核心的信息素养取代的趋势。如前所述，二者过去的联系与将来的融合毋庸置疑，是形式与内容的矛盾整体，是“道”与“器”的辩证统一。这恰似大众传播研究中经验管理学派与文化批判学派的关系，它们共同推动着大众传播理论以及媒介素养理论的发展。

虽然新媒介素养理论与昔日单一的实证效果研究和意识形态批判已大不相同，但仍有必要借鉴分别以“决策功能”与“社会符号”为核心诉求的大众传播研究范式，并结合对“道”与“器”各有侧重的媒介素养与信息素养的关系，以融合的视角分析新媒介素养的内涵发展，这样就不难把握新媒介素养中相互联系却各有偏重的两大路径，可谓一体两翼。正如学者冯延群所言：“媒介素养倾向于一种综合的文化素养，而信息素养则是一种知识管理策略。”②

① 张锦：《信息与传播：研究分野与交融》，知识产权出版社2008年版，第229—238页。

② 冯延群、荣维东：《媒介素养教育：课程历史和文明的视角》，《中国电化教育》2008年第7期。

二　新媒介素养内涵的发展

首先，文化环境中媒介交流的传播素质是新媒介素养中的一个重要方面。在媒介素养随着信息革命而经历剧烈的技术转向后，我们应该更加冷静地反观传播的本质，更加理性地批判新媒介的影响，重新挖掘媒介素养极具人文关怀的文化内涵。传播素质便是在这样的社会文化诉求中，成为新媒介素养进一步发展的有益探索，它从传播链中对媒介单一要素的关注转向更加全面的对传播整体环境的关注，从对工具理性的关注转向对价值理性的关注，从对传播手段的关注转向对传播本质的关注，从对媒介职业技术教育的关注转向对公众全面素质教育的关注。

传播素质不仅具备巨大的现实意义，同样具备坚实的理论基础。它充分体现了媒介素养理论中文化与批判的传统，体现了传播的共享与交互的实质，体现了社会符号理论的丰富内涵。而社会符号理论正是试图结合众多批判研究与文化研究的产物，甚至调和文化批判理论与传播科学的分歧，它通过一系列概念——指号过程、符号系统、情境活动、自反关系从而共同关注受众传播的积极性与传播仪式的符号观。[①] 而传播素质正是以人性为起点和归宿，通过各种媒介的技术手段与符号的文化意义实现人与人之间的有效沟通。因此传播素质既强调了媒介在人们日常生活、思想交流与文化建构中的重要作用，更彰显了人在时代进步、科技革命与社会发展中的主体地位，是媒介素养未来在文化层面的发展方向。

倡导价值理性，回归科学文化素质也是新媒介素养内涵发展的一大方面。媒介素养起源于传统文化素养，传统文化素养主要是相对于语言以及文字印刷媒介而言的听说读写的综合技能，这种传统媒介一直保持着有机社会的稳定与精英文化的特权。科技革命剧烈地更新了媒介形态并改变了媒介内容，尤其是随着电影、广播与电视等电子媒介的普及与影像内容的盛行，传统文化受到由大众媒介产生的大众文化的强烈冲击，精英阶层对由科技革命带来的社会变革与文化丧失进行了抵制与批判，媒介素养从文化素养中被利用来捍卫精英文化。然而，时代发展的车轮不可逆转，历史证明科技的进步，尤其是传播科技的发展极大地推动了社会的进步，媒介形态的更新更是促进了人类的发展。

---

① ［美国］斯坦利·巴兰、丹尼斯·戴维斯著《大众传播理论：基础、争鸣与未来》（第三版），曹书乐译，清华大学出版社 2003 年版，第 351 页。

传播科技由于和人类社会的紧密联系，一直是科技革命的弄潮儿，大众媒介便是科技革命的产物，而又进一步推动着科技进步与社会发展，这种发展究竟是文明的进步还是人性的丧失呢？我们需要反思，以防科技无序的狂飙导致人类社会的异化，其中对媒介的反思尤为重要。媒介是社会联系与人类交往的桥梁与纽带，也是科技知识与信息的交流与传播渠道。随着第三次浪潮的席卷和信息化革命的到来，人类社会开始了数字化生存的新纪元，我们在其中如何为人处世、安身立命，离不开媒介素养，然而当代媒介素养的内涵究竟包含哪些内容呢？除了前述在文化层面上的“为人之道”和技能层面上的“处事之器”外，我们更需要在历史与社会层面对媒介及其信息进行哲学反思，媒介素养不仅要求我们知道如何决策以及怎样交流，更需要我们理解传播的意义以及为何传播。

媒介素养需要我们站在哲学的高度，挖掘媒介发展史与传播思想史，考察媒介与个人和社会之间的关系与影响，理解媒介和信息的价值以及人类进行传播的意义。因此，当代媒介素养正在倡导价值理性，它是一种全新的文化素质，是一种并不排斥技术工具，却极具人文关怀的文化素质，是一种融合了科学文化与人文文化的文化素质，是当代科学文化素质的重要组成部分。

三　新媒介素养内涵的基本理解以及影响

（一）新媒介素养内涵的基本理解

传统媒介素养教育的发展，与社会文化、传播科技与媒介形态关系紧密，并且反映出人们文化观念、传播模式与媒介观念的转变，社会文化与科技技术推动着传播媒介的发展，并更新着媒介素养的理念，传播媒介与媒介素养又促进了社会文化与科学技术的创新，这种互动机制成为社会发展的重要动力来源，媒介素养内涵就这样不断丰富与发展。信息社会与知识经济的到来创造了全新的文化形态，网络多媒体与计算机技术则提供了崭新的传播方式，然而当人们身处微博、空间，体验数字化生存的同时，其新媒介素养却是必不可少，它对当代公众提出了更高的要求，是对传统媒介素养的丰富与发展。不论是研究新媒介素养的理论，还是实践新媒介素养的教育，或是测评公众新媒介素养的水平，都必须建立在对当代新媒介素养内涵的把握之上，考察传统媒介素养的内涵演变，丰富新媒介素养的内涵发展，并构建新媒介素养的内涵体系，是当代传播与媒介研究的基础与核心工作。

传播学者们曾经对媒介素养的理念与原则做过不少精辟的论述，对媒介素养的要素与定义也进行了充分的诠释，在前人研究的基础上，根据媒介素养内涵演变的历史，结合当代新的文化形态、传播环境与媒介技术，以及近期一些新媒介素养的研究，在此初步构建当代新媒介素养内涵体系。在阐述新媒介素养要素与内涵体系之前，结合波特[①]在1998年对媒介素养基本原则的描述，发展出对新媒介素养的基本观念：

（1）新媒介素养是一个历史与发展的连续统一体而不仅仅是一个确定的范畴或标准；

（2）新媒介素养面向所有身处新媒介环境与传播网络中的公众，是成为当代社会合格公民的基本文化经验与生存条件；

（3）新媒介素养是公民素质教育与终身学习的重要组成部分与关键实现手段；

（4）新媒介素养需要得到发展，也完全可以通过对媒介与信息相关知识的学习实现提高；

（5）新媒介素养是多层面的，它们包含各要素相互联系，并形成动态与开放的体系；

（6）新媒介素养的立足点是科学文化素养，核心理念是对媒介及信息的理解与批判；

（7）新媒介素养的实践目的是让公众对媒介及其信息的解读与使用拥有更大的控制权，对社会环境的监控以及对公共事务的参与具有更强的自主性。

（二）新媒介素养内涵的结构体系

新媒介素养的内涵体系是多层面、彼此联系、相互影响的动态发展的开放系统，它不仅积累并继承了传统媒介素养内涵发展过程中的核心要素，如基本的文化素养、批判意识、解读能力等，还丰富与发展了适应新文化语境、媒介形态与传播模式中的重要内容，如信息素养、网络技术、交互能力、知识管理、传播素质等。为了完整并清晰地总结并构建新媒介素养的内涵体系，在此将其划分成四个层面，每个层面又包含两方面的要素或内容，它们之间既相互联系，又各有侧重，它们构成的不是界限分明

---

① ［美国］斯坦利·巴兰，丹尼斯·戴维斯著：《大众传播理论：基础、争鸣与未来》（第三版），曹书乐译，清华大学出版社2003年版，第369页。

的线性维度，而是互为补充的系统结构。需要注意的是，新媒介素养不但自身不是一个固定范畴，而且相对于不同的主体也不存在一个硬性标准。新媒介素养对不同主体在不同时期从事不同的传播活动有着不同的要求，即使是同一主体在不同时期从事不同活动过程中也会反映出不同的水平，结合上述七点媒介素养的基本观念，我们尝试构建新媒介素养的内涵体系，它包括四个层面的内容：

（1）文化与道德层面：这是具备新媒介素养的先决条件，也是新媒介素养最基本的内核。它包括两方面的内容：科学文化素养与人文文化素养、伦理道德观念与社会规范意识。

最初，媒介素养教育是为了捍卫传统文化以及保护大众免受媒介内容毒害而提出的，它是基于传统文化素养，以教育实践的形式实现文化与道德的双重保护运动。因此，文化与道德是传统媒介素养教育的立足点。新媒介素养内涵中个人的文化素养与道德品质的根基地位同样不容动摇，而且在当代社会环境中尤为凸显，它是具备新媒介素养的先决条件，是对传统媒介素养教育内涵的延续和继承。同时，相对于传统人文道德观，当代社会对公众的文化素养与道德品质的要求也有了新的发展。

传统媒介素养教育在对传统文化辩护的同时，也是在对公众抵御低劣文化的影响进行免疫，实质上是在维护传统伦理道德与社会规范，尽管这种传统文化与道德规范都服务于精英阶层，有着保守的封建色彩与家长意识，但仍然有其积极的意义。如今自由民主得到了极大发展，社会形态也大为进步，社会的道德规范自然有所发展，但它在新媒介素养内涵中的地位仍然不容忽视，而且对社会的健康发展至关重要，伦理道德观念与社会规范意识共同构成了新媒介素养的品质内核。

（2）概念与流程层面：这是新媒介素养的认知基础，也是新媒介素养的知识范畴。它包括两方面内容：关键术语与概念框架、内容制作流程与商业运作策略。

通过对关键术语与概念框架的学习，可以掌握新媒介素养所需知识的重要环节与基本范畴。美国媒介素养全国领导会议就确定了几个关键术语：媒介信息是建构的；媒介信息是在经济、政治、社会、历史和美学的情境中生产出来的；读者、文本和文化的互动，构成信息接为过程中的意义解释；媒介拥有代表传播的不同形式、风格、符号系统的独特语言和个性；媒介再现会影响人们对社会现实的理解等。[①] 英国电影学院也提供了一组核心概念或关节点，构建一种概念性的框架：媒介机构、媒介类型、媒介技术、媒介语言、媒介受众、媒介表达等。[②]

关键术语与概念框架的学习能够完善新媒介素养静态的知识范畴，要深入理解与批判媒介及其信息，还必须熟悉媒介产品的制作流程与运作策略，前者主要针对媒介内容对象与主题的确定、采访与写作的规范、筛选与编辑的标准、合成与实现的技术等过程，进而回答媒介信息是如何产生、经过哪些把关、持有什么立场、包含哪些意图等问题；后者则是把握媒介的商业运作策略，包括市场定位、产品定价、盈利模式、经营策略等，这让我们了解到媒介机构生产与经营的媒介产品带有某些商业意图与利益导向。

（3）理解与监测层面：这是新媒介素养的核心理念，也是新媒介素养的灵魂所在。它包括两方面内容：理解与批判媒介及信息对人与社会的影响、跟踪与监测媒介议程与社会舆论。

鲁宾归纳了三类媒介素养定义，“理解模式”就是其中之一，他指出所有媒介素养的定义都强调特定的知识、意识与理性，以及对媒介信息的批判性衡量。并总结道，媒介素养也就是对传播的信息来源和技术所用的符码所生产出来的信息，以及对这些信息的选择、读解和影响的理解。因此，媒介及其信息对人与社会影响的批判性理解也是新媒介素养核心内涵，它是建立在文化层面与知识层面内涵基础上，作为意识层面的内涵所体现的内容，这种批判性的理解有助于形成个人对媒介及其信息的理性思考和判断，进而实现对社会环境的把握与监测。

在以往媒介素养内涵的研究中，对文化修养、道德品质、知识水平，尤其是批判性意识的关注由来已久，而作为传播媒介最重要功能之一的社会环境监测却一直受到忽视。传统媒介素养侧重对个人知识文化的提升，以及理性思维的培养，致力于帮助个人建立起对媒介及信息批判性的理解，媒介及信息在其中只被作为学习的内容文本，而忽略了其作为实践的技术与工具，因此较少关注个人通过媒介及信息与社会环境的互动，以及

---

① Renee Hobbs, “The Seven Creat Debates in the Media Literaey Movement”, *Journal of Conununieation*, Winter, 1998, 48 (1): pp. 16 –32.

② David Buekingham: “Media Education in the IJK: Moving beyond protectionism”, *Journal of Conunmunieation*, Winter 1999, pp. 33 –43.

个人媒介技能的提高。新媒介素养在技术与理念的双重推动下，更加注重与社会现实环境的联系，以及个人实践能力的扩展。

（4）技能与实践层面：这是新媒介素养的操作技术，也是新媒介素养的实践能力，它包括两方面内容：掌握新媒介与信息技术处理个人事务、参与公民社会中的交流协商与公共决策。

新的传播技术与媒介形态催生了新的社会文化环境，信息社会的到来综合地反映了这样的变化，信息技术的成熟与新媒介的普及颠覆了传统的传播模式，新媒介素养内涵也随之丰富与发展。以互联网与数字计算机为代表的新媒介技术创造了新的传播理念，媒介素养从免疫的家长式教育走向了赋权的自主式参与，媒介不再被视为仅对个人与社会施加影响，还被看作是个人与社会传播实践的工具，信息也不再是仅供批判与解读的文本，而是社会意义的建构和知识的共享。新媒介素养要求个人具备各种新媒介技能，尤其是信息技术，并通过媒介信息的交流进行个人事务的处理与实践公共事务的决策。

新媒介素养内涵中，面向实践的操作技能非常重要，它是传统媒介素养的外延，是对当代公民传播能力与信息技术的新要求，个人生活在信息社会与知识经济的背景下，很容易深陷于数字迷雾之中，各种新媒介形态的产生为我们提供了更加丰富的传播渠道，而信息爆炸也产生了更加多样的内容，然而这些新媒介与信息的使用要求各种新技术手段的支持。这些技术手段的掌握正是新媒介素养的重要组成部分，我们需要了解各种新媒介技术，提高信息的传播能力，并实现对媒介信息的获取、遴选、分析、制作与传播的操作，用以处理个人事务，而新媒介素养更重要的内涵是，利用个人新媒介传播技能的提高，参与公民社会中的民主协商与公共决策，通过交流实现社会的和谐与发展。

以上就是新媒介素养四个层面的内容，各层面中又包含着多种要素，它们既逐层推进，又相互关联，从具备基本的文化素养与道德品质，到对媒介知识的认知与流程的了解，再到对媒介及其信息的批判性理解，以及对社会环境的监测，最后到利用新媒介与信息技术处理个人事务，并参与社会公共事务的过程，我们看到新媒介素养内涵的连续性与系统性，构成了一个完整的新媒介素养内涵体系，这个内涵体系还具有动态性与开放性，因为它还将不断受到社会文化、传播观念、媒介技术、实践经验的推动和进一步发展完善，对个人与社会和媒介及信息之间的关系做出新的诠释。

（三）新媒介对城镇化进程中农民工的影响

新媒介不仅影响个人与社会，它还塑造着个人的行为方式与思维模式，建构着社会的运作机制与文化形态，新媒介与个人、社会及文化是一种循环互动，而不是一种单向影响，个人在其中的自主性与能动性是这一循环的核心。网络技术与数字技术的发展为受众创造了“赋权”与“释放”的机会，新媒介的产生改变了传受双方的权利与信息失衡、搭建了网络的传播模式与数字平台、创造了民主参与的文化形态，然而人们的媒介素养总是滞后于媒介科技的发展，在这个全新的信息社会中进行数字化生存的公众，急需培养与之相匹配的新媒介素养，缺乏这种新媒介素养，个人将被社会淘汰，而社会将被技术左右。

新媒介素养究竟对个人与社会意味着什么？如果我们从个人的自由发展与社会的全面进步来考察新媒介素养的意义，这个答案将十分明显而且肯定。Web2.0 技术的网络空间与数字平台极大地丰富了人们的民主权利与平等机会，而这种权利与机会的享用是建立在新媒介素养基础之上的。相反，如果缺乏这种素养，数字鸿沟将无情地剥夺这一切，造成更大的不平等。新媒介素养首先可以提高个人的终身学习能力，以此为基础逐渐实现知识的共享与交互，并可以利用知识来满足自身的各种需求，通过民主对话与文化交流分享权利与机会，参与到公众事务与社会进程之中，最终实现个人的自由全面发展。

公众新媒介素养的整体提升将直接拉动社会各部门的发展，这种影响首先表现在科技方面，新媒介素养促进了公众间知识的共享与交流，并将推动知识的创新与发展，这有利于科技的传播与进步；科技进步将直接导致产业升级，提高社会总体生产力，新媒介素养还让商业信息的流动更加顺畅与快捷，提高了资金的周转与市场需求的反应速度，促进全球经济的一体化发展；经济基础决定上层建筑，所以经济的发展不可避免地影响社会意识形态与政治气候，而且新媒介素养提供了社会权利共享与平等交流的对话机制，必将推动社会政治体制的民主化进程；新媒介素养还使公众通过符号与意义的互动参与到整体社会文化的构建中，这种民主参与、平等对话、共享交互的文化正是构建和谐社会与创新型社会的基础；而新一代的公民将在这样的文化中实现社会化，并再次通过新媒介素养实现个体的终身教育与素质教育。我们可以看到，新媒介素养联系着个人与社会的各个方面，它是一种推动个人自由全面发展与社会可持续文明进步的重要循环机制。

第三节 城镇化进程中农民工媒介素养的背景与意义

一 中国媒介生态的变化与发展

近年来，中国的农村不断发展，城镇化水平不断提高，城镇化进程也在不断加快。中国是一个农业大国，农村人口占了大部分，所以城镇化进程的发展也推动着中国政治、经济以及社会文化等各个方面的进步。农民工的媒介素养对中国媒介生态的发展也起着至关重要的作用。随着传播媒介的不断发展和进步，学者们对于媒介生态的研究也进一步加深。媒介生态已经渐渐成为媒介研究中的一个热词。下面介绍中国媒介生态的变化和发展。

生态这个词语最先应用于生物学，是对于生物体及其所处的环境之间互动关系的研究，后来被用于社会科学领域。这好比“结构”一词本来是建筑领域的专业术语，后来也被用于哲学、政治、文学等领域。所谓媒介生态，就是指传播媒介赖以生存的环境空间。所谓媒介生态研究，是指用系统论以及控制论的方法来探求媒介和所处社会环境之间的互动关系以及媒介本身内部各部分之间的关系。香港中文大学的传播学家苏钥机先生认为，媒介生态共有四个分析层次：同一个传播组织内不同部门之间的关系及互动，同一种传播类型中不同传播组织之间的关系和互动，不同传播组织之间的关系和互动，社会媒介系统和社会其他系统之间的关系和互动。① 我国的传播学家最注重的是作为社会子系统的媒介和社会其他系统以及社会总系统之间的关系和互动。

近代以来，中国的媒介生态大概可以分为三个时期。当然，按照不同的标准，划分的时期也是不一样的，例如按照传播方法可以划分为有限言论表达时期、意识形态宣传时期、多种信息交流时期；就媒介形式而言，可以划分为报纸时期，报纸、广播和电视共栖时期，互动多媒体时期等。

---

① 纪东：《传播理论——上课讲义书》，高点文化事业有限公司 2001 年版，第 348 页。

第一个时期大约是19世纪中叶至1949年中华人民共和国成立，共有一百多年，包含了清代和民国两个时期。清朝是一个极其腐败的朝代，不仅经济腐败，政治腐朽，在文化方面也进行思想钳制，约束了人们的思想。直到鸦片战争以后，外国侵略者打开了中国闭塞之门，中国由一个封建国家变为半殖民地半封建的国家，也使得传统的媒介生态发生了重大变化。创办了很多报纸杂志，传播了新思想，一些中国报人，例如王韬，接受西方先进的思想，提出了报刊言论自由的观点。①

第二个时期大致从新中国成立到20世纪80年代的改革开放，有30余年，这一时期的特点是传播媒介及其机构主要隶属于政治机构，媒介在这一时期主要担任意识形态宣传的教育任务。新中国成立之后，我国的社会形态发生改变，媒介生态也随之发生了重大变化。政治上中国共产党统一领导，经济上实行公有制，消灭私有制，文化上对所有的非无产阶级文化进行批判。在这一时期，几乎所有的大众媒介都属于政府，为政治服务。

第三个时期是20世纪80年代至今，可以称为信息传播交流时期。随着改革开放的进行，一个崭新的媒介生态的雏形出现在中国，它不同于以往的任何时期，比以前更加开放，更具活力。部分媒介产业已经向民营资本和外国资本开放，多种成分的媒介经济正在形成。特别是中国加入WTO以后媒介产业融入世界，更是从整体上改变了原有的媒介生态。但是，中国目前的社会转型问题尚未结束，所以媒介生态也会进一步随之发展。

在当前的媒介生态环境中，“人”的变革集中体现在，人通过支配“人化”的媒介，来达到权力在现实社会的延伸。在这种权力的延伸中，传统媒介的力量受到削弱，并与其所处的大环境受到这种象征性权力性某种程度上的宰制。

在世界范围内，伴随着Google、iPhone、iPad、Facebook、Twitter等新媒介的兴起，有学者认为人类已经进入了GIFT社会（Google、iPhone、Facebook、Twitter首字母缩写）；在这个社会中，由于Google公司搜索引擎的强势植入，人们不再翻阅纸质书籍查找答案，而是只要轻点鼠标，便能在强大的搜索引擎中瞬间连接无数可供选择的答案。在此基础上，传统

① 徐培汀、裘正义：《中国新闻传播学说史》，重庆出版社1994年版，第141页。

的由知识精英主导的知识生产方式逐渐被抛弃，而以维基百科为代表的由大众主导的知识生产方式趁势崛起；由于苹果公司产品 iPhone 的天才设计与饥饿销售策略，原本习惯于消费流行音乐、流行电影等内容的人们，开始热衷于消费技术本身；由于 Facebook 在虚拟世界中将身处不同地理位置的人们联系在一起，所以人们便不愿意进行面对面的交谈，而是乐此不疲地转战虚拟社会交往的“狂欢派对”；由于 Twitter 的出现，严肃意义上的宏大叙事逐渐走向“穷途末路”，取而代之的是“闲言碎语”的非理性化意义堆砌。在这个新的媒介社会来临的时候，我们或许有这样的担忧：媒介技术已经异化为主体，它摆脱了受人类控制的命运，而强迫人类成为它的奴仆，从而成就束缚主体的力量；面对文化工业中整齐划一的机械理性，如今的媒介社会已然将被信息化后的人抛入一个更为虚无的符号世界，“人类的理性与自我意识，必然与那些根植于人类的本能——冲动与激情达成妥协”；面对让·鲍德里亚的符号交换理论向人们展示的一条由模仿到“复制”再到虚拟的逻辑链条，它已然断裂在历史的深处，因为现实世界已经成为一场完整意义上的虚构世界。①

如今媒介环境中的时尚符号体系，往往表现为一种脱离了实物的畸形审美，一种与过去审美标准完全反叛的欣赏框架，但这种反叛可能本身成全了流行文化的本意，即通过关注“丑”、“恶”的符号体系，与社会道德意义上推崇的“美”、“善”形成强烈对比，借由这种强烈对比，完成一种诡异的反叛。

二 城镇化进程中媒介的信息特征

改革开放以前，中国的城镇化进程是比较慢的，改革开放以后，可以说中国的城镇化进程突飞猛进，城镇化水平也在稳步提高，与之相适应的大众媒介也在不断发展，无论是信息的来源还是传播的方式都有着很大的改变。

在几十年前，中国的大众媒介还是传统类型的，信息的来源是比较单一的，只能从有限的社会渠道获取必要的信息。而在获取这些信息之前，各级政府的宣传部门都已经对信息进行了严格的审查和控制。传播学中有一个守门人原理，指的是信息在大众媒介流动的过程，处于媒介节点的守

① 陆唯怡：《全媒体时代的媒介生态环境变革》，硕士学位论文，华东师范大学，2012 年，第 28—31 页。

门人会对流动的信息进行把控和筛选，决定哪些信息可以通过，哪些信息不能通过。只要有一个节点上的守门人关闭信息流通的渠道，这一信息就不可能出现在人们的面前，为人们所知晓。其实这一理论，既不适应改革开放以前的中国媒介生态，也不适应当时的媒介生态，因为有一些信息在进入大众媒介之前就在政府部门等组织的核查下被拦截了。

改革开放以来，中国媒介生态在信息的来源方面发生了重大的变化，大众信息来源的封闭格局被打破了，取而代之的是全新的开放模式。目前，中国大众媒介信息来源的范围大、渠道广、方式多、涉及深，在中国以前的历史上是没有的。以报纸、广播、电视为传统大众媒体的信息来源较以前有了很大的改善，而且较以前还增加了网络、手机等新兴媒介。目前在中国，信息来源除了政府和国家通讯社以外，还有通过媒介本身的人员采写获得信息，中国的大众媒介在发挥自身采访优势的同时，还尽量利用社会力量扩大信息来源，培养新闻人，鼓励群众提供新闻线索等。当然，大众媒体相互利用信息资源也是信息来源的一个重要途径。

除了信息来源以外，信息的传播途径较改革开放之前也有相当大的改观，经历了一个从狭隘到宽阔的过程。这一改变，对中国媒体信息传播效率的提高具有重要意义，并推动了中国传播事业的进步。比如电视的普及、网络的发展等都大大拓宽了传播的途径，促进了信息的交流和碰撞。

三 我国农民工的思想观念

大众媒介在城市的发展顺利而平稳，在大城市的发展更为迅速。而农民工的媒介素养却伴随着大众媒介的发展近乎逆向发展。当大众媒介集中于少数人手中的时候，它不可能代表广大人民的利益，也不可能传达和疏导广大人民的心声。大众媒介局限于小众，逐渐成为小众精英的舞台，受利益的驱使，也给大众媒介自身的发展上了枷锁。

人是社会发展的主导因素，著名经济学家汪丁丁曾说过，中国经济的深层忧患是文化缺陷。文化素质的低下制约了人的发展，成为社会与经济发展的“瓶颈”。广大的农民工是国民的主体，却恰恰是文化素质缺乏的群体，因此扭转农民工文化素质不高的局面是刻不容缓的大事，是经济发展的关键。农民工还是政治的主体，较高的政治素质能促进经济的良好运行，同时也有利于社会矛盾的舒缓，是构建和谐社会的稳定剂。农民工作为社会的重要角色，农民工媒介素养关乎农村社会的发展，提高农民工媒介素养，引导广大农民工参与农村建设和改革，促进农民工更新意识的转变，这对国家经济和民主法治建设都是至关重要的，同时对国民素质的提升也有积极的推动作用。

在政府的政策方面，全面建设小康社会，实现中国特色社会主义现代化，最艰巨的任务是解决“三农”问题。从十六大到十六届三中全会、四中全会、五中全会，党中央进一步深化了新世纪中国特色社会主义现代化建设发展新阶段的指导思想和基本思路，提出了解决“三农”问题的总思路、措施、目标和要求。党的十六届五中全会明确提出把解决“三农”问题作为全党工作的重中之重，党的十七届三中全会研究了新形势下推进农村改革发展的若干重大问题。中央连续多年来的一号文件显示，“三农”问题一直是常抓不懈的任务，在不同的历史时期，都有相应的政策出台。目前，我国全力推进社会主义新农村建设，是保证小康社会和社会主义现代化宏伟目标实现的重大战略决策。建设社会主义新农村，是中国特色社会主义现代化建设的必然要求，是解决“三农”问题的必由之路。

农民工文化素质普遍偏低，是制约农村经济发展的重要因素之一。农民工缺乏对市场的预测判断，对新的科学技术更是难以驾驭，很难适应现代化生产的要求。没有相应的文化素质，科技转化为生产力就无从谈起。农民工媒介素养偏低，难以满足农业信息化的要求。不能有效搜集、把握农业信息，不仅会错失许多机会，还使得农民工对瞬息变化的市场情况茫然无措，只能凭借感觉、经验应对，难以抵挡市场风险。

农民工素养低下严重制约创收。加拿大经济学教授巴马伦顿·威尔马对世界上 111 个国家的产出与教育关系的研究证明，“一个人所接受的学校教育每增加一年，产出就要提高 5—15 个百分点”。美国经济学家 D. GaleJohson 分析，中国农民工在校时间每增加一年，其收入就可增长 3—5 个百分点。国内有的学者研究也表明，农民工平均教育程度系数每增加一个单位，其非农收入占生产性收入的比重将增加 11%。农民工自身素养的提高对农村经济的发展有促进作用。

有学者指出，农民工观念体系的基本内涵包括经济观念、政治观念、精神观念、文化观念、法制观念等。深化农村改革，不仅是建立体制机制，更要转变农民工的观念，让农民工在观念上实现了转变，才能实现农民工从传统人到现代人的转变。如果只靠外部的力量去建设新农村，进程是缓慢的。充分调动内驱力，让农民工活跃起来，打破陈旧观念，积极接受新事物、新技术、新制度，就可以实现农村的可持续发展和全面进步。根据中共中央组织部的决定，从2008年起用5年时间选聘10所高校毕业生到农村任职，以改变农村干部结构，促进新农村建设。此举的直接动力是改变干部结构，其影响却是巨大的。一批批大学生进入农村的同时，也将新思想新观念传播到了农村，他们潜移默化地影响着农民的价值观念、思维模式、行为方式。我们从近些年来的报道以及近些年来新农村建设的成就便能发现这一可喜的转变。农民工的观念不是一成不变的，是可以影响和改变的，这对农民工媒介素养的提升是有益的。

四　农民工媒介素养的重要性

现在的通信传播技术高度发达，传统媒体获得极大提升，新媒体不断涌现，新旧媒体联合互动，资讯开始全面进入人们的工作与生活，日益深刻地影响并改变着人类的生产、生活方式与管理方式。新媒体的出现使得信息传播的时效性更强，媒介信息容量增大和传播双向互动性的增强。个人与信息的关系变得相对密切，更多的受众从单一受传者的角色中解放出来，利用新媒体传播自己的见闻和看法。农民工作为一个特殊而独立的群体在媒介中的作用也越来越大。

改革开放后，大批农村劳动力进城务工，城市中的农村人口数量激增。中国的农民工现有2.5亿人，其中外出务工的农民工有1.5亿人。[①]近年来农民工问题虽引起了社会的关注，但农民工群体在群体形象、社会话语权方面并未受到公平待遇。特别是在媒介日益数字化和网络化的今天，农民工在其正当权益和要求得不到满足的情况下就可以利用大众媒介维护自己的权利。所以，农民工的媒介素养显得尤为重要。

（一）维护自身权利

农民工群体作为一个受众群体而言，其经济水平、受教育程度等处于较低水平。这就决定了其在资讯时代的大背景下并不能像市民一样享受媒介进步所带来的信息盛宴。由于社会资源较少及自我主动表达意识的缺失，农民工很少能通过网络等媒介渠道来维护自身权益和发表自己对社会事件或现象的看法。

（二）信息获取便捷

农民工在信息获取和选择方面的困难。由于工作时间、工作内容、经

① http//news. sohu. com/20121112/n357394320. shtml.

济因素的影响，农民工并没有充足的时间、精力去阅读或收看相关媒体报道。其接触媒体的机会相对有限，而且其接触的信息层次较低，偏重于娱乐性、社会性新闻。

资讯时代的一个重要特征就是信息过载。除了传统媒体一如既往地刊发或播出自己的内容外，网络作为更为及时和便捷的通道，将更多、更新的信息呈现在人们面前。信息充斥着人们生活、工作的方方面面。在信息的汪洋大海中，过量的信息加大了人们寻求对自身有用信息的难度。对农民工而言，这点表现得尤为明显。一些调查发现，农民工也正越来越多地接触网络电视、视频网站等媒介，但他们在其中很难找到对自己有实质性帮助的内容。

信息增多对受众的信息辨别分析能力也提出了更高要求。频发的假新闻事件以及网络谣言都对信息辨别分析能力的重要性做了注脚。不信谣、不传谣应该是现代受众必备的素养，但农民工群体在此方面的素养和能力并不尽如人意。总体来说，其对信息的分析和鉴别能力仍然较差。

在获取信息方面，媒介素养的提高能让农民工对新闻及各类媒体有大致了解。这能帮助农民工更便捷地使用各种媒体以获取生活和工作所需的信息。媒介使用的熟练程度对受众获取信息会有直接影响。通过媒介知识的学习，农民工能够利用网络等新工具来获得、筛选信息，对广告和新闻的关系有更好的认识，认清广告的真实面貌，使自己不被虚假广告欺骗。

（三）争取话语权

在争取话语权方面，通过自身媒介素养的提高，农民工能更好地参与到媒体的新闻报道中去。相对于获取信息，这是受众利用媒体的更高层次。通过媒体发出自己的声音并获得舆论支持和相关部门的关注是农民工维护自身权益的重要方式。社会公平需要媒体的监督，但媒体监督很多情况下是建立在利益受损者主动向媒体提供相关线索、信息的基础上的。所以农民工在提高媒介素养后能更好地通过媒体保护自己的利益，或者是在权益受到损害后能够努力争取和反抗，更重要的是，在争取利益的同时还能保护自身的生命、财产安全不受威胁。

（四）政治参与的途径

政治参与是受众自身政治权利、社会地位方面的表现和实现形式。现今情况下，农民工对政治的热情还较低，对社会政治也很少有机会发表看法，这与社会发展的趋势是不相符的。社会的发展和进步需要每一个成员的参与和表达，而政治参与便是其中重要的一个方面。对时政的关注可为农民工提供最新的国家大政方针、政策等信息，特别是和农业相关的新闻。

农民工不仅是受众，还是传播者。对于游走于农村和城市的农民工来说，他们不仅习惯了农村生活，也体验过城市生活。当他们回到家乡时，他们的所见所闻都是一笔宝贵的财富。农民工中的意见领袖应成为媒介素养教育的重点和突破口。意见领袖在其所属群体中有较大影响力和发言权，甚至能左右群体成员对事物的看法和态度。很多实证研究表明，信息或技术并不是单个层级的传播或推广。罗杰斯在《创新与普及》中强调多级传播，认为意见领袖在其中发挥了至关重要的作用。所以，通过对农民工意见领袖的重点教育和培养，其所能影响的成员在媒介素养上也会相应提高。在意见领袖的带动和影响下，农民工能够更好地学习媒介知识和媒介技能。农民工意见领袖对该群体应如何通过媒体保护自身权益不受侵犯等问题也会起到推动作用。

五 农民工媒介素养研究的可能性

我国农民工的媒介特点

（一）话语权的缺失

经济政治发展的不平衡，使得农民工在今天的中国成为巨大的失语群。我们很少能听到农民工的声音，也习惯了他们无声的沉默，但沉默孕育的是极端的爆发。2004 年，“中国农民工调查”的出现，对农民工现状的报道无疑是让所有人震撼的，这是我们在媒介上从未接触过的信息。农民工的真实境况一再被掩盖，媒介营造着自主意识下的农民工生活图景。这种震撼恰恰说明农民工没有话语权，农民工丧失了表达的权利。报纸上连续出现的农民工跳楼讨薪的报道，让人反思，被社会边缘化了的农民工，不寄望于制度、法律以及大众媒介，采取的却是不理智的行为。后现代思想家福柯说过：“话语意味着一个社会团体依据某些成规将其意义传播于社会之中，以此确立其社会地位，并为其他团体所认识的过程。”①所谓话语权并不是仅仅表达所想，而是能否在社会上得到认可，进而维护自己应有的权益，能参与社会的讨论并能发出自己的声音。社会存在不同

---

① 王治河：《福柯》，湖南教育出版社 1999 年版，第 59 页。

的群体，各个群体都需要享有平等的话语权。而大众媒介作为社会意见的疏通渠道，应是公共的话语平台，农民工本应该享有公平的话语权，或者说他们更需要这个平台。保证开放、通畅的话语渠道，是大众媒介不可推卸的责任。但现状不容乐观，农民工作为弱势群体，表达的空间逐步萎缩，真实的声音口哽咽在喉。

（二）信息沟扩大

有学者指出，信息流的增长往往会产生负面效果，即某些群体知识的增长远远超过其他群体。因此，将会出现并扩大社会群体间在某一特定问题上的“信息沟”。① 农村受众基于自身生存环境的限制以及内在接受程度的束缚，面对日益更新的信息社会，不会像城市受众那样，接纳并迅速更新。相反，过于迅速的更新会影响农村受众的接受。与生存环境完全不同的概念要植入封闭的农村，不会起到积极的作用。大众媒介的高度发达对于相对落后的农村以及文化素质有限的农民工来说，并不一定能产生既定的效果，或者产生的是负效果。新媒体享受者是具备一定知识水平的群体，对于农村受众来说，新媒体更加大了这种“知沟”。这样的“知沟”就如马太效应，强者越强，弱者越弱。②

（三）文化霸权盛行

“文化霸权”是意识形态领域的权力现象。顾名思义，也就是一个占据主导地位的群体对于非主导地位的群体的主宰或者控制。这种主宰与控制不是阶级斗争的产物，而是社会力量的抗争。葛兰西文化霸权理论将这种权利斗争单一化为阶级层面，忽略了在不同的社会形态中，是由各自的矛盾运动产生不同的主体与客体，是一个多元化的相对开放的体系。另一些学者对葛兰西霸权理论做了重新思考：在特定社会形态中，可能存在着多样化的领导权关节点，如女权运动、和平运动等，而不是单一的资产阶级与无产阶级之间的斗争，问题的关键在于领导权的解读。③

城市文化与农村文化的冲突，促使农民工原有的价值体系瓦解，在面对以城市文化为主导的价值体系时，农民工显得不安、窘迫、难以应对。

---

① ［英］丹尼斯·麦奎尔、［瑞典］斯文·温德尔：《大众传播模式论》，上海译文出版社2008年版，第107页。

② 石静：《中西部农民工媒介素养研究》，硕士学位论文，山西大学，2011年，第19—21页。

③ http：//baike. baidu. eom/view/141567. htm.

在激烈的碰撞下，城市文化占据领导权，形成文化霸权，大量陌生的外来文化造成农民工心理上的压力。我们不能否认大众文化的促进作用，但是巨大的落差使得农民工天然地成为被主导者。广大的农民工成为了非主流，社会发展越不平衡，矛盾冲突越激烈。

从农民工的心态出发看待媒介，如果媒介与农民工生活并不贴近，农民工对媒介的依赖也会逐渐丧失，在农村传统的价值观念下，农民工更乐于选择人际传播等方式。这种看似原始的行为更符合农民工的心态。对于农民工，媒介不过是新技术的代名词，精英阶层的发声器。媒介社会公器的功能在农村丧失殆尽，久而久之，农民工对媒介变得麻木和疏离。

人类与媒介之间的互动构成了受众生态环，那么不同的受众会形成不同的媒介生态，农村受众的媒介环境远不能与城市受众环境相提并论。媒介的传播范式及其受众意识的偏离极易引发对媒介生态平衡的破坏，造成不同群体间的信息资源不平等。① 媒体受利益驱使，指向城市中具有消费能力的受众。对于农村受众基本是忽视的，这就破坏了媒介生态环境的平衡，造成了农村媒介的荒漠化。这样的循环促使“知沟”加大，农民工媒介素养的问题渐行渐远。2011 年 3 月，安徽非法私人设置电视台被媒体曝光，让我们看到了在安徽乡镇存在的违法违规行为是多么严重。电视台这样的媒介只能国家拥有，但是在乡镇却滋生了私有电视台，反映了媒介生态的问题，农村受众媒介资源有限，受众媒介素养偏低，使私有电视台有了可乘之机。

第四节　农民工媒介素养基本现状

一　农民工媒介素养与基本要素的关系

西安交通大学人文学院媒介素养课题组对在西安市工作的农民工进行了问卷调查，调查的基本情况如下：

（一）农民工与性别

此次调查问卷的有效样本中，男性 627 人，占样本总数的 75.53%，

---

① 朱月、许学峰：《农村受众生态环境的失衡及其重构——浅析如何提高农民工媒介素养来改善农村受众生态环境》，《采写编》2009 年第 4 期。

女性173人，所占比例为24.47%（见图2-1）。

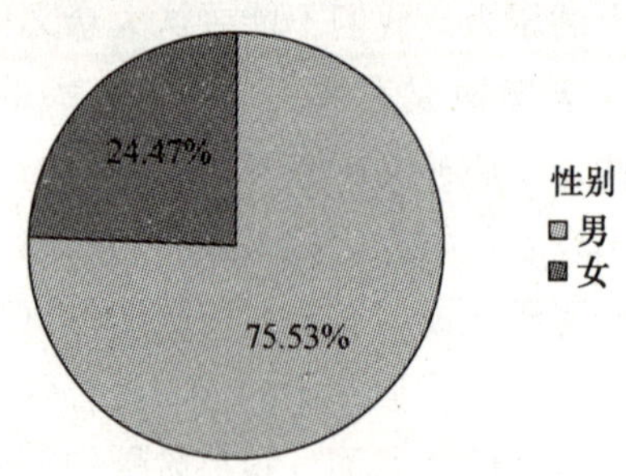

图2-1 受众的构成

（二）农民工媒介素养与教育程度之间的关系

现代传播学研究认为，受教育程度会明显影响受众对不同媒介的选择。文化素质较高的受众更倾向于选择印刷媒介，以便在阅读文字时使自己的思考能力得到有效发挥。通常情况下，稍纵即逝的电视节目和声情并茂的广播节目的受众多为文化程度相对较低的在外作业者及文化程度一般的生活孤独者。电视的现场感能够充分调动受众所有的感官通道，但相对于报纸读者而言，电视对受众的文化程度要求不是很高而成为受众普遍接受的媒介手段。我们的调查数据表明，小学及以下的农民工收听、收看广播电视节目的强度较高，这也从侧面验证了传播学关于电视节目更适于文化层次较低人群的规律。高中及以上文化程度的农民工在收听、收看时事新闻节目时的热情更为高涨，而且他们谈论国家政治情况的强度也明显高于其他分组，这部分农民工传播时事新闻的能力也比较强。

在访谈中发现，新生代农民工利用新兴网络媒体的能力较强，主要因为他们的计算机技能以及文化水平都比较高，利用网络获取信息是年轻一代文化程度较高的农民工的优先选项。新生代农民工作为网络的使用者，不仅具备一定的计算机操作能力，还具备了较高的思维能力和语言文字基础。由此可见，随着科技和教育水平的发展，新生代农民工在计算机的操作上已经具备了一种很好的接受能力和很强的应用能力。新生代农民工在媒介的选择和使用上还是有很高的水准，尤其是对网络的选择率已经成为仅次于电视的受新生代农民工青睐的媒介选择方式。

小学及以下文化程度的农民工希望通过媒体反映自己身边事物的意愿较强，这是因为他们利用其他方式传递相应信息的能力较弱。而文化程度在高中以上的农民工在这方面也表现出较为强烈的愿望。通过访谈发现，后者对媒介的功能具有更为全面的了解和把握，因而其媒介素养水平明显高于文化程度较低的农民工。

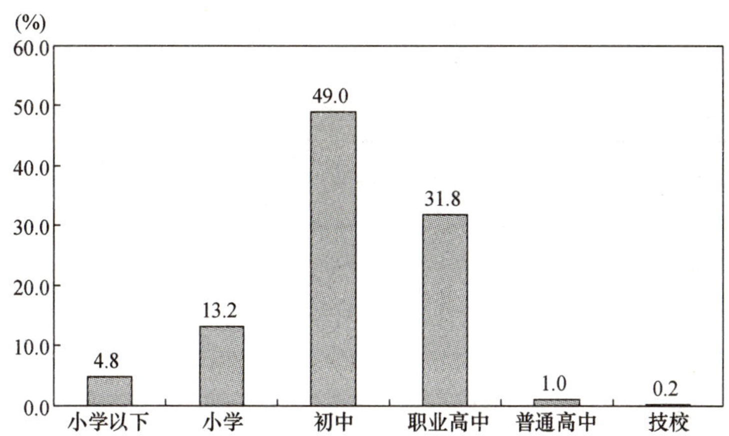

图 2－2　文化程度构成

由图 2－2 我们可以看出，在学历教育方面，总体来说普遍较低。初中所占比例最高，占 49%；其次是职业高中学历与小学学历，分别为 31.8% 和 13.2%；小学以下所占比例为 4.8%；普通高中与技校所占比例最少，分别为 1.0% 和 0.2%。大多数的农民工都是初中上下的受教育水平，其媒介素养因其受教育程度而受到一定影响。

（三）农民工媒介素养与从事行业之间的关系

当前，随着我国产业结构的升级、城镇化的发展、农民工教育培训的加强和新生代农民工文化素质的提高，农民工的就业结构和就业方式都将继续发生深刻变化。总体来看，我国外出农民工就业的主要领域是制造业，占农民工总量的一半以上。餐饮、娱乐和新型服务业等第三产业吸纳农民工的能力正在增强。

表 2－1　职业性质

	频数	百分比（%）
全日制	483	48.3
非全日制	207	20.7
临时性	310	31.0
合计	1000	100.0

经过我们的科学考察发现，其中建筑业从业者占 32.0%，采掘业、制造业及资源的生产及供应业从业者占 26.7%，交通运输、仓储、邮电通信业及批发零售贸易、饮食业从业者占 22.3%，从事社会服务业的人占 19.1%。

表 2－2　　职业构成

	频数	百分比（%）
建筑业	320	32.0
采掘业	95	9.5
制造业	99	9.9
电力、煤气、水的生产及供应业	73	7.3
交通运输、仓储、邮电通信业	78	7.8
批发零售贸易、饮食业	145	14.5
社会服务业	191	19.1
合计	1000	100.0

二　农民工媒介素养现状

目前的农民工与我们对农民工的传统认识有一定的区别，一方面他们的文化程度有所提高，另一方面他们也并未盲目地将城市视作天堂。尽管他们每月的绝对工资值有所提高，但在社会环境和生活条件下观照，工资收入的相对值并没能得到真正意义上的提高。年轻一代的农民工渴望融入其工作生活的城市，渴望城市能够尊重他们，渴望真正的城市生活方式，但现实提醒他们，那只能是渴望中的空中楼阁，或许这也是激励他们前进的目标。

经过一系列的调查研究发现，在众多的传播媒介中，农民工接触最多的就是电视；除电视外，农民工的媒介接触度总体偏低，媒介在农民工的生活中并非不可或缺，这与城市人对大众媒介的依赖形成鲜明对比。时间有限成为制约农民工接触媒介的最主要因素，媒介内容是否吸引农民工也是制约农民工接触媒介的重要因素。

（一）媒介的接触频率

自进入 21 世纪以来，居民生活水平与购买力有了很大提高，对新兴媒体的认识程度也越来越高。然而农民工对媒介的认知状况却不尽如人意。当被问到是否对广播完全了解时，72.06%的受访者选择了一般了解。特别是对于近些年来逐步发展起来的网络，仍然有21.43%的人表示完全不了解。由此来看，他们更多了解的是电视这种更为简单的传播媒介。

表2-3　媒介接触情况

	完全了解	一般了解	完全不了解
广播	17.62%	72.06%	10.32%
报纸	27.78%	63.97%	8.25%
电视	45.87%	50.16%	3.97%
网络	21.27%	57.30%	21.43%
手机短信	38.25%	53.65%	8.10%

综上所述，不管哪种媒介形式，农民工最常接触的媒介内容都是新闻，然后才是依据媒介自身的特点与内容进行选择，如电视上的电视剧，报纸上的健康保健、读书文摘，广播中的热线情感交流，网络的聊天。由此可见，农民工对媒介的认识比较理性，根据不同的媒介形式选择自己所需要的媒介内容，而不是通过单一的媒介渠道获取信息。

（二）媒介接触的动机

从整体上看，农民工接触媒介的最主要目的为娱乐消遣，农民工从大众媒介中得到最多的也是娱乐。其中，看电视的最主要目的是娱乐消遣；阅读报纸的主要目的是获取就业信息、了解国家方针政策；听广播的最主要目的是娱乐消遣；上网的最主要目的是娱乐消遣、获取就业信息；看书的最主要目的是获取新知识；看杂志的最主要目的是娱乐消遣。我们据此做了一个关于上网目的调查图，可见其上网的原因仍是以娱乐和了解信息为主。

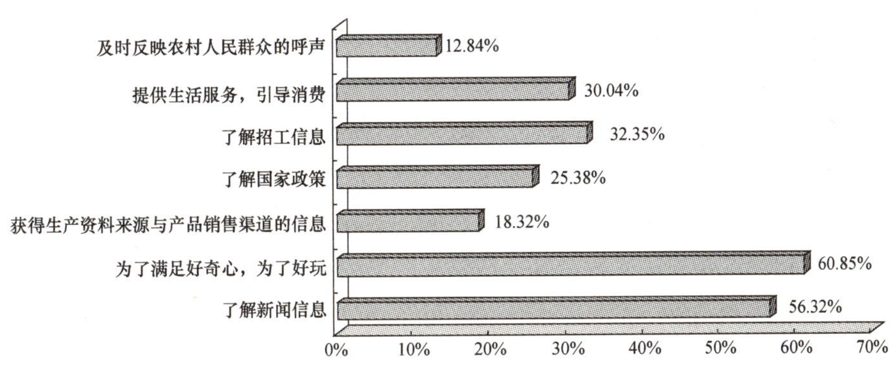

图2-3　上网的主要目的

农民工接触媒介的目的性较强，根据自己的需求选择媒介。在农民工看来，不同的媒介所具有的最主要作用也是不一样的，这在一定程度上反映出农民工媒介素养的提高。

（三）媒介的使用情况

尽管农民工在使用媒介的过程中，一个非常重要的目的就是获取就业信息，这在读报纸和上网中也非常明显，但通过对农民工信息获取渠道的调查发现，大多数农民工的就业信息是周围人告知，只有20%的人表示是从报纸中得知的。当然，这也与大众媒介是否提供相关的就业信息有关，不管怎样，农民工在使用媒介时，其获取就业信息的需求并没能得到满足，媒介使用效果不尽如人意。所采取的隐性指标测量结果发现，与娱乐信息相关的题正确率最高，其次为国内要闻题；而与农民工自身相关题的正确率却是最低的。①

由此可以推测，娱乐信息的传播效果强于新闻类信息，强于与农民工相关信息，解释这一现象可以从农民工和大众媒介双方着手。对于农民工而言，也许是他们只对娱乐信息感兴趣，倾向于选择娱乐信息，忽略其他信息；对于大众媒介而言，可能是大众媒介所提供的娱乐、国内新闻信息量远大于与农民工相关的信息量，或者大众媒介并没有以同样的态度和努力传播这三种不同类型的信息。作者在此只是稍作猜测，只有在全面了解了农民工的需求和大众媒介的报道之后才能对这个问题做出令人信服的回答。在后面的章节中将会进一步分析和解释这一现象。

（四）农民工媒介参与现状总结

从农民工对媒介的选择和认知能力看，媒介已经与农民工的日常生活紧密结合在一起，成为影响农民工进行选择、判断与思考的重要力量，特别是电视和手机。农民工每天在各种各样的媒介环境下活动的时间越来越长。调查结果显示，绝大多数的农民工在搜索和获取信息方面会选择新闻联播、《人民日报》，还有很多大型搜索引擎和大型门户网站，这样他们搜索自己需要信息所花费的时间也大大减少，充分说明他们在信息海洋中获取信息的能力已经有很大提高。然而，从媒介中得到娱乐放松与了解社会的变化情况是农民工接触媒介的最主要原因，农民工利用媒介学习知识

① 刘娜：《农民工对媒介的使用与满足研究》，硕士学位论文，同济大学，2008年，第27—46页。

与寻找实用信息等方面的能力还亟需提高。

从农民工对媒介及媒介发布信息的准确理解能力和理性批判质疑能力来看，现阶段农民工对媒介信息的批判能力还需要大幅提高，应该以更加理性的目光看待各种信息，对媒体发布的信息不应该一味地信任，对网络媒体报道内容的真假也能够进行有效辨析。由于农民工文化水平低，农民工群体对于媒介的运作、媒介发布新闻的途径等知识都还处在较低水平，甚至有些还处于盲区，对媒介、媒介信息、媒介运作的认知都还停留在表面，还未处于自我判断与自我接受阶段。

从农民工传播信息、运用媒介、积极参与媒介以实现自身发展的能力看，农民工在媒介互动内容类型选择上已有很大发展空间，对媒介内容的参与范围也越来越大，虽然农民工媒介工具使用与参与媒介的能力有了很大的提高，但整体情况仍不容乐观。

三 城镇化进程中农民工媒介素养存在的问题

（一）传统媒介比例失衡

改革开放30多年来，中国农村的面貌发生了巨大的变化。但是改革并没有使农村彻底摆脱贫困落后。农村的发展显然跟不上全国发展的步伐。20世纪90年代以后，中国农村的发展出现了失衡，中西部地区农村发展与中国经济的整体结构不相适应。农村问题是重要问题但不是研究者的宠儿，经历一段时间的冷遇后，在政策的引导下，“三农”问题的研究逐步升温，但是学界对“三农”问题的关注较多集中于政治、经济、社会等硬性问题，对农村信息、观念等软性问题的关注欠缺。学界关于农民工素养的研究，主要集中在教育领域，以新闻传播学的视角研究农民工素养问题的还不多。中西部农民工媒介素养涉及范围广，全面的实证研究颇有难度，我们选取前人的实证研究样本，通过对比研究中西部多个省份的个案，从中找寻一些共性。就中西部地区农民工媒介素养来说，呈现如下状态。

电视是主要传播媒介，电视在广大农村的普及率非常高，但有线电视的用户还未普及，据郑州调查数据显示，在郑州农村地区，每家都有电视机，但有线电视网的比例仅占25%。[①] 看电视是农民工休闲生活的主要方式，对于落后的农村地区，没有更多的娱乐设施，只能选择看电视，对电

① 郭颖：《河南农村传媒生态功能研究》，《前沿》2010年第4期。

视的依赖度很大，但是没有有线电视网，因此电视频道很少，符合农民工喜好的电视节目本就不多，农民工虽然接触了电视，但是从电视上获取的信息范围是狭窄的、有限的。正是通过电视的普及，人们才可能意识到似乎远离自己的南水北调、环保、艾滋病、毒品问题；正是电视，使得少数人群、弱势群体有了被关注的机遇并产生关注自身权利的意识，像一面社会的折射镜，人们可以直接获取来自外部不同方面的信息，也可以利用电视，折射自己的境况。理论上看，电视确实对农村生活有深刻的影响，但是现实的情况不尽如人意。安西镇调查表明，农民工比较看重媒介传递信息的基本功能，较排斥文学、文艺、音乐、舞蹈、体育、娱乐、经济、财经类的内容。①

广播逐渐让位。相比电视，农村中广播的收听率非常低，呈现衰落趋势。河南农村的调查显示，收音机的占有率不足一半，而电视机的占有率是将近100%。“饱”年代的农村，广播还是农民工主要的信息渠道，在电视大规模普及后，广播失去了往日的优势，西部少数民族地区的情况更不乐观。改革开放初期，我国广播事业大力发展，小喇叭的平均入户率已超了80%。但在今天，六成家庭拥有收音机，但经常听电台广播的不到两成，由80%降到14%。可以看出，广播的地位已是今非昔比，在少数民族地区的农村，广播的范围已经萎缩。

纸媒接触较低。纸媒在农村的传播远不如城市。订阅杂志的农民工很少，报纸相对多一些，整体份额也较小。安西与河南的调查均显示，读报的农民工较少，他们阅读的范围倾向国际国内新闻、农村报道、科技知识、法律经济新闻。西部地区报纸拥有量更少，农民工几乎不主动订阅报纸。据林晓华的调查，西部地区自国家整顿报业，取消党报党刊的摊派后，农民工报纸拥有率大大降低。②

（二）新媒体利用率较低

新媒体是在新技术的支撑下出现的媒体形态体系，如数字杂志、数字报纸、数字广播、手机短信、移动电视、网络、桌面视窗、数字电视、数字电影、触摸媒体等新媒体在城市的普及很迅速。从心态上讲，城市受众接受新媒体几乎没有障碍，他们乐于尝试新事物。这也促使新媒体在城市

---

① 郑智斌、樊国宝：《论农村受众的媒介素养教育——基于安西镇调查的视角》，《南昌大学学报》2005年第5期。

② 石静：《中西部农民媒介素养研究》，硕士学位论文，山西大学，2001年，第24—25页。

地高速发展。但是在农村，传统媒体地位还较为稳固，受众对于新媒体缺乏认识，虽然网络正在跟进，但是远未达到普及的程度。

参考中国互联网信息中心统计的城乡近四年的互联网发展数据，我们得出如下几点结论：

（1）从城乡互联网用户的比例来看，城市网民显著高于农村网民。城市互联网的发展速度也明显高于农村，城乡互联网比例的扩大形成的城乡间数字鸿沟也正在加大。

（2）使用手机作为上网工具的农村网民正在增加，高于台式机的使用用户，可见手机正在取代台式机而成为新的上网终端。

由此可以看出，农民工在网络使用方面还有一定的门槛，不高的知识水平影响了对网络的使用。既有的农村网络用户在网上的活动也多以聊天、影音娱乐、看新闻、查询一般信息为主，利用网络提升个人生产力以及获取致富信息的较为有限。电子商务与中西部农村市场还有很大距离。数据表明，手机上网的用户正在增多，这是可喜的一面，但同时也暴露出电脑终端在农村发展的一些问题。农业部一项对我国千余个农村固定观察点农户信息使用情况的调查显示，在我国，能够通过互联网获得市场和技术信息的农村家庭不足1%。同其他产业相比，农业的电子商务规模很小，通过计算机网络购买生产资料的农户更是微乎其微，依据互联网信息出售农产品的农户不足0.5%。①

（三）媒介不能成为知识传播的通道

在农民工接触媒介的过程中还有很多缺陷存在。近些年来中西部农民工整体的知识水平有了很大提高，从农民工接触媒介的内容可以看出，中西部农民工的知识结构与过去相比已经发生了变化。但从中也不难发现，把大众媒介当作消遣娱乐工具的农村受众还占相当大的比重，农民工已经具备了接触媒介的知识水平，但是媒介在农村并没有发挥更大的作用。尤其在推动农村发展方面的作用还没有很好发挥。从报纸的接触可见，农民工更倾向于非文字的媒介，从网络的接触可见，农民工更倾向于简单易行的传统媒体。也就是说，在媒介的选择上，农民工具备了知识能力，但是主动性不高，导致知识的转化率不高，现有的知识水平还得不到应有的信息，或者即使得到信息也不能积极主动地继续去利用它，仅停留在认知水

① http：z/baike. baidu. eom/view/11495lo. htm.

平。学习的欲望不是十分强烈，稳定的现状不易改变。

社会在发展，知识也需要随时更新，媒介与知识应是有效的互动体，互相促进，共同发展。但是在农村，媒介传播的信息在农民工这里没有得到互动，信息反而衰减，因此，媒介传播给农民工的知识越来越少，而受知识水平的限制，又使得农民工不愿接触更有深度的媒介。

大众媒介作为传播中介，连接着知识与受众，良好畅通的传播，对于农民工知识的提升和转化有重要作用。同时它可以弥补广大农村地区学校教育与家庭教育的不足。

（四）媒介不能成为致富的武器

大众媒介的发展促进了现代化进程。世界各个角落都因大众媒介的存在连接成为地球村。即使在遥远的地方发生的事情，也会在一夜之间被全球知晓，这就是大众媒介的力量。农村社会相对封闭、落后，生产力水平相对低下，农民工缺乏灵通的市场信息，缺乏高科技的农业技术，缺乏灵活的销售渠道，导致家有百宝出不了门，守着良好的地理环境却不知如何发展。信息传播不畅通阻碍了农村生产力的发展。农民工靠天吃饭的传统还未太大改观，少数敢于吃螃蟹的人也遭遇重重困难。

调查中发现，农民工更愿意听从周围人的意见，或者说人际传播更为有效；对于媒介宣传的技术和案例抱有怀疑或持观望的态度。

据调查数据显示，“2009 年，山西省农民工人均纯收入 4244.10 元，全国排名第 22 位，落后于经济发达的东南沿海地区。主动创业的农民工无论数量还是规模均较低，创业的农民工则较为集中于养殖业、种植业、农产品加工业以及建筑等传统的劳动密集型行业，层次偏低。创业农民工缺乏现实的条件比如资源、资本等”。①

整体来看，山西农民工缺乏开拓创新能力。而所谓开拓创新就是善于就地取材，合理利用资源，利用大众媒介的信息功能，规避一些投资风险，机动灵活掌握市场，主动创造出新局面。当前首要的任务是通过大众媒介，破除农民工狭隘的意识，打破“小富即安”的落后观念，引导农民工建立开拓创新的创业意识。大众媒介的宣传力量不能忽视，媒介宣传的农民工致富典型，是鼓励和调动广大农民工积极性的强大推力。

① 曹扬、陈霞：《制约山西农民工增收的障碍与对策》，《中共太原市委党校学报》2010 年第 4 期。

研究者在走访中发现，山西农民工有通过媒体掌握信息、了解社会的愿望，并对新闻（包括国内国际新闻和本地新闻）表现出很大的热情，但对信息的运用只停留在知晓阶段，也就是说，并没有通过这些信息来改变或者提高自己生活的实际想法。对于与经济发展相关的农业节目，农民工并未表示出积极的态度，似乎节目只是节目，成功也是个案，别人成功的经验不一定适合效仿，从而把更多的目光投向了娱乐和综艺节目。这样就减少了寻找商机、促进农业经济发展的机会，大众媒介基本成为消磨时光的工具，至少电视是这样。

（五）媒介不能成为转化观念的用具

水土育人，乡风积淀，农村有着独特的文化土壤。淳朴、善良、勤劳、勇敢一直是教科书宣扬的农民工形象。但是时代和社会在发展，农村也在进步，农民工的观念也发生着改变。但是必须承认，比起城市来，农村观念的改变还是比较缓慢的，改变尚需时日，不可能一蹴而就。

首先，保守的思想有待解放。以山西为例，“一亩地、两头牛、老婆孩子热炕头”的固有观念使得他们不愿轻易离开祖祖辈辈生活过的土地，落后保守的思想观念在晋北比晋南更严重，在偏远地区比近郊农村更严重。这反映的是思想上的保守，他们宁愿在本地受穷也不愿外出淘金，宁愿维持现有的小本生意，也不愿赚取更多的利润。大众媒介引导教育的功能效果甚微。

其次，文明乡风的树立困难重重。封建迷信活动在农村的泛滥由来已久。迷信作为一种反科学、非理性的精神现象，一直是中国社会发展的障碍。它危害社会，毒害人的思想，扭曲人的价值观，破坏道德风化，是社会的毒瘤，束缚了农民工的思想。在农村地区，封建迷信屡见不鲜，令人咋舌，而由此导致的非理性行为对农民工是极大的伤害。不仅对思想危害巨大，而且劳民伤财，影响生产，妨碍科学思想和先进文化在农村的传播，影响农村精神文明建设，阻碍农村社会的现代化进程。

观念的转化不是法律的范畴，不是法律法规可以解决的问题，社会的影响和媒介的宣传很重要。大众媒介有责任承担起改造不良风气的任务。事实上大众媒介也一直努力在做。从电视到报纸到网络，都可以看见相关的报道。但总有不负责任的媒体在利益的驱使下，把落后的封建活动作为炒作的噱头，大肆散播，使电视节目低俗化，扭曲了媒介形象，造成了极坏的影响。

第五节　城镇化进程中农民工媒介素养教育

一　学习媒介基本知识，增加对媒介的理解

媒介基本知识主要包括新闻学和传播学的一些基本理论和概念。通过学习，农民工可以明白新闻、传播是什么样的，新闻是怎样生产的，报道是如何策划出炉的，报道会产生什么影响。了解了这些基础知识，广大农民工就可以更加积极和自信地去接触和利用媒介。农民工树立媒介素养自我教育意识就是要主动学习媒介基础知识，增加对媒介的理解，切实掌握媒介基本操作技术，提高媒介使用的能力，同时还要强化理性判断和分析能力，培养媒介使用的道德。只有这样，农民工的媒介素养才会得到提升，其利用媒体的能力才能得到进一步提高。①

在了解和掌握了媒介基本事实和基本操作技术的基础上，广大农民工还要能够透过表层信息洞察其背后所隐匿的深层含义，看透其价值取向以及传播者的意图，从而可以理性判断和分析。

二　提升传播者自身媒介素养

在社会转型过程中，一些媒体和新闻工作者为了商业利益，往往罔顾职业操守和职业精神，致使新闻朝着低俗化、煽情化的道路发展。在这种情况下，大众媒介对公众进行媒介素养教育显得举步维艰。笔者认为，要提升农民工的媒介素养，传播者就必须提升自身媒介素养。

在建设和谐社会过程中，大众媒介应该平等地关注农民工与民众，主动报道关注农民工群体，改变农民工在媒介话语权上的弱势，改变“哀其不幸，怒其不争”的现状，维护其合法权益。同时，大众媒体必须重视农民工的消费习惯和个性化需求，自觉报道对农民工有利的信息如国家政策、招工信息等，曝光伤害农民工利益的事件如克扣工资、欺骗行为等，以营造适合农民工生存的媒介环境，而不应仅猎奇、追求趣味。

三　长效机制的建立

健全的机制是保证人才稳定的关键。与农村相关联的词汇多是贫困与

---

① 钟世潋：《全媒体背景下农民工媒介素养提升策略浅谈》，《科技视界》2013 年 2 月，第 102 页。

落后，如何留住人才，让他们积极发挥光和热，是值得思考的问题。政府在这方面需要建立健全相关机制，保障大学毕业生的利益，让他们心甘情愿从事对农媒介的工作。

首先，可以出台相关政策，向农村地区倾斜，提高专业从业者的薪酬；其次，以政策为引导，鼓励人才设立项目，开发农村沃土。现在众多的城市打工蜗居族，面临严峻的就业形势，在生活成本不断提高的压力下，人们的择业观逐步发生改变，更加趋于理性。相信在政策的保障和健全机制的指引下，对农媒介人才的培养和留用是有可能的。农村天地广阔，有识之士大有可为。

四　政府有力的支持

政府是农村发展的强大后盾，农民工媒介素养的提高离不开政府的决策。政府在引导和推进新农村建设中发挥着巨大的力量，在资金、政策等方面的支持更是农村地区发展的保障。

政府的财政支持能力，在大众媒介资源的配置与发展方面起关键的作用。"村村通工程"就集中体现了政府财政支持的力度。这一项耗资百亿元的大工程，在三年的时间里解决了十万多个行政村的广电问题，让千万农户收听到了广播、看到了电视，使农村的传播面貌得到了巨大的改变。① 这项工程惠农无数，使大众媒介在农村得以普及，完成了硬件建立的第一步。我国媒介资源分配存在极大的不平衡性，就东西部农村地区来说就存在很大差距。整体来看，专门的农业电视节目也极为匮乏，只有少数电视台开办了农业频道。根据央视2003年对央视一套与央视七套的收视调查显示，央视七套农业节目在农村地区的覆盖率仅为26.4%，而央视一套的覆盖率却高达73.7%。从中可以看出，唯一的较为专业的农业频道在农村仍然有大部分受众无法看到，地方台的情况更加严峻，没有专业的农业频道能在全国范围内产生影响。

农村地区电视的普及不等于传播内容的普及，广播普及的情况亦然。② 这不能不引起重视，"村村通工程"传达了政府的良好愿望，但是节目资源的匮乏与传播的不均衡使传播效果大打折扣。政府应在媒介体制等方面形成引导，重视"三农"节目的开发，从而形成人才培养—节目

① 陈崇山：《谁为农民工说话——农村受众地位分析》，《现代传播》2003年第3期。

② 刘雪梅：《大众传媒发展知沟现状刍议》，《当代传播》2003年第4期。

制作—节目传播—效果反馈的良性循环。

五 充分利用社会各界的资源和力量

政府资源毕竟是有限的，因此“以政府为主导”不能只依靠政府，也需要引导社会各界参与到提升农民工网络媒介素养这项系统工程中来，社会资源和力量主要指大众媒介、企业和非政府组织等。

在现代社会里，大众媒介已经成为人们获取知识与信息、学习社会规范、实现社会化的一个重要工具。网络媒介作为一种新媒介还没有完全融入农民工的日常生活，但农民工对传统的大众媒介如报纸、广播、电视、书籍、杂志等，具有较好的接触和使用，因此可以充分发挥大众媒介对农民工网络媒介素养的培养作用，其培养作用主要体现在两个方面：

（1）激发农民工对网络媒介的需求：充分利用大众媒介，如广播电台、电视、报纸、杂志等全方面、多角度地介绍互联网发展的最新技术成果，通过典型宣传揭示互联网给社会和个人发展带来的深刻影响，让农民工看到网络媒介的功能和价值，从而激发农民工利用网络媒介的欲望和动机，最大限度地改变他们对网络媒介可有可无的固有观念。

（2）培育农民工的公民观念：大众媒介应该把更多的注意力投入农民工身上，加大对农民工的报道力度、广度和深度。关注农民工群体维护个人正当权利的故事，提倡艰苦奋斗、勤劳致富、开拓进取的精神。通过社会和各级媒体的大力弘扬，激发和培养农民工参与国家公共事务管理的意识、监督国家权力运行的主人翁意识和责任意识、维护个人正当权益的意识以及独立的人格意识等。只有具备了这些意识，农民工才会主动学习和了解各种媒介，更好地利用各种媒介为自己服务，参与到社会互动当中。

第三章　城镇化进程中的农民工媒介素养及社会融入

第一节　社会融入的基本理论

一　农民工与社会融入

改革开放以来，中国"安土重迁"的传统观念发生了一定改变，农村大量剩余劳动力开始转变固有观念，逐渐向城市转移。而在我国城镇化过程中，农村越发严重的人多地少的格局，也令外出打工成为了农民心中的优先选择。国家统计局公布的数据显示，2012 年全国农民工总量达到 26261 万人，比上年增加 983 万人，增长 3.9%。其中，外出农民工 16336 万人，增加 473 万人，增长 3.0%。[①] 2013 年 12 月 19 日，中国社科院在京发布《社会蓝皮书：2012 年中国社会形势分析与预测》。蓝皮书指出，截止 2011 年，中国城镇人口占全国总人口的比重将超过 50%，中国历史上城镇人口首次超过乡村人口。而城乡人口结构的逆转，又是一个"量变引发质变"的过程——正如中国社科院社会学所原所长李培林所说，这是中国从一个具有几千年农业文明历史的农民大国，进入了城市社会为主的新的成长阶段，这意味着人们生活方式、生产方式、职业结构、消费行为以及价值观念都会随之发生极其深刻的变化。这种"变化"或是隐性的，但我们可以预期，超过临界点的新的人口结构，由于二元户籍制的存在，使农民工不能够真正市民化，这将会带给社会结构本质性的改变。农民工在城市建设中发挥着举足轻重的作用，但是他们在本地人和外来人口间模糊的社会界定和农民兼工人尴尬的双重身份，都使他们徘徊在城市

---

① 国家统计局：《2012 年农民工监测调查报告》。

的正常秩序之外，很难融入其中。农民工的社会融入已经成为了一个重大的社会问题，亟待政府和社会的关注。

社会融入作为一个抽象的、动态的学术概念，本身存在一定的模糊性，国内外在不同历史时期，从不同研究角度对社会融入进行了多层面的分析。而将社会融入作为研究城镇化农民工重大课题的原因，也是综合了多方面研究成果后的科学选择。一方面，社会融入本身具有的包括经济、文化、行为、心理认同、语言适应等多方面内容都和当下农民工在彻底摆脱农民身份、融入城市社会中所遭遇的困窘息息相关；另一方面，融入而并非融合，也从根本上指出了农民工在这一过程中所处的弱势地位。如何更好地促进社会融入，使农民工真正成为城市中的一员不仅关系着社会的稳定和谐，经济的平稳发展，更对落实以人为本的科学发展观有着重要意义。

二　西方社会融入理论

（一）社会融入理论

1. 同化和融合论

早在1782年，法裔美国学者克雷夫科尔（H. S. Crevecoeur）就首先提出了“熔炉论”，这是后期“同化论”发展的原型。他认为美国已经将不同民族的个人融化成“美国人”这一新的人种，在他的理论基础上，又出现了“边疆熔炉论”、“三重熔炉论”、“变形炉论”等多种理论，[①]它们的共同之处在于都认同外来民族熔化为具有同一性的“美国人”是社会发展的必然要求和趋势。

“同化论”相对“熔炉论”而言，更加具有普遍性，其中蕴含的深层意义也更多。比起“熔炉论”，主张“同化论”的学者对融入的过程做了简单的阐释。20世纪30年代，美国芝加哥学派著名学者帕克（R. E. Park）提出了“社会同化”理论，认为跨境移民在接受国一般都要经历定居、适应和同化三个阶段。[②] 在最开始进入迁入地时，移民由于存在语言障碍，被主流社会排斥，只能靠廉价出卖劳动力来维持生活，活动范围也多在边缘地区。但在定居、适应过程中，移民可以通过积极主动地改变，提升自己的社会声望和社会地位，融入迁入地，实现完全同化。但

---

① 李明欢：《20世纪西方国际移民理论》，《厦门大学学报》（哲社版）2000年第4期。

② 郭科：《融入与冲突——新生代农民工的社会认同》，硕士学位论文，西北大学，第4—5页。

这种假设是建立在美国文化的绝对主导地位上的，有批评家指出，这种不分析具体情况、盲目一概假定移民终将融入迁入地的假设，本来就具有一定的漏洞。因为并非所有的移民都成功融入了主流社会。除此之外，融合也并非从移民进入流入地开始就不自觉发生的线性轨迹，而是一个长期的、累积的、自己的传统逐渐弱化的过程。

2. 多元文化论

长期以来，对于熔炉论和同化论中存在的对移民主体的弱化，学界存在着一定的争议。多元文化论最开始就是一种针对同化论中以欧裔白人为中心、明显带有种族歧视的政治主张。[①] 1924 年，犹太裔美国学者霍勒斯·卡伦（Horace Kallen）在肯定个人与族群的关系不可分割、不可改变的基础上，提出了“文化多元论”。20 世纪七八十年代，这种理论在美国、加拿大、澳大利亚等国广泛传播，用以反抗这些国家长期限制移民、否定排斥其他民族文化的国家政策。

多元文化论并不否定移入地文化的重要性，相反，它强调的是一种更包容、更民主的多元化社会。在主流文化之外，新移民完全可以维持原有的文化传统，在重新塑造身份认同与融入主流环境的条件下，更好地促进多元化的社会经济秩序。事实上，该理论在促进多元发展，缓解宗教、民族矛盾上确实存在着积极意义。但是与此同时，它也含有相当程度上的弊病。文化具有多元性，同时也有先进落后之分，一味强调多元，是有悖于历史潮流的。此外，移民在融入迁入地的过程中所遭遇的并非仅有文化上的摩擦与冲突，利益纠葛也是很重要的部分。不能合理划分所得利益，单纯将目光放在文化矛盾上，也不能很好地解决移民的社会适应问题。

（二）农村劳动力流动的相关理论

1. “推—拉”理论

“推—拉”理论是人口学家 D. J. Bange 提出的、针对人口迁移经济学原理的系统分析。他认为在市场经济和人口自由流动的情况下，人口并非完全盲目地进行移动，而是存在着两种不同方向的作用力制约着人口的流动，即推力和拉力。[②] 一方面移出地存在着种种因素促使人口流动，如天

① 杨菊华：《从隔离、选择融入到融合——流动人口社会融入问题的理论思考》，《人口研究》2009 年 1 月第 1 期。

② 赵萌萌：《新生代农民工城市社会融入问题研究》，硕士学位论文，福建农林大学，第 3 页。

灾人祸或个人不幸形成推力将人口向外输送；另一方面迁入地具备的种种优势条件也在吸引着人口迁移，如政策优惠、特殊机遇等形成拉力作为一种动因使人口向内涌入。从本质上看，这种迁移是由地区之间发展的不平衡造成的，推拉力量之间的权衡决定了人口的迁移。“推—拉”理论为农村人口流动提供了经济上的阐释，但是它从宏观着眼的分析方式，也很难对人口流动中存在的一些问题予以合理的解释。首先，人口流动仍然属于部分行为，在推拉力的作用下，为什么还存在着保持原先生活方式的人群，“推—拉”理论并未给出合理的解答。其次，进入城市的农民仍然存在着返乡的行为，这也是理论中未能触及的部分。

2. 二元经济结构理论

二元经济结构理论在经济层面上对发展中国家长期贫困的深层原因做了假设。它是在1954年由英国经济学家刘易斯首先提出的，在他的理论著作中提出了发展中国家并存的两种经济体系——传统的自给自足的农业经济体系及城市现代工业体系，这两种体系共同构成“二元经济结构”。由于传统农业发展的停滞，出现了大量难以带来产值的“零值劳动人口”，也就是所谓的剩余劳动力。只有将这一部分人口投入工业生产中，促使他们向非农转移，才能使这种二元结构逐步消减，解决发展中国家存在的低水平经济发展、城乡差距过大等问题，使这些国家摆脱贫困。这种观点在一定程度上能够对我国城镇化进程中出现的问题进行解答，但是我国长期历史遗留的问题，也并不能根据该理论一概而论。

三 国内社会融入理论

（一）心理方面的研究

1. 社会排斥研究

“社会排斥”概念首先是由法国学者勒内·勒努瓦提出的，强调的是个体与社会整体之间的断裂，之后欧盟委员会将其作为社会政策的概念，用于对贫困问题的研究，目前也被广泛应用于对城市农民工的研究。社会排斥从某种程度上来看，是与社会融合相对的概念。在流动人口融入迁入地的过程中，势必存在着各种阻力妨碍他们进入主流社会，接纳主流文化。在制度上，以户籍制度为基础的制度排斥体系，将相当一部分人屏蔽在了社会资源之外。它从身份上拒绝了农民工的角色转换，不承认他们是城市的一分子，同时也在相应政策方面造成了农民工群体部分权利的缺失。因为户口差异，农民工生存成本更高，却很难享受到和城市人相等的福利，也阻碍了他们社会地位的上升。除户籍制度之外，农民工还面临着经济排斥、政治排斥、文化排斥、社会关系排斥等一系列针对这一群体的排斥体系，从而被阻碍在城市之外，这也是导致农民工“回流”的重要原因。

根据美国社会学家帕金的理论，从社会分层方面来看，存在着集体排他方式和个体排他方式两种情况。① 我国也有学者根据我国的具体国情，提出了当下农民工社会融入中出现的“污名化”的社会排斥和生活“孤岛化”的现象。这是外来流动人口在面临与城市居民文化上排斥的体现。在媒体的报道和人们的观念里，对农民工的“污名化”现像普遍存在。朱力把市民对农民工的歧视行为概括为语言轻蔑、有意回避、职业排斥和人格侮辱。这种排斥是双方的。在城市居民对农民工产生反感和疏远的同时，农民工融入城市社会的积极性和主动性也必然受到打击，这也是他们生活上局限在小圈子，与城市居民和城市社会没有联系，不能分享日趋丰富的城市公共生活的重要原因。②

2. 再社会化研究

再社会化研究是对于农民工由农村来到城市后对城市生活适应状况的城市适应性研究。田凯认为，一个外来农民想要真正适应城市生活，融入城市主流群体，需要具备经济层面、社会层面和文化心理层面的条件。一个外来农民想要被城市接纳，经济层面是最基础的，即他应具备足够的能力找到相对稳定的工作，具备一定的经济收入从而获得社会地位。在此基础上，他应该能通过社会层面的交往达到生活方式的改变，与当地人发生社会交往并参与当地社会生活。最后，在之前的前提下，发生观念的转变，在心理上对城市产生认同，形成与当地人相同的价值观，成为真正的城市人。在研究过程中，田凯也提出了农民工的城市适应性还具有滞后性、渐变性与长期性、兼容性和差异性等特点，总的来说，还处在一个较低的水准。③

3. 社会身份认同研究

社会身份认同研究的重要性在于站在城市的角度之外，更加理性地看

---

① ［美］福兰克·帕金：《马克思主义与阶级理论》，哥伦比亚大学出版社 1979 年版，第 11—13 页。

② 王春光：《农村流动人口的半城市化问题研究》，《社会学研究》2006 年第 5 期。

③ 王春光：《新生代农村流动人口的社会认同与城乡融合关系》，《社会学研究》2001 年第 3 期。

待农村流动人口的社会定义和社会位置。王春光在承认经济环境对农村人口流动的前提下，对这一特殊群体做了更加细化的心理分析。他从四个方面入手，对农村流动人口的社会认同进行分析，认为这些人并不认同体制为他们设定的农民身份，而是对自己赋予了更新的解释。但与此同时他们也并不认为自己真正隶属于城市，缺乏明确的归属取向。此外，由于制度的限制，他们并未像正常的城市人一样享受到行政组织给予的服务和保障，也没有一个正式的团体来维护自身利益，所以这些人对于未来的选择和归属，往往很迷茫。最后，他也提出了当前城乡“分治”的政策应该进行改革，否则就会出现该社会群体“游民化”、“内卷化”的社会认同。如果农村移动人口默认自己为隔离在城市人和农村人之外的特殊人口，那么势必会产生不良情绪和仇视心理，对我国城镇建设产生极大的负面影响。①

（二）经济方面的研究

1. 社会网络与社会资本研究

社会资本是根植于社会网络和社会关系中的一种社会性、集体性的概念，在20世纪90年代被引入对我国农民工的研究。美国社会学家波特斯提出，社会资本是移民个人通过其在社会网络和更为广泛的社会结构中的成员身份而获得的调动稀缺资源的能力，并把它分为了个体层面的社会关系网络和从制度中可以获得的资源。在注重人际网络、亲缘关系的中国，社会资本更是注定发挥着不同寻常的作用。② 与此同时，进城务工的中国农民在进入城镇的开始，也是通过以血缘、地缘、亲缘为主的社会网络来寻找就业机会。在农村劳动力转移之初，血缘关系处于一种极其突出的地位。而在慢慢发展的过程中，地缘逐渐有取代亲缘的趋势，同乡的农民工之间存在着信息交换的良性交往，而他们的日常生活也有聚拢的趋向。在转移后期，业缘关系则成为不可取代的重要组成。由于农民工的就业常常具有不稳定性，这种业缘关系在增强自身就业能力，提供更多就业机会等方面，往往起着关键性的作用。

相对于人力资本，社会资本发挥的作用更加宽泛。在最初进入移民地时，选择利用社会资本从而使自身被雇用，获得经济收益是比较理智的选择。但在社会资本和社会网络为农民工提供种种便利的同时，它也起着一

---

① 田凯：《关于农民工的城市适应性的调查分析与思考》，《社会科学研究》1995年第5期。

② 任远：《城市流动人口的社会融合文献述评》，《人口研究》2006年第5期。

定的负面作用。原始的社会资本往往会是阻碍农民工融入主流群体的障碍。在不断强化个人小圈子的同时，也意味着对城市新的社会资本的拒绝，这明显不利于农民工融入城市，发展新的社会关系。它强化了农民工生存的亚社会生态环境，保护了农民工身上所具有的传统观念和小农意识，阻碍着其对城市的认同与归属。①

2. 社会分层研究

社会分层是以一定的标准区分出来的社会集团及其成员在社会体系中的地位层次结构、社会等级秩序现象，马克思用是否占有生产资料区分的阶级分层理论和韦伯用财富、权力和声望三项指标划分社会层次结构的三位一体学说，都对社会分层理论做出了贡献。不同的社会层级拥有的社会资源、社会权利都存在着差距，各个层级之间具有垂直的不平等关系。

从宏观层面来看，户籍制度所造成的体制壁垒使农民工处于市民和农民之间，难以真正实现由农业到非农的转换，他们拥有双重身份，成为了被城市所排斥的“边缘人”，而城市人对农民工群体的偏见也使农民工很难进行职业的流动和社会声望的提升。从微观上来看，农民工群体中本身也存在着一定的分化现象，即所谓的二层分化。这种分化往往是由收入、资本或是职业的差异造成的，二层分化的结果是农民工内部层级的出现，形成了一个明显独立于城市主体分层结构之外的农民工内部的分层体系，即“阶层化”。② 一部分人在分化的过程中凭借个人努力形成了和城市居民相仿的价值和文化观念，成功地融入城市社会中，但大部分人还是游离在城市之外，成为不被城市认同、对城市也没有归属感的边缘群体。只有打破这种分层，才能真正让农民工感到自己被尊重，意识到自己的主人公身份，更加热忱地投入城市建设中。

（三）其他方面的研究

1. 社会变迁研究

社会变迁是指社会中不同层次单元在时间和社会空间两个维度上的结构性变动，根据罗伯特·劳厄的研究，广义的社会变迁是从个人以至人类整体各个层次上社会现象的改变，即变革性的、从上至下的变迁。而狭义的社会变迁，则是指社会结构的变化，主要指的是人际交往模式的改变或

① 朱力：《论农民工阶层的社会适应》，《江海学刊》2002 年第 6 期。

② 洪大用：《农民分化及阶层化研究的回顾与展望》，《社会学与社会调查》1992 年第 5 期。

者社会基本价值因受到冲击而变化。[①] 在这一变迁过程中，当代中国城乡社会正由熟人社会向陌生人社会转变。传统的中国社会是以人情、亲缘、社会关系等因素维系的熟人社会，这种社会形式不需要法律也可以维持秩序，它所凭系的是传统和礼仪、人情和关系。但是转型后的陌生人社会显然是靠法律和秩序来维系。两者之间存在着极大的差异，初入城市的农民工很难完成两种社会形式的转变，从而无所适从，被挤压在城市的角落。而社会转型中两种形式的混用和交错也往往使社会混乱，造成严重的损失。

2. 对新生代农民工的研究

2010 年国务院发布的文件中首次使用了“新生代农民工”的提法，将新生代农民工市民化的问题正式提上了日程。新生代农民工主要指出生在 1980 年以后，在异地以非农就业为主的农业户籍人口，相对早一辈的农民工而言，他们具有“三高一低”的特征：受教育程度高、职业期望高、物质和精神享受要求高、工作耐受力低。大部分的新生代农民工并未接触过农活，对于乡村也没有特别浓厚的认同感，他们比老一辈的人更期望融入城市，成为城市中的一分子。与前人以获得薪酬为目的而出外打工不同，他们更期待获得一定的社会地位，并在城市定居。新生代农民工的心理状态、生活方式相对于旧一辈更加贴近城市，他们对于城市的价值观念也有着更高的接受度，在他们无法彻底融入城市的时候，出现负面心理的几率也比老一辈农民工要高得多。随着新生代农民工逐渐成为流动人口的主流，他们社会融入的问题也迫在眉睫，直接关系着我国城镇化的水平和进程。

第二节 城镇化进程中农民工生存状况与社会融入

一 农民工社会融入基本情况

（一）性别与年龄结构

国家统计局 2012 年全国农民工检测报告显示，男性农民工占全体农

① 张秀玲等：《社会变迁与农民工问题研究》，法律教育网，2006 年 11 月 30 日。

民工的66.4%，女性只占33.6%，这说明农村出外务工的还是以男性为主。而从年龄层段来看，21—50岁的青壮年依然是农民工的主力，但是40岁以下农民工所占比重却由2008年的70%下降到了2012年的59.3%，农民工的平均年龄也从34岁上升到了37.3岁。虽然总数仍在增长，但是明显可以看出新生代农民工的涌入并不像人们想象中那么迅速，但这与我国现下的情况是相符合的。随着乡镇经济的发展，相当一部分人选择了留在当地就业，离开家乡去大城镇工作的农民正在渐渐地减少。比起老一代农民工，新生代农民工，对职业的期望值更高，就业时的考量也更多，这也是他们中部分人难以找到满意的工作、迟迟不能就业的重要原因。从城市来看，近年蜂拥而入的农民工也存在着过剩的现象，提高进城门槛，成了大城市的必然选择。

（二）收入情况

收入在很大程度上决定着生活水平，农民工在城市中的生活状况究竟是好是坏，还是由收入决定的。而经济上的融入，也是农民工融入城市的第一步。比起上一年来说，2012年农民工工资有了稳步的提升，但是总体收入还是偏低。就国内来看，不同就业地区工资水平基本相仿，但在大城市的务工收入要略高于中小城市。不同行业收入差别较大，具有一定技术水平类似交通运输、仓储邮政业和建筑业的农民工收入水平较高，分别为2735元和2654元，而替代性较高的服务业、住宿餐饮业和制造业的农民工收入则要偏低一些，月均收入分别为2058元、2100元和2130元。这意味着进行就业培训，提升个人劳动素质和业务水平是农民工当下最需要重视的问题。

除去生活成本，外出农民工每人月均收入结余为1557元，结合农民工人均收入状况分析，可以看出他们的生活成本极低，娱乐消费比较匮乏。具体调查显示，中部、西部地区农民工在东部地区工作后的收入结余分别为1518元和1344元，均低于在本地区务工的农民工平均结余。中部地区农民工在中部、西部地区务工比在东部地区务工多获得64元和130元；西部地区农民工在中部、西部地区务工比在东部地区务工多获得228元和90元。综合几类情况，能够看出中西部地区的农民工在东部地区生活开支相较而言更大一些，所以在中西部就业机会充足的条件下，倾向就近就业的农民工也会增多。这种转变也将减轻城市压力，缩小城市农民工数量，为留城农民工享受城市资源提供可能。

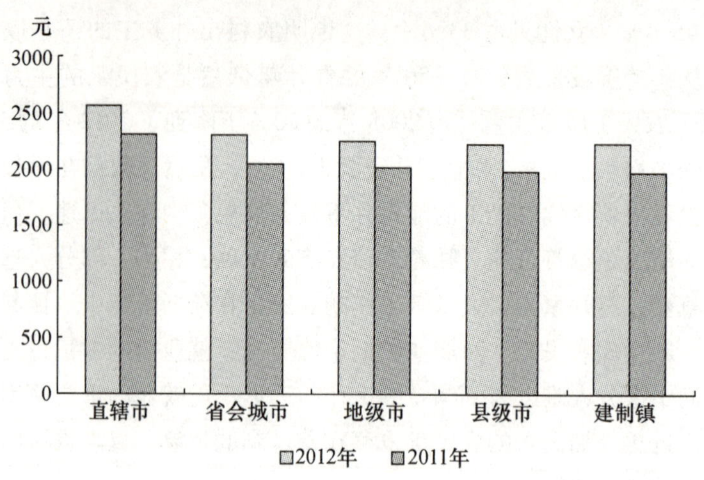

图3－1 不同务工地区月收入水平（元/人）

（三）文化程度

在农民工中，大多数人具有初中及以上文化程度，文盲的比例要比非农民工小得多，外出农民工的文化程度较本地农民工略高，而三十岁以下的青年农民工受教育水平又明显高于其他农民工。具有较高文化水平的人相较其他人来说，思想更加开放，在选择就业时，考虑的范畴也更宽广。另外，从青年农民工的受教育水平来看，具有高中以上文化水平的比例明显增大，这说明新生代农民工较老一代来说，文化程度已经有了一定的提升，这对他们接纳城市文化，建立新的价值观念，彻底融入城市主流文化有着正面的影响。与此同时，他们对自身的评价更好，对乡土的归属感也更淡薄，一旦意识到自己不被主流接受，很容易产生犯罪心理，对社会稳定造成危害。

（四）未来归属

进城务工农民工对于未来的规划基本有三种情况，第一种是希望能在城市定居，成为城市人的融入型。第二种是希望在攒够钱后返乡，继续农村生活的返乡型。第三种则徘徊在两者之间，在留城和返乡之间犹豫。一方面，城市居民对他们的歧视和偏见让他们对成功融入城市心存疑虑，另一方面，因为户籍制度造成的生活成本的增加也使他们望而却步。而许多进城务工人员的父母、配偶和子女都留在农村，也使他们很难对城市产生归属感。虽然相当一部分新生代农民工有留在城市定居的愿望，但是生活的压力、社会的漠视和制度的屏蔽都让他们游离在城市边缘，很难完成彻底的转变。建立农民工对城市的心理认同，是更好地进行农民工市民化的重要步骤。

二　农民工社会生存经济状况

（一）就业情况

调查显示，制造业、建筑业和服务业仍是农民工职业选择的主流，在各个行业中，建筑业的比重正在逐年递增，而从事制造业的比重则趋于下降。综合先前的工资水平，可以看出农民工正有意识地提高自己的就业水平，争取更好的就业条件。但是总体来说，农民工的职业还是表现出社会地位较低、技术含量较少的特点。这些工作普遍劳动强度高、工资水平低、工作条件差，付出与获得极度不成正比，属于体力劳动。而且和城市人相比，农民工从事相同职业，收入却与城市人不同，这都是打击农民工工作积极性的重要因素。这一类工作往往有着极大的流动性，所以农民工就业也呈现出极不稳定的趋势，他们当中很多人都有频繁更换工作的经历，这种流动的工作状况很难让农民工产生定居的愿望。另外，从工作性质来看，他们从事的往往是一些社会地位比较低的职业，容易遭到城市居民的歧视。如果农民工不能获得城市居民平等地对待和尊重，那么他们在心理上也很难对城市产生认同。

（二）就业培训

在农民工中，没有参加过任何技能培训的农民工占了绝大多数。参加过农业培训的明显比参加过非农培训的比例要少，可见大部分农民工对于农业培训的重视程度并不是很高，这与他们长期生活在城市的经历有关，而务农收入低下，也是重要的影响因素。而调查同时显示，在参加过非农培训的人中，40岁以下的中青年占的比例更大。相反，年长的人接受农业培训的比例要高于青年农民工，随着年龄层次的降低，接受农业培训的比例也越来越低，这说明相对于在家乡务农，更多农民工倾向于进城务工，这是在经济利益驱使下做出的选择，只有充分利用这种心理，才能更好地推进城镇化，让农民工尽快融入主流社会。

（三）消费结构

农民工进城务工的目的是以获得报酬为主，打工相较于务农有更丰厚的经济利润，这是诱导他们进行流动的主要动力。但实际上，他们在城市的收入水平虽然有所增长，但生活开支也比农村大大增加。一直以来，在日常生活中，他们往往尽量压缩开支，尽可能在有限的收入内积攒资金以

表 3-1　　2012 年不同年龄组农民工参加培训情况　　单位：%

	参加过农业技术培训	参加过非农职业技能培训	两项培训都没有参加过
16—20 岁	4.0	22.3	76.0
21—30 岁	6.2	31.6	66.0
31—40 岁	11.0	26.7	68.0
41—50 岁	14.9	23.1	69.5
50 岁以上	14.5	16.9	74.5

备家庭急需，在必要的吃住上，他们都选择尽量节俭，避免不必要的浪费，这种情况下，他们的娱乐消费极其有限。而正是这种简朴的生活，使他们与光鲜亮丽的城市格格不入，时常遭受他人的冷眼，在公共场合时常受到歧视。虽然近几年新生代农民工已经开始出现娱乐性消费、攀比性消费，但是大部分农民工还是保持着艰苦的生活作风，与城市居民有所区别。

（四）职业声望

从整体上看，进城务工人员在城市的就业普遍遭遇政府和居民的职业歧视。这与他们没有专业技能、劳动素质较低有关，也和社会管理者在政策上的排斥以及就业渠道的狭窄不无关系。他们从事的工作往往极不稳定，工作环境差、收入低、待遇差、福利低，还经常需要加班或出现拖欠工资的情况。这些工作往往社会地位不高，没有社会保障，属于城市人不愿意接受的职业。因为没有高效合理的渠道，他们需要通过次级劳动力市场寻找工作，这样的结果往往是他们只能在同基准的工作范围内流动，无法提升自己的社会声望。2008 年金融危机之后，农民工找工作面临着更大的困难，在基本生活无法保证的情况下，许多人被迫返乡。长期徘徊在底层，很容易使农民工心理上产生反感，并生出对社会的怨恨和不满，这也是农民工犯罪率居高不下的重要原因。

三　农民工社会生活方面

（一）居住环境及方式

外出农民工住房以单位宿舍、工地工棚为主，总体而言，居住条件较差，近年来与他人合租住房比例上升，独立租赁住房则有所下降，乡外从业回家居住的比例也在逐年上升。这意味着农民工的“回流”，也是逆城镇化的表现。一方面这是农民工在权衡利弊后的理性选择，一方面这也是他们在无法融入城市的情况下所做出的无奈之举。此外，从外出农民工的居住负担来看，有四成的外出农民工雇主或单位既不提供住宿也没有住房补贴，这必然会给农民工造成极大的生活负担，在有限的条件下，他们也只能选择环境恶劣但租金更为便宜的房子，而与他人合租也成了较为合理的选择。这种小圈子的聚居使他们形成了一股小团体，更容易沉浸在个人的情感之中，产生对城市主流的排斥，从而影响到正常的社会交往。解决农民工住房问题，对于推进农民工城市融入有着莫大的意义。

（二）人际交往

目前农民工以内聚型的居住方式为主，这种闭塞的居住方式直接影响着农民工的人际交往。在最开始进城务工时，多数农民工以血缘、地缘为主要维系关系的方式；在工作一段时间以后，业缘关系则构成了他们更频繁的联系网络，这种关系网为他们寻找工作提供了便利，但也因为聚居而更加拒绝他人的融入。另外，城市居民对农民工的交往也是反应冷淡。出于文化优越感，他们看待农民工往往是以一种居高临下的态度。按照迈克尔·罗洛夫的观点，这势必会导致传播赤字。而因为工作性质所造成的不稳定，也令农民工融入社会变得困难。要真正使他们全方位地进入主流社会，必须加强对他们的关怀和关注，帮助他们自我认同。①

（三）文化娱乐生活

高强度的劳动和微薄的收入，都使农民工的娱乐生活受到了限制。一般来说，普及度较高的电视是他们打发无聊时光的最好工具。在工作之余，大多数农民工都会选择看电视了解新闻或获得娱乐。在手机得到普及以后，新生代农民工也出现了手机上网、听歌、打游戏等多样化的娱乐方式，但是总体而言，他们的娱乐还是比较匮乏的。承担着繁重的工作，却不能享受到社会福利和城市娱乐生活，这只能让农民工在劳累的工作之余，越发感受到精神上的空虚。这种不平等也很容易让他们产生不良情绪，更加排斥融入城市。

（四）家庭生活（子女教育、留守儿童与空心家庭）

从社会学角度来看，家庭是一个社会的基本单位，家庭状况在一定程

① ［美］迈克尔·E. 罗洛夫：《人际传播：社会交换论》，王江龙译，上海译文出版社1997年版，第133页。

度上直接影响到整个社会的稳定。从家庭结构分析农民工融入社会进程中产生的问题，是解决难题的有效手段。目前我国农村人口流动绝大多数还是家庭部分成员进入城市打工，其他家庭成员留守农村，这决定了分居式家庭模式在农民工中占了相当一部分。

在打工人群中，青壮年占据主力，其中分为未婚和已婚两种。未婚人群大部分为适婚青年，回乡结婚是他们多数人的选择。而已婚人群又可以分成三种情况：第一种是夫妻一方出外打工，另一方在家看顾老人，照看农务；第二种是夫妻双方一起出外打工，老人在家照顾孩子；第三种是全家外出，老人在农村留守。因为农民工平时的工作比较繁重，难以照看孩子，而入城农民工子女的就学也存在着极大的问题，所以一般第三种所占比例较少，以第一、二种情况较为常见。

这两种务工模式都会给家庭稳定带来相当的冲击。夫妻一方出外打工，长期分居，感情淡薄，必然会产生距离，容易引起家庭关系的破裂。而双方出外打工，将老人和孩子留在农村，也造成了极其严重的留守儿童和空心家庭问题。老人本来就是需要照顾的群体，让他们来养育小孩，未免心有余而力不足，容易对孩子关心不足，出现疏忽。父母与孩子长期分隔，让老人照顾孩子，不但会影响孩子正常的成长发育，也会对他们的心理健康造成不好的影响，出现严重的留守儿童问题。除此以外，因为农村壮年劳动力的外出，很大一部分农活需要由老人承担，这会造成令人忧心的农业生产的下降还有农村人口老龄化的问题。就算是极少见的全家迁移，农民工子女的入学问题也是困扰他们的一大难题。公立学校的限制、城市儿童的漠视还有高额的借读费用都是挡在农民工面前的大山。因为种种原因，务工人员子女很难接受到很好的教育，而农民工长期的流动生活，也让静心学习成了他们难以实现的梦想。种种阻碍使城市成了可望而不可即的海平线，让众多农民工无法触及。家庭问题得不到解决，农民工的积极性必然受到影响，也无法安定地留在城市定居。要想推进农民工社会融入，促进农民工家庭和谐势在必行。

四　农民工生存状况与社会融入的制度阻隔

（一）户籍制度

党的十八届三中全会提出，全面放开建制镇和小城市落户限制，有序开放中等城市落户限制，合理确定大城市落户条件，严格控制特大城市人口规模。但是长期以来造成农民工在农民和市民中找不到准确定位，在外来人和城市人中左右为难，都与我国户籍制度有着莫大的关系。城乡分割的户籍制度是影响农民工市民化进程的一个核心问题，也是他们再社会化的巨大阻碍。这种社会分层上的不平等，对于农民工来说，是难以逾越的障碍。就算常年在城市居住，已经有了稳定职业，没有户籍，仍然被排斥在城市管理体制之外，社会身份不被认同，社会地位难以提高，无法享受到应有的社会福利。户籍制度还对农民工的就业、住房、子女教育各方面的生活都产生着影响，阻止着他们进一步地融入城市。而差别待遇也使他们自我实现、自我发展的诉求难以得到满足，很容易激起他们自卑心理和悲观情绪，产生孤独无助的感受。对冷酷社会现实的长期压抑，也会随着时间的积累渐渐转变成对城市社会及居民的仇视，在这种消极的情绪作用下，他们更难对城市产生归属感，更没有主人公的意识，长此以往，农民工与城市居民的摩擦只会越来越大，社会矛盾量易激化，进而影响社会的安定和谐。改革户籍制度，放低农民工融入门槛，是政府管理者所需要关注的问题。好在党的十八届三中全会对此进行了深入的探索：这次户籍改革是配套进行的，一方面要解决农业转移人口市民化的问题，另一方面就是要提高公共服务，让那些暂时还不具备在城市落户条件，或者不愿意在城市落户的人，也在医疗卫生、子女教育、社会保障等方面，能逐步地享有同当地居民同等的基本公共服务。

（二）劳动合同签订

近年来雇主或单位拖欠农民工工资的问题有了明显改善，这与政府提出的一系列维护农民工权益的政策有关，也与农民工自身法律意识的增强分不开。但是外出受雇农民工与雇主或单位签订劳动合同的依然还是少数，只占了全体农民工的43.9%，状况仍然令人担忧。在各类行业中，建筑业为75.1%，比重最大；住宿餐饮业其次，占62.4%；服务业和制造业分别为60.8%和48.8%，都较上一年比例有所下降。农民工的工作本来就带有极大的流动性，不签订劳动合同，就意味着企业不受到法律的约束，在出现利益纠葛的时候，这些没有签订正式合同的农民工就很难拿出有力武器，切实维护自己的基本权益。

（三）工伤医疗及养老保险

与前几年相比，外出农民工参加社会保险的比例有所提高，但是总体比例仍然较低，关于农民工社会保障的福利制度还有很多不到位的地方。大部分的农民工都无法享受社会资源，在遇到意外时只能自己负担，这不但是对农民工本身的伤害，对于和谐社会的建设也极其不利。而那些因为工伤或是年老而离开城市回到农村的农民工，更给农村的发展带来了极大的负担。根据中国之声《新闻和报纸摘要》报道，统计显示，目前高危行业工伤死亡事故中，农民工死亡就占到了七成。城市吸纳了农村青壮年，而将筛汰下来的老弱病残留给农村，让他们来接受这一群人，这种做法，只能使农村的发展更加迟缓，让城乡差距更加扩大，不利于我国的持续发展。

具体到不同地区，农民工参加社会保障的比例也有所区别，东部地区参保比例明显高于中西部地区，中西部地区间的参保率则比较接近。就社会保障来看，最先发展的东部地区还是较其他地方更加完备，但是就全体来看，能够参保的农民工还是极少数人，大部分的农民工还是被排斥在了社会福利之外。

就不同行业来看，农民工参保情况也有很大差距。交通运输、仓储和邮政业、批发和零售业参保情况相对较好，建筑业、住宿和餐饮业的各项保险比例明显低于其他行业。结合收入水平来看，收入较高的行业社会保障也更好，那些收入低的职业，社会福利也相对缺乏。从这一点上看，农民工群体间已经出现了分化，虽然大部分的农民工还是被排斥在城市边缘，但是另外一部分适应程度较高的农民工已经在各方面接近城市居民，正在努力地向城市主流靠拢。

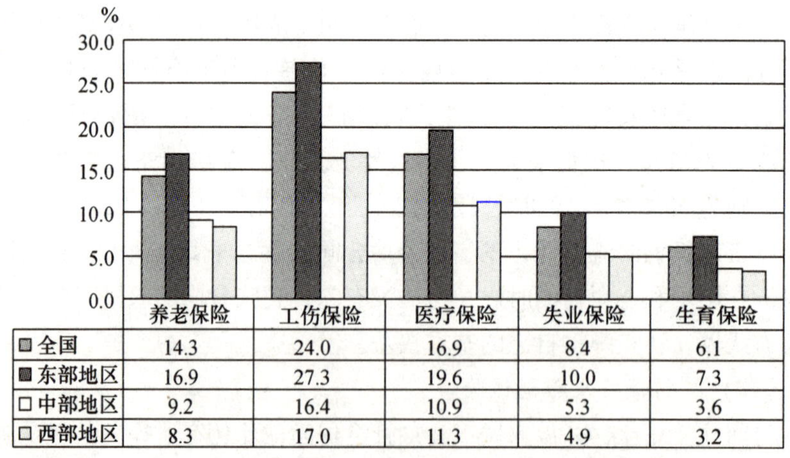

	养老保险	工伤保险	医疗保险	失业保险	生育保险
全国	14.3	24.0	16.9	8.4	6.1
东部地区	16.9	27.3	19.6	10.0	7.3
中部地区	9.2	16.4	10.9	5.3	3.6
西部地区	8.3	17.0	11.3	4.9	3.2

图 3－2　2012 年农民工在不同地区务工参加社会保障的比例（%）

表3－2　2012年不同行业农民工参加社会保障的比例　单位：%

行业	养老保险	工伤保险	医疗保险	失业保险	生育保险
制造业	15.2	28.9	18.5	8.1	5.3
建筑业	3.8	14.0	6.0	2.2	1.5
交通运输、仓储和邮政业	24.1	30.6	26.7	15.6	11.3
批发和零售业	14.3	17.1	15.7	9.3	7.2
住宿和餐饮业	7.0	12.4	8.8	3.9	2.9
居民服务和其他服务业	12.1	16.9	13.3	6.9	5.2

五　关于农民工社会融入的分析

（一）农民工社会融入的内涵

农民工的社会融入问题是随着农民工人口流动而产生的，是我国城镇化必须面对的问题，它的核心内涵分别包括平等的参与机会、基本的社会福利和积极的社会关系三方面。[①] 这意味着农民工在获得平等资源、享受社会福利和受到各方面平等关爱、拥有和谐稳定的人际关系之前，都不能被看作彻底地融入城市社会。与其他地区及国家的流动人口问题相比，我国农民工社会融入有着更大的阻碍。他们数量庞大，成分复杂，很难界定区分，更难统一管理，在这种情况下应运而生的户籍制度实在有它存在的必要。但也正是户籍制度先天的不平等，让农民工这一群体在融入中遭遇了更大的困难。无论是在工作机会的竞争上还是在公共服务的享受上，他们都处于一种弱势地位，难以与城市居民相等同。只有消除制度上的差别待遇，才能让农民工和城市居民一样享受正常的经济待遇和媒介文化生活，享受包括媒介信息服务在内的平等的公共服务，从而有效改变农民工的弱势地位的动态变革过程。[②]

（二）农民工的媒介素养与融入意愿

2010年国务院发展研究中心对6232名农民工的问卷调查中显示了这样的结果：全部参与调查的农民工中，选择在城市（镇）定居的农民工占了58.8%，选择回乡的则只占了15.6%。从中我们可以看出，城市对于农民工，确实有着非同一般的吸引力，而农民工自身，也有着强烈的融入城市的愿望。针对定居的地方，在自主选择的情况下，27.8%的农民工

---

① 钟奉：《城镇化进程中的农民工媒介素养研究》，硕士学位论文，山东大学，第43页。

② 王辉：《农民工在城市社会融入研究》，《国务院发展研究中心课题报告》2011年1月。

表示在哪里务工就住在哪里，16.4%的农民工希望定居在县城或小城镇，14.7%的农民工希望定居在直辖市，9.0%的人希望定居在省会或副省级城市，6.9%的人希望定居在地级市。根据相关数据调整后，推算出愿意在地级以上大中城市定居的农民工占30.63%，愿意在县城或小城镇定居的农民工占16.4%，愿意回农村定居的农民工占8.8%（见图3-3）。而在钟奉对社会融入意愿和农民工媒介素养关系的对比研究中，我们也能发现媒介素养水平较低的农民工在规划自己人生时的不确定性最强。

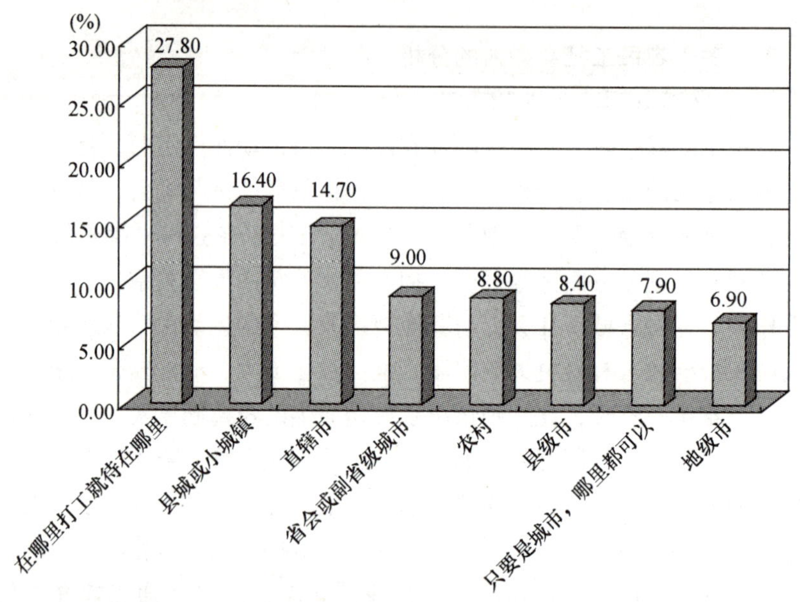

图3-3 现实情况下农民工定居地点意愿

（三）农民工媒介消费

有学者曾对宁波市农民工媒介使用进行过调查，在报纸、广播、杂志、电视、网络和手机六大媒介中，选择“天天使用手机”的农民工比例最大。① 电视位居第二，网络、报纸、广播、杂志的频次则依次递减。在对使用频率最高的手机进行进一步调查时，我们可以通过数据发现，80.5%的人将手机用作联络工具，16.2%的人用于收发短信，3.3%的人

① 包凌雁、徐静：《宁波市农民工媒介使用调查及对策》，《新闻爱好者》（下）2010年1月。

使用手机进行娱乐活动，只有少部分农民工通过订阅手机报等形式拓展信息渠道。在电视节目的选择上，农民工的趋向性也非常明显，新闻类节目高达41%，电视连续剧作为娱乐方式也有40%的比例，综艺类和服务类分别占了17%和2%。相比于手机，电视成为了农民工获取信息的重要来源。除了电视，报纸、广播也在农民工的信息获取上占有重要地位。

第三节　农民工媒介素养与社会融入的关系

媒介素养是指人们获取、分析、评价、传播各种媒介信息的能力，以及使用各种媒介信息为工作和生活服务的能力。媒介素养的高低决定了受众能否主动利用、选择媒介内容，并作出评价和批判，并不是盲目受媒介的影响。① 当今社会，信息化已是大势所趋，农民工作为农村人口中的先进成分，不可避免地接触到了海量的信息，在对这些信息吸收消化的过程中，农民工自身的媒介素养也得到了提升。通过媒介素养的提升，他们中的一部分人享受到了现代化的便利，更好地融入到城市社会。而研究农民工媒介素养对社会融入的影响，也能让公众和社会管理者更好地认识农民工在现代化进程中的改变，从而更加平等、客观地看待他们。

根据2010年国务院发展研究中心课题组对6232名农民工进行的关于社会融入的调查，可以发现当下农民工具有一定信息获取能力，但是媒介利用能力还是存在着不足，其中男性农民工的媒介素养相对要比女性农民工高。② 媒介素养对于农民工经济、社会生活、心理状态多方面都有着潜移默化的影响，而农民工融入城市的意愿，也与其经济能力、专业技术能力和受教育程度密切相关，具备这些能力的农民工，比起同类人来说，更有可能在城市中获得良好的发展机会，形成新的社会资本。在农民工利用媒介提升自我的同时，大众媒介的报道，也使国家和社会对农民工的问题投以了更大的关注，在帮助他们更好地融入社会方面起到了一定的作用。具体来看，媒介素养的提高对于农民工社会融入的帮助，主要体现在经

---

① 杨英新：《城市融入之推手——新生代农民工的网络媒介素养》，《中国劳动关系学院学报》2012年第4期。

② 国务院发展研究中心课题组：《农民工市民化进程的总体态势与战略取向》，《改革》2011年第5期，第5—29页。

济、社会、心理和制度四个方面。

一 农民工媒介素养与经济融入

（一）提高就业率，丰富就业途径

在农民工最初进入城市时，以亲缘、血缘为主的初级网络是他们就业最主要的依靠对象，同乡人的介绍能使他们尽快地找到一份工作，初步在城市落脚，这种基于传统关系的就业方式具有相当的可靠性，避免了农民工因为不熟悉情况而难以谋生的尴尬。但是农民工所从事的，往往是一些变动性极大的工作，其中部分职业还存在着短期性和实效性。这种不稳定的特性导致他们常常需要更换工作，而这时，仅仅靠初级网络来获得合适职业，就显得有些局限了。而农民工春节返乡的大规模季节性变动，也意味着他们无法长期从事一份固定的工作，需要频繁变动。

户籍制度所造成的劳动市场的局限，使农民工在劳务市场中寻找到一份满意工作的难度大大提高，这种择业方式不但费时费力，而且找到的工作往往不能尽如人意，因为这种次级劳动力市场所能提供的就业机会，一般都属于劳动强度大、社会地位低的类型，农民工很难通过这种方式实现自我发展，提高自己的社会声望。而通过网络或大众媒介获取就业信息，不但节省了时间金钱，而且具备了更多的选择，有了找到更适合自己工作的可能，由被动变成了主动。就业途径的改变相当程度上拓展了他们的就业范围，在使用网络等新媒介的过程中，他们的关系网络也得到了拓宽，脱离了诸多因素的限制，以平等的姿态与城市人进行网络交往，通过这种新的人际关系得到工作，也能够得到更有价值的用工信息，使他们的工作条件和收入水平得到提高，更好地满足农民工对于城市生活的预期和需求。根据刁松龄对珠三角 2500 名外来农民工的实证调查，72% 未上过学和只有小学、初中文化的农民工，主要通过亲戚、老乡、朋友帮忙和包工头招聘获得信息；22% 具有高中、中专文化的农民工在这些基本的择业渠道外，还可以通过上门应聘、单位招工以及从劳务市场、电视报纸媒体及路边招贴等渠道获得信息；而少数的具有大专学历的农民工除了以上渠道外，还能从网上获得招聘信息。[①] 农民工综合管理平台的出现，也是在掌握外出务工人员信息、了解他们最新动态的前提下为他们更好地提供服务

---

① 刁松龄：《城市化进程中外来农民工信息不畅原因分析》，《图书馆理论与实践》2008 年第 4 期。

的一种手段。2012 年中国劳动保障新闻网就对内江市农民工综合管理信息平台进行了纪实报道，这是由农民工综合信息管理查询系统、“中国内江农民工之家”和手机信息发布系统组成的一个新的管理查询系统。在手机信息发布系统中有就业信息、培训指导、法律法规等多项公共服务，对于农民工网上就业有着极大的指导意义。新的系统的建立，不但帮助了农民工维权、及时提供招工信息，更有专门的就业指导，让农民工的就业率得到了大大提高。

从种种改变中我们可以看到，媒介素养的提高确实提高了农民工的就业率，这在维护社会稳定、缓和社会矛盾方面有着积极的意义。收入决定着农民工的生活水平，属于经济层面上的适应，是最基础的社会融入范畴。只有拥有稳定工作，具有一定经济地位，农民工才能真正产生对于城市的归属感，从而进行更进一步的社会文化层面上的融入，而不是将自己定位为城市之外的边缘人。但是在我们为这种新的转变而欣喜的时候，同时也要认识到这种改变仍然是发生在小范围具有较高文化素养的农民工身上的，还有大量的农民工仍在为难以寻找到合适的工作而苦恼，这也是我们应当关注的。而在媒体提供的信息中，也存在着很多不信不实的内容，我们也不能完全乐观估计。只有更加致力于推进农民工平等就业，为农民工提供更多就业岗位，才能更有效地实现农民工的城市融入。

（二）传授职业技能，实现农民工的自我发展

21 世纪以来，农村劳动力供求关系进入了重要转折期，农民工数量增长稳中趋缓。2002—2008 年，外出就业农民工的年均增速就已经由 20 世纪 90 年代的 15% 跌到了 5%，进入了稳定增长阶段。随着我国经济发展的转型，单纯出卖劳动力的农民工已经出现了供过于求的现状，结构性供求矛盾开始突出。一方面由于农村劳动力的大量涌入，出现总量上的过剩；但另一方面，具有职业技能的农民工供给却是严重不足。在劳工市场上，农民工找工作难，对于用工单位来说，想要找到合作的技术人才，也是一大难题。2012 年国家统计局全国农民工检测报告显示，没有参加过任何职业培训的农民工，在全体农民工中占了半数以上。造成这种现状的原因是多方面的，既有农民工空余时间少、无法长时间进行培训的原因，也有他们没有认识到培养一技之长的重要性的因素，但更多的还是因为缺少学习渠道，无法接受系统的培训。

而随着农民工文化素质的提高，他们也开始意识到了具有职业技能的

重要性，希望能通过从事社会地位更高的职业来实现自我，从而提升自身综合素质，为未来更好地发展奠定基础。网络和大众媒介作为一种资源的提供者，正在不受地域、身份限制地向人们传输更多的信息，农民工完全可以通过网络来学习专业技术，从而改变自己的就业方式，使自己更上一个台阶。大众媒介具有的普及知识的作用和能够利用自己信息平台的传播优势，在向农民工提供城市社会需要的职业技能、价值观念、思想觉悟及道德水平方面，都起着异乎寻常的作用。[①]《天津日报》就曾对天津大学网络教育学院录取农民工一事进行过报道。2008 年 8 月，深圳市 62 名农民工通过考核，将在天津大学网络教育学院深圳教学中心接受学制两年半的专科学历教育，通过现代远程教育，运用课件进行自主学习，实现专业知识和文化素养上的提高。这是农民工通过网络提高学历层次的典例。此外，农民工运用网络职业技术，提升职业技能的事例也是屡见不鲜。通过文化水平的提升，农民工对于城市文化也能产生更多的认同，更容易建立起新的价值观念，在思想上完成从农民到市民的蜕变。而职业技能方面的（提升），也能使他们在就业上是占据优势，选择工作条件更好的岗位，从而感到满足。但是在部分农民工认识到网络资源重要性的同时，还有半数以上的人仍然保持原状，没能意识到通过网络提升自我的跨时代意义，向这一部分人普及媒介的教育作用、让他们在信息获得的过程中受益，对农民工的转型有着重要的意义。

（三）改变农民工原有的消费结构

随着城镇化的演进，农民工的市民化成了当今时代的重中之重，这意味着他们职业身份、生活方式和消费观念各方面的转化，越来越多的商家已经注意到了农民工这一群体所潜藏的巨大购买力，将他们列为潜在消费对象。随着对城市文化了解的深入，农民工消费观念的改变也是时代发展的必然。消费观念的变迁代表着农民工对消费所持有的态度和价值的意识发生了变化，而这种观念变化直接影响着他们的消费行为，从而导致了农民工消费结构的改变，[②]出现了饮食、服装、信息资讯及休闲娱乐多方面的消费。2011 年《河北省农村统计年鉴》显示，相比上一年，河北省农民的人均生活消费支出 3845 元，比上年增长 14.8%，食品消费

① 李一龙：《从“边缘人”到“新市民”：传播与新生代农民工的城市融合》，《新闻爱好者》2012 年第 12 期。

② 肖伟：《农民工消费观念的变迁》，硕士学位论文，湖南师范大学，第 19 页。

支出增长 13.0%，衣着消费支出增长 15.2%，居住消费支出增长 5.4%，家庭设备用品消费支出增长 28.5%，交通通信消费支出增长 32.5%，文化教育娱乐消费支出增长 12.4%，医疗保健消费支出增长 19.0%，其他商品消费支出增长 20.3%。从以上数据中，我们能够发现农民的消费结构确实有着巨大的改变。从中我们也可以想象，作为农民中的先进分子，农民工在消费上的转变必然更加彻底，消费方式也更加向城市居民靠近。①

媒介在农民工消费结构改变的过程中所起的作用是很隐晦的，随着各种信息工具的发达，形形色色的观念充斥着生活的方方面面。通过媒体对食品安全、饮食健康的报道，农民工对待吃的看法，已经逐渐有了改变，对于新一代的农民工来说，在饮食消费上他们已经不仅仅满足于维持生存必要，开始对味道和质量有了要求。在服装消费上，他们也开始由追求实用向兼具美观舒适发展。新一代农民工在追求个性和品位上，有着比旧一辈更加强烈的愿望。他们希望能在外表上与城市人更加贴近，希望得到主流社会的认同。这直接影响着他们对服饰的消费行为。与此同时，手机等通信工具的普及也让农民工的生活方式改变成为了可能，手机不但给农民工加强人际网络提供了方便，还体现了一种符号性的炫耀价值。这种炫耀性的消费行为有彰显自身身份地位、赢得尊重和认同的潜在目的，更体现了新生代农民工希望通过外在商品赢得城市居民认同和接纳的迫切心理需求。② 波德里亚关于物或商品满足了消费者一种自我实现、划分了身份地位层理的消费符号象征理论，③ 王宁关于人生后来阶段形成的派生性认同的消费认同理论④都在一定程度上对人们消费观念的变化做出了解释。通过这两种消费社会学理论，我们也能够发现，农民工消费观念变化是历史的必然。根据肖伟在湖南省长沙市多个社区调查汇总得出的数据表，我们能够窥见当代农民工新型的消费观念。

除了一些基本需求消费上发生了改变，农民工在自我发展消费上，也

① 河北省人民政府办公厅、河北省统计局主编：《河北农村统计年鉴》，Ⅶ统计资料·全省部分·四农民收入与消费，中国统计出版社，第 281 页。

② 闫超：《基于社会认同视角的新生代农民工炫耀性消费行为影响机理研究》，硕士学位论文，吉林大学，第 5 页。

③ ［法］波德里亚：《消费社会》，刘成富、全志刚译，南京大学出版社 2005 年版。

④ 王宁：《消费与认同——对消费社会学的一个分析框架的探索》，《社会学研究》2001 年第 1 期，第 6—12 页。

表 3 –3　　农民工饮食消费观念

考虑因素	“80 前” 农民工		“80 后” 农民工	
	频数（人次）	百分比（%）	频数（人次）	百分比（%）
吃饱就行	35	47.9	15	13.0
营养搭配	11	15.1	27	23.5
方便省事	4	5.5	10	8.7
价格便宜	7	9.6	6	5.2
合口味	15	20.5	52	45.2
新奇时尚	1	1.4	5	4.3
总计	73	100.0	115	100.0

表 3 –4　　农民工服装消费观念

购买衣服时考虑	“80 前” 农民工		“80 后” 农民工	
	频数（人次）	百分比（%）	频数（人次）	百分比（%）
价格	27	37.0	28	24.3
耐穿	30	41.1	16	13.9
面料	5	6.8	5	4.3
款式	9	12.3	47	40.9
色彩	1	1.4	13	11.3
品牌	1	1.4	6	5.2
总计	73	100.0	115	100.0

表 3 –5　　农民工手机消耗情况

手机换过数量（台）	“80 前” 农民工		“80 后” 农民工	
	频数（人次）	百分比（%）	频数（人次）	百分比（%）
1	22	30.1	37	32.2
2	17	23.3	36	31.3
3	17	23.3	36	31.3
4	6	8.2	7	6.1
5	1	1.4	4	3.5
6	2	2.7	1	0.9
7	0	0	2	1.7
8	0	0	2	1.7
没有	16	21.9	3	2.6
总计	73	100.0	115	100.0

出现了新的表现。相当一部分农民工开始重视知识性消费，提高自己的文化水平，充实自身。而在条件允许的情况下，越来越多的农民工也表示了对旅游等休闲娱乐消费的认同。2013 年 4 月 22 日英国《金融时报》以“农民工打造中国的未来”为题，直言农民工正在成为市场有力的消费者，将反过来推动中国下一次的重大经济变革。《金融时报》旗下研究刊物《中国投资参考》通过对全国范围内 1500 名农民工的调查，也得出结论：2012 年农民工在消费品和服务上的开支高达 4.2 万亿元。消费结构的改变让农民工在行为方式、生活方式上更加向城市人靠拢，他们在穿着打扮、消费选择上，比起农民更加接近城市居民，这从某种程度上能够改变城市居民长久以来对于农民工的固有观念，让城市居民更好地认识到农民工素质的提高，从而主动地接纳他们。从深层次来看，对于信息资讯的消费，也能让农民工更好地把握时代脉络，靠近主流社会。这样的变化显然是有助于农民工城市适应的。而这样的变化，说到底还是社会背景造就的，在这一过程中，农民工媒介素养的提高起到了推手作用，加快了他们观念的更新。

（四）增强农民工的维权意识

农民工在就业的过程中，因为缺乏制度的保护，权益常常受到侵害。一些城市民营职业介绍机构利用农民工不熟悉城市情况、难以获得准确信息却又迫切需要获得工作的心理，提供过时信息甚至虚假信息，这不但使农民工在金钱上受到损失，还会使他们对城市形成不好的印象。而一些公司拖欠农民工工资、恶意延长农民工工作时间的行为，也让他们的身体健康、财产权益受到严重的损害。因为缺少社会保障，在遭遇工伤、罹患职业病时他们也常常无法获得应有的赔偿，只能自己承担高额的医药费用，还面临着被企业开除的危险。长期以来，媒体对这些情况的报道屡见不鲜，然而在当下社会，这种事仍时有发生。

目前农民工通过正规渠道维护自身权益的意识正在增强。通过媒体进行的法律意识的普及，正对农民工产生着影响。在钟奉的调查中，面对权益受到所在企业侵犯的情况，打官司、上访和联合其他农民一起反映是选择比例最高的三个解决方式，从中农民工已经开始重视利用媒体力量维护自己的合法权益。这种转变得益于媒体公信力的建立，在这一过程中，农民工的权益意识得到了增强，他们不但对理性解决侵权问题产生了价值观念上的认同，还提高了维权能力，学会了利用媒体来保障自己的合法权益。2012 年 12 月《四川日报》对鄂尔多斯百名川籍农民工“微博讨薪”

的事件所做的报道引发了社会的广泛关注。这些农民工被拖欠了 360 余万元的工钱长达一年，在无水无电无采暖的环境下，他们被困在鄂尔多斯无法返乡。通过微博实名求助，经过网络的传播，这些农民工得到了四川司法、法律援助中心的帮助，经过一年多的“讨薪”终于拿到了应得的薪资，维护了自己的权益。而 2010 年的尘肺民工钟光伟事件也再一次体现了微博的强大力量。钟光伟于 2006 年 11 月经人介绍到山西省大同市云冈镇竹林寺煤矿打工，不到一年就患上了严重的肺病，时常胸闷咳嗽，走路都十分艰难，在后来的洗肺手术中，更是洗出了十五瓶浑水，足见情况严重。虽然经过长时间的维权赢得了官司，但是矿主拒不赔付法院判定的赔偿金，使钟光伟的病情长期难以得到救治。2010 年 9 月，他开通微博开始讲述自己的经历，终于在网友帮助下得到了赔偿，顺利进行了治疗。这种通过新媒体维权的方式，也体现了农民工维权的新趋势。无论这种维权结果如何，都会产生一种积极的引导作用，为其他农民工提供借鉴和教训。①

从行为方式层面看，农民工利用新媒体维护权益已经体现了他们法律意识和行动能力的增强，不同于以前的咬牙和血吞，农民工已经逐渐意识到保护自我权益的重要性，这种自主性行为能让他们更好地在城市生存而不是屡屡碰壁，遭受欺骗。从心理思维层面来看，农民工的思考方式也更加现代化，能更理智地运用新的武器来保护自己，这种改变有利于扭转城市居民在农民工长期极端讨薪方式的影响下对于农民工群体造成的偏见，从而削减农民工与城市居民之间的误会与隔膜。

二 农民工媒介素养与社会生活

（一）传播新的思想观念，提高自身素质

农民工想要融入城市，就必须要对城市有多方面的了解，农民工长时间难以融入城市社会，跟他们传统的乡村观念有着很大的关系。这种文化上的差异让城市居民对于农民工往往采取敬而远之的态度，不认同他们是城市的一分子。在人际交往、思考问题上，农民工和城市居民都有着极大的不同。这种不同在方方面面阻碍着农民工融入主流社会，使他们难以成为一个被接纳的城市人。复旦大学 2006 年曾经对城市居民对农民工的态度做过抽样调查，我们可以发现，大多数城市居民对农民工还是很友善的。农民工融入城市的阻碍，并不像大多数人想象中那么大。

① 钟奉：《城镇化进程中的农民工媒介素养研究》，硕士学位论文，山东大学，第 34 页。

表 3－6　　上海本市居民对农民工的态度

问题	回答	（%）	问题	回答	（%）
您愿意主动与农民工接触、交流吗？	愿意	44.06	您是否帮助过有困难的农民工？	有	75.86
	不愿意	12.63		没有	24.14
	无所谓	43.31		合计	100.0
	合计	100.0		样本数（人）	667
	样本数（人）	665			
您愿意和农民工交朋友吗？	愿意	30.18	您愿意把家中一些平时不太用的衣物、家具等捐给农民工吗？	愿意捐给他们	92.94
	不愿意	18.02		低价卖给他们	1.21
	无所谓	51.80		不愿意送给他们	1.20
	合计	100.0		很难说	4.65
	样本数（人）	666		合计	100.0
				样本数（人）	666
您愿意和农民工做邻居吗？	愿意	27.59	您的家人或亲友中有和外来农村人口结婚的吗？	有	31.58
	不愿意	22.79		没有	68.42
	无所谓	49.62		合计	100.0
	合计	100.0		样本数（人）	665
	样本数（人）	666			

如果农民工能主动转变文化观念，向城市居民看齐，建立起一套新的价值观念，农民工被城市认同的可能将大大增加。媒体就为农民工提供了这样的一个信息平台，让农民工能够有效地更新自己的观念，转变旧有的思维方式。手机、网络、电视从方方面面向农民工展示着社会的现状，让他们对城市有了初步的了解，虽然这种报道存在着片面性，但是它对农民工城市印象的建构起着重要的作用。农民工可以通过媒体的传播更迅速地了解和认识城市社会，了解城市生活，更快地在城市立足。而媒体对于农民工更大的价值在于，它不受时空限制，能够帮助农民工拓宽视野，提升他们的文化素质，让他们享受和城市居民等同的信息资源。而在手机作为通信工具达到极高普及的情况下，手机上网也成了农民工网络媒介的主要接触形式。在网络中他们可以获得大量新闻资讯，见到各类观点的交流和碰撞，这对于他们新的价值观人生观的建立有着重要意义。在接受新观念的过程中，农民工也能更好地接纳城市文化，更加积极地融入城市社会，为成为真正的市民奠定基础。

（二）拓展农民工的人际交往

1. 同城市人群交流与城市人群交流

农民工在现实生活中由于经济、社会原因在多方面受到排斥，很难融入正常城市人群的社会交往，他们的交际圈往往停留在亲缘、血缘、业缘关系上，在新的社会网络建立方面，存在着极大的障碍。从农民工群体的文化交往来看，带有明显的封闭性。在日常生活中，农民工的社交活动方式主要是地缘性关系，农民工在城市的活动，基本上都是在体制以外运作的，这样就形成了体制外的关系网和隐性社会结构。而网络媒介的虚拟性和交互性给他们平等交流提供了可能。“仅就网络对社会交往的作用而言，网络不仅在虚拟的意义上建构着事实上的社会关系，而且也在一定意义上成为使现实中的社会交往和社会关系得以发生的重要媒介。”① 复旦大学 2006 年人口抽样调查表明，当下农民工的社会关系正在不断辐射扩展，他们与本地人之间的关系也更加紧密了。

在虚拟空间中，他们更能够自由地展现自我，以平等的身份与城市人进行交往。这是他们建立新的社会关系的一个平台，也是他们和城市居民建立友好交往，调整心理的一种方式。通过 QQ、微信、微博等结识的好友，一方面与自己志趣相投，另一方面也是另一种异质资源，能够为农民工在城市的生活节省成本，为他们拓展信息渠道，提供更多的就业机会。农民工社会交往圈子相对而言，依然比较单一，虽然相比老一辈来说，在社会交往层面与城市居民的沟通交流已经有了改善，但是他们的交往范围依然相对狭小。他们接触城市人的机会较少，只有在网络媒介构建的平台上，他们才能尽可能多地与城市人进行交流互动，培养现代城市文明所需的思维和意识，进行自我表达和情绪的宣泄，对城市产生认同。

表 3-7　　农民工在上海的亲友关系

问题	回答（%）				样本人数
您是否有亲戚住在上海？	是	44.6	否	55.4	979
您来上海后有没有结交新朋友？	有	82.3	无	17.7	971
在您新结交的新朋友中有无上海人？	有	72.3	无	27.6	852

① 蔡志海：《制度变迁中农民工的生存状态及未来命运》，《华中师范大学学报》（人文社会科学版）2002 年第 4 期，第 14—18 页。

2. 获得谈资

农民工被排斥在城市社会的交往圈子，很大一部分原因在于他们在信息获得上的不平等。这种不平等使两个不同群体之间很难产生共同话题，从而开展正常的交往活动。媒体借助共同的信息平台，不分等级地向外输送信息，这是推动城市居民与农民工平等交流的有力渠道。媒介的支持使他们并不像最初一批农民工那样，因为消息闭塞，流动到陌生远方而不能随时联系到亲人因而产生孤独感和无助感。媒介在他们流动过程中形成新的社会网络的过程中起着特殊的作用。电视上的重大新闻、网络上的焦点事件、移动通信带来的新的人际交往，这都是他们与城市人之间的交叉处。而这些话题也为他们平时的人际交往提供了谈资，互联网巨大信息资源以及搜索引擎功能也为他们获取信息提供了渠道，随着网络舆论的兴起和发展，他们对于一些突发事件社会热门问题也有了相当的了解，并在生活中乐于讨论这些问题。① 随着农民工媒介素养的提高，他们利用媒介的能力越来越强，也让他们的人际交往变得更加丰富，社会关系得到了再好的维持。在对于帮助农民工更好地融入城市生活上，媒介的作用是不可忽略的。

3. 在人际交往上由人情交往向利益交往发展

在传统的中国社会中，亲缘、地缘以及各种人情关系构成了维系社会规范和准则的纽带，而乡村作为传统社会最为重要的一环，这种人际交往方式表现更为突出。长久以来，他们都保持着一种稳定、重复的交往关系，来维持村民之间的和谐与稳定。② 但随着现代化的推进，在大众媒介对新的思想观念的传播过程中，农民的传统观念受到了极大的冲击；而离乡进城，更加接近现代化社会的农民工，对于人际交往的方式也有了新的认识。

甘阳认为在现代化过程中，家庭与人的各种社会活动日益分离了出来，由此直接导致人际关系的重大变化。他将前现代社会的人际关系划分为以自然血缘关系、亲属关系为基础的“第一级关系”，而将现代化社会

① 黄伟迪：《媒介与新生代农民工的流动生活——基于广东省惠州市响水河工业圈的民族志调查》，硕士学位论文，安徽大学，第27页。

② 章俊程：《农民工的人际交往、现状、困境与出路》，硕士学位论文，厦门大学，第16页。

人际关系判定为以工作关系、法律关系为基础的“第二级关系”。① 传统社会中虽然也存在着带着目的交往的因素，但是在表面上还是以人情关系为主，而在现代，利益至上的原则表现得十分明显，对于不同的交往群体，农民工的交往态度是非常不同的。孙立平把这种人际交往关系称为“工具性的人际关系”，他指出了人际交往正在向工具理性转变的趋势。②那些具有高媒介素养的农民工比普通农民工更能切实地体会到这一点，而他们超出普通农民工的地方则在于，他们能快速地接受这一转变。普通农民工在人情关系和利益关系之间进退两难的时候，媒介素养较高的农民工已经理清了这一关系，理性地处理自己的人际交往，这无疑是更贴近城市居民的做法。在交往过程中，这种选择能帮助他们实现利益的最大化，而不是拘泥于人情面子而经济上受到损失，能使他们更好地适应社会，融入社会。

（三）提供娱乐，减轻工作生活压力

农民工从事的工作往往劳动强度大、工作时间长、闲暇时间过少，这让他们承受着极大的心理压力。虽然城市有丰富的娱乐设施，但是由于时间、经济的限制，农民工的精神娱乐活动显得格外匮乏，无法有效地使自己得到放松。而在他们生存状况、生活水平逐渐提高的时候，他们在人际上的边缘化也并未得到改善，依然时常感到被排斥，非常孤独，这是他们产生对城市青年上网、消费、阅读、交友等行为模仿的重要心理因素。2010 年浙江省人力资源和社会保障科学研究课题“新生代农民工生存状态研究——基于对丽水、温州两地的调查”，对三百余名农民工做了调查，数据表明，网络和电视已经成为了农民工重要的娱乐方式。

表 3-8　　新生代农民工的业余活动

	看电视	上网	打牌	看报纸杂志	朋友聚会	听广播	其他	合计
选择频次	123	125	71	55	105	30	22	531
百分比（%）	59.1	60.1	34.1	26.4	50.4	14.4	10.6	255.3

① 甘阳：《八十年代中国文化讨论五题，古今中西之争》，生活 · 读书 · 新知三联书店 2006 年版，第 27 页。

② 孙立平：《“关系”、社会关系与社会结构，现代化与社会转型》，北京大学出版社 2005 年版，第 197 页。

媒介尤其是网络媒介的出现，给农民工的业余文化生活提供了丰富的乐趣。在线QQ、网络游戏、阅读小说、下载歌曲，这种娱乐活动并不需要什么花费，但是却能使他们在忙碌的生活中达到娱乐身心的效果。目前农民工对网络媒介的使用以娱乐为主，在这一过程中，农民工满足自己的精神和信息需求，精神文化生活的空白暂时得到了填补，工作生活的压力得到了缓解，根据麦奎尔的“使用与满足”理论，这对于保持农民工身心健康有着重要的意义。只有在心理需求得到满足的情况下，农民工才能更好地认识自己的价值，保证工作的积极性，更热情地投入自己的本职中，对城市社会产生认同，为城市建设做出贡献。

（四）子女教育

媒介素养的提高对于农民工子女教育问题有着双重的意义。首先，在这个过程中，农民工通过信息社会的影响了解到知识的重要性，加强了对子女教育的关注。其次，社会也会因为媒体的报道而对农民工子女就学抱以更大的关注，从而督促社会管理者改善他们的就学环境。根据全国第六次人口普查结果显示，我国内地流动人口超过2.6亿，随父母进城的农民工子女同样数额巨大。但是由于制度原因，目前农民工子女入学还是存在着很多的问题，他们接受教育的权利难以得到保障，许多人面临着失学的威胁。户口问题使他们被排斥在正常就学渠道之外，不但要缴纳高昂的赞助费、借读费，有时甚至还存在着升学方面的困难，他们无法享受和当地学生同样的权益。这种教育资源的不公不但使农民工子女在学习上面临困境，还让他们有在学校生活中被同学隔离歧视的危险。

农民工外出打工很大程度上就是为了改善家庭状况，而在国家统计局关于6232名农民工的调查中，2010年国务院发展研究中心关于6232名农民工的问卷调查30%以上有留城定居意向的人选择留在城市的原因也在于城市有着更好的子女就学条件。2010年浙江省人力资源和社会保障科学研究课题“新生代农民工生存状态研究——基于对丽水、温州两地的调查”中的数据，也印证了这一点。

面对教育不公、子女就学受阻的情况，农民工投入城市建设的热情势必会受到打击，甚至会出现不满心理，从而影响到他们对于城市的观感。通过媒体的报道引起社会对农民工子女入学的关注，可以推动农民工子女入学难的问题的处理，而子女受教育问题得到解决的农民工也就能没有后顾之忧地参与工作，加深自身对于城市的认同。另外，如果农民工子女就

表 3 – 9　　农民工进城动机

	第一代农民工		新生代农民工	
	选择频次	百分比（%）	选择频次	百分比（%）
农村干活收入太低	87	88. 80	121	58. 17
向往城市生活	12	12. 20	125	60. 10
不会干农活	2	2. 04	70	30. 65
希望找一份稳定的工作并寻找留在城市的机会	13	13. 30	83	39. 90
学些技术回家乡发展	14	14. 30	48	23. 08
为子女考虑	51	52. 04	59	28. 37
其他	3	3. 06	19	9. 13
合计	182	185. 70	525	252. 40

学问题得到较好的解决，也会有更多的农民工选择将子女带到城市，从而在城市建立稳定关系，这对于解决当下农村留守儿童、空心家庭的问题和更好地实现我国城镇化有着莫大的意义。

（五）媒体对农民工“妖魔化”、“倾向化”的宣传使城市居民形成了误解

长期以来，城市居民对农民工都存在着刻板印象，媒体为了追求受众的认同，吸引关注，对于农民工的媒介形象塑造也存在着一定的夸张和扭曲。大众媒介起着社会舆论的导向作用，它对于农民工的报道无形之中也影响着人们对于农民工的看法。媒体报道中对于农民工的歧视和偏见，都给社会公众造成了一种误导作用，农民工常常和素质低、不文明、犯罪问题挂钩，被强加上负面符号。最为典型的就是关于春节农民工返乡造成的春运难报道，一到年庆，媒体往往就会将焦点放在庞大的回乡农民工身上，夸张地进行报道。这种报道很容易给城市居民造成不良印象，影响他们对于农民工群体的观感。而在新浪网、新华网、中国青年网关于农民工的信息搜索中，大部分还是关于农民工讨薪难、受歧视等负面内容的报道。郭霞在关于女性外来务工人员形象呈现的研究中，更是明确提出媒体报道刻板化、类型化、主题设置失衡，外来务工女性在报道中正面形象、主动角色、表达渠道缺失等种种问题。①

① 郭霞：《网络报道对女性外来务工人员形象呈现的研究》，硕士学位论文，华东理工大学，第 4 页。

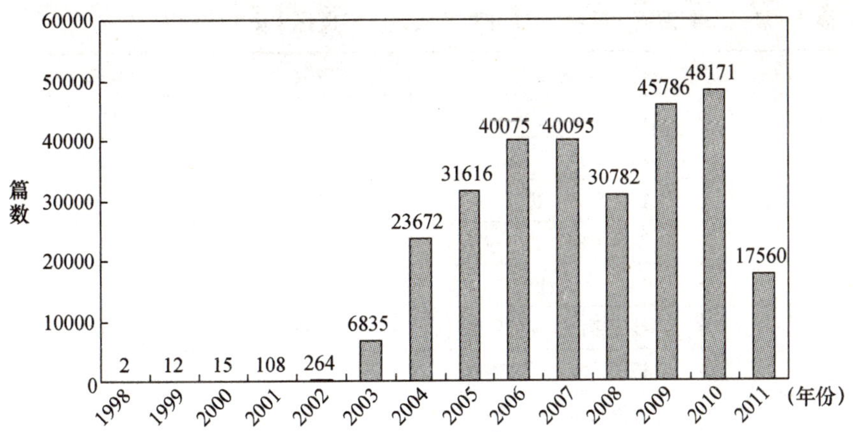

图3－4　1998—2011年各大网络媒体农民工题材报告数量

表3－10　　新浪网1998—2011年以来农民工再现主题汇总

再现主题	频数（次）	频率（%）
市民待遇、城市融入	49	12.3
生产生命安全与保障	40	10.1
农民工及其子女的教育	37	9.3
社会权益保障	37	9.3
薪水（欠薪、讨薪等）	35	8.8
求职、就业	30	7.5
精神文化需求	30	7.5
生存状态	27	6.8
农民工与社会治安	26	6.6
榜样、表彰	22	5.5
社会协助	14	3.5
情感、性生活	11	2.8
群体心理问题	11	2.8
春运	10	2.5
民工荒	8	2.0
农民工自主创业	7	1.8
其他	4	1.0
总数	398	100

表 3-11　　新浪网 1998—2011 年以来农民工报道行为类型统计①

	行为类型	报道频数（次）	报道频率（%）
主动行为	团结互助、积极进取	44	11.1
	勇于维权、弘扬正气	27	6.8
	违法犯罪、扰乱社会	15	3.8
	荒唐冲动、缺乏理性	13	3.3
	合计	99	24.9
被动行为	接受帮助、各方关爱	142	35.7
	遭遇不幸、受骗遇挫	96	24.1
	冷漠无情、麻木消极	8	2.0
	合计	246	61.8
无行为	生活写照、评述对象	53	13.3
总数		398	100

近些年农民工的媒介形象已经在向正面转好，但是媒体对于农民工的媒介定位还是大多停留在弱势群体、缺乏关怀的边缘人上，默认了农民工不同于城市居民的劣势地位，对于农民工的报道多以代言为主，造成了公共话语空间中农民工话语权的缺失。谭成川在研究中表示农民工的社会形象错位，是由媒介无形中产生的城市视角造成的。媒体只报道农民工在城市中的弱势形象，而他们的强势却一直被忽略。② 这种偏隘的城市视角，使农民工在媒体上呈现的只能是弱势和边缘的一面。而城市居民所看到的，也可能是被曲解后的农民工形象。而近些年对于部分农民工高工资的爆料，也引发了一种不良的社会倾向，媒体在报道农民工工资高于许多大学毕业生的同时，也隐晦地传达了他们生活条件优越的信息，同样也给城市居民带来了一种不好的引导方向。

（六）产生“知沟”效应，拉大农民工与城市居民利用信息的差距

农民工在媒介素养提高的过程中，也并非只享受着信息时代的便利，有相当一部分学者认为，正是因为高速的信息化，使这一部分弱势群体与

---

① 关丽娜：《素描、突变、视角——网络媒体兴盛时期新浪网农民工媒介形象分析》，硕士学位论文，西南大学，第 18 页。

② 谭成川：《农民工社会形象错位与媒介的城市视角问题》，《新闻爱好者》2007 年第 5 期。

主流社会的距离越来越大。19世纪70年代，美国学者蒂奇诺等人在一系列实证研究的基础上得出结论，认为："由于社会经济地位高者通常能够比社会经济地位低者更快地获得信息。因此，大众媒介传送的信息越多，这两者之间的知识鸿沟也就越有扩大的趋势。""知沟"理论是对社会中因为阶级分化产生的信息分化的反映。它认为在技术的不断进步下，不同人群从中获得的机会并不是均等的，相反，"信息富有者"与"信息贫困者"之间的差距反而会随着信息传输的扩大而不断拉大。在这一过程中，两者之间的分化会更加明显，社会矛盾和社会问题也可能会激化。①

农民工群体与城市居民相比，虽然在理想模型中享有同样的资源，但在实际操作中，他们能够接触和获取的信息量显然要比城市居民小得多。虽然随着现代化的进程，农民工使用和接触媒介的频率都在上升，但是由于网络使用技能的缺乏，他们对于媒介的认识大都还停留在娱乐方面，网络使用水平仅能维持在网络游戏、在线看电影等低级阶段，只有少部分的人能够有效地利用信息提升自我，不断发展。在城市居民利用信息实现自我的时候，农民工反而将时间用在了娱乐上，这只能使两个群体之间的隔阂越来越大，让农民工融入城市成为空谈。在调查中，农民工认为自己和城市居民的差距在缩小，而城市居民则认为差距越来越大，这从一定程度上印证了"知沟"理论的正确性，显示了农民工与城市居民两群体之间有用信息汲取的不等同。

（七）过度的娱乐化导致沉溺网络

在农民工对于各种媒介的接触和使用中，因为缺少正式培训，他们的娱乐化倾向非常严重。就上网来看，各项调查显示，他们的上网行为主要集中在聊天、看视频、听音乐和打游戏等几项上，把网络看作一种娱乐工具。合理的娱乐能够减轻农民工的身心压力，让他们舒缓心情，更好地工作交往，但是往往自我控制能力较弱，对于网络娱乐的抵御能力不够强，很容易对网络产生过强的依赖，沉溺于网络世界当中。有些农民工甚至通宵上网或花费大量金钱投入网络游戏，在大量的空余时间被网络占用的同时，他们正常的工作也受到了影响，甚至产生网瘾，无法正常工作生活。

对于一些彷徨孤僻、社交圈子狭窄的农民工来说，网络还会成为他们逃避现实、封闭自我的一种武器，将他们与现实的人际交往隔离，一味沉

① 郭庆光：《传播学概论》，中国人民大学出版社1999年版，第230页。

溺在虚拟世界的满足中。这只能使他们更难建立起新的社会关系，不被城市接受。对于这种情况，只有加强对农民工心理健康教育，才能帮助他们合理高效地使用网络，让网络媒介更好地为他们服务。

（八）对信息缺乏批判性的认识，具有一定的犯罪隐忧

网络信息良莠不齐，在存在着很多有用信息的同时，也存在着大量负面信息。因为网络匿名性的特质，网络往往成为了许多人发泄不良情绪的场所，很多信息具有极强的攻击性和煽动性。有些人为了博得眼球，炒作自己，故意传播一些虚假不实的信息，这些信息往往语言过激，言论色彩较浓，存在煽动民族矛盾、城乡矛盾、地区矛盾，引发不良情绪的内容。一些农民工不能辨别真假，盲目相信这些谣言，在朋友圈中转发，很容易造成不良影响，被有心之人利用，变得更加偏激冲动，认为社会不公。[①] 这种不良引导很容易引发他们的心理失衡，甚至会诱导他们犯罪。2013年8月《西部商报》中就报道了一桩农民工在微博上发布谣言的事件。酒泉市瓜州县农民工张某在看到一辆半挂车因自燃而引起大火之后，用手机拍照并配写了“有恐怖分子”的字样发布在腾讯微博上，这只是他一时的无聊之举，但是对社会公众造成的危害和影响却是极大的，也让人对农民工有效使用媒介的能力产生了一定的质疑。

此外，网络上传播的色情暴力信息也对农民工存在着有害的影响，网络游戏中的血腥暴力的打斗场面存在着刺激农民工心理的隐患，那些不健康的资讯也荼毒着他们的心理健康。网络游戏消耗大量金钱，长期沉迷网络游戏，耽误正常工作生活，在他们无法保证上网时，也可能会让他们铤而走险，走上违法犯罪的道路。目前农民工犯罪现象越来越普遍，不能不说，这与网络不良信息的诱导有相当大的关系。这些不良行为都会影响农民工整体形象，使城市居民对他们印象固化，让他们融入城市变得更加困难。

三 媒介素养对农民工社会融入心理方面的影响

（一）增强身份认同

身份认同是指个人在感情和价值上视自己为某个群体，具有很强的群体归属性和相对稳定性，是在互动中产生的“我们”和“他们的”心理边界划分。[②] 身份认同是对于自我身份的定位，也是一种在内心将自己进

---

① 黄伟迪：《媒介与新生代农民工的流动生活——基于广东省惠州市响水河工业圈的民族志调查》，硕士学位论文，安徽大学。

② 郭科：《融入与冲突——新生代农民工的社会认同》，硕士学位论文，西北大学。

行归类的心理归属。农民工在最初进入城市的时候，面临着急剧的环境变化、文化冲击和社会关系的重组，在语言、生活方式和价值观念上也存在着巨大的融入障碍，这往往使他们茫然无措。而他们和城市居民之间由于制度原因而造成的等级区分，也使他们在心理上充满着被排斥感，意识到自己的边缘身份。最开始一批的农民工，他们的迁移往往是候鸟式的，对乡村充满着依赖，攒够钱就会选择回乡置房置地，定居城市的意愿并不强烈。但是随着务工农民工的年龄不断缩小，他们的思维受到城市影响远比对乡土的依赖深厚得多，融入城市的愿望也更加强烈。这些新一代的农民工大多没有做过农活，和家乡村民也没有共同语言，他们对于乡村，远远不像老一辈人有那么深的依赖。2010 年浙江省人力资源和社会保障科学研究课题“新生代农民工生存状态研究——基于对丽水、温州两地的调查”中对三百余名农民工做了调查，数据表明，农民工对于自我身份地位的认知，还是比较高的。大部分农民工并不认为自己受到歧视，地位低下，这其中媒体的作用不可轻视。

表 3－12　新生代农民工在城市生活中的自我感知情况

	在城市里地位低		在城市里受歧视	
	人数	百分比（%）	人数	百分比（%）
非常同意	13	6.25	9	4.33
同意	26	12.50	24	11.54
说不清	57	27.40	58	27.88
不同意	80	38.46	81	38.94
非常不同意	32	15.38	36	17.31
合计	208	100.00	208	100.00

在媒体不断发展的过程中，农民工媒介素养也在不断地提高，媒体对于城市价值文化观念的宣传起着非同寻常的作用，农民工可以通过媒介更好地了解城市文化，便于自身的融入。最关键的是，在网络传播中，农民工享受着和城市居民同样的信息平台，对于热门话题，他们也和城市居民一样参与讨论，不存在因为身份而产生的隔离。“社会网络中的互动，特别是与城市居民的互动，使农民工熟悉城市文化，学习在城市的生存技能，内化新的规范和价值取向的最重要的渠道，只有建立其非乡土的社会

网络，才能有效地培养出对城市的认同和情感。"① 这是农民工切实融入到城市文化的表现，更多的农民工开始接受多元的价值观，在行为上向城市居民靠拢，这体现出一种行为方式、思想观念上的适应。从好的方面来看，这对于增强农民工文化、心理上的融入起着促进作用，让他们在更多地方和城市居民产生共鸣，使他们能更直接地产生"本地人"的身份认同。

（二）增强农民工的城市归属感

城市认同是与乡土认同相对的概念。农民工出身农村，大都对农村社会有着较深的情感联系，这是他们感情的寄托，也是他们抵抗城市孤独感的力量所在。职业身份和户籍身份的错位，二元制结构导致的角色认定上的困难常常让农民工在"市民"和"农民"之间游离，很难确定自己的归属。这种尴尬造成的结果就是大批农民工在无法定居城市的情况下，选择了重返乡村，导致了逆城镇化的出现。这种现象明显是与我国当前的发展方向相违背的，但是社会保障上的不足和文化变迁上的困难，都使农民工难以融入城市主流中。

新一代的农民工有融入城市的愿望，但是现实中的种种问题使他们很难产生对于城市的归属感。在复旦大学人口研究所2006年抽样调查中，能看出农民工对于城市的态度是很复杂的。

网络作为匿名的交流沟通平台，对于建立农民工城市归属，实现农民工市民化有着重大的意义。2010年，倪婷等就已经通过调查分析证明互联网的接触种类越多，接触频率越高，新生代农民工的社会融合度也就越高，其城市社会的归属感也就更容易建立。② 网络平台是农民工拓展人际网络与城市居民平等交往的重要手段，在网络环境中，他们的身份得到了淡化处理，能更好地参与到与城市居民的交谈中。另外，通过网络他们也能与远方的亲人保持联系，缓解心灵的孤独，更好地融入城市生活中。这是建立农民工对城市心理认同感和依赖感的新渠道，媒介素养较高的农民工可以通过网络转变旧的观念，尽快地接受城市文化，从而达到心理上的转变。

---

① 齐心：《延续与建构：新生代农民工的社会网络》，《江苏行政学院学报》2007年第3期。

② 倪婷、金宇、刘莹：《新生代农民工的网络使用与社会融合研究》，2010年人民网优秀论文奖第一名。

表3-13 农民工对上海及上海人的心理认同状况

问题	回答	百分比（%）	问题	回答	百分比（%）
现在您对上海有没有感情？	非常有感情	17.33	您认为自己现在的社会地位与上海本地人比怎么样？	高一些	1.93
	有些感情	69.44		差不多	51.27
	没什么感情	12.32		低一些	33.37
	不喜欢上海	0.90		低很多	13.43
	合计	100.0		合计	100.0
	样本数（人）	998		样本数（人）	983
您希望取得上海户口、成为上海人吗？	很希望	22.08	您认为大部分上海本地人对外地人态度如何？	很友好	39.52
	希望	33.47		不太友好	21.56
	不希望	13.19		歧视	8.73
	无所谓	31.27		说不清楚	30.19
	合计	100.0		合计	100.0
	样本数（人）	1001		样本数（人）	997
从“身份”看您认为自己是哪一类？	城里人	13.37	您愿意与上海本地人交朋友吗？	愿意	66.57
	农村人	29.64		不愿意	7.14
	城乡边缘人	33.63		无所谓	26.29
	说不清楚	23.35		合计	100.0
	合计	100.0		样本数（人）	1008
	样本数（人）	1002			
			您认为当农民工有困难时上海人会提供帮助吗？	会	43.07
				不会	12.38
				说不清楚	44.46
				合计	100.0
				样本数（人）	1010

（三）对农民工的未来规划产生重要影响

在我国城乡二元经济和社会结构长期存在的情况下，农村的发展水平、发展速度都和城市相差甚远，城市相比农村拥有更多的个人发展机遇、更好的生活条件、更丰富的社会资源，这都是吸引农民工离开乡村进入城市的动力，而长期的城市生活也让大多数农民工对于农村有了强烈的不适应。国务院发展研究中心2010年对6232名农民工的调查显示，相当一部分农民工有着明确的融入城市的意愿。这意味着农民工在融入城市社会上，表现得还是比较积极的，但是这同时也意味着，这些想要在城市定居的农民工必须在有限的条件下提高自己的职业技能，尽可能地在行为方式、思维方式上接近城市居民，并努力获取相关政策信息，获得与城市居民同等的社会保障。

媒介素养的提高，能让这些想要融入城市的农民工更快地寻找到自己想要的信息，对自己未来的归属进行合理的规划，加快他们的再社会化。对于另一部分在留城定居和返回家乡中犹豫的农民工，媒体也能为他们提供更加丰富的参考，让他们能更好地针对个人情况来确定未来的归属。让所有农民工都留在城市明显是不现实的，无论是从农民工个人素质，还是从国家有限资源来看，只有那些更能适应城市生活的农民工才能融入主流社会。在乡镇企业迅速发展的情况下，那些无法适应城市生活的农民工，选择回乡工作比留在城市的发展前景要好得多。提高农民工媒介素养，对帮助农民工理性进行未来规划，保证我国城市化平稳进行有着不可低估的作用。

（四）增强农民工对自身的心理预期

是“城市人”还是“农村人”，一直是困扰农民工的一个难题，他们虽然在城市工作和生活，但是在文化观念、生活方式、公共资源等方面都受到了城市的歧视与排斥，无法实现身份上的完全转换。这种尴尬让他们无法进行正确的自我认知，找不到个人的心理寄托，在情感上空虚寂寞。这种封闭的心理状态使他们常常感到自卑、失落，远离家乡的孤独和不被接纳的痛苦都让他们难以肯定自我价值，产生种种心理问题甚至出现犯罪倾向。

网络的发展给了这些农民工发泄自我情绪、寻找个人价值的机会，让他们精神文化、人际交往上的需求得到了满足。在网络媒介中，他们的文化娱乐生活更加丰富，对于网络资讯的了解也更加深刻，通过媒介素养的提高，在网络中发展自我、获得知识，这是他们在心理上缩短与城市居民差距的重要方式。2011 年“慈溪论坛”上一位叫“望君”的网友发布了帖子“一个外地人在慈溪的打工岁月”，叙述自己——一个普通江西籍民工在慈溪打工的真实经历，连续 6 个月被置顶首页，点击率超 33 万人次，参与讨论的人数千，引起了许多农民工的共鸣。这是农民工通过网络舒缓情绪的一种现象，也是社会公众认识他们的一种手段。在这个交往的过程中，两个群体能更好地交流沟通。网络交往的过程是农民工融入城市生活的重要组成部分，对他们提高自身心理预期、调节心理状态有着重要影响。只有保持着平衡稳定的心态，农民工才能更好地适应城市生活。

（五）就业陷阱使农民工对社会产生不信任心理

大部分农民工媒介素养还处在一个较低水平，他们对媒体传输的信息在甄别和选择上存在很大的缺陷，在没有其他渠道而他们又急需工作的情况下，对于一些诈骗信息，他们往往会选择轻信，从而受到误导和引诱。媒体中报道的一些不信不实的就业信息往往会使他们落入诈骗陷阱，而网络上的非法传销团伙也常常以介绍工作为名，对农民工进行欺诈。相当一部分农民工因为媒介信息辨认能力的缺乏而受到财产损失，影响到他们的正常生活。2012 年 1 月农民工程某就在微博上发布信息，述说了自己在百姓网上看到招工信息后被骗缴纳各种费用的经历，与他一样被网络上不实用工信息所骗的农民工不在少数，他们受学历限制，在使用网络招聘方面，常抱着花小钱赚大钱的想法，受到钱财损失。①

网络招聘和网上就业因为缺乏有效的监管而产生了大量的就业陷阱，农民工网络防范意识较差，很容易上当受骗，从而受到伤害。还有一些人利用农民工春运买票难的情况，在网上假称自己是内部人员而对一些急于回家的农民工进行诈骗。农民工群体由于制度阻隔而缺少与城市人群的交往，长期被排斥在社会边缘，遭受欺骗后很容易造成对社会的仇视，将对犯罪团伙的不满转移到城市居民身上，对整个城市产生不信任，从心理层面拒绝融入城市社会。

（六）网络营造的拟态环境，使农民工在虚拟和现实中产生落差

20 世纪 20 年代，李普曼在《公众舆论》一书中提出可拟态环境的问题，称拟态环境并非与现实环境完全等同的真正的客观环境，仅仅是以现实作为蓝本所建构的，一种介乎客观现实和人们的“主观现实”之间的象征性现实，媒介作为其中的中介，起着偏移客观现实的作用。大众传播媒介所营造的信息环境，正是这样的一种经过选择、加工、重新建构之后的拟态环境。如果不具有很高的信息辨识能力，极容易被拟态环境所迷惑，将其误以为真实现实的重现。农民工群体对于媒体的认识存在局限性，很容易被拟态环境所误导，将虚拟与现实混同。一方面网络的匿名性导致了信息的真假混杂，难以辨识，增加了农民工受到欺骗的可能性；另

① 《新闻晚报》，2012 年 1 月 31 日。

一方面网络的虚拟性可以让农民工在虚拟空间中隐藏身份，扮演角色，满足虚荣心，带来安全感和满足感，很容易让他们产生依赖心理和错觉。这种网络中的虚拟融合和现实中的隔离排斥相混同，产生巨大的心理落差，必然导致现实与理想的混同，甚至会让他们失去现实交往的欲望，沉溺于网络的虚幻中，长时间沉迷于网络，更会使他们的思维方式受到虚拟社会的影响，更加排斥现实，变得孤僻冷漠，而网络消耗的高额费用，也会影响到他们的正常生活。

四　农民工社会融入制度方面的影响

在户籍制度阻碍着农民工社会融入的同时，农民工对于政府不合理的社会安排也有着不满。在农民工文明素质不断提高的同时，他们对于政府公共服务的诉求也有了更高的需求。根据国务院发展研究中心课题组2010年对6232名农民工的调查，可以发现他们在社会各个方面都有着明确的诉求。

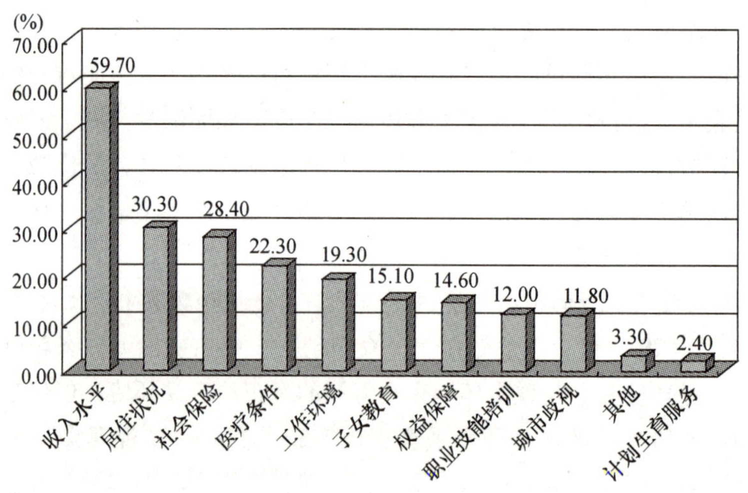

图3－5　农民工最不满意的公共服务排序

农民工在媒介素养提高的过程中，对于自身权益的认识也在不断明确之中，他们更多地了解社会资讯和国家大事，参与对热门问题的讨论，甚至为报纸电视提供新闻线索。在他们遭遇公司拖欠工资、住房问题、子女入学问题无法得到解决、权利受到损害的时候，也有更多的农民工选择通

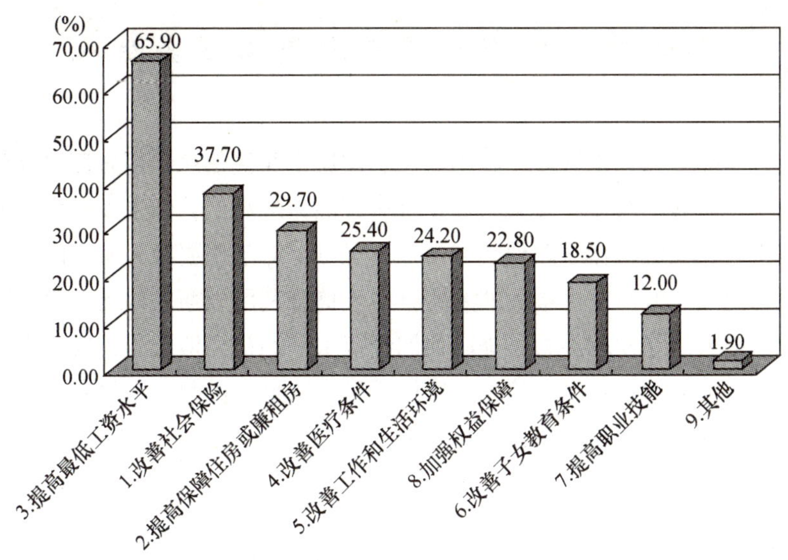

图 3－6　农民工对政府的主要诉求

过媒体报道来维护自身的正当权益。通过媒体曝光，有关部门能够更好地意识到问题重要性，及时对问题进行处理，使农民工工作生活环境得到改善，合法权益不受损害，公众也能对农民工生存现状有更深刻的认识。目前部分地区已经对农民工放宽了户口政策，便于他们适应社会。随着国家监督力度的加大，拖欠农民工工资、延长工作时间的情况也有了改善。在社会保障方面，政府也在着手农民工社会福利的建设，让他们享受尽可能多的社会资源。而根据 2013 年 8 月湖北省出台的最新农民工优惠政策，在湖北省工作的农民工不但享受创业培训、医疗服务和更多的就业岗位，在子女就学的问题上也可以享受和城市学生同等的待遇。这也能体现出目前政府对农民工城市融入问题更多的关注和重视。在制度上的改变能直接影响农民工的生活，让他们的生活水平、工作环境得到多方面的提高，融入城市的门槛降低，提高他们向主流靠拢的热情，推进他们由农村人向城市人的转变。

第四节 更好地推进农民工社会融入

一 提高农民工素质，缩小农民工与城市居民信息利用方面的差距

个人素质的高低直接关系着获取资源能力的高低，如果没有相当的个人能力，就无法在竞争激烈的城市抢占先机。对于想要融入城市的农民工来说，他们与城市居民最大的差距就在于信息利用方面的缺乏，提高个人素质、增强信息使用能力是提高他们经济水平和社会地位的首要前提，深刻影响着他们的社会融入状况。农民工只有从自身做起，有效利用媒介工具，才能顺利完成再城市化，实现由“农民”到“市民”的转变。

根据“知沟”理论，城市居民和农民工的知识文化等各方面差距将会越来越大，想要避免这种情况出现，农民工至少要在两方面提升自己。首先，他们需要利用网络信息提高自己的劳动素质，形成就业优势。在当下就业形势越发严峻的情况下，农民工如果没有一定的劳动素质，就只能从事一些可替代性较高、职业声望较低的工作，很难改善自己的生活状况。只有提高职业技能，增强自己的技术水平和劳动素质，才能形成自己的就业优势，在众多求职者中脱颖而出，获得一份条件优厚的工作，在城市扎稳脚跟，为经济上的城市融入打好基础。农民工在经济上受到制约，接受正规培训的难度较高，在网络媒体上获取资源是他们发展自我的有效渠道。合理地利用网络，能让农民工掌握更多技能，提高自己的就业水平，更能帮助他们争取到和城市居民同等待遇，提高生活水平。其次，他们也需要通过大众媒体，有意识地向城市主流靠拢，提高文明素质，改变自己的固有形象。城市居民和农民工之间一直存在着矛盾和摩擦，城市居民对农民工占用社会资源心存不满，对农民工群体的认识也存在偏见。面对城市居民的一直以来的刻板印象，农民工也必须努力提高个人文明素养，树立社会公德、职业道德、家庭美德和公民基本道德规范，才能改变农民工群体在人们心中的固有形象，获得城市居民的认同。在这一过程中，他们也能主动融入城市文化，形成文明健康的生活方式，对于城镇化的建设来说意义重大。

在积极主动利用信息资源方面，农民工需要向城市居民学习，所以，改善他们与城市居民间的关系，积极融入主流环境，也是他们在这一过程

中必须做到的。狭隘的人际圈一直是阻碍农民工融入城市的一大障碍，这种人际交往方式在多方面给他们带来不便。在人际交往方面，农民工也需要打破原先封闭的格局，争取建立新的社会网络和社会关系，为自己更好地适应城市提供条件，创造更有利的融入环境。当下发达的实时通信为人们建立联系提供了便利，如何更加高效地使用通信工具，和城市居民展开友好交往，也是摆在农民工面前的一大问题。

二　提高农民工辨识能力，减低农民工犯罪几率

近年来，农民工团体的犯罪率一直居高不下，这其中的原因是多方面的。其中两个因素十分突出一在于农民工因为判断是非能力较低，常常受骗导致仇视心理，其二则与农民工甄别不良信息能力较弱有关。从这两点来看，提高农民工的辨识能力对于降低农民工群体犯罪率是极其关键的。因为信息甄别上存在缺陷，农民工常常受到虚假信息的蒙蔽，或者财物受到损失，或者被利用，成为传播谣言中的一环。

网络对于拓展农民工视野有着极重要的作用，但是网络监管上的缺陷也导致了它自身存在着很多问题。对于当下网络媒体、社会中各种繁杂的信息，农民工也应该提高辨识力，不盲目地被谣言煽动，正确客观地看待各种社会问题。而对于可能会出现的各种问题，农民工也需要有一定的防范意识，及时培养个人的法律意识、法制观念，在自身权益受到损害的时候，利用正当渠道维护合理权利，而不是采取其他影响社会安定、破坏社会秩序的极端手段，使整个农民工群体的形象被抹黑。

三　营造绿色网络环境，帮助农民工健康上网

因为监管方面的缺陷，我国媒体传播还存在着很多问题，农民工辨识能力较低，很容易受到蒙蔽。对媒体环境进行有效监测，创造文明绿色的网络环境，有利于农民工群体更加正面地认识社会，也能减少他们被负面信息、不良信息误导的可能。传播者应该提高自身职业素养，增加对正面信息的报道。而在净化网络环境的同时，也可以加强宣传，适应农民工群体特征，更加通俗易懂地传达各种求职、文化、学习信息，让他们能够更好地利用网络发展自己，帮助他们树立正确的世界观、人生观、价值观，引导他们更好地适应城市，融入社会。但是部分媒体为了追求一定的新闻效果，在一些报道中，还是存在对农民工真实形象的歪曲和偏离。无论是加在农民工身上的负面符号，对这个群体的妖魔化描述，还是将他们看作需要关怀的弱势群体，都是一种片面的、零散的报道，只能让人产生误

解。城市居民通过这样的报道了解到的农民工，也是经过媒体重组后的农民工，这只能让他们对于农民工的认知更加负面，想当然地对农民工群体产生抵触心理。

塑造农民工正面形象，真实反映他们的工作生活，对于缓和城乡矛盾，推进城市居民和农民工交往有着莫大重要意义。媒体的报道直接影响着城市居民对于农民工的观感，他们真实客观的表现，将会使农民工的生存状态更好地呈现在公众面前，而不是只有一种符号性的印象。对于农民工来说，媒体给予他们的客观公正的评价，也能对该群体产生激励鼓舞、树立典型的作用，引导他们奋发向上。此外，网络的普及在虚拟世界中为农民工提供了展示自我的渠道，但也在某种程度上弱化了他们对现实交流的需求。这种网络依赖，严重时甚至会发展成对现实的不满和厌烦。农民工产生这种情绪和他们缺少被关注，长期被隔离在社会底层有关。近年来越来越多的农民工犯罪事件也让我们认识到，农民工确实存在着心理失衡等问题。从这一点来看，对农民工心理状况的关注是非常必要的。媒体在报道的时候，应该承担起社会责任，在对农民工生存状况关注的同时，也对他们的精神生活予以关怀，让他们能感受到社会的温暖，帮助他们融入城市。

四　社会对农民工抱以平等尊重的态度，正确认识他们在社会发展中的作用

农民工的城市融入不仅仅是他们单向的行为，同时也是整个城市社会的问题。对于农民工的身份转换，城市居民也应该承担起责任，对他们加以关注。城市和农村相比，一直占据着大部分的社会资源，事实上，在我国城乡二元体制的情况下，城市经济的发展往往是以农村的发展迟滞为代价的。许多农民工进城务工，也有土地被国家征用，农村劳动力过剩的因素，对于农民工，城市居民应该认识到城市对他们的不公，从而带有补偿心理地看待他们的流动行为。另外，城市居民也应该认识农民工社会融入问题的重要战略意义。城市吸纳了大量的农民工，如果这些流动人口不能顺利融入城市，那么他们就很有可能和本地居民间的关系变得紧张，这种紧张的关系会使农民工就业变得更加困难。当大量人口无法顺利就业的时候，不但会使人口红利大大减少，人口负债迅速增加，还会引起社会问题，使犯罪率升高，从而影响到当地的现代化进程。

从保证社会秩序建设和谐社会上来看，城市居民都需要从新的角度看

待农民工群体，正确评价他们的工人身份，客观认识农民工对城市建设和发展做出的贡献，而不是将目光停留在他们的固有形象上。农民工自身的素质在不断地提高，城市居民对他们的评价也应该随着他们的素质的提升而更加客观。明确农民工流动的重要性和必然性，帮助他们融入城市社会，是城市居民应当承担的责任，对于城市的发展也有着重要的意义。

五　政府完善保障制度，改善农民工工作生活环境

农民工群体的弱势地位，很大一部分原因在于国家制度的缺陷。在急剧的社会变迁中，旧有的管理体制正在不断地阻碍着农民工的发展，让他们无法进一步提升自己的社会声望，完成社会身份上的转换。政府作为社会管理者，有必要完善农民工的社会支持体系，加快体制改革的脚步，消除政策上的障碍，在制度上努力实现社会公平，保证农民工的基本权利。在户籍制度上，也应该根据发展现状削弱对农民工的政策歧视，减少因为户籍的不同而造成的农民工和城市居民各种待遇上的差别。从帮助农民工社会融入方面出发，政府的工作至少要体现在以下几个方面。

第一，在政策上进行调整，放宽农民工进城落户的条件。农民工融入城市最大的障碍在于政府对于他们严苛的限制，户籍制度就是这种限制的首要表现。这确实是维护社会安定的一种手段，但是同时对于一些想要进入城市的农民工来说，也加大了他们在城市的生活成本，让他们的社会融入变得更加困难。政府可以考虑在维持社会秩序的前提下，有限度地降低农民工进城门槛，鼓励农民工融入城市。此外，对于农民工就业的问题，政府也应该对劳动力市场进行规范和完善，帮助农民工顺利就业，解决农民工就业壁垒，其实也是促进经济发展、增加绩效的有力手段。原先无业的农民工进入就业岗位，也能减少他们的犯罪几率，对于保证社会治安也有着有利的一面。

第二，改革保障体制，让农民工切实享受到社会资源。根据联合国的报告，未来20年，中国必须花费至少41.6万亿元人民币，才能将城镇居住的农民工市民化，完成他们的身份转变，这显然是一笔巨大的开支。因为社会资源有限，所以在对农民工的社会保障上，政府的改革力度一直显得有些不足。农民工流动性较大，一旦遭遇失业，很容易在经济上出现窘况。而他们也缺乏类似工会的组织来保护他们的权益，在这时，生活救助就显得非常必要。同时，农民工经济收入本来就处于较低水平，住房、医疗和教育上的高额费用更是大大增加了他们的生活开支，让他们难以负

担。确保农民工融入社会，首先应该解决这三个问题，保证他们最基本的生活需要。尤其是农民工子女的教育问题，不仅关系着农民工的利益，也是提高当地人口素质的需要，关系重大。

第三，组织培训机构，提高农民工劳动素质。大部分农民工因为条件限制，缺少专业技能，这给他们找工作带来了一定的困难，让他们在竞争职业上往往处于劣势，没有办法很好地满足用工方的需求。政府如果能加大对人力资本的投资，帮助农民工提高科学文化素质、职业技能和道德法律知识，让他们在思想观念、就业能力上有所改变，那么他们融入城市的阻力将大大减小，农民工群体的整体素质也将得到提高。

第四，营造良好环境，消除城市居民与农民工的隔阂。农民工和城市居民之间确实存在着一定的误解，这是不可否认的。所以政府出于促进社会和谐稳定的目的，更应该发挥职能，在宣传上引导城市居民和农民工和谐共处，改变现有的隔离格局。无论是农民工的内聚型社会关系网络，还是城市居民的歧视和偏见，本质上都是阻碍社会融入的，这有着长期的历史原因，也和现存社会上不平等情况有关。农民工在就业上受到排斥，待遇远低于城市居民，心生不满；城市居民也认为农民工抢占了他们的就业机会和社会资源，无法接纳他们成为城市的一员。对于这种现状，政府需要营造公平、友好的社会环境，来推动两个不同群体之间的交往，这不仅需要政府的努力，也需要那些非政府、非营利机构来参与，让农民工和城市居民实现互相理解，友好交往。

六　企业改善用工环境，提高最低工资水平

企业作为吸纳大量农民工的主体，是沟通城市和农民工的桥梁。企业待遇如何，直接影响着农民工的生活心理状况，从而关系着他们的社会认同。我们需要承认的是，现在一些企业中还存在着城市居民和农民工同工不同酬的差别待遇，农民工常常游离在企业的体制之外，很难享受到正式员工的福利。他们经常会出现工作时间被延长或者被拖欠工资的情况。农民工“讨薪”问题一直是近些年长盛不衰的话题。这都严重影响着农民工的工作积极性，甚至还会让他们产生社会不公的错觉，形成偏激心理，这种情况对于企业的长期发展来说，也是很不利的。

从企业自身出发，改善用工环境，提高农民工待遇，都将给企业带来极大的机遇。首先，工资待遇的提高更能带动农民工工作积极性，吸纳更多劳动力。这对于企业的发展来说，业绩将得到提高，在招收员工上也将

形成优势，益处是难以估量的。其次，这也有利于塑造良好的企业形象，在公众面前赢得良好的口碑，从而抢占市场份额。良好的企业形象所带来的连锁效应是长期的，从企业的持续发展来看，这种选择也是科学合理的。最后，保证企业员工的基本权益，也是《劳动法》规定的内容，所有人都应该遵守，不应该因为对象的不同而差别对待。

第四章　农民工的媒介素养与政治参与

第一节　城镇化进程中的农民工政治参与

一　政治参与的含义

政治参与，亦称参与政治。也就是指公民“或多或少以影响政府人员的选择及（或）他们采取的行动为直接目的而进行的合法活动”。① 政治参与是民主政治进程的重要环节，美国政治学家塞缪尔·亨廷顿就曾经说过：“传统政治的制度只需要组织社会上少数人的参与，而现代政体却必须组织广大民众的参与。”② 可见，政治参与是民主建设的核心内容，也是衡量社会政治发展水平的重要标准。

从中国古代开始，就有了对“参与政治”基本的含义的论断，是指“君臣共谋政治决策”之意，但是它不是指现代意义上的政治参与。现代意义上的政治参与起源于西方的民主理论。我们追溯到民主政治的发源地——古代希腊的政治学和经济学理论之中，不难发现其中已经蕴含了“政治参与”的理论萌芽。而近代以来，学者们关于“政治参与”理论定义还存在着一些争议，而随着社会的不断发展，“政治参与”这一概念在不同时代、不同国家的背景下也有着不同的含义。纵观近代学者们从不同角度的考虑，我们在这里选取了一个较为宽泛的定义：“政治参与就是指普通公民或充当普通公民运用自己的政治权利通过各种途径和方式参加政治生活，并影响或试图影响国家政治体系的构成、运行方式、运行规则以

① ［美］格林斯坦·波尔斯比：《政治学手册精选》下卷，商务印书馆1996年版，第290页。

② ［美］塞缪尔·亨廷顿：《变化社会中的政治秩序》，王冠华、刘为等译，上海世纪出版集团2008年版，第68页。

及政府决策过程的政治行为。”这个定义涵盖了四个方面的内容。首先，政治参与的主体是普通的公民，而并非那些特定的政治参与人员。其次，政治参与的客体，侧重强调的是整个政治行为参与的过程，而并非仅仅指政府的决策单一方面的行为。再次，定义也强调了公民的政治参与的方式与途径是多样化、多方面的；既可以是制度化的，又可以是非制度化的，既可以是理性的，又可以是非理性的。在当代中国，公民的政治参与方式正在政府的引导下，向制度化、多样化方向发展。最后，定义侧重强调的是行为，政治参与是一种行为，而并非一种心理、态度、观点等，公民只有将政治参与落实到行为之中，才能有效推动民主制度的完善和发展。政治参与在一个国家的民主制度建设的过程中可以说是扮演着非常重要的角色。公民政治参与的深度广度扩大的过程，和公民的政治参与水平不断提高的过程，就是一个国家的民主社会不断发展，民主制度不断完善的过程。

二 农民工政治参与的研究综述

（一）国外研究现状

虽然农民工是我国独有的特殊人群，但在一些西方国家的历史阶段中，也曾经出现了大量的农民劳工，与我国的农民到城市里工作情况十分相似。“农民工”是中国独特的词汇，西方国家把“农民工”一词翻译成“Immigrant Peasant”（农民移民），而并非“农民工人”。我国农民工政治参与研究受到国外农民移民政治参与相关对策与建议的影响，其研究结果给我们一定的启示，值得我国研究者借鉴。①

尽管农民移民的时代背景、历史背景和社会环境与当前国内农民工政治参与的社会现状有众多不同之处，但西方国家基于社会和经济地位视角对农民移民的政治参与研究，同由于落后的经济地位和导致边缘化的中国农民工政治参与研究有很多共同点，因此国外相关的理论和研究结果对我国农民工政治参与的研究而言具有很大的参考价值。卡斯尔斯等研究者在研究农民移民的政治参与时，曾经强调农民移民身份边缘化影响农民移民参与政治进程这一问题，他们分析了边缘化的社会底层的农民工被资本主义剥夺廉价劳动力的社会境遇以及其形成原因，农民移民的边缘化决定了

① 魏向平：《新生代农民工政治参与问题研究》，硕士学位论文，郑州大学，2011年。

农民移民政治参与的缺乏。[①] 在特定的环境下，农民移民参与政治选举会显示与集体利益相结合选择趋势，政治家、政党、利益集团、社会活动家进入到社交网络，使得动员活动成为可能。[②] 从功利主义的角度来看，农民移民个体为在政治活动中进行的投票行为，从本质上讲并不是一个合理的决定，因为这些活动仅仅为参选者带来了利益，而对农民移民来说所取得的经济利益十分有限。此时，农民移民团体在农民移民进行个人投票时扮演极为重要的角色，因为团体为农民移民所带来的经济利益可以使农民移民的选举投票行为变得具有理性。

从国外研究成果来看，制约农民移民参政议政的主要因素，是农民移民国家的法律法规和政治制度。一些农民移民政策、划分的区域和行政实践会导致各种农民移民群体活动。农民移民东道国政治系统是农民移民进行政治参与的关键变量，它限制了农民移民政治组织的构建。[③]

农民移民的政治参与很大程度上也受到社会化机制的大影响。2002年，温迪塔姆在他的文章中描述了关于社会的机制，指出尽管地位状态变量，如年龄和教育等方面，为政治参与提供了技能，但它们的影响可能不如一个人通过社会化过程因素的影响。[④] 通过分析外来人口的投票率，他指出，农民移民群体的状态变化和选民投票质检没有显著的相关性，因为不同的社会决定了一个人可以受益于政治参与，而正是这一利益对农民移民群体的政治参与产生了影响。

（二）国内研究现状

20世纪80年代以来，民工潮开始呈现上升趋势，由于形势的变化和状态的改变，农民工的逐渐增加影响我国的社会主义现代化建设，农民工阶层成为城市发展中的主要劳动力，也成为城市建设的重要组成部分。到目前为止，我国学术界对农民工政治参与的研究大多集中在以下几方面：

（1）农民工政治参与的形成、发展和形势。在《中国农民工问题》一书中，刘怀廉系统、准确地分析了“民工荒”现象，认为“民工荒”现象的出现是市场化力量在为农民工争取平等的国民待遇。因我国特殊背

① 徐增阳、黄辉祥：《武汉市农民工政治参与状况调查》，《襄樊学院学报》2007年第2期。

② 罗月蝉：《农民工政治参与的制约因素》，《湖北社会科学》2007年第4期。

③ 郑传贵：《和谐社会视域下的农民工政治参与》，《辽宁行政学院学报》2007年第3期。

④ 贾勇贞：《论农民工政治参与的主要障碍》，《探求》2008年第2期。

景下的严峻的形势，解决农民工问题的必要性被提出。其核心是要形成对农民工的社会属性的新的正确理解，在改革现行户籍制度的同时，对农民工问题要标本兼治，形成一个科学全面的政策法规和制度体系。[①] 农民工政治参与的过程存在着诸多问题，主要研究方向有：任中平在《论构建和谐社会进程中的农民工政治参与——不可忽视的“四农问题”》中，提出农民工政治参与在过渡时期的主要特点，如政治参与边缘化、政治期望和政治冷漠的存在、没有明确的政治参与的目标、缺乏足够的政治信任，等等。[②] 艾丽颖在特定地区实证研究中指出，农民工政治参与的目标具有不确定性，政治参与行为发生的地区以及参与人群的参与能力均呈现不均匀现象，农民工的政治和经济地位低，参与政治活动的强度弱，对我国的政治活动仅有十分有限的影响力。[③] 邓秀华通过对农民工政治参与的研究提出，农民工既无法回归农村政治生活又不能融入城市政治生活，成为事实上的“政治边缘人”，而农民工的这种“政治性贫困”主要缘于目前的城乡二元体制，扫清农民工政治参与的二元户籍等制度性障碍、提高农民工组织化程度、拓宽农民工进行利益表达的渠道，不断提高农民工政治参与能力，以其政治影响力积极影响政府（或单位）的决策，才能让农民工共享均等化的城市公共服务，逐步实现其城市融入梦想。[④]

（2）研究农民工政治参与方式。研究人员认为，农民工的政治参与一般分为两种，分别为正常的政治参与和非常态参与。正常的政治参与是制度化的参与，主要形式为各级人民代表大会的选举、投票和参与村庄会议等；非常态政治参与主要表现为集体上访、发起大规模事件、群体骚乱等不利于社会安定的行为。廖艺萍得出结论，制度化参与一般具有合法性、合理性；非制度化参与的形式往往是非理性和破坏性的。[⑤] 王春光指出，农民工政治参与非常态形式主要有集体上访、走上街头抗议等容易造

---

① 刘怀廉：《中国农民工问题》，人民出版社 2005 年版。

② 任中平、刘刚：《论构建和谐社会进程中的农民工政治参与——不可忽视的“四农问题”》，《云南社会科学》2006 年第 2 期。

③ 艾丽颖、孟拥国：《浅析农民工在城市中政治参与的现状》，《湖南科技学院学报》2006 年第 1 期。

④ 邓秀华：《“新生代”农民工的政治参与问题研究》，《华南师范大学学报》（社会科学版）2010 年第 1 期。

⑤ 廖艺萍：《刍论社会转型期我国农民工的政治参与——以建设和谐社会为视角》，《理论导刊》2006 年第 1 期。

成重大群体性事件的组织的活动。[①] 在常态政治参与方面，艾丽颖指出，制度化的农民工政治参与主要包括政治协会、农民工制度化政治选举、政治表达和接触等类型。[②] 总之，尽管当前我国研究人员在农民工政治参与途径方面的研究成果较为丰富，但仍然缺乏制度化研究以及个体方面的研究，现今的研究成果还不够全面不够深入，农民工政治参与的研究需要从一个新的角度和新的方法来做进一步的深入讨论。

（3）研究农民工政治参与的因素。在这项研究中，研究人员主要从经济制度、政治制度、文化氛围和社会的影响分析影响当代农民工政治参与的因素。朱彬彬和朱文文认为，导致农民工政治参与边缘化的主要因素是城市和农村的二元制度和现有的户籍制度，经济状况是影响农民工政治参与的另一个直接因素；同时，传统文化水平低和教育水平低已经成为阻碍农民工制度化政治参与的负面影响因素。[③] 王立梅和胡刚二人指出，农民工的自身因素，如身份的边缘化、兴趣吸引度不高以及政治参与度不高是阻碍农民工进行政治参与的主要因素。[④]

（4）改善农民工政治参与途径及对策研究。研究人员在分析农民工政治参与现状时提出各种各样的解决方案。温淑春对于造成当前农民工政治参与损失的负面影响进行了分析，并提出解决农民工政治参与边缘化问题的相关提议，并指出农民工状况并未根本改变，在允许农民工参加人民代表大会选举的区域中，农民工代表比重明显偏低，农民工在整体上依然处于政治边缘化状态。[⑤] 邵德兴提出“三个结合”：农民工政治参与的问题与提高国民待遇结合；开展改善农民工政策政治权利的政治活动和改善城乡统筹、建立合理的利益表达机制相结合，一起分担相应的责任；改善政府决策体系，促进城市政治参与制度的创新。[⑥] 王立梅、计军恒提出了经济激励机制，对农民工政治参与的误工补贴和给予相关成本的刺激来激

① 王春光：《当前中国社会阶层关系变迁中的非均衡问题》，《社会》2005 年第 5 期。

② 朱彬彬、朱文文：《农民工制度化政治参与的边缘化及消解》，《中共石家庄市委党校学报》2006 年第 10 期。

③ 王立梅、胡刚：《农民工政治参与边缘化的原因探析》，《西北农林科技大学学报》（社会科学版）2006 年第 4 期。

④ 温淑春：《农民工政治参与缺失的成因及对策探析》，《社科纵横》2010 年第 2 期。

⑤ 邵德兴：《城市外来人口政治参与：现实障碍与对策思考》，《南京社会科学》2005 年第 3 期。

⑥ 王立梅、计军恒：《当前我国农民政治参与的制约因素及对策探讨》，《理论导刊》2006 年第 1 期。

发农民工政治参与的热情，满足农民工在追求职工权益时的公平性和合理性。满足经济利益的同时，一些学者认为这并不是唯一促进农民工政治参与的动力，研究者应该更重视培养和激发农民工的政治权利意识。① 农民工群体因其独特的社会处境和所面临的城镇化鸿沟，其媒介素养状况理应被纳入到考察的视野之中。

从以上综述可以看到，媒介素养与农民工政治参与目前分别已于国内外被大批学者从多角度多方面深层剖析，既有经验总结式的分析，也有立足于实地调查的实证研究，但目前这两方面的研究成果仍然存在着不足：

(1) 媒介素养研究较少以农民工群体作为研究对象。因此，提高农民工的媒介素养是解决其政治参与问题的关键途径。

(2) 缺少媒介素养研究与农民工政治参与研究的有机结合。运用大众媒介是农民工实现其政治参与的主要渠道，而他们目前的媒介素养使其无法合理使用媒介来进行有效的政治参与。

(3) 缺少相关因素分析。农民工的媒介素养对其政治参与有无影响，影响因素有哪些，在目前还少有相关研究。

因此，下文将从这些不足之处着手，将农民工的媒介素养研究和农民工政治参与研究相结合，全方位探讨农民工的媒介素养对其政治参与的影响。

三 农民工政治参与的社会背景与重要意义

(一) 农民工政治参与的社会背景

进入 21 世纪以来，中国的城镇化水平不断提高。截至 2010 年年末，中国城镇人口已达到 6.3 亿，城镇化率达到 47.5%。与 2000 年相比，中国城镇人口增加 1.7 亿，城镇化率提高 11.3 个百分点，年均提高约 1.13 个百分点。中国将进入城镇化与城市发展双重转型的新阶段，预计城镇化率年均提高 0.8—1.0 个百分点，到 2015 年将达到 52% 左右，到 2030 年将达到 65%。但是，我们也应当看到，在中国高速城镇化的过程中，数以亿计的农民工已经成为一个庞大而扭曲的特殊社会群体，根据国家统计局的监测调查结果，② 截至 2010 年年末，全国农民工总数达 2.42 亿人，

---

① 罗霞、王春光：《新生代农村流动人口的外出动因与行动选择》，《浙江社会学》2003 年第 1 期。

② 2011 年 4 月 1 日中央农村工作领导小组副组长、办公室主任陈锡文接受记者专访记录，http：//news. sina. com. cn/20ll — 04 — 11/050322268850. shtml。

其中外出就业 1.53 亿人，本地非农就业 0.89 亿人。农民工总量已经超过农村劳动力从业人员总量的 40%，这些农民工虽然因为在城镇就业而被统计为城镇人口，但其身份非常尴尬。他们既是我国现代产业工人的主体，但又缺乏有效的组织化利益表达渠道；既是我国现代化建设的重要力量，内心又充满了低人一等的相对剥夺感；既渴望被欣欣向荣的城市所接纳，又频繁地在城市和农村之间做钟摆式漂泊。在我国目前的城乡二元结构体制下，农民工被视为城市的过客，农民工进城落户门槛高，不能享受与城市居民同等的待遇，没有市民身份。由于农民工处于城市社会底层，不仅政治、经济和文化地位较低，而且缺少应有的传播权、知情权以及媒介接近权。因此要提高农民工媒介消费水平，提升农民工媒介消费质量，一是让他们共享社会传播资源，体现社会公平与正义，二是帮助农民工融入城镇，推进农民工市民化进程，从而促进社会的稳定与和谐发展，这是我们新世纪以来面临的重大现实问题。

（二）农民工政治参与的重要意义

现阶段，我国有庞大的农民工群体。农民工到了城市，受到诸多的政策歧视和来自市民的歧视，时常遭受许多不公正待遇，也无法发出自己的声音。推进农民工进行政治参与是民主政治发展的本质要求，也是维系民主政治的基本条件和衡量民主政治的重要尺度。我国农民工政治参与的发展状况影响着我国政治民主的实现程度。据统计，在城镇化背景的浪潮之下，我国农民工的数量已经过亿，而且每年以不低于 500 万人的速度增长。这个庞大的群体不仅是我国经济发展的主要推动者，也是关乎社会发展和政治稳定的重要变量。长期以来，我国农民工的处境比较尴尬，经济权益难以保障，更缺少政治上的话语权。近两年来，随着中央对农民工经济和社会权益的重视，农民工的政治参与问题也越来越受到各方的关注。尽管目前农民工通过政治参与影响政府决策的作用还十分有限，但其作为国家公共行政的一种有益补充，依然具有明显的政治意义和实践价值：

（1）有利于促进社会的稳定与和谐。农民工作为一个日益壮大的社会群体，是我国政治稳定与社会发展的重要力量。把农民工纳入民主政治的范围，积极支持广大农民工的政治参与，使他们加强对现有政治体系的认可和维护，是维护社会稳定和发展的根本要求，也是增强执政合法性的重要内容。农民工通过有序的政治参与，表达自己对公共财富和价值分配的意愿和选择，使政府行为不至于与公民的意愿和选择发生矛盾，且对政府行为具有一定的约束作用。作为农民中的精英群体，农民工在流动中获得了比留守农民更高的政治认知和参与意识、参与能力，因此，农民工的政治参与对于社会的稳定无疑具有重要意义。[①] 此外，农民工政治参与的过程，也是创造社会和谐的过程。和谐社会的建设是一个全面、复杂的系统工程，它要求全社会的广泛参与，这其中自然也包括农民工群体的参与。然而，在参与的同时，也仍然存在着一些现实的问题，如农民工许多合法的利益诉求得不到有效的回应和保障、在享受社会发展成果方面存在被剥夺的现象、与社会其他利益阶层之间的冲突问题也时有发生等。因此，在这种情况下，他们只有通过有序的政治参与，对党和政府充分地表达本阶层的诉求，才能使问题得到有效的解决。

（2）有利于推动我国基层民主建设的发展。党的十七大报告把发展基层民主、保障人民享有更多更切实的民主权利作为社会主义政治建设的一项重大任务。当前，我国基层民主制度的发展，有赖于包括农民工群体在内的广大公民有效的政治参与。从这个意义上说，应该扩大农民工自我管理的范围，切实地维护农民工的民主权利，使其政治参与的行为逐步被纳入制度之内，且利益诉求能够及时、有序、充分地予以表达。这不仅是其政治参与最基本的目的，也将有助于推动基层民主制度的进一步完善。它既给乡村民主建设带来了活力，又能促进所在城市的基层民主建设的制度变迁。

（3）有利于加快我国依法治国的进程。依法治国的关键因素在于公民法治意识的提高。扩大农民工有序政治参与的过程，实际上也是不断提升农民工法治意识和法治观念的过程。尽管这个过程很曲折，且农民工作为个体的政治参与者也会有非制度政治参与的经历但是，在政治参与过程中，无论农民工参与的方式和结果如何，其通过政治参与实践过程中必定会学到一些有关政治生活的程序和经验，这对我国基层民主的发展和法制国家的建设至关重要。

（4）有利于促进我国“三农”问题的解决。“三农”问题已成为我国经济和社会发展的瓶颈。农民工实现由农民向市民的社会流动，是解决我国“三农”问题的主要途径。关注农民工的发展，采取各种措施扩大农民工有序的政治参与，畅通他们的利益表达渠道，切实维护他们的合法

① 廖艺萍：《农民工政治参与的困境与出路》，《探索》2006 年第 1 期。

权益，使他们能够更多地参与到工业化、城市化和现代化进程中来，并分享取得的成果，这必将会激发农民工的积极性，有助于缓解我国农村大量过剩劳动力的就业压力、优化劳动力资源的配置，并带动现代化和农村城镇化的发展。

四 农民工政治参与的基本途径

（一）制度化政治参与

1. 选举

选举是人民群众参与国家政治生活的重要途径和主要形式。我国的村民委员会组织法规定：凡年满18周岁的村民，没有被法律剥夺政治权利的，都有选举权和被选举权。因此，选举是农民工进行政治参与的有效途径。政治选举是现代政治非常重要的一种形式，是指国家或者其他政治组织根据法定的程序和规则，由全部或部分社会成员抉择一个人或少数人担任该组织某种政治职务或者公共职务的政治行为，可分直接选举和间接选举两种。选举的一般政治意义在于使当选者获得政治合法性，肯定其政治权威。大多数农民工辍学进城务工后，参与城乡选举的状况并不乐观。根据对农民工的调查资料统计，关于“到城里后，您是否参加过村委会选举”这个问题的回答，高达67.9%的农民工选择“没有”，只有32.1%的人表示参加过。在进一步对参加过村委会选举的人提问“您最主要是通过哪种方式参加投票选举”时，被调查的人中选择“亲自回乡参加选举”的占42.4%，选择“请别人代投”的占25.5%，选择“函投”的占19.9%，选择“通过其他投票”的占12.2%。[①] 由此可见，绝大多数农民工事实上游离于乡村选举之外。另外，从农民工在城市中参与选举的情况来看，尽管我国的选举法中关于选民登记的条款规定“选民迁出原选区的，列入新迁入的选区的选民名单”，多数地方政府在具体实施中都对这一规定进行了细化，但是在实际执行过程中，几乎很少有农民工为了享受自身的选举权和被选举权，按规定的方式去获取选民资格。当代的农民工大多游离在外乡，而在他们的心中总是存在着“赚足了钱就回家”的观点，从而很少真正意义上地参与到民主投票中来。

2. 政治意见表达

政治意见的表达就是农民工通过法定的途径和方式来表达自己的政治

① 陈赵阳：《当代青年农民工政治参与问题研究——基于福州市区青年农民工的调查与分析》，硕士学位论文，福建师范大学，2008年。

观点和态度，从而影响政府决策的政治行为。它包括政治集会、请愿、言论发表等。在我国，大众媒介是公民的重要政治言论和政治意见表达的渠道，它能够影响政府决策、监督国家机关与行政官员的行为等，在我国的政治生活中发挥着重要的作用。当今的农民工文化程度普遍有了较大的提高，现代民主观念也普遍增强了。但在实际生活中，农民工当中的绝大部分人也还是没有能借助大众媒介的力量来表达自己的政治主张与政治见解，是一个较为沉默的群体。根据对农民工的调查资料统计，对“进城后，您是否曾主动向媒体提供新闻线索以反映您的想法”这个问题的回答，91.6%的人选择“没有”，8.4%的人选择“偶尔有”；“经常有”则无人选择。[①] 出现这样的状况，虽然与农民工自身的政治素养有一定关系，但与媒体关注的焦点和服务的对象也不无密切关系。譬如，中国媒体报道的主角大多是明星、大亨、官员等，而数以亿计的农民工这样的弱势群体却很少有专门的、集中的报道，可见农民工的社会地位有待提高。

3. 政治结社

政治结社，是指具有共同利益的人们，为了某些共同的政治目的而结成持久性的集团组织。政治结社也是公民制度化政治参与的途径和形式之一。政治结社的这种组织一般都是指向特殊利益问题，或者致力于广泛的公共利益问题，但是结社的基本目标就是影响政府决策。公民只要加入了结社组织，不论他是否参加了该组织影响政府的某种活动，参与政治结社本身就是一种政治参与方式。政治结社包括组织和参加政党活动、参加社团活动两种。就政党活动来看，我国的政党的活动是经常性的，公民参加中国共产党或者民主党派都是政治参与的方式；除了政党，工会、共青团、妇联、工商联等在我国都是人们经常性参与的政治社会性团体。这些团体分别代表着不同社会成员的利益，但是它们在根本利益上又是一致的，都和政府有着较为密切的联系与合作，同时它们也是我国公民参加国家事务管理的重要组织形式，更是中国特色社会主义政治体系的重要组成部分。农民工加入这类政治社团组织，本身就意味着进行了政治参与活动。但是在现实中，由于受各种条件的限制，农民工参加政党、工会、共青团、妇联等组织的比例很小，并且在仅有的少数能代表农民工权益的组

① 陈赵阳：《当代青年农民工政治参与问题研究——基于福州市区青年农民工的调查与分析》，硕士学位论文，福建师范大学，2008 年。

织中，大部分的农民工认为，它们在维护劳动权利方面“没有发挥作用”或“作用不大”，真正能够发挥作用的很少。全国总工会农民工课题组对1000家已建工会企业的调查资料显示：当代农民工的入会率为44.6%，况且有30.7%的农民工不知道所在企业的工会主席是谁，37.7%的人表示“不知道工会主席办公的具体地点”。由此可见，当代的农民工群体在城市生活的组织化程度十分低下，其个体微弱的声音无法凝聚起来，整体话语权能力非常微弱，从而严重影响了农民工的政治参与。①

4. 政治接触

政治接触就是指公民为了解决个别政治问题，请求个人或小部分人的利益而接触有关官员并影响之的行为。政治接触本身包括合法和非法两种，在中国，公民经常性、制度化的政治接触活动就是信访，也就是公民通过来信或者来访的方式与政府进行接触。政府也专门设立了受理人民群众来信、来访的工作机构，如信访局、信访办公室等，这使合法权益受到侵害的农民工有了一个寻求帮助、表达自己政治诉求的场所。但信访部门本身只是一个协调性机构，对于信访事项并无实体上的处理权限，在受理信访案件之后，通常都要转交具体的职能部门来依法处置，也就是所谓的“督办”权，也常常被异化为“督了也不办”，这就造成农民工对留入地的相关信访部门产生不信任感。因此，信访这个政治参与渠道，对农民工并没有产生多大的吸引力，致使很多农民工采取加入老乡会、非法组织甚至暴力等非制度化政治参与方式。

（二）非制度化政治参与

1. 非制度化群体性活动

农民工进行政治参与的主要目的，就是意见的表达以及利益的诉求。但是对“为什么要参与政治”这个问题，马克思主义政治参与观则认为：“人们之所以参与政治，是建立在切实的物质利益基础之上，而不是出自本能、理性、理智等这些虚无缥缈的精神原因。在调查中，参加非法的群体性事件的农民工比例很少，但仍占18.4%。人们奋斗所争取的一切，都同他们的利益有关。”在长沙、广州两市展开的调查结果的分析94%的人参加群体性事件是因为“被拖欠或克扣工资”；其次是因为“工资太

① 陈赵阳：《当代青年农民工政治参与问题研究——基于福州市区青年农民工的调查与分析》，硕士学位论文，福建师范大学，2008年。

低”，占26.49%；再次是为了“宣泄不满情绪”，占14.05%；最后是为了亲人、朋友、老乡等。“被拖欠或克扣工资”和“工资太低”两项相加达62.43%，将近2/3的人数，可见，农民工政治参与的利益驱动性十分明显。通过对农民工参政目的的调查，也充分地证明上述论点。农民工表示，如果能够参与城市政治活动，他们的参政目的，依次主要是反映农民工群体的利益，占38.65%；反映自身利益，占18.29%；反映市民的利益，占18.19%；为政府的科学决策出力，占12.63%。由此可见，由于受到自身和社会等多方面因素的影响，当自身的合法权益得不到保障时，农民工往往会盲目地去选择一些不合法律的非制度化参与行为，而且农民工群体在政治参与的实践中，其政治参与行为一直都是较为被动的。若他们主动地去参与政治活动，其主要动机基本上是为了维护自身利益，解决自身难题。①

农民工的非制度化的群体性活动主要有非法集体越级上访、集体罢工、非法组织等。首先，就集体上访而言，上访是公民维护自己合法权益的一条重要渠道，但有其严格的层级程序和制度规范要求。越级上访是一种非制度化的政治参与方式，一般带有怨恨和愤怒的情绪，反映的多是些久拖未决的侵犯农民工合法权益的问题。因此，大规模的集体越级上访变成了一些农民工的集体选择。例如，2010年深圳龙岗区超信电子厂老板失踪，引发400多名农民工到街道、区政府集体上访，围堵交通。② 又如2011年12月5日西安经济开发区50多名农民工集体打着横幅向市政府走去，准备越级上访讨薪。③ 但是，集体上访往往会严重冲击党政机关的正常办公秩序，影响社会和谐与稳定。国务院于2005年颁布的《信访条例》第四条明确规定：“信访工作应当在各级人民政府领导下，坚持属地管理、分级负责、谁主管、谁负责，依法、及时、就地解决问题与疏导教育相结合的原则。”但由于受理机关的权限限制以及地方政府处理不力等因素的影响，农民工往往采取集体上访、越级上访的方式来维护自己的合

① 邓秀华：《长沙、广州两市农民工政治参与问卷调查分析》，《政治学研究》2009年第2期。

② 徐超：《台资厂老板不见工人慌龙岗法院接管厂房》，http：//www. oeeee. com/a/20101202/952429. html. 2010－12－02。

③ 经开区劳动监察大队：《劳动监察快速解决一起集体越级上访事件》，http：//www. 52jkjob. com/content. aspx？ id＝655160228183. 2011－12－22。

法权利。近些年来，在农民工比较集中的地方，拖欠农民工工资的现象屡屡发生，越级上访渐渐成为农民工采用较多的重要维权方式。在他们看来，上访级别越高、人员越多、规模越大，就越容易引起重视，问题就解决得越快，效果也就会越好。

其次，集体罢工这种政治参与方式也是农民工群体普遍使用的一种维权方法。农民工最关心的其实就是自己的工资，然而却时常难以得到保证。于是，农民工群体在维权过程中逐渐意识到，当自己维权遇到问题后，必须将问题"闹大"，突出其严重性，引起全社会的普遍关注，特别要引起政府领导人的重视，问题才可能会得到更高效率的解决。例如，2013 年 5 月底，河南籍姓彭的农民工来到榆林马家峁，在建化工厂打工。已经足足干了两个月的他，却未领到一分钱工资。2013 年 8 月 11 日，彭师傅和其余 60 多名同伴拒绝干活来维权，希望能尽快领到被拖欠的 70 多万元的工资。① 由此可见，更多的农民工在维权过程中往往倾向于选择集体罢工等方式，以致造成一些影响较大的群体性事件，以期引起政府的高度重视。这预示着农民工在非制度化政治参与方面的集体行动的影响力和效果。

最后就是非法组织。组织有合法与非法之分，一般民间组织都是符合法律规范的，它们是党和政府联系人民群众的桥梁和纽带。但是，农民工的民间组织化程度并不高，而官方性的工人正式组织——工会又处于吸纳整合能力与民间合法性不足的现实状况，导致一些农民工将其利益表达方面的政治诉求转而向非法组织求援与靠拢。个别地方的农民工通过具有帮派性质的"老乡帮会"等社会组织进行维权活动。他们或许不知道或不愿意通过工会和当地政府相关部门来维护自己的合法权益。这种维权手段，一方面具有非法性，有可能会进一步损害外来农民工的合法权益；另一方面可能会造成帮派组织的恶性发展，影响社会稳定和民主政治的发展。例如 2008 年，江苏镇江新区范围内建筑工地上接连发生 3 起农民工聚众斗殴案件，造成 2 人死亡，4 人受伤。此类案件多发，应引起有关管理部门的足够重视，据开发区检察院检察官分析，这些聚众斗殴案件的双方人员组成上具有临时组合的特点，而且斗殴规模较大。从数起案件的斗

---

① 榆林网：《60 余名农民工榆林马家峁讨薪难罢工来维权》，2013 年 8 月 12 日（http://sx.sina.com.cn/yulin/m/2013-08-12/08341840.html）。

殴双方来看，两方都由血缘或者地缘纽带联系成一个小团体，即相互之间或者是亲戚关系，或者是老乡关系，容易纠集到一处。“11·8”镇江大路小学建筑工地聚众斗殴案中的犯罪嫌疑人王东方、王明友等作为斗殴一方，均为淮安市楚州区博里镇人，其中多数人还是同处一村，王东方、王明友等人之间还是叔侄关系。“5·25”丁卯钻石名苑犯罪嫌疑人李建设、张小三等聚众斗殴案中，被打一方的民工均为湖北籍同乡。[①] 农民工大多素质比较低，讲究狭隘的“哥们儿义气”思想，遇事易冲动，不计后果。因此，农民工参与非法组织来进行政治参与的行为不可取，政府应当积极加以引导和教育。

2. 暴力对抗与威胁

暴力对抗活动主要是指农民工以静坐、殴打、破坏公私财物等方式与他人进行对抗、聚众冲击政府机关、暴力抵制攻击执法人员等行为；威胁是参与者以跳楼、服毒等损害自身身体甚至以自己生命为代价的具有胁迫性的比较极端的政治参与行为。这种政治参与非常极端，也非常不利于政治体系的稳定和民主政治的发展。一般来说，这种极端性政治参与行为的主要原因大多是一些事关农民工工资等切身利益的问题长期得不到解决，同时制度化利益表达和诉求渠道的不通畅，积怨太久太深，最终无奈走上暴力、威胁之道路。譬如，2009 年 8 月 15 日下午，在江苏江都打工的山西籍男子张某、刘某、程某和景某等 4 人竟然将一只 100 多斤重的乙炔气瓶扛到了大桥镇某厂区办公楼，向那里的人讨要足额的工资，把办公室里面的人全都围堵在里面。他们声称倘若拿不到事先谈好的每天 90 元的工资，就打开气瓶。再例如，曾经震惊全社会的“开胸验肺”事件，河南省 28 岁的农民工张海超患尘肺病，屡屡要求赔偿维权无果后，竟然采取伤残其自身身体的“开胸验肺”之举以维护自己的合法权益，这显然是农民工在制度化政治参与渠道不畅通的情况下而采取的无奈之举。还有很多的恶意拖欠农民工工资的案例，农民工也采取了诸如跳塔吊、服毒等比较极端的自杀性威胁行为。从这些非制度化甚至极端的政治参与方式可以看出，当农民工合法权益受到损害，通过正常的制度化政治参与渠道无法获得可靠的保障时，他们会通过非理性的甚至是非法的手段发出声音，寻

---

① 丁智：《农民工聚众斗殴案件多发　有关部门应引起高度重视》，《镇江日报》2009 年 1 月 7 日，http：//www. jsw. com. cn/site3/zjrb/html/2009 - 01/07/content_ 1369432. htm.

求援助，毫无疑问这是对法律和公权力的一种不信任。这种非制度化政治参与往往具有非法性、破坏性，政府应该从完善政治制度、健全法律体系以及改革政治体制等方面为农民工提供制度化政治参与渠道，尽量减少或避免非制度化政治参与，使农民工政治参与逐渐走向理性化、合法化、制度化。

五 农民工政治参与存在的问题

（一）政治参与行为比较偏离

当代的农民工，政治参与的心理和理念较过去来看得到很大程度上的发展，但总体来看，农民工的政治参与行为存在偏离问题。农民工政治参与行为的偏离性主要表现在以下方面：首先是非组织性参与行为居多。这里我们引用一组调查数据：① 在这一项调查中，参与调查的农民工中，有82.7%的人表示想加入属于农民工自己的正式组织，但是实际上仅有6.6%的人表示加入过合法组织，这足以见他们在社会利益博弈中缺失集体力量的保护。其次是农民工政治参与的被动与盲目，农民工当下的政治参与行为大量存在着不合法、不合理的性质，这就是由于农民工自身政治素质与教育程度不高等原因，使得农民工对政治参与制度的了解仅仅停留在简单的表面的认识上，对自己政治参与行为所造成的后果以及他们应负的责任缺乏理性的认知。因此，农民工的这种非制度化政治参与行为常常偏离正常的轨道，具有无序性、非理性和破坏性，不仅会影响社会的和谐与稳定，也不利于农民工自身的政治社会化进程。

（二）政治参与方式十分有限

虽然我国目前提供给公民的政治参与渠道非常多样，但是能够让农民工真正使用的是比较有限的。现实的政治生活中，由于城乡二元体制的限制，以选举为代表的政治参与方式基本上与农民工无缘，而且由于农民工特殊身份的限制，实际上农民工在城市的身份并未得到根本性的改变。农民工加入中国共产党、民主党派以及工会、共青团、妇联等合法的社会团体的比例十分有限，而农民工当选全国人大代表、政协委员的更是罕见。2008年十一届全国人民代表大会首次出现了三位农民工代表，不过这毕竟是凤毛麟角，而广大的农民工群众却与这个身份无缘；我国的信访制度

① 陈赵阳：《当代青年农民工政治参与问题研究——基于福州市区青年农民工的调查与分析》，硕士学位论文，福建师范大学，2008年。

因为自身的“协调机构”性质，往往遇到问题也是一拖再拖，解决不了实际问题；大众媒介，像报纸杂志、影视广播等，真正能够报道和宣传农民工的也很少，偶尔能有几篇关于农民工的报道，基本都是引起了广泛的全社会关注的极端性的事件，否则，农民工力量薄、影响小，难以吸引媒体的目光。即使我国的法律规定农民工制度化政治参与的方式和途径较多，但由于前面所提到的各方面因素的限制，这些制度化政治参与渠道往往处于堵塞不畅通的状态，新民工更多的是采取非制度化政治参与方式。当农民工的正当权益受到侵害而又无法找到制度化政治参与渠道予以诉求时，往往只会诉诸集体罢工、越级或集体上访、抗议与暴力甚至自杀性威胁等比较极端的手段来进行非制度化政治参与，这其实是一种无助与无奈的选择。

（三）政治参与结果非常低效

公民进行政治参与，最重要的就是参与的结果一定要符合自己当初的目的。农民工受教育水平相对较低，又缺乏政治参与的实践，所以，他们进行政治参与的效能也是非常低下的。调查资料的统计显示，农民工关于“如果您曾向党和政府反映情况和意见，那么效果如何?”这个问题的回答，回答“很好”的仅仅有3.9%，回答“较好”的也只有21.1%，[①] 绝大多数对于他们自己的利益需要和政治诉求的结果都不满意，政治参与效能明显偏低。农民工这种较低的政治参与效能大大削弱了其政治参与热情，对农民工的政治参与产生了很大的负面影响。这种趋势从农民工参与乡村村委会选举和工作所在地城市选举活动的态度上也能得到印证，有32.9%和38.1%的调查对象表示“不太认真，应付了事”和“不愿参加这种活动”。这也是农民工要么选择不参与政治，要么选择集体罢工、上访、抗议甚至自杀性威胁等比较极端的非制度化参与的原因之一。

六　农民工政治参与的制约因素分析

（一）客观因素

1. 经济基础薄弱是根本原因

经济是一切上层建筑的基础。安东尼·奥罗姆所指出：“处于较高社

① 高洪贵：《青年农民工政治参与状况调查分析——以哈尔滨市为例》，《党政干部论坛》2010年6月，第42页。

会经济地位的人参与政治的比例必然要比处于较低社会经济地位的人高些。① 现阶段，农民工大多数都已脱离了原来生活的家乡，常年流动于城市之间，这使得他们对于家乡的认同感和关注度不断下降，而在城市里，他们又只是过客，找不到归属感。制约农民工政治参与的最主要原因之一就是他们连获得合理收入的保证都没有，政治参与的物质条件不具备，大多数的农民工在城市大都租不起像样的房子，也根本就达不到城市市民的生活指数。而且，农民工由于就业时间不长、缺乏工作经验等原因，工资待遇会更低，其首要目标是在城市生存下去，因此这大大阻碍了其有效地进行政治参与。

据深圳市总工会调查资料统计，2009 年深圳市老一代农民工月平均收入 2072 元，收入高于 1800 元以上的有 58.3%，新一代农民工月平均收入 1838.6 元，收入高于 1800 元的有 36.7%，大约为 2009 年深圳市在岗职工月平均工资的 47%，农民工每月所得仅能够维持其本人最低生活水平，大多数的农民工只能精打细算、节俭度日。② 同时，他们在城市虽然有工作，但在工作机会、工作环境、工作待遇等方面缺乏保障。而且现有的工资水平与所在地城市房价相差悬殊，很少有人能买得起房子，他们只能住在单位比较拥挤的工房或者出租条件比较差的房子甚至是地下室，生存比较困难。

据公安部 2007 年的调查结果，将目前农民工流入集中地的房价与农民工所能够承受的房价进行对比，可以推断，根据现在农民工的收入状况，如果他们的工资增长速度可以赶上商品房价的增长速度（事实上这一假设基本没有成立的可能性）的话，根据市场商品价购买住房，那么最终能够在打工所在地城市购商品房定居的农民工的比例不可能超过 10%。面临低廉的工资收入和所在城市高额的房价，农民工理所当然首先考虑的是他们自己的吃、穿、住、行的问题，即如何生存的问题，而不是参与政治的问题。当农民工的正当权益受到侵害而又无法找到制度化渠道予以诉求时，他们往往会进行非制度化的政治参与。就像阿尔蒙德的观点："在贫富之间存在巨大鸿沟的社会里，正规的利益表达渠道很可能是由富人掌握的，而穷人要么是保持沉默，要么是时而采取暴力的或激进的手段来使人们听到

① ［美］安东尼·奥罗姆：《政治社会学——主体政治的社会剖析》，张华青、孙嘉明译，上海人民出版社 1989 年版，第 290—291 页。

② 深圳市总工会：《深圳新生代农民工生存状况调查报告》，2010 年 7 月 15 日。

他们的呼声。"[①] 可见，农民工低下的工资收入，没有体面、没有尊严的生活，是制约其政治参与特别是有序政治参与的最根本的障碍。

2. 政治体制的限制

我国20世纪50年代建立起来的城乡二元体制和户籍制度已严重地制约着农民工政治参与。按照现有政治制度的规定，农村居民只能在自己户口所在地的村进行村委会选举，行使自己的民主权利。而农民工大多背井离乡，非但没有所在城市的市民身份，而且他们长年的居住地和工作地已不在原籍，而户籍却仍在原地。如果按照户籍制度的标准，他们只能在户籍村参加选举，这就给大部分的农民工参加政治选举带来了很大的困难。一方面，他们由于远离家乡等种种因素的制约而无法有效地参与农村的民主选举；另一方面，由于现有体制的束缚，他们又不能在居住地和工作地的城市行使自己的民主权利。而且，农民工绝大多数时间都生活和工作在城市，常年很少回家，有的甚至几年不回家，对家乡发生的事情不太了解，同时考虑到返乡的务工费用、参与成本等因素，他们大都不愿意或者不能返乡行使法律赋予自己的政治权利。所以对于农民工来说，制度化的政治参与渠道很大程度上处于悬空状态。

据邓秀华课题组调查，农民工对国家政治的关注度较高，但由于受城乡二元体制所限，只有21.6%的农民工参加过老家最近一次的村委会选举，参加过打工地所在城市社区居委会选举的农民工仅占5%。[②] 这也就说明，对于农民工来说，我国的城乡二元体制和户籍制度是制约他们政治参与的主要原因。

3. 相关法律制度和程序的不完善

由于我国的法制建设时间比较短，已有规定公民政治参与的相关法律法规尚不够完善以及实际司法过程中的不公正等因素，也是制约农民工政治参与的重要因素。我国目前的法律法规对于农民工的政治参与权利仍然缺乏明确的保障，或者在很大程度上被虚置了。而且就连农民工政治参与的内容、方式、途径以及程序等，都没有明确的法律规定和法律依据。所以，我国制定出台《农民工权益保护法》或《新生代农民工权益保护

① ［美］加布里埃尔·A. 阿尔蒙德、G. 宾厄姆·鲍威尔：《比较政治学——体系、过程和政策》（曹沛霖，郑世平等译），东方出版社2007年版，第206页。

② 邓秀华：《"新生代"农民工的政治参与问题研究》，《华南师范大学学报》（社会科学版）2010年第16期。

法》、《农民工最低工资法》势在必行，意义重大。就实例而言，2008 年以前，没有一个农民工当选全国人大代表，十一届全国人大代表首次出现了胡小燕、朱雪芹、康厚明三位农民工代表，显然，这是一件大好事，对农民工来说，在中国的最高权力机关首次有了自己的政治代言人。但我们也不得不发出这样的疑问：三位农民工代表怎么了解全国 2.4 亿农民工共同的心声？他们又怎能代表全国 2.4 亿农民工的利益？所以说，农民工这种户籍制度所具有的民主政治的属地性原则，以及较高的参与成本和繁琐的办事程序，使农民工常常在无奈中选择了放弃，变成了“沉默的大多数”。

另外，不得不提的就是司法程序的不公正了。我国的基本要求是“执法必严”，如果在执法过程中不遵循一定的程序和规则，那么公平与正义将会遭到破坏和践踏，民众对法律权威与诉讼活动也会产生强烈的心理抑制和不信任感。有这样一则新闻案例：湖南省常德市张南华非法经营限公司所属凯特国际和常德堂皇置业有限公司所属蓝湖郡发放高利贷。2009 年 6 月，常德市政府将张南华向上述两家公司发放高利贷的非法所得 1756 万元和 2560 万元予以收缴。2010 年 1 月 14 日，常德市政府将张南华向凯特国际非法收取的 1756 万元高息返还给常德市南华房地产开发有限公司；但是张南华向蓝湖郡收取的 2560 多万元高息，常德市政府至今未返还给常德堂皇置业有限公司，造成该公司资金链断裂，无法支付农民工工资。9 月 13 日下午，大批农民工聚集在常德市市政府门口，拉起“我们要工资，我们要吃饭”的横幅集体上访讨薪。① 这就是比较典型的执法部门执法不公而引发集体上访“讨薪”的具体表现。司法部门在执法过程中违反法定程序而侵害农民工合法权益的现象屡见不鲜，这些都是制约着农民工政治参与质量的直接原因。

（二）主体因素

1. 教育程度低下导致社会地位低

农民工大多没接受过九年义务教育，具有的知识也是十分有限的，处在比较低的水平。国家统计局 2009 年农民工监测调查报告显示，在外出农民工中，文盲只占 1.1%，具有小学文化层次的占 10.6%，具有初中文

① 《常德市政府执法不公引大量农民工集体上访》，（http：//dzh. mop. com/ycwx/20110914/0/5SS787127a4243Fl. shtm）。

化层次的占64.8%，高中文化层次的占13.1%，中专及以上文化层次的占10.4%。从年龄组的分布来看，低年龄组的学历明显要高于高年龄组，30岁以下的各年龄组中高中及以上学历层次的比例都在26%以上，其中21—25岁年龄组中高中及以上学历层次的比例高达31.1%。[①] 中华全国总工会2010公布的最新调查数据显示，当前在农民工群体中，具有高中及以上学历层次的只有三成左右。[②] 从两组调查数据我们可以看出，农民工当中的高中及以上文化程度的比例有所提高，但初中及以下文化程度的比例仍然占绝大多数，在城市依然是文化程度较低的群体。这种较低的文化教育水平说明农民工接受学校教育的时间比较少，当然接受政治教育的时间就更少，这势必会导致其对现代政治知识的学习不多、参与政治的技巧和规范不够了解、相关的法律知识比较匮乏，从而造成其参与技能水平普遍偏低。农民工大多法律意识薄弱，很少能够和用人单位签订劳动合同，所以农民工也缺乏有效的法律保障，这使得农民工的合法权益很容易受到老板侵害，而又难以得到有效的司法保护。农民工偏低的文化水平严重制约了他们参与政治生活的广度和深度。由于自身素质的低下，农民工的经济地位和文化程度都处于社会的底层，农民工在社会分层中自然处于社会的底层群体状态，政治地位自然更是处于非常弱势的状态，在实际参与过程中感到"人微言轻"。况且农民工一直处于分散的个体状态，势单力薄，更没有能代表自身利益，能"说得上话"的人和组织。农民工在对话能力、谈判地位等方面，都处于不利的地位，根本没有与企业主相抗衡的能力，也难以向公共权力机构争取其应得的各项权利和利益，享受不到党和国家的人文关怀，较低的政治效能感使他们会选择放弃政治参与权利的放弃。

2. 政治参与能力低下

从主观原因上分析农民工的政治参与所存在的问题，主要有两方面的原因：一方面是农民工的政治参与意识不强；另一方面就是农民工政治参与的能力不强。大众媒介是当下最方便快捷也是最有效的政治参与途径之一，农民工使用媒介进行政治参与的能力又是怎样的？根据西安交通大学人文学院媒介素养课题组的调查结果分析如下：

---

① 国家统计局：《2009年农民工监测调查报告》，2010年3月。

② 中华全国总工会：《关于新生代农民工问题的研究报告》，2010年6月。

首先，从媒介的认知情况来看，我们常说的媒介分为广播、报纸、电视、网络、手机，调查将了解程度设置为完全了解、一般了解、不了解三个层次。在调查中，对电视完全了解的人最多，占45.9%；其次为手机，占38.3%。对网络完全了解和完全不了解的人数相当，均占21.3%。可见在农民工群体中，对传统媒介的了解仍大于对新媒介的了解。

其次，在媒介的作用方面，大多数受访者认同媒介是了解社会的重要渠道（完全认同占28.9%，基本认同54.1%），认为媒体能充分展现社会的各种观点（完全认同13.4%，基本认同57.3%），并且有66.6%的受访者认为媒体能够起到监督作用，同时66.4%受访者认为媒体在社会中的作用将越来越大。值得注意的是，虽然仅有少数人不认可甚至完全不认可媒介的作用，但是对媒介作用说不清楚且模棱两可的人数也占25%以上。与此同时，调查显示，表示信任媒介发布的信息的人数占72.8%，但能够完全理解其传播内容的人仅占16.9%，78.5%的人认为自己仅仅有时或者很少能理解媒介的传播内容，如新闻、评论、广告等。

由以上数据可见，大多数农民工对媒介有着层次较高的认识并且认可媒介的社会价值，仅有少部分人认为他们不信任甚至完全不信任媒介，甚至不认可媒介的任何价值；与此同时，对媒介的价值和传播内容不大了解或者不清楚的人也不在少数。在新兴媒介快速发展的时代，作为对新事物充满好奇和热情的群体，农民工对新兴媒介的接触与使用率高于传统媒介。虽然新兴媒介总体而言在农民工群体中较受欢迎，手机和电脑的接触与使用程度较高，但是作为传统媒介之一，电视的接触与使用程度丝毫不比新兴媒介逊色。在传统媒介中，电视的使用率最高，经常使用的人数比例达到51.4%，仅次于手机的使用率。同时，28.0%的人每天接触电视的时间超过两小时，在各类媒介的使用时间中居首位。在观看电视节目时，新闻的观看度最高，为47.9%，这从一个侧面反映了农民工对国家惠农政策的关注；其次为娱乐类节目，占42.8%；艺术类及科技类节目的观看度仅为9.3%。虽然新媒介的使用率总体而言较传统媒介高，但是由于条件的限制，家里没有互联网的受访者占57.6%，经常使用电脑网络的人仅有31.3%，22.7%的受访者基本不使用电脑网络。而对使用电脑网络的农民工而言，满足娱乐需求（27.2%）和了解新闻信息（24.8%）是他们上网的主要目的。而且，除了使用手机、电视、电脑网络之外，仍有大部分新生代农民工会选择使用报纸来接触信息，虽然仅有

19.9%的人经常看报纸，但是完全不看的人也只有14.3%。而其阅读报纸的主要目的是了解新闻（52.5%）、消除无聊（30.5%）、寻找就业途径（25.8%）、了解农民工政策（22.3%）。广播的使用率最低，经常使用者仅占8.6%。

最后，也是最关键的一点，就参与媒介活动的情况而言，如今各类媒介飞速发展，新兴媒介异军突起，由于媒介的进步，在传播过程中传播者和受传者的界限越来越模糊，二者之间的交互性也随之增强。因此，受传者不再仅仅是信息的被动接受者，他们积极参与传播活动，对传播者造成影响。由于大多数农民工的思想意识依然停留在自己仅仅是信息的被动接收者，因此他们参与媒介活动的情况并不活跃。调查显示54.8%的农民工表示从未参与过媒体互动，经常性参与的人仅为8.2%，并有51.8%受访者表示自己从未在媒体上发表看法。同时经常因传播信息而产生自身思考的受访者也仅占8.3%。

由以上研究数据可见，仅有较少比例的农民工能够正确地了解媒介，并且使用大众媒介来维护自己的合法权益。所以当前农民工群体整体的媒介素养相较于城市居民来说，还是十分落后的。因此，我们也可以看出，农民工对于一些政治参与的手段和途径不是不去使用，而是不知道如何使用，或者对它能产生的效果和影响并没有信心。

第二节　农民工媒介素养与政治参与

两千多年以前，亚里士多德就提出了“人天生是政治动物”这样一个观点，参与政治活动成为人类自然而然的常态。大众传播媒介自诞生的那一瞬间起，由于其特殊的功能，便与政治紧密联结在一起。现代政治产生以后，大众媒介更与政治结下了不解之缘。近年来，农民工频频采用歇工、散步、静坐、自杀等多种手段，争取和维护自己的合法权益，农民工的政治参与和政治诉求已然无法回避。在2010年的上半年，各种媒体大面积报道广州本田工人罢工事件和富士康公司13名打工者连续自杀事件，引起了全社会的普遍关注。所以，在当前制度环境下，研究农民工媒介素养与政治参与的关系，已经成为一项重要的内容，农民工的媒介素养和政治参与的研究，为促进我国社会主义民主政治的健康发展提供重要的理论基础。

一 农民工媒介素养状况概述

首先，农民工在大众传播中的一个身份就是受众。关于此方面，传播学家施拉姆认为：传播关系中有个活跃的接受者是考察传播效果中不可或缺的因素。曾经有学者在长沙开展了一项农民工媒介消费状况的调查，内容主要包括农民工媒介消费频率、媒介消费渠道、媒介消费内容与偏好、媒介消费动机、媒介消费时长与时段、媒介消费场所、与媒体之间的互动、对媒介的评价等，根据调查的结果我们可以分析出，农民工媒介消费存在的主要问题表现为媒介消费的偶然性大、媒介接触的频率低、媒介消费结构严重不合理、媒介产品供需之间的严重失衡以及农民工对媒介的信任危机等。这就表明了一个问题，即我国政府目前对于农民工的媒介素养问题重视的程度仍然不够，因此，农民工的媒介需求大多得不到相应的满足。大众媒介诸如电视、报纸、广播等媒体为农民提供的工服务都是有所欠缺的，从目前城市流行的印刷媒体来说，晚报、早报等都市生活类报纸发展迅猛，几乎每个省会城市都有一家以上面向城市市民的报纸，但几乎没有面向城市农民工的报纸；城市流行的杂志，多面向城市的白领、公务员等中产阶层；广播、电视等媒体，以都市居民为服务对象的栏目居多，为农民工服务的栏目较少。因此，总而言之，各种都市媒体传播的信息无论内容上还是形式上，绝大部分是为了满足城市主流人群的需要，而农民工急需的就业信息、生活信息、知识信息以及与他们的切身利益密切相关的法律政策方面的信息较少。[①] 有学者认为，农民工作为受众，其法律素质薄弱，为提高农民工法律素质教育效果，应从法律传播渠道的视角构建以向农民工法律传播网络，从组织传播渠道上为农民工开展的法律传播应侧重法治观念、法律原则、媒介信息辨析方法，以及获取法律信息的方法的传播。从人际传播渠道上通过调控农民工当中意见领袖的人际传播行为，来强化对农民工的法治观念和法律原则的传播；同时从大众传播渠道上对农民工开展的法律传播应侧重法治文化活动的传播，法律图书出版单位应侧重具体法律知识及其利用方法的传播。

在作为受众的同时，农民工也还具有信息传播者的身份。近年来，农民工在城市里的社区生活几近缺失，社交范围大多仅仅局限于都市里的老乡，在老乡、亲属、朋友等初级群体中，农民工一般通过互相交流来获得

① 郭奇：《农民工传播作用解读》，《中州学刊》2008 年第 4 期。

信息、共享社会资源、共度闲暇时间。农民工有限的交往范围以及农民工群体整体素质的有限，严重制约了农民工对都市文明的理解、接受和思辨。这种居住空间的区隔和生活圈子高度的同质化，最终导致了农民工与市民间的情感互动几乎不发生，取而代之的是农民工群体之间封闭的人际传播。与此同时，由于农民工的家庭、亲戚等主要社会关系仍在农村，因此他们必定定期返回。于是从这个意义上来说，那些游走于城市和乡村之间的农民工既需要适应传统生活方式，又需要接受现代生活方式，因此可以说农民工是传统乡村文明与现代都市文明的享用者和沟通者。现阶段，农民工的这种循环流动模式形成了农民工进城后的“受众”与返乡后的“传播者”不同的两种角色，这对于打破传统而封闭的农民生活方式、构建农村信息平台具有示范效应和先导作用。在信息传播过程中，需要进行选择和判断，因此农民工的媒介素养也具有重要的作用。

从表4－1的农民工媒介素养的情况可以看出农民工收听收看时事新闻频次较高，但谈论国家政治问题的情况一般，向媒体提供新闻线索意愿较弱当前农民工的媒介素养还存在较大问题。接下来将继续引用西安交通大学人文学院农民工媒介素养科研课题组和河南省郑州市的农民工的媒介素养调查数据①进行统计和分析，来概述农民工媒介素养的现状。

表4－1　　　　农民工媒介素养情况

变量	类别	频次（N）	有效百分比（%）
农民工收听收看时事新闻情况	较强	2750	47.3
	一般	2285	39.3
	较弱	781	13.4
农民工谈论国家政治问题情况	较强	1479	25.7
	一般	2794	48.6
	较强	1475	25.7
农民工为媒体提供新闻线索意愿	较强	345	6.2
	一般	927	16.7
	较弱	4265	77.1

资料来源：国务院发展研究中心6232名农民工调查，2010年。

① 郑素霞：《农民工媒介素养现状调查与分析——基于河南省郑州市的调查》，《现代传播中国传媒大学学报》2010年第10期。

首先，在媒介使用上，两份数据调查都表明，手机与电视是农民工接触最为频繁的媒体，也是他们最为偏好的媒体。在接触媒介时，农民工最为关注与自身生活、自身利益密切相关的新闻与消息，如媒体上有关自己家乡的消息和情况报道、政府有关农民工的政策和措施等，而对当前充斥媒体版面的娱乐新闻、体育新闻则不甚关注。在河南省郑州市课题组进行的访谈中，在上海某工地做建筑工的小詹（男，27 岁，高中文化）这样说："我和工友租住的宿舍里有一台旧电视，是我们从旧货市场花 180 元买的。只要一下班，我们就挤在一起看，平时生活比较单调呗。我有时候也会从宿舍旁的电话亭里买报纸看，他们不看报纸。不管是看电视还是看报纸，一看到关于我们家乡那个地方的报道就非常感兴趣，家乡有什么事情了，无论好事坏事，几个老乡见面都会互相通知一下。还有，我们也比较关注政府一些政策的出台，比如有关农民工劳动保障方面的，子女入学方面的等等。电视上、报纸上的其他内容，感觉离自己生活很遥远，基本不关注，除非无聊时打发时间。"

这可以表明，在媒介认知上，农民工基本上能够较为准确地把握媒体的功能与作用，对媒体的主要功能也有了一个初步的认识：媒体的首要功能是传递信息，其次是舆论监督，再次是宣传教育、娱乐及广告功能。另外，农民工对媒体当前自身存在的问题也有较为准确的把握，即"有偿新闻与广告太多"、"重大新闻有所隐瞒"、"虚假新闻太多"等。在访谈中，会电焊手艺的小王（男，37 岁，初中文化）说："打开电视，到处都是广告，热播的电视剧，插播的广告也很多。报纸上好些，但那些报道，不知道是不是拿了企业的好处费，像前段时间报纸上老报道郑州的房价在涨，说卖出了多少套，实际上哪有那么多买房的？说不准都是记者拿了房地产开发商的好处费，给炒作出来的……隐瞒重大新闻的做法，现在好像行不通了，有了网络，捂不住！但是以前他们经常隐瞒，担心报道出来有负面影响，老百姓都不相信他们了。"

在媒介评价上，农民工群体对媒体的可信度评价不高，在他们看来，媒体并未能如实地反映客观现实，不值得他们予以过高的信任。在对媒介内容进行评价时，调查表明他们具备一定的质疑与批判意识，但这种质疑与批判意识并不算强烈。

在访谈中，刚从东莞返乡回家过春节的小赵（男，32 岁，初中文化）是这样发表他对这个问题看法的："最不相信手机上的信息。现在手机上的骗人短信很多，有的是中奖信息，还有要聊天交友的……谁不想发财呀……干的活很累，无聊了想找女人聊天，可聊后发现话费被扣光了！我的工友们很多都被骗过。网上什么都有，骗子也很多。报纸嘛，都是由政府来办的，还有主编、领导来审核，应该做得比较好些。但我觉得无论是报纸还是电视台，现在都有很多不真实的报道。可能是记者们为了抢时间，来不及核实，没办法才搞出这些不真实的报道的？唉，说不清，反正觉得不真实，是给有钱人看的，不是给我们看的，追根究底有什么用呢？地球还不是照样转。不能轻信它们的报道。”

在媒介参与上，调查表明他们有一定的参与意向，但这种主动参与媒介信息生产的意向不是十分强烈。访谈中，在餐馆做服务员的小胡（女，21 岁，初中文化）说：“我很爱看电视上比赛唱歌的节目，像《星光大道》、《非常 6 + 1》，我都爱看。那些选手个个都很棒，人也长得漂亮……我想不想报名参加？嘿嘿，想过，但没行动过。一来觉得自己没人家优秀，你想呀，一个打工妹跟那些明星似的帅哥靓妹们站在一起，上去就被淘汰，多丢人。二来不知道怎么去报名。说不准耽误了上班，就被开除了。要是能专门办一场让我们这些打工妹参加的节目，老板准假，我会报名参加。”

有学者将农民工群体划分成返乡型、徘徊型、融入型三个类型，以此来分析农民工群体的信息需求。其中“返乡型”农民工占总数的 69%，一般有着比较明确的自我定位，他们主要需求的是职业介绍信息、社会交往信息、医疗信息、文化生活信息和技能培训信息。“徘徊型”农民工除了需要返乡型农民工需要的信息之外，还重点需要技能培训信息和住房信息。“融入型”农民工迫切需要医疗保险、社会保障、职业培训、子女教育等方面的政策信息，还包括经济金融信息和维权信息。但是，农民工作为受众的一员，他们获得媒介信息有很多困难，教育的分化导致农民工信息能力弱化，制度阻隔造成农民工信息获取不平等，同时信息传递渠道单一，因此农民工获取信息经常滞后。

下面我们继续从西安交通大学人文学院媒介素养科研课题组对陕西西安农民工的调查数据入手，来分析当前农民工的媒介选择与判断的能力。

如图 4 – 1 和图 4 – 2 所示，我们可以看出对农民工“自己选择媒介的标准”的问题调查结果，25.08% 的农民工选择了娱乐性强，可见他们在选择媒介上还是偏向娱乐方面；其次是时效性强（20.61%），使用方便（20.61%），信息量大（18.53%），可信度高（15.18%）。

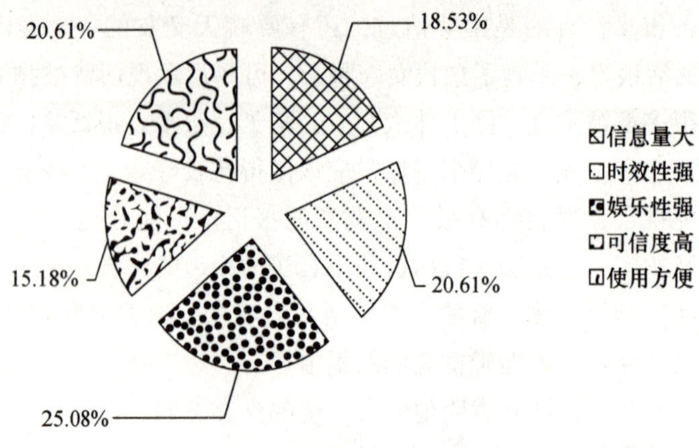

图4－1 媒介选择标准

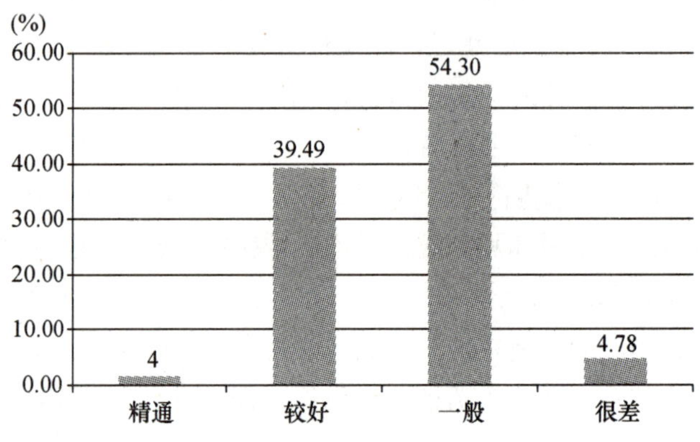

图4－2 媒介选择能力判断

对“选择媒介能力的判断”这个问题的调查结果显示，选择“一般”的比例占54.30%，比例最高；其次为“较好”，所占比例为39.49%；而“很差”和“精通”所占比例仅分别为4.78%与1.4%。由此可见，农民工对于媒介的选择判断能力还是有很大的欠缺。

有学者从金华西埠头村调查的相关数据出发，分析当地居民的媒介使用习惯，勾勒出他们媒介信息获取能力、信息解读与评判能力以及参与大众媒介的能力等媒介素养的图画，然后发现电视（尤其是娱乐类节目）在居民生活中占主导地位，可见农民工受众对于大众媒介传播的信息的使用和批判能力都还处于萌芽阶段。

总之，由不同的问卷调查的数据分析，以及各地农民工的深度访谈结果总结来看，现阶段的农民工的媒介素养现状还是不容乐观，这主要表现为：

（1）媒介使用不均衡：对手机与电视过于依赖，媒介使用需求偏娱乐化，而对报纸和网络接触较少，对其作用不甚了解；

（2）对媒介的评价呈现矛盾心态：不愿轻易相信媒介，但又对媒介信息缺乏质疑与批判意识；

（3）农民工也有一定的媒介参与意识，但苦于找不到正确而合理的途径。

二 农民工媒介素养与权益维护方式的选择

媒介素养是农民工素质的一个重要组成部分，是在信息时代生存的必不可少的一种能力。它为农民工在媒介环境的生存做准备，提高其生活品位和质量，强调农民工从认知心理学的角度，掌握媒介分析的基本常识、原则、技巧、方法，接受应得的信息，摒除杂乱无章、无用误导的信息。当前，新闻传播理论界关于农民工等弱势群体在大众媒介中利益表达方式和权益维护状态的定量研究还较少，大多数此方面的研究都是从大众媒介的社会协调功能出发，对市场经济下媒介在弱势群体利益表达方面的角色定位等方面进行的定性阐述；在社会领域则有较多的定量分析成果，但由于社会学研究者主要将弱势群体利益表达作为一种集合性社会事实进行分析，在研究中很少涉及以媒介方式进行利益表达行为。

如表 4－2 所示的数据，① 将农民工权益维护方式分为打官司、上访、找报纸电视媒体曝光、找亲友同乡帮助、联合其他农民工一起反映、默默忍受、罢工、其他方式等，共有 8 个选项，据此与农民工的媒介素养进行交叉分析。在被问到“当您的权益受到所在企业侵犯时，您会采取何种办法解决?”这个问题时，农民工样本总体的选择结果如下，27% 左右的农民工选择打官司，这也是比例最高的一个选择，但做起来依然是障碍重重，说明农民工用法律手段维权的意识正在增强，选择默默忍受的只有 6%。总体上来看，有的农民工选择了“找报纸电视媒体曝光”这种方式来维护自己的合法权益，12.6% 的农民对这种方式的选择比高于“找亲

① 钟奉：《城镇化进程中的农民工媒介素养研究》，硕士学位论文，山东大学，2011 年。

表 4-2　　农民工权益维护方式选择　　单位:%，人

收听收看时事新闻情况	当您权益受到所在企业侵犯时，您会采取何法解决？								总计	案例数
	打官司	上访	找报纸电视媒体曝光	找亲友同乡帮助	联合其他农民工一起反映	默默忍受	罢工	其他		
较强	27.9	16.2	14.1	6.7	23.8	6.1	1.5	3.8	100	2659
一般	26.2	13.8	11.7	9.7	26.2	5.2	4.5	2.7	100	2226
较弱	25.2	11.0	10.2	11.4	22.4	8.2	6.0	5.5	100	745
总计	26.9	14.6	12.6	8.5	24.5	6.0	3.3	3.6	100	5630
谈论国家政治问题情况	当您权益受到所在企业侵犯时，您会采取何法解决？								总计	案例数
	打官司	上访	找报纸电视媒体曝光	找亲友同乡帮助	联合其他农民工一起反映	默默忍受	罢工	其他		
较强	31.1	17.0	12.4	6.6	22.2	4.9	1.9	3.9	100	1446
一般	26.1	14.8	13.0	8.4	27.3	5.6	2.0	2.9	100	2710
较弱	23.4	12.0	12.1	10.3	21.9	8.0	7.1	5.2	100	1417
总计	26.7	14.6	12.6	8.4	24.6	6.0	3.3	3.7	100	5573
为媒体提供新闻线索意愿	当您权益受到所在企业侵犯时，您会采取何法解决？								总计	案例数
	打官司	上访	找报纸电视媒体曝光	找亲友同乡帮助	联合其他农民工一起反映	默默忍受	罢工	其他		
较强	43.5	21.7	10.4	3.6	16.7	2.1	0.6	1.5	100	336
一般	30.6	14.0	15.5	10.4	22.0	4.4	1.7	1.4	100	902
较弱	25.3	14.2	12.7	8.5	25.6	6.9	2.9	4.0	100	4158
总计	27.3	14.6	13.0	8.5	24.4	6.2	2.6	3.4	100	5396

资料来源：国务院发展研究中心 6232 名农民工调查，2010 年。

朋同乡帮助见表 4-2”，但是低于“打官司、上访、联合其他农民工一起反映”三个选项。这说明农民工已经开始重视利用媒体力量维护自己的合法权益。农民工对媒体维权方式的认同，得益于媒体发布的政府声音、报道各地的维权事件、本地维权的传闻、熟人维权成功的喜悦和自身的生活体验。这些信息通过传播和交互学习，逐步增强了人们的权益意识和维权意识，使得处在被侵权状态的农民工个体或群体根据自身权益诉求的强

度，选择适合自己的维权方式并采取维权行动，无论利用媒体方式维权结果如何，这种维权行动的信息都会得到扩散，又成为其他农民工借鉴的经验或教训，会对后续的农民工维权方式采纳产生积极的效应。对于“收听收看时事新闻”较多的农民工而言，他们利用新闻媒体方式进行维权的比例为14.1%，明显高于“收听收看时事新闻”较少的农民工群体。

三　农民工的媒介素养与上访意愿的关系

维权方式中排在第二位的选项是“联合其他农民工一起反映”，占24.5%，也就是说有1/4的农民工会以通过把若干微小的个体联合在一起，以“捏沙成团”的方式来表达自己的利益诉求。这种方式容易转化为非制度化的政治表达。同时，14.6%的农民工把“上访”当成维权的首要选择，在农民工群体利益严重受损的情况下，一旦有外部力量参与政治动员，农民工的维权就会表现出规模性，甚至衍生成为非理性并且难以控制的群体事件。从以上的调查结果我们可以大致了解到当下部分农民工的媒介素养的基本状况。“为媒体提供新闻线索意愿”较强的农民工群体选择“积极参加上访”选项的占69.3%，这是一个非常惊人的比例。全国1.5亿外出农民工由于具有相似的人生经历和生活方式，农民工的身份认同感正在增强，一个庞大的身份群体正在形成。在面对共同的利益诉求时，很容易产生聚集在一起发出声音的愿望。访谈中还发现，有35%的农民工把自己定位为农村人，只有5%的人把自己定位为城里人，其他的60%很难说清楚自己到底是城里人还是农村人，但他们相互之间认为彼此共同属于农民工群体。问卷调查数据表明，67%的农民工希望加入属于自己的合法组织，他们已经充分地意识到农民工只有通过群体力量，才能给社会上的其他阶层施加压力，企求从制度层面寻求突破，从政策上寻求待遇改善。以“歇工、散步、静坐”为主要表现形式的农民工群体事件的诱发因素在于日积月累的不满情绪。社会学研究表明，这种不满情绪的根源在于相对于他人的负面心理体验，也就是自己的权益受到侵犯而无力抗争，以及对政治效能的失望。农民工是我国现代产业工人的主体，是我国现代化建设的重要力量，但是他们享受的社会保障和公共服务却远远不足。农民工群体一方面正在失去传统社会条件下的利益，另一方面却又不能同期获得相应的改革收益。一旦农民工意识到他们能够设法消除遭受的不平等待遇，农民工群体的态度和行为就会发生改变。

表 4－3 农民工的媒介素养与上访意愿的关系 单位：%，人

收听收看时事新闻情况	若其他农民工因权益被侵犯邀请您去有关部门上访，您的态度是？				总计	案例数
	积极参加	表示同情，但不参加	劝阻他们别去	无所谓		
较强	53.8	28.7	6.2	11.3	100	2647
一般	43.4	31.9	6.0	18.6	100	2189
较弱	30.2	26.8	7.8	35.2	100	745
总计	46.6	29.7	6.3	17.3	100	5581
谈论国家政治问题情况	若其他农民工因权益被侵犯邀请您去有关部门上访，您的态度是？				总计	案例数
	积极参加	表示同情，但不参加	劝阻他们别去	无所谓		
较强	53.7	28.5	6.7	11.1	100	1427
一般	47.8	28.9	6.3	17.0	100	2696
较弱	37.1	33.2	5.8	24.0	100	1408
总计	46.6	29.9	5.2	17.2	100	5531
为媒体提供新闻线索意愿	若其他农民工因权益被侵犯邀请您去有关部门上访，您的态度是？				总计	案例数
	积极参加	表示同情，但不参加	劝阻他们别去	无所谓		
较强	69.3	20.8	4.8	5.1	100	332
一般	45.9	24.2	8.5	21.4	100	902
较弱	45.4	30.8	6.2	17.6	100	4129
总计	47.0	29.1	6.5	17.5	100	5363

资料来源：国务院发展研究中心 6232 名农民工调查，2010 年。

四 农民工媒介素养与利益表达的关系

从农民工的利益表达方式上来看农民工的媒介素养，如表 4－4 所示。就现阶段而言，农民工由于自身的科学文化素质以及政治参与能力的低下，经常会选择非制度化的利益表达方式。从非制度化的利益表达方式来看农民工的媒介素养，各种鲜明的案例随处可见。2010 年 5 月 21 日，广东省佛山市南海区本田零部件制造有限公司的 1800 名工人开始罢工。6 月 7 日，本田所属的佛山市丰富汽配有限公司的 250 名工人也开始罢工。同期，与北京现代汽车密切相关的星宇车科技有限公司也出现了罢工事件。数据显示，在回答“当农民工权益受到严重侵害时，您是否赞同用罢

表 4－4　　农民工的媒介素养与罢工意愿的关系　　单位:%，人

收听收看时事新闻情况	当您的权益受到侵害时，是否赞同用罢工方式捍卫自己的权益？				总计	案例数
	非常赞同	赞同	不赞同	很不赞同		
较强	18.3	28.5	36.2	17.0	100	2631
一般	13.9	32.8	38.6	14.7	100	2178
较弱	15.2	30.9	33.2	20.6	100	737
总计	16.1	30.5	36.7	16.6	100	5546
谈论国家政治问题情况	当您的权益受到侵害时，是否赞同用罢工方式捍卫自己的权益？				总计	案例数
	非常赞同	赞同	不赞同	很不赞同		
较强	22.2	27.0	33.0	17.8	100	1401
一般	13.7	31.6	38.3	16.4	100	2675
较弱	13.9	32.9	37.0	16.2	100	1405
总计	15.9	30.8	36.6	16.7	100	5481
为媒体提供新闻线索意愿	当您的权益受到侵害时，是否赞同用罢工方式捍卫自己的权益？				总计	案例数
	非常赞同	赞同	不赞同	很不赞同		
较强	36.6	16.3	30.5	16.6	100	331
一般	15.0	27.9	34.8	22.4	100	876
较弱	15.2	31.2	37.8	15.7	100	4120
总计	16.5	29.7	36.9	16.9	100	5327

资料来源：国务院发展研究中心 6232 名农民工调查，2010 年。

工等方式捍卫自己的权益”这个问题时，46.6% 的农民工持赞同或非常赞同的态度。由此可见，采用“罢工”方式争取利益的维护呈现出蔓延的态势，这是非常可怕的。在这些群体性事件中，自发性特征非常明显，既没有工会领导农民工与资方进行斗争，也没有个别农民工在其中充当领导者，农民工多是自发性地集聚在一起。但是近几年的农民工群体性事件呈现出新特点，农民工中的个体权威开始成为领导罢工运动的支柱力量。

在东南海本田工人罢工过程中，一个叫李晓娟的工人成为罢工工人的谈判代表，她在网上发出了“佛山本田罢工工人谈判代表团致全体工人和社会各界的公开信”，信后还留下了她的电话号码。这封公开信态度鲜明、论述有力、逻辑清晰，极具号召力和感染力。由此可见，现阶段农民工的思想水平和表达能力已经远不像他们的社会地位那么低下。综合素质比较高的农民工形成了自身的个体权威，并可以成为农民工这个弱势群体的支撑纽带和灵魂人物。

五　农民工媒介素养与制度化政治参与目标的关系

农民工之所以参与政治，是因为他们希望这些活动能够直接或间接地对政府决策产生影响，从而保障自己的利益诉求，他们努力奋斗所争取的一切，都与其利益息息相关。对农民工参政目的的调查，可以充分地证明上述判断。农民工表示，如果有机会参与城市的政治活动，以“反映农民工利益诉求”为目的的占65.4%，以“为政府科学决策出谋划策”为行动目标的占9%，以“实现个人利益和价值”为目的的农民工占12.7%，为媒体提供新闻线索意愿较强的农民工、收听收看时事新闻较多的农民工、谈论国家政治问题较多的农民工参与制度化政治活动的主要目的都是反映农民工利益诉求。同样，在回答“如果您想参加工作所在单位或所居住社区管理活动，主要目的是什么?”这个问题时，选择“维护自身利益”的占36.1%，而选择“维护农民工群体利益”的占2%，二者合计达38.1%；选择“出于个人兴趣”的仅占9%。由此可见，农民工虽然主观上愿意去积极参与公共政治生活，但限于自身条件和社会环境等因素，在农民工的政治参与实践中，其行为仍然较为被动，农民工政治参与主要动机基本上是自身利益或者农民工的群体利益，试图通过这些政治活动改善农民工的生存环境，解决自身难题。

从以上列出表格数据显示和数据分析来看，农民工的利益表达方式仍然是偏向非制度、非理智化的，农民工虽然对于大众媒介有一定的接触，但是现阶段他们仍然不能非常充分地利用媒介渠道来获取知识、训练技能、自我改进。农民工也会进行政治参与，但是农民工政治参与的方式和途径仍然非常不成熟。因此，我们只能说农民工具有一定的媒介素养和政治参与能力，但都是处在一个比较低下的水平，有待提高。

表 4－5 农民工的媒介素养与制度化政治参与目标的关系 单位：%，人

收听收看时事新闻情况	如果您有机会参与城市的政治活动，您的目标是？					总计	案例数
	反映农民工利益要求	为政府科学决策出谋划策	实现个人利益和价值	没什么具体目的	其他		
较强	66.6	12.3	11.7	7.7	1.7	100	2641
一般	66.4	6.0	13.9	12.0	1.7	100	2200
较弱	57.8	6.8	12.6	18.1	4.6	100	733
总计	65.4	9.1	12.7	10.8	2.1	100	5574
谈论国家政治问题情况	如果您有机会参与城市的政治活动，您的目标是？					总计	案例数
	反映农民工利益要求	为政府科学决策出谋划策	实现个人利益和价值	没什么具体目的	其他		
较强	65.9	15.4	10.6	6.5	1.5	100	1426
一般	68.0	7.7	12.7	9.8	1.7	100	2714
较弱	60.3	5.2	14.5	16.7	3.3	100	1382
总计	65.5	9.1	12.6	10.6	2.1	100	5522
为媒体提供新闻线索意愿	如果您有机会参与城市的政治活动，您的目标是？					总计	案例数
	反映农民工利益要求	为政府科学决策出谋划策	实现个人利益和价值	没什么具体目的	其他		
较强	61.0	21.1	11.6	4.5	1.5	100	336
一般	60.9	10.2	14.8	11.2	2.9	100	896
较弱	66.3	8.0	12.6	11.1	2.0	100	4122
总计	65.0	9.2	12.9	10.7	2.1	100	5354

资料来源：国务院发展研究中心 6232 名农民工调查，2010 年。

第三节 农民工的媒介素养对其政治参与的影响

一 影响关系及原因分析

农民工作为社会的弱势群体，他们政治参与权利几乎丧失，政治权利的缺失导致在社会中无法听到他们的声音。所以在城市中，农民成为了“沉默的失语者”。然而，他们的媒介素养起到重要的作用。媒介素养的内涵很宽泛，其中包括了对于媒介的认知、解读、接触、参与，以及主动

运用媒介为自己的生产生活提供便利的能力。媒介素养水平高，他们则能够利用媒介，主动积极地发表自己的观点与意见。现今在国家的一些政治经济政策决策上，相对来说非常缺少能够真正代表农民工意志的团体，国家政府不能积极有效地提出一些符合农民工自身权益的议案和政策。近年来，虽然政府重视民主化发展，很多农民工都出现在了人民代表大会上，但是维护农民工权益的议案还是少之又少。所以在社会中很难倾听到农民工的声音，甚至出现了漠视、质疑、冷漠乃至讨厌农民工的现象。

现在，我国社会的强势群体虽然在一定程度上帮助农民工争取利益，或者是站在农民工的立场来说话，但是他们毕竟不是农民工群体本身，所说的究竟能代表多少农民工也是要大打折扣的。因为只有是农民工自身提出的建议、意见，才能真正表达他们的心声，但是社会上来自农民工的声音少之又少。比如在维权诉讼中，由于农民工群体缺少很多有效维护自己的武器，在他们受到无理的侵害时，他们很难找到合适的方法来保护自己，其中最主要的原因是缺少诉讼资金的支持。探询这种现象的原因，首先是由农民工群体自身的缺陷所造成的，因为他们的文化水平普遍较低，语言表达能力较弱；其次，农民工群体整体缺少获得信息的渠道，也正是由于农民工所获取信息的不充分而引起了一种沉默的失语现象；再者，我国现在各项法律制度、经济制度尚不完善；此外，社会上一些强势群体的物质观念很强，这种物质主义形态居于主导地位，从而造成农民工的沉默和失语现象。

这种现象从制度层面上讲，是由于城乡二元结构下的户籍制度缺乏合理性。现今，越来越多的眼光关注到了农民工身上，特别是他们所拥有的政治表达权利。只有农民工的政治表达权利有了切实的保障，才能够做好舆论监督工作，进一步推进社会主义民主建设的大幅度发展。作为社会传声筒，媒介有着不可或缺的责任。关注农民工权利表达是历史的必需，也是社会、国家给予的重大使命。要想行之有效地建构农民工政治权利，就必须从社会各个方面齐头并进。在国家体制上要完善社会体制，在社会宣传上要逐渐消除媒介霸权，有效开展农民工媒介素养教育来切实提高农民工内在的媒介素养，只有这样才能实现媒体对农民权利表达的构建。

总而言之，农民工媒介素养的高低对他们的政治参与有直接的影响，直观来说就是，在普遍性的情况下农民工媒介素养水平高，他们在各种媒介进行舆论监督、表达观念的能力相对高，反之，就相对较低。我们可以想象，一个受过媒介素养教育的对媒介参与，理解、辨析能力都很高的农民工在媒介舆论监督、发表观点方面的能力，必然胜过一个文化水平很低的对媒介接触相当少的或者接触媒介行为仅局限于游戏、娱乐的网民。

首先，从网络中获取有效信息的能力方面看，现阶段我国农民工平均每天上网时间已大幅度增加，而随着网民花费在互联网上的时间越来越多，他们参与网络活动的各种行为尤其是进行舆论监督、发表自己意见的行为也会增多，这就为农民工进行舆论监督做好了前期准备。他们利用媒介获取自己所需要的信息时，很多农民工都会选择方便快速的各种大型搜索引擎和登录各种大型门户网站、论坛。他们在进行舆论监督、发表观点时，会遇到很多良莠不齐、混乱纷杂的信息，而大型搜索引擎等网站则给网民提供了异常丰富的资料，使农民工在发表意见时能在各种信息的指引下分辨真假，对事件能进行准确的判断，那么发表的言论与信息才能恰如其分地对事件进行评论，在农民工行使政治权利时发挥有效的作用。

表4－6　网络媒体能起到增强话语权意识舆论监督的作用判断与最喜欢网络媒体的交叉列联表　单位：人

网络媒体能起到舆论监督的作用	您最喜欢的网络媒体是哪些					
	大型门户网站（如网易、雅虎等）	搜索引擎网站（如百度、谷歌等）	BBS	博客	其他	有效边际
非常同意	15	55	1	1	7	79
比较同意	24	118	8	14	14	178
说不清	8	49	4	4	12	77
不太同意	10	29	0	1	8	48
有效边际	57	251	13	20	41	382

表4－7　最喜欢网络媒体与网络媒体能起到舆论监督的作用判断的行频数百分比列表　单位:%

您最喜欢的网络媒体是哪些	网络媒体能起到舆论监督的作用					
	非常同意	比较同意	说不清	不太同意	非常不同意	有效边际
搜索引擎网站（如百度、谷歌等）	0.217	0.466	0.194	0.115	0.008	1.000
BBS	0.077	0.615	0.308	0.000	0.000	1.000
博客	0.050	0.700	0.200	0.050	0.000	1.000
其他	0.171	0.341	0.293	0.195	0.000	1.000
质量	0.205	0.462	0.200	0.125	0.008	

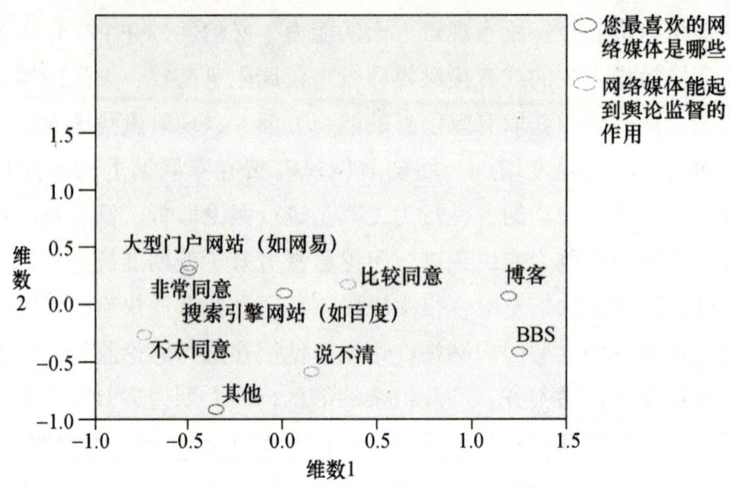

图4－3 网络媒体能起到舆论监督的作用判断与最喜欢网络媒体的对应分析散点图

由以上几组数据我们可以分析，从对网络信息解读与批判能力方面看，农民工对于网络上充斥着的各种各样的信息进行辨析的能力虽然普遍较低，但是已经有很大的提高，对发布于网上的信息也不再是一味地相信。农民工对网络信息的选择、理解、应用的媒介素养水平相应很高。而在农民工权利表达方面，他们对一些突发事件、热点事件的获取速度很快，信息来源也比较准确和广泛。他们对信息进行解读与批判，对事件能有比较清晰、客观和准确的认识，提出的意见也比较中肯和理智，这就避免了因对信息解读、批判有误而发表一些低俗的、情绪化的言论。可见，如果农民工信息解读与批判能力很高，那他们运用制度化手段行使政治权利的程度也会很高，网民在进行舆论监督时能更客观、更理智地在网上发布与接收信息，不会对一些事实夸大其辞，不会出现危害他人利益，甚至触犯法律法规的行为。

从参与大众媒介的能力方面看，农民工参与大众媒介的能力越高，他们在权利表达上接触到的信息越广泛，接触各种官方的、真实的、理性的信息来源的可能性就越大，农民工权利表达也就更客观、正式，从而真正地发挥作用。由此可见，农民工参与大众媒介能力的高低对农民工话语权行使有着显著的影响。

二 媒介素养对农民工政治参与的影响分析

为了更准确、清晰地了解农民工的媒介素养对其政治参与的影响，根据西安交通大学人文学院媒介素养课题组面向西安市农民工的一组调查数据，分析如下。

（一）影响因素的选取

假设农民工媒介素养对其政治参与具有影响，分别从媒介素养的三个层面——媒介的认知、接触与使用、媒介参与中选取可能对农民工政治参与造成影响的因素。

表4－8　　对农民工政治参与的影响因素

媒介素养层面	影响因素
★农民工媒介素养	媒介认知
	媒介了解程度
	媒介信息理解能力
	媒介信息信任度
★媒介接触与使用	媒介使用频率
	税收信息关注度
	民主选举信息关注度
	反腐信息关注度
	媒介选择能力
	使用媒介的熟练程度
★媒介参与	媒介互动参与频率
	在媒体上发表意见看法的频率
	辨别真假信息的能力

以上媒介素养指标仅作为暂时性因素，具体影响指标将通过多元回归分析来确认。

农民工的政治参与行为考察的主要内容有：参加投票选举人大代表；为维护自己的权益向政府部门投诉；向人大代表、政协委员提意见；向媒体表达关心的公共问题的看法；在网络上参与讨论国内外重大事件等。

1. 利用层次分析法确定指标权重

媒介素养的本质是一个定量分析的过程，即用数字去反映调查对象的媒介素养现状，因此需要对测评指标进行量化。每个影响因素都反映着调查对象的媒介素养的状况和特征，而每一影响因素的变化对政治参与的影响程度是有所不同的。反映影响程度的重要尺度是权重。为了明确各项因素的不同的重要程度，需要分别赋予各项指标以不同的权重数。权重确定与分配是影响因素分析中非常关键的一个步骤，对于能否客观、真实地反映农民工的媒介素养起着至关重要的作用。农民工媒介素养影响因素的权重确定则采用层次分析法，通过影响因素两两比较，对复杂的、无序的定性问题进行量化处理，将评价专家的经验和定量推导有机地结合起来。

为确定西安市农民工媒介素养的权重，首先请专家填写调查问卷，按九级分制给出各影响因素的标准值，对重要程度的划分情况见表4－9。请各位专家根据下面的几组数据列出的影响因素层次，两两比较，分别给出同层次影响因素间的相对重要性数值，并进行加权平均，形成各影响因素层次上的判断矩阵，然后求其权重。

表4－9　　　　媒介素养三层次权重

媒介认知	媒介接触使用	媒介参与	
媒介认知	1	1/3	5/1
媒介接触与使用	3	1	1/3
媒介参与	5	3	1

2. 媒介素养三层次的权重计算

计算影响因素层次权重：

按公式：$W_i' = \sqrt[m]{a_{i1} \times a_{i2} \times \cdots \times a_{im}}$ 计算初始权重系数 W_1' 得

$W_1' = \sqrt[3]{1 \times 1/3 \times 1/5} = 0.4055$

$W_2' = \sqrt[3]{3 \times 1 \times 1/3} = 1$

同理得 $W'_3 = \sqrt[3]{5 \times 3 \times 1} = 2.4662$

按归一化权重系数公式：$Wi = \dfrac{W_i'}{\sum\limits_{i=1}^{m} W_i'}$ 计算得

$W_1 = 0.4055/0.4055 + 1 + 2.4662 = 0.1068$

同理得 $W_2 = 1/0.4055 + 1 + 2.4662 = 0.2572$

$W_3 = 0.6360$

最终得出全部影响因素权重：

表 4－10　　媒介素养影响因素权重

媒介素养层面	影响因素	权重
		1
★媒介认知		0. 4055
	媒介了解程度	0. 0390
	媒介信息理解能力	0. 3275
	媒介信息信任度	0. 0390
★媒介接触与使用		0. 2572
	媒介使用频率	0. 0144
	税收信息关注度	0. 0002
	民主选举信息关注度	0. 1069
	反腐信息关注度	0. 1069
	媒介选择能力	0. 0144
	使用媒介的熟练程度	0. 0144
★媒介参与		0. 6360
	媒介互动参与频率	0. 3816
	在媒体上发表意见看法的频率	0. 1272
	辨别真假信息的能力	0. 1272

（二）政治参与行为权重

方法同上，可得出各政治参与行为的权重如下：

表 4－11　　政治参与行为权重

	人大投票	向政府投诉	向人大政协提意见	媒体向媒体表达看法	网络讨论重大事件
权重	0. 3052	0. 3052	0. 3052	0. 0602	0. 0242

（三）影响因素的检验与分析

本部分将农民工媒介素养三层面因素分别与其政治参与行为进行多元回归分析。根据所选取的指标，利用 SPSS 软件分析和确定农民工媒介素养对其政治参与的影响因素。

1. 媒介认知影响因素

由分析结果可知，由于“媒介了解程度”和“媒介信息理解程度”两个自变量的 Sig. 值，即 P 值小于 0. 01（P≤0. 05 说明影响程度显著；P≤0. 01

表 4 – 12　　　　　影响“参加人大投票选举”的认知因素

Model		Unstandardized Coefficients		Standardized Coefficients	t	Sig.
		B	Std. Error	Beta		
1	(Constant)	0.021	0.001		32.422	0.000
	媒介了解程度	-0.033	0.007	-0.178	-4.506	0.000
	媒介信息理解程度	-0.003	0.001	-0.204	-5.201	0.000
	媒介信任程度	-0.007	0.004	-0.060	-1.562	0.119

说明影响效果极其显著；P≥0.05 则无明显影响），因此农民工对媒介的了解程度和对媒介内容的理解程度，对其参与人大票选活动的影响显著。因自变量“媒介信任程度”的 P 值远远大于 0.05，因此农民工对媒介的信任程度不会对其人大投票结果造成影响。通过比较 t 的绝对值可知，对人大投票选举行为而言，农民工“媒介信息理解程度”的影响效果大于“媒介了解程度”的影响效果。

表 4 – 13　　　　影响“向政府部门维权投诉”的认知因素

Model		Unstandardized Coefficients		Standardized Coefficients	t	Sig.
		B	Std. Error	Beta		
1	(Constant)	0.013	0.001		12.170	0.000
	媒介了解程度	0.075	0.012	0.240	6.152	0.000
	媒介信息理解程度	0.004	0.001	0.184	4.762	0.000
	媒介信任程度	0.013	0.007	0.066	1.726	0.085

影响向政府部门维权投诉政治参与行为的媒介认知因素为农民工的“媒介了解程度”和“媒介信息理解程度”。同时，“媒介了解程度”的影响大于“媒介信息理解程度”的影响。

由分析结果可知，表中三个自变量对农民工“向人大代表、政协委员提意见”政治参与行为都具有影响。但是，“媒介了解程度”和“媒介信息理解程度”对这一行为的影响并不大。相反，对上文提到的两种政治参与行为并未造成影响的“媒介信任程度”因素，对农民工“向人大代表、政协委员提意见”这一行为具有重要影响。

表 4－14　影响“向人大代表、政协委员提意见”的认知因素

Model		Unstandardized Coefficients		Standardized Coefficients	t	Sig.
		B	Std. Error	Beta		
1	(Constant)	1.827	0.177		10.312	0.000
	媒介了解程度	4.173	1.982	0.086	2.106	0.036
	媒介信息理解程度	0.288	0.139	0.084	2.076	0.038
	媒介信任程度	3.261	1.217	0.107	2.680	0.008

表 4－15　影响“向媒体表达对公共问题的看法”的认知因素

Model		Unstandardized Coefficients		Standardized Coefficients	t	Sig.
		B	Std. Error	Beta		
1	(Constant)	0.490	0.182		2.696	0.007
	媒介了解程度	10.393	2.034	0.195	5.109	0.000
	媒介信息理解程度	1.077	0.142	0.286	7.568	0.000
	媒介信任程度	2.528	1.249	0.075	2.024	0.043

农民工向媒体表达关心的公共问题的看法这一行为会受到其“媒介了解程度”、“媒介信息理解程度”和“媒介信任程度”的影响。其中“媒介信息理解程度”的影响最大。

表 4－16　影响“在网络上参与讨论国内外重大事件”的认知因素

Model		Unstandardized Coefficients		Standardized Coefficients	t	Sig.
		B	Std. Error	Beta		
1	(Constant)	0.814	0.143		5.683	0.000
	媒介了解程度	10.364	1.602	0.255	6.469	0.000
	媒介信息理解程度	0.378	0.112	0.132	3.372	0.001
	媒介信任程度	1.014	0.984	0.040	1.030	0.303

影响“在网络上参与讨论国内外重大事件”行为的媒介认知因素为农民工的“媒介了解程度”和“媒介信息理解程度”。“媒介了解程度”的影响大于“媒介信息理解程度”的影响。

2. 媒介接触与使用影响因素

表 4－17　　影响“参加人大投票选举”的接触与使用因素

Model		Unstandardized Coefficients		Standardized Coefficients	t	Sig.
		B	Std. Error	Beta		
1	(Constant)	0.442	0.077	5.709	0.000	
	农民工进城打工	0.003	0.014	0.009	0.193	0.847
	税收	59.230	68.597	0.041	0.863	0.388
	民主选举	-0.619	0.179	-0.166	-3.452	0.001
	反腐败	0.027	0.178	0.007	0.151	0.880
	国家政策法规	-0.116	0.188	-0.030	-0.618	0.537
	农村新闻	0.026	0.015	0.082	1.744	0.082
	媒介使用频率	-9.615	3.498	-0.111	-2.749	0.006
	媒介信息判断能力	-0.045	0.058	-0.031	-0.778	0.437
	媒介熟练运用程度	-2.690	2.095	-0.052	-1.284	0.200

农民工对民主选举的关注以及使用媒介的频率都对其参加人大投票选举产生影响。而对民主选举信息的关注程度对其投票行为产生的影响更大。

“农民工进城打工”、“税收”、“反腐败”等媒介信息以及“媒介熟练运用程度”会对农民工为维护自己的权益向政府部门投诉这一行为造成影响。“媒介的使用频率”对这一政治参与行为也具有重要的影响。

农民工“向人大代表、政协委员提意见”这一政治参与行为会受到“农民工进城打工”和“民主选举”等媒介信息和内容的影响，使用媒介的频率也影响着这一行为的参与度。

对“农民工进城打工”、“反腐败”等媒介信息的关注会对农民工向媒体表达关心的公共问题的看法这一行为造成影响。“媒介的使用频率”和“媒介的熟练运用程度”对这一行为也具有重要的影响。其中农民工

表 4 - 18　　影响“向政府部门维权投诉”的接触与使用因素

Model		Unstandardized Coefficients		Standardized Coefficients	t	Sig.
		B	Std. Error	Beta		
1	(Constant)	0. 973	0. 066		14. 678	0. 000
	农民工进城打工	-0. 025	0. 012	-0. 094	-2. 077	0. 038
	税收	141. 343	58. 970	0. 111	2. 397	0. 017
	民主选举	-0. 189	0. 154	-0. 058	-1. 232	0. 218
	反腐败	0. 461	0. 153	0. 138	3. 017	0. 003
	国家政策法规	0. 132	0. 161	0. 039	0. 820	0. 413
	农村新闻	-0. 012	0. 013	-0. 043	-0. 940	0. 347
	媒介使用频率	-18. 711	2. 998	-0. 244	-6. 240	0. 000
	媒介信息判断能力	0. 002	0. 056	0. 001	0. 028	0. 978
	媒介熟练运用程度	-4. 325	2. 042	-0. 087	-2. 118	0. 035

表 4 - 19　影响“向人大代表、政协委员提意见”的接触与使用因素

Model		Unstandardized Coefficients		Standardized Coefficients	t	Sig.
		B	Std. Error	Beta		
1	(Constant)	0. 404	0. 072		5. 615	0. 000
	农民工进城打工	0. 031	0. 013	0. 110	2. 371	0. 018
	税收	9. 994	63. 759	0. 007	0. 157	0. 875
	民主选举	-0. 517	0. 167	-0. 148	-3. 103	0. 002
	反腐败	0. 121	0. 166	0. 034	0. 730	0. 466
	国家政策法规	-0. 085	0. 175	-0. 024	-0. 486	0. 627
	农村新闻	0. 002	0. 014	0. 006	0. 131	0. 896
	媒介使用频率	-10. 795	3. 251	-0. 133	-3. 320	0. 001
	媒介信息判断能力	-0. 038	0. 053	-0. 028	-0. 718	0. 473
	媒介熟练运用程度	-1. 376	1. 944	-0. 029	-0. 708	0. 479

对“民主选举”媒介内容的关注程度以及其媒介运用熟练程度对这一行为的影响最大。

表 4－20　影响"向媒体表达对公共问题的看法"的接触与使用因素

Model		Unstandardized Coefficients		Standardized Coefficients	t	Sig.
		B	Std. Error	Beta		
1	(Constant)	0.103	0.016		6.648	0.000
	农民工进城打工	0.007	0.003	0.109	2.351	0.019
	税收	8.383	13.794	0.029	0.608	0.544
	民主选举	－0.116	0.036	－0.154	－3.223	0.001
	反腐败	－0.037	0.036	－0.047	－1.020	0.308
	国家政策法规	－0.046	0.038	－0.059	－1.214	0.225
	农村新闻	0.001	0.003	0.017	0.358	0.720
	媒介使用频率	－1.941	0.702	－0.111	－2.764	0.006
	媒介信息判断能力	－0.009	0.011	－0.031	－0.803	0.422
	媒介熟练运用程度	－1.742	0.415	－0.168	－4.199	0.000

表 4－21　影响"在网络上参与讨论国内外重大事件"的接触与使用因素

Model		Unstandardized Coefficients		Standardized Coefficients	t	Sig.
		B	Std. Error	Beta		
1	(Constant)	0.038	0.006		5.901	0.000
	农民工进城打工	－0.159	0.287	－0.022	－0.552	0.581
	税收	10.674	5.630	0.088	1.896	0.058
	民主选举	－0.076	0.015	－0.241	－5.150	0.000
	反腐败	－0.030	0.015	－0.093	－2.047	0.041
	国家政策法规	0.001	0.015	0.002	0.044	0.965
	农村新闻	－0.002	0.001	－0.064	－1.399	0.162
	媒介使用频率	0.004	0.001	0.160	3.538	0.000
	媒介信息判断能力	－0.003	0.005	－0.027	－0.732	0.465
	媒介熟练运用程度	－1.110	0.166	－0.256	－6.681	0.000

"民主选举"、"反腐败"的信息关注度，以及"媒介使用频率"、"媒介熟练运用程度"是影响农民工在网络上参与讨论国内外重大事件的因素，其中"民主选举"、"媒介使用频率"、"媒介熟练运用程度"的影响力较大。

表 4－22　　影响“参加人大投票选举”的媒介参与因素

Model		Unstandardized Coefficients		Standardized Coefficients	t	Sig.
		B	Std. Error	Beta		
1	(Constant)	0.097	0.031		3.108	0.002
	参加媒体互动频率	0.226	0.040	0.218	5.602	0.000
	在媒体发表看法频率	－0.068	0.042	－0.062	－1.596	0.111
	鉴别报道真假能力	0.073	0.037	0.076	1.959	0.051

3. 媒介参与影响因素

从表中结果可知，农民工参加媒体互动的频率会对其人大投票选举活动产生影响。

农民工参与媒体互动的频率以及其鉴别报道真假的能力，都会对农民工向政府部门进行维权投诉的行为产生影响。农民工“参加媒介互动的频率”以及“在媒体上发表意见的频率”，会影响其向媒体表达对公共问题的看法这一行为的实践。其中，“参加媒介互动的频率”这一因素的影响程度较大。

表 4－23　　影响“向人大代表、政协委员提意见”的媒介参与因素

Model		Unstandardized Coefficients		Standardized Coefficients	t	Sig.
		B	Std. Error	Beta		
1	(Constant)	0.073	0.029		2.534	0.012
	参加媒体互动频率	0.241	0.037	0.250	6.443	0.000
	在媒体发表看法频率	－0.076	0.039	－0.075	－1.936	0.053
	鉴别报道真假能力	0.022	0.035	0.024	0.631	0.528

农民工在媒体上进行互动的频率和在媒体上发表看法的频率都会影响其在网络上参与国内外重大事件的讨论。

综合以上分析，对农民工的政治参与行为产生影响的主要媒介素养因素有媒介了解程度、媒介信息理解程度、农民工进城打工信息关注度、反腐败信息关注度、媒介的使用频率、媒介的熟练运用程度、参加媒体互动

表 4-24 影响"向媒体表达对公共问题的看法"的媒介参与因素

Model		Unstandardized Coefficients		Standardized Coefficients	t	Sig.
		B	Std. Error	Beta		
1	(Constant)	0.016	0.006		2.696	0.007
	参加媒体互动频率	0.079	0.008	0.379	10.295	0.000
	在媒体发表看法频率	-0.033	0.008	-0.151	-4.125	0.000
	鉴别报道真假能力	-0.002	0.007	-0.010	-0.261	0.794

表 4-25 影响"在网络上参与讨论国内外重大事件"的媒介参与因素

Model		Unstandardized Coefficients		Standardized Coefficients	t	Sig.
		B	Std. Error	Beta		
1	(Constant)	0.008	0.002		3.313	0.001
	参加媒体互动频率	0.035	0.003	0.405	11.198	0.000
	在媒体发表看法频率	-0.016	0.003	-0.173	-4.783	0.000
	鉴别报道真假能力	-0.004	0.003	-0.050	-1.388	0.166

频率、在媒体发表看法频率、鉴别报道真假能力等。因此，从媒介素养的视角出发，在提高农民工的政治参与能力的过程中，应当重视以及把握以上影响因素对农民工政治参与的影响。

由以上数据我们可以分析出现阶段农民工的媒介素养状况。就媒介素养来说，不同的人对于媒介认知有着不同的理解，但是所有的定义中共同存在的一点是，媒介消费者必须培养出一种"能力"或者"技巧"，以便能够更好地对媒介内容进行解释。对于农民工来说，他们的学历普遍较低，这种媒介素养教育就显得更为重要。大众传播媒介在制造和维持着我们的文化，文化又帮助我们认识和解释自己，有效的媒介认知、全方位地参与到文化当中的本领就显得尤为重要。

第四节　提高农民工的媒介素养与政治参与能力

社会心理学家学者马斯洛在他的研究中将人的需求分成五类，即生理、安全、社交、尊重和自我实现，其中生理需求是比较低的层次。在现如今中国经济良好发展的环境中，我国的农民工群体的各种思想观念越来越新潮，越来越时尚；知识面逐渐地拓宽；权利意识不断增强。他们已经不仅仅是满足于“打工”来养家糊口，而是渴望能融入城市生活，成为城市中的一员，想要平等地拥有作为一个城市建设者的各项基本权利。他们对于城市的要求已经从低级需求慢慢转化为更高级别的需求，而且还在进一步提升。所以，随时倾听他们的意见与建议，让他们表达自身利益诉求就显得尤为迫切。

通过对众多数据进行分析整理发现，我国农民工媒介素养水平还有待提高，现阶段农民工权利表达也存在很多不足之处。农民工的政治权利行使涉及社会生活的各个方面，包括经济、政治、文化等，对于社会的和谐稳定发展起到至关重要的作用。针对前文中出现的各种问题与数据，我们认为要想发挥农民工应有的政治参与权利，就必须从以下几个方面入手：

一　国家和政府的建设

（一）变被动为主动，积极对农民工进行正确的舆论引导，为农民工政治参与营造良好氛围

既然政府部门是农民工政治参与的主要对象，那么政府首先应该变被动为主动，充分尊重农民工的知情权与监督权，为他们建立透明的行政机制与监督机制，以便公众迅速、及时地了解政府机构的运行机制及各项行政法规，借此增加政府的透明度。政府也要随时与农民工进行沟通，以便消除与农民工之间的不信任和不和谐氛围，树立良好的政府形象。在处理一些突发事件或网络热点事件时，政府应当利用网络媒介对网民，特别是农民工群体进行积极的引导，因为他们的受教育水平低，需要花费更多的时间。对于网络上流传的一些虚假或不确定的信息，政府也要及时站出来澄清，防止谣言产生，及时化解农民工因为信息的缺失而产生的不满与对抗情绪。

针对当前的农民工的媒介素养低下和政治参与能力低下的状况，我国

政府应该尽快采取解决措施。要想提高农民工的媒介素养和政治参与度，首先要保证农民工的生产生活质量和收入来源，从经济方面的改善来保证农民工进行政治参与的资本。要保障农民工的合法权益，就必须要完善相关的法律来为农民工提供法律上的保护和救助，提高他们的法律地位，使他们不再成为势力薄弱的受压迫群体。其次，对农民工开展媒介素养教育，提升他们的媒介素养，帮助他们尽快融入城市社会，也是我国城镇化进程中一项相当现实而迫切的任务，这需要政府和社会各界的共同努力来推动。我们可以通过以下几种可行性较高的方式来提高农民工的媒介素养。

（1）鼓励农民工多与媒介接触，提升农民工的媒介使用技能与对信息的解读能力，使他们学会利用媒介信息为个人生活和工作服务，并能够通过对媒介的经常性使用来了解社会，融入城市，提高政治素养，从而也能通过大众媒介潜移默化的影响，激发起农民工作为公民的主体意识、平等意识和参与意识，提升农民工群体的法律意识和政治参与意识。

（2）对农民工进行素质教育更加需要动员社会的力量，目前对公民开展媒介素养教育主要依靠社会团体及高校。可尝试由政府和教育部划拨部分经费支持各高校大学生组成志愿者组织或社会实践团体，利用周末课余时间或寒暑假时间开展探索性、实验性活动。具体实施思路有：①

①可以发动社会上的志愿者到社区组织募捐，鼓励居民将家中闲置的媒介设备如收音机、电视机、手机、电脑等捐献出来，由志愿者统一登记后发放给经济困难的农民工使用。

②由教育部或相关政府部门带头和组织高校新闻传播类专业教师参与编写媒介素养教育普及读物，免费发放给农民工。

③由专业教师对志愿者进行先期培训，然后志愿者利用业余时间，有计划、有组织地到农民工聚集的市区工地或工厂开展讲座，向农民工讲授媒介使用的基本知识与基本技能，以及如何理性地解读和利用媒介信息。

（二）正面宣传，营造平台，增强政治表达权利，实现思想和观念的融合

由于我国的农民工这个群体所具有的特殊性，所以特别要加大对于农

① 郑素侠《农民工媒介素养现状调查与分析——基于河南省郑州市的调查》，《现代传播》（中国传媒大学学报）2010 年第 10 期。

民工群体的关注程度，给他们更多的话语权，创造更多的平台，让他们的呼声转变成为现实。在银幕上多树立积极、向上、健康、正面、阳光的农民工形象，宣传农民工的光辉事迹及其对城市的巨大贡献，以创造一种有利于他们行使话语权的社会语境。在这个过程中，媒体对于农民工正确的舆论引导也必不可少，政府力求要在农民工与市民之间起到传话筒的沟通作用，营造和谐的交流机会和平台。这样不仅可以让农民工与普通市民能够进行有效沟通，让他们相互了解对方的想法和观念，以消除其误解和隔阂，逐渐达成共识。也可以在他们之间构建起双方交往的社会关系系统，最终达到实现农民工融于城市的目的。

同时，农民工的政治参与已成为对政府进行监督的有力武器，政府也应当规范农民工舆论监督，引导他们真正发挥维护社会稳定与和谐的作用。现阶段农民工的政治地位仍然得不到政府部门的认可，在上文的西安交通大学人文学院农民工媒介素养科研课题研究组的调查数据中也有所显示，他们的发言权分量很轻。“农民工人大代表”的出现使广大农民工有了代言人，他们的发言权得到了保障，而政府在“农民工人大代表”的参与下，也将更快、更好地倾听农民工的心声，体察民生，对农民工的管理也更加容易，从而减轻了政府的压力。

（三）加强农民工的媒介素养教育，提高他们的媒介参与和使用水平

我国是一个法制型社会，社会生活的各个方面都应该包括在法律制度之内。就当前我国的网络环境而言，网络的匿名性给予网民身份上的掩护，使其能够畅所欲言地揭露黑暗，维护民主与社会公平。另外，网络的匿名性也使网民失去了约束，最终导致网络上充斥着大量的虚假的、违反法律法规与违背道德原则的信息，这就为社会的稳定发展埋下了不稳定的因素，危害社会的长治久安。健全相关法律法规因而显得极为迫切，为良好的网民舆论监督环境提供重要的制度上的保障，由于农民工的学历水平相对较低，这样才能使他们不会被一些错误的信息舆论迷惑，更好地使用其政治权利，进行舆论监督。媒介素养教育的本质是表达了一个人在面对纷繁的媒体环境，面对种种信息时的选择与认知能力、理解能力、质疑和批判能力、使用媒介和参与媒介的能力。在这样一个充斥着各种媒介，新媒介加速融合的大环境下，媒介素养教育就显得尤为重要。农民工作为政治权利表达的执行者，他们选择、理解、辨析信息的能力很大程度上也决定了其舆论监督的水平。很难想象，一个缺乏基本媒介素养的农民工如何

在农民工话语权表达，舆情、舆论监督中发挥维护社会稳定的作用？因此，要想对农民工舆论监督进行正确的引导，就必须首先提高农民工的媒介素养，不仅仅是通过政府对他们进行媒介素养教育，最重要的是他们自身内部的提升。

当前世界许多国家如美国、英国、澳大利亚等已经将媒介素养教育纳入国家正规教育体系之中，而亚洲的如日本、中国香港与台湾地区等正在大力发展媒介素养教育，与这些国家和地区相比，我国大陆媒介素养教育起步较晚，尚存在着许多不足之处，如国内对此理论研究相对不足，学校缺少相对应的系统的媒介素养教育课程，社会机构与组织发挥的作用力度不够等。现在已经有很多研究学者、学校与组织机构认识到媒介素养教育的重要性，我国媒介素养教育已渐成规模，但这种状况仍滞后于网络信息化发展的要求，加快媒介素养教育的进程还是极为紧迫的。

二　新闻媒体的引导

（一）加强责任感，实事求是，坚持客观公正的报道

媒体的责任是非常艰巨的，因为肩负着社会传声筒的作用。作为媒体，首先在发布信息时必须客观、公正，媒体人也要遵守职业道德和自律。媒体在对农村、农民工进行客观报道的同时，应听取社会各个方面的呼声，按照客观事实进行报道，留给公众一个正确的农村、农民工形象。

就网络媒体来说，营造一个良好的网络环境可以有效地起到预防虚假不良信息与监督社会的作用。网络媒体在日常的新闻报道中，必须增强新闻工作者自身的职业责任感，坚持实事求是地发表新闻，杜绝各种失实的虚假新闻报道和侵犯他人合法权益的现象。对一些社会热点，媒介也应积极对农民工进行引导和教育，对于非真实的报道要加以改正，同时将该事件调查清楚，以确保农民工获得信息的真实可靠性，尤其是在互联网活动中使用十分频繁的一些大型搜索引擎与大型门户网站。同时，提高网络媒体编辑人员自身的职业操守与法律意识也很重要，他们要有能力分辨网络上各种信息的真假，对网络上发布的不良信息与虚假信息要进行删除，不能只以经济利益为准则，不管不顾，让有害信息充斥网络，危害社会的稳定。

从传统媒体来说，虽然网络作为第四代媒体发展迅速，但传统媒体仍占据很大的市场。与网络媒体相比，传统媒体在新闻报道等方面的可靠性与真实性要高得多，而且它们很大程度上能够发表权威性的消息。这就要

求传统媒体在面对一些社会热点事件、突发性事件时能够积极面对、处理，及时发布信息，稳定公众由于信息的缺乏而产生的不稳定情绪，使不明真相的农民工及时得到来自权威部门的消息，辨析各种信息的真假。在传统媒体的正确引导下让农民工对事件有清晰的认知能力。在面对网络上出现各种虚假的不真实的报道时，传统媒体也应及时站出来加以澄清，帮助网络媒体进行正确的舆论导向，引导良性的农民工舆论监督与政治权利的表达。

（二）为农民工提供更多获取信息的途径，减小知识鸿沟，缩小普通市民的差距

在城市与农村二元体制的对立下，农村政治、经济以及文化水平的落后让很多农民工变得非常“封闭”，他们对外部世界缺乏认知，这就导致农村的信息接收和城市人信息接触之间产生了很大的鸿沟。但是农民工又以“文化使者”的身份，带着“文化移民”的使命来到了城市，是媒介让他们摆脱原来的封闭的樊篱，重新认识了世界。媒介的责任就是给予他们更多的信息和知识，让他们向农村传播城市的新思想、新观念，逐步缩小农村与城市之间的距离，让他们更好地融入城市。

作为社会信息的传播者，新闻媒体的责任非常重大。所以，新闻媒体必须明确己任，搭建对农民工信息传播的公平、公正的平台。农民工作为中国公民，尤其是社会的弱势群体，当然更应该受到媒介的关注。媒体不应该为了自己的赢利和受众猎奇心理的满足而追求和设置过多的八卦消息、花边新闻，以及具有购买力的城市受众所需的信息，从而刻意忽略农民工群体的利益诉求，而应该平等地关注相对弱势的农民工群体。同时，媒体不应该因为追求猎奇、趣味才接近农民工，而要真正地走近农民工，让农民工产生亲近感，排除他们对媒体的神秘感。近年来，政府的议程设置使得农民工成为全社会关注的焦点，农民工终于从“媒介边缘人”转为主流媒体的关注对象。但是，各类都市报因追求自身经济利益的关系而对农民工的报道仍有或多或少的猎奇、煽情性，媒体应尽力在报道中做到真正的人文关怀，减少农民工对媒体的疏远。

三　农民工自身的努力

（一）培养认知能力

在网络中大量的信息面前，如果媒介素养低，就没有正确的方式去认知、理解这些信息。这对于农民工不仅不会有帮助，甚至还有害处。所

以，对信息进行有效的理解才是提升媒介认知能力的关键。这样，农民工在面对媒介发布的众多信息时，就可以正确辨析其真伪，培养批判意识，时刻保持头脑清醒，在经过冷静思考后再做出决定和选择，避免成为“网络暴民”。农民工在信息的汪洋大海中具备去伪存真的能力，能使其在网络博客、论坛中增强自身分析、判断的能力，自觉抵御各种不良、违法信息的侵害，在网络热点事件中保持理性、客观的态度发表自己的看法。良好的媒介素养是农民工进行利益表达、舆论监督，参与公共事务的先决条件之一。只有提高农民工媒介素养，其舆论监督才能更好地发挥效力。同时农民工尤其要提高法律知识方面的素养水平，以更好地规范自己的政治权利的行使及舆论监督的行为。

（二）培养媒介参与能力

当今中国社会，在媒介迅速发展的环境下，新媒体内部及新旧媒体之间不断融合，如微博就是近几年兴起的一种媒介形式。农民工群体在参与各种媒介时应该有主观能动性，变被动为主动，自觉参与社会各项议题，提高参与媒介的能力。这体现了其作为个体对社会国家公共事务的关注，也是推进社会主义民主进程的重要一步，最终可以促进社会的大幅发展。

（三）培养媒介运用能力

农民工媒介素养的提高，不应仅是被动的认知和接触，其中一个重要的指标是农民工积极主动运用媒介为自己的生产生活寻求便利。如威客、博客与天涯、猫扑各大论坛等。这些新媒介形式已经成为一种有效、轻松地与他人进行交流，发表各自想法与进行建议的一种新途径。网络论坛也因其开放性、平等性、互动性等特点，成为重要的公共话语空间，也是农民工政治参与的新平台。农民工应该主动地在博客、微博、论坛中显露身手，传播有用的社会信息，在一种新的生活中实现自我价值，真正感觉到自己是城市的一员。

（四）农民工进行自我教育

农民工应树立媒介素养的自我意识，努力提升自己的媒介素养和政治参与能力。这一方面需要农民工自我教育的动机，而且这一动机一旦养成，将强于其他任何外在强加的教育；另一方面，农民工可以通过各种方式比如读报、学习上网技术等主动学习，提高媒介素养。随着社会的发展，教育的个性化将成为必然的趋势。这种意识一旦树立起来，农民工便可以有的放矢地自我教育，自我提高，自我完善。总之，本研究认为农民工可以通过以下三种方式进行自我教育。①

（1）学习媒介基本知识，增进对媒介的理解。媒介基本知识主要包括新闻学和传播学的一些基本理论和概念。通过学习，农民工可以明白新闻、传播是什么，新闻是怎样生产的，报道是如何策划出炉的，报道会产生什么影响等。了解了这些基础知识，广大农民工就可以更加积极和自信地去接触和利用媒介，并通过对媒介的接触与利用获得更全面的政治信息。

（2）掌握媒介基本操作技术，提高媒介使用的能力。媒介基本操作技术主要是指掌握与媒体交往的常识，并懂得合理利用媒介完善自我、服务自我；熟悉报纸刊物投稿写信的技巧；熟悉电台热线、电视台热线联系的技巧；熟悉计算机操作方法及查询资料、获取就业信息、收发邮件、聊天技巧；熟悉收发短信操作方法等。广大农民工还可以学习一些基本的应用文写作。应用文写作是当前工作办公不可缺少的一种能力，他们可以通过上网或是阅读相关书籍来学习。利用媒介一个主要的能力就是在媒体上发布广告，进行广告策划。掌握如何运用媒介，农民工就可以在此基础之上利用媒介渠道表达意见，进行政治参与。

（3）强化理性判断和分析能力，培养媒介使用的道德。在了解和掌握了媒介基本知识和基本操作技术的基础上，广大农民工还要能够透过表层信息洞察其背后所蕴含深层含义，看透其价值取向以及传播者的意图，理性判断和分析。在利用媒介特别是互联网时，一个具有较高媒介素养的人应能自觉地规范自己的言行，不发表不负责任的言论，不进行人身攻击，更不能发布虚假消息。只有拥有这样高标准的媒介素养的人，才能够营造和参与真正意义上的公共讨论平台。只有广大农民工拥有这样高标准的媒介素养，我国的精神文明建设才能达到高水平发展阶段。农民工应主动学习媒介基本知识，切实掌握媒介基本操作技术，提高媒介使用的能力，同时要强化理性判断和分析能力，培养媒介使用的道德。只有这样，农民工的自我教育意识才会增强，自我教育能力也会得到进一步提高。同时，媒体应当引导农民工利用正规的渠道进行政治参与，不被消极的政治企图蛊惑，从而避免因进行非制度化政治参与而给自己带来法律后果。

① 李媛媛：《新生代农民工媒介素养与政治参与研究——以西安地区为例》，2013 年 3 月。

第五章　城镇化进程中农民工媒介素养与话语权构建

话语权，作为该有的公民的一项基本而重要的权利，争取话语表达，构建话语权是公民的应有权利。这意味着对话语表达者权利和地位的一种隐蔽性认同。在大众传播迅猛发展的今天，中国社会各种新兴的或原有的社会阶层正围绕社会资源的占有而展开激烈的竞争，媒介就是各个社会阶层争相掌握的重要资源。在这场激烈的争夺中，社会各阶层都在寻找自己的话语表达渠道，构建自己的话语权。而大众媒介是表达其话语权的重要依托和载体，大众媒介素养又是表达其话语权的重要能力。那么占中国人口绝大多数的农民工在传播中的话语空间究竟有多大？他们的媒介素养能力与话语权之间究竟有着怎样的关系？如何提高农民工媒介素养以构建其话语权？这是我们应把握的关键问题。

第一节　话语权的内涵

农民工是我国经济社会建设过程中一支不可或缺的力量，这一种力量足以构成一种阶层——农民工阶层。现今，随着社会的不断进步，农民工问题得到了广泛关注，内容涉及农民工日常生活的方方面面，既有物质层面的劳动待遇，也有精神层面的文化娱乐需求。当然，也不乏对农民工权益问题的探讨与实践。长期以来，在固有的城乡二元社会结构体制下，农民工作为基本公民的合法权益长期得不到合理、畅通的表达，从而导致其话语权的长期缺失。农民工既然已成为我们社会发展的重要组成部分，他们的权益如果长期得不到有效的改善，势必影响到我国整体的经济社会建设进程，影响到法制化进程，也影响中华民族伟大复兴的“中国梦”的顺科实现。基于此，如何让农民工取得话语权越发受到重视。

在讨论农民工的话语权的获取途径时，我们有必要对什么是农民工、什么是话语权进行解释和说明。

一　概念界定话语权

话语问题历史悠久，中国古代也有“一言九鼎”、“言而有信”、“一诺千金”等俗谚俚语。语言具有社会性，存在于社会上的每一个个体都有通过语言合理、合法表达自己内心感受的权利，即话语权。但是，人类的说话问题何以上升到权利问题的高度呢？

著名的后现代思想家福柯有过精辟的论断：“话语意味着一个社会团体依据某些成规将其意义传播于社会之中，以此确立其社会地位，并为其他团体所认识的过程。”① 这种以意识形态斗争的角度讨论的话语权问题的方式得到西方马克思主义学者葛兰西的认同，他认为：“社会上的强势集团总是对各种文化机制（包括教育出版行业、大众媒介等）进行有形或无形的控制，通过操纵这些文化机制对某些话语的开放、对某些话语的限制和紧闭，获得本集团在思想上、道德上的领导权，最终把自己的意志权威加之于弱势群体，确立自己在思想意识方面的垄断权，同时将弱势群体话语排挤出社会主流话语的领域。”② 这种思想越来越成为后来“把关人”思想的渊薮。

大卫·麦克奎恩在其经典名著《理解电视》中强调，所有的再现在任何时刻都只能有一个单一的视点。他认为，媒介所传播的信息都是有选择性的；是有限制，受镜框制约的；是单义性的（只有一个视点）；是机械性加工润饰的结果。展现给观众的信息远非整个情景或背景，而是包含了全体中非常有限的部分。著名电影学者理查·戴尔也提出了电视表现的四个方面的特征：电视表现作为世界真实的一种再现，它首先要服从于内容的选择和艺术的审美；作为典型的现实世界的再现，电视表现的种族矛盾、妇女儿童问题都是现实生活中有代表性的问题；每时被平等再现的民主概念；观众，即电视为谁而表现。既然有了“剪裁”，观众看到的自然不会是全貌。“剪裁”抑或“把关”的标准是什么呢？它必须体现媒介组织的立场和方针，也要符合媒介的选择和艺术的审美，当然也不能忽视观众的感受。由此可以归纳出“把关”的三条准则：第一，社会角色定位；

① 王治河：《福柯》，湖南教育出版社1999年版，第159页。

② 葛兰西：《狱中杂记》，北京人民出版社1983年版，第316页。

第二，专业角色定位；第三，传播对象定位。

据此，我们可以看出，话语权应当是一种形式，是主体能够借助话语，通过各种合法的渠道和途径，如媒介等来表达自身权利、利益和诉求，能够参与到小到电视节目、大到国家和社会方针、政策的制定和协商之中，对其关心的国家、社会等方方面面的事情给予自己的意见和建议，进而对国家、社会行使职能施加个体影响的一种形式。通俗地讲，话语权应该包括两个方面：自身利益的诉求；参与构建国家、社会工作的权利。

二 农民工获得话语权的可行性与必要性

（一）理论依据

农民工作为个体的"人"，本身就具备与他人同等的权利，从卢梭到马克思所倡导的思想中都有民主平等的观念、理论，这为农民工取得话语权提供了坚实的理论基础和支撑。

（1）社会契约论

卢梭在《社会契约论》中明确指出，政治的根本问题就是"要寻找出一种结合形式，亦即那种能以整体的共同力量来保护和捍卫每个结合者的人身和财富的结合形式，而且在这种结合体中，每个人在与所有其他的人相结合的时候仍服从他自己的意志，且像以往一样的自由"。[①]"社会公约在公民之间确立了这样一种平等，以致他们大家全都遵守同样的条件，并且全都应该享有同样的权利。"[②] 为了实现这一美好的理想，"每个社会的结合者在进入社会的那一瞬间，必须通过缔结社会契约，毫无保留地把他的全部自然权利让渡给整个社会"。[③] 通过这样的办法，个体就成为了集体的一部分，个体服从集体，集体不代表个体的意志。"人类由于社会契约而丧失的，乃是他的天然的自由以及对于他所企图的和所能得到的一切东西的那种无限权利；而他所获得的，乃是社会的自由以及对于他所享有的一切东西的所有权。"[④] 根据这样的契约，建立起来的国家代表的是整体人民的公意；当国家不能代表人民公意的时候，人民有权推翻它。

作为国家一分子的农民工也是社会的成员，包括农民工在内的所有人构成的公共意志也就是国家意志。当农民工话语权得不到保障的时候，农

① ［法］卢梭：《社会契约论》，商务印书馆2003年版，第20页。

② ［法］卢梭：《社会契约论》，商务印书馆2002年版，第44页。

③ ［法］卢梭：《社会契约论》，商务印书馆1980年版，第316页。

④ ［法］卢梭：《社会契约论》，商务印书馆2003年版，第26页。

民工的主体意志得不到体现，国家也就丧失了存在的合法性，这不利于国家政权的稳定。社会契约的最终目的是达到自由和平等，“如果我们探讨，应该成为一切立法体系最终目标的全体最大幸福究竟是什么，我们便会发现它可以归纳为两大目标：即自由与平等”。①自由与平等是农民工的合法权益，失去了自由就等于套上了枷锁。农民工话语权的缺失，实际上是自由、平等权利的缺失。

（2）天赋人权的自由平等观

英国政治思想家弥尔顿最早提出“天赋人权”的概念，但没有从理论上加以阐释。直到后来的洛克，才在其宏著《政府论》中总结前人的智慧，率先系统论证了人的天赋权利，因而被称为资产阶级民主自由和法治理论的开拓者、自由主义的奠基人。洛克认为，个人权利与生俱来，源于人的本性和自然，进而引出了人类拥有的自由、平等、生存、财产等权利也是天赋的观点。洛克除了提出天赋人权思想以外，其自由平等观也同样享誉世界，同样是英国资产阶级革命的有力思想武器。洛克认为，人是自由的，“他们在自然法的范围内，按照他们认为合适的办法，决定他们的行动和处理他们的财产和人身，而毋需得到任何人的许可或听命于任何人的意志”。②人是自由的，但是这种自由并不是放任的，它同样必须受到自然法的约束。“处于社会中的人的自由，就是除经人们同意在国家内所建立的立法权之外，不受其他任何立法权的支配，除了立法机关根据对它的委托所制定的法律以外，不受任何意志的统辖或任何法律的约束。”③自由“并非人人爱怎样就可以怎样的那种自由”，而是在“法律许可范围内的”自由。④洛克指出，“没有一个人享有多于别人的权利，……不存在从属或受制关系”。⑤“人民既然都是平等和独立的，任何人就不得侵害他人的生命、健康、自由和财产。”⑥同时，法律也是公正的。“公民社会中的任何人都是不能免受它的法律的制裁的。”⑦“法律不论贫富，无论权

① ［法］卢梭：《社会契约论》，商务印书馆1982年版，第29页。

② ［英］洛克：《政府论》（下篇），商务印书馆1983年版，第5页。

③ ［英］洛克：《政府论》，中国社会科学出版社1999年版，第279页。

④ 同上书，第283页。

⑤ ［英］洛克：《政府论》（下篇），商务印书馆1983年版，第6页。

⑥ 同上。

⑦ ［英］洛克：《政府论》，中国社会科学出版社1999年版，第271页。

贵还是庄稼人都将被一视同仁，并不能因特殊情况而有出人。”① 总之，洛克认为天赋人权与自由平等是统一的，人的权利是上天赋予的，但人的自由平等权利必须在法律的范围内才能有效。据此分析，农民工身上也是带有与生俱来的天赋人权，法律必须保护农民工的自由不受干涉、限制和侵犯乃至剥夺。对比中国现状，农民工的权利却似乎不尽如人意。他们的话语权长期缺失，表达自由受限，连最起码的发言的权利都难以实现，更何谈尊严、价值和社会地位呢？

（3）民主平等的理论

《旧制度与大革命》的作者，法国著名政治思想家托克维尔在其另外一本著作《论美国的民主》中表达了其民主平等的思想，这部书也被称为“现代社会中表现民主本身的第一部著作”。② 托克维尔认为，民主、平等的潮流浩浩荡荡，这是大势所趋，不可阻挡。他预见“民主即将在全世界范围内不可避免地和普遍地到来”，“认为已经推翻封建制度和打倒国王的民主会在资产者和有钱人面前退却，岂非异想！在民主已经成长得如此强大，而其敌对者已经变得如此软弱的今天，民主岂能止步不前”。③ 托氏强调，身份平等对社会结构所造成的直接后果是大量孤立的、平等的个人的出现。在民主社会中，每一个个体身份平等，财富基本也大致平等，拥有相同的权利和权力，随着教育的普及，他们的智力也会逐渐相等。基于此，每一个个体都不再需要依附于他人而生活，从而实现独立和自主。新中国成立后，我国实行城乡二元结构的户籍制度，人为地将社会划分为城市和农村，对应着的便是市民和农民两种身份。在这种体制安排下，城市市民得到了较高的福利和便利，农民则长期被束缚在土地上而得不到更好的就业机会。随着社会不断地发展，市民与农民差距越来越大，农民似乎已然成为低人一等的“贱民”，即便进城务工，也同样无法摆脱农民的身份而不能成为市民。这种身份的不平等，完全不符合托氏的民主平等原则。

（4）马克思主义的平等观

马克思、恩格斯的社会平等观是科学社会主义理论中的一个重要范畴，是在启蒙思想家关于权利平等学说的基础上产生和发展的。马克思、

---

① ［英］洛克：《政府论》，中国社会科学出版社 1999 年版，第 304 页。

② 罗玉中等：《民主·平等·自由——托克维尔评介》，《中外法学》1999 年第 6 期。

③ ［法］托克维尔：《论美国的民主》，商务印书馆 1996 年版，第 194 页。

恩格斯痛恨社会不平等，始终站在劳动人民的立场，不断寻找机会为寻求平等而努力。他们指出，“平等是人在实践领域中对自身的意识，也就是人意识到别人和自己是平等的人，并把别人当作和自己平等的人来对待。平等是法国的用语，它表明人的本质的统一，也就是说，它表明人对人的同等对待的社会关系或人的关系”。①“一切人，作为人来说，都有某些共同点，在这些共同点所及的范围内，他们是平等的，但这样的观念自然是非常古老的。但是现代的平等要求是与此完全不同的，这种平等要求更应当是，从人的这种共同特性中，从人就人而言这种平等中，引申出这样的要求：一切人，或至少一个国家的一切公民，或一个社会的一切成员，都应当有平等政治地位或社会地位。”② 这表明，马克思主义的平等是一个总体性的要求，这里的平等应该是与整体联系在一起的社会的平等，这才是人类最广泛的平等。马克思主义认为，社会主义社会是资本主义向共产主义过渡的历史阶段，它存在的根本任务就是要解放和发展社会生产力，从而全面提高社会成员的物质和精神需求，这样才能为实现共产主义提供条件，而这一过程必须始终保证社会成员的平等自由发展权利。我国现阶段农民工人口占社会总人口的15%以上，如此庞大的群体的平等自由尚且得不到保障，他们的话语权长期缺失，这是与马克思主义的平等观相左的，如得不到解决，势必会阻碍共产主义的实现。

（二）现实需要

我国是一个法治社会，法治不仅仅是一种治国的方略，更是文明社会的体现和标志。法治以对契约精神的贯彻、民主政治的实现、公共领域的建构、人文关怀的取向、权利保障的可靠等为目标。目前，我国农民工话语权的缺失，造成了在上述领域的反方向的影响，从而影响社会主义法治国家的建立。

（1）贯彻契约精神的需要

契约精神是从市场经济中产生并扩展到民主政治领域的一种法治意识，其中蕴含着自由精神，平等观念和权利意识等要素，塑造了民众的法律至上、法律面前人人平等观念以及权利意识，促进了现代法制的形成，是现代法治的灵魂所在。对农民工话语权的根基进行培育，体现了浓厚的

① 《马克思恩格斯全集》（第2卷），北京人民出版社1965年版，第48页。

② 同上书，第133页。

契约精神。农民工话语权的缺失，恰恰就是现今致力于建设社会主义市场经济的中国不健全的法制中民众契约精神缺乏的体现。在农民工身上，自由无以彰显，平等无以体现，公民权利意识缺乏。面对雇主的盘剥，他们忍气吞声，如拖欠工资、加班加点、工伤不赔偿等；面对市民的不认同，他们并不表示抗议，对偏见和歧视漠然处之，对媒体的冷言冷语不反击、不申辩。自由、平等、权利意识统统缺失，试问在这样一个数以亿计的庞大群体身上，现代契约精神何以体现？法制离我们还有多远？人们不得而知。

（2）实现民主政治的需要

现代民主的主要标志在于绝大多数的社会成员均有参与国家事务和社会事务管理的权利，公民的利益和要求能够通过各种渠道体现在国家的法律和决策之中。对国家机关及其工作人员可以实行有效的监督是公民最基本的民主权利。这种参与的广度和深度，被认为是衡量民主的尺度。因此，在现代法制社会中，人们注重的是公民是否能对国家事务和社会事务进行参与，决策能否民主化、科学化和能否对领导层进行有效监督。这样的民主是一个法治国家必不可少的要素。可以说，民主政治是法治的政治基础，法治的实现要靠民主政治来保障。在我国，农民工的政治话语权严重缺失，民主的价值取向在他们身上难以体现，他们参与民主政治的状况不容乐观。由于户籍制度的限制，他们不能参与到身处城市的选举活动中，选举权和被选举权无法实际行使，他们无法进行民主协商、参政议政，起点上没有他们的声音，更无法行使对公权力的监督。长此以往，若这个群体的政治愿望一直难以得到表达，必然不利于我国民主政治的发展进步，进而延缓法制建设的进程。

（3）构建公共领域的需要

人类的历史发展表明，任何一种公共权力的存在和运行，都要向社会成员来证明其正当性和合法性。公共领域是近代市民社会形成并与国家发生分离和对立的产物，是市民社会对国家进行民主化、法治化控制的重要力量。现代社会中多元化、民主化的自由、权利、利益等主张都要通过社会舆论和民间诉求表现出来，而公共领域就是这些社会心声和价值诉求的现实平台，因而成为现代社会的合法性根基。与此同时，国家的公共权力必须对社会的多元复杂诉求进行积极的回应和处理，从而推进国家政治和社会生活的民主化、法制化。① 因此，公共领域为中国的民主法治建设提供了重要动力。在这一过程中，报纸、电视、书刊、网络等公共媒介无疑发挥了重要的中介作用，他们是公共领域的重要载体，承载着各个利益群体的多样化诉求，但它们却唯独拒农民工于千里之外。媒体不但无法成为农民工们表达利益诉求的平台，还极力丑化其形象，言语中透露着讽刺的调子，农民工已经被他们“妖魔化”，严重损害了他们在市民心中的勤劳、朴实、善良的形象。在农民工那里，媒体不能履行公共领域的任何职能，功能严重失效。农民工无法涉足公共领域，就无法表达意见，无法对国家公共权力进行民主化、法制化的控制和监督，对他们而言，国家权力失去了合法的社会根基，不能有效运作，法制社会当然就无法得以建立。

（4）彰显人文关怀的需要

法制是人类关怀自己的一种方式，人永远是目的，法永远是方式和手段。在法制社会中，人的价值更应得到充分的体现，潜能更应得到充分地拓展，这样，人的核心地位也才能凸显。所以，法制无论作为一种制度方式，还是作为信念存在都是人自我完善的需要。从这种意义上说，法制精神就是人文精神，法制的核心就是要以人为本。然而就在倡导人文主义、高呼建立“以人为本”的和谐法制社会的中国，农民工这种弱势社会阶层却受到了种种不公正的待遇。言论表达是最基本的人权之一，农民工无法进行自由平等的言语表达和言论发表，以及他们面对媒体的失实报道只能露出无奈的面容，这些无不显示出他们的话语权受到了剥夺。如果这个阶层的话语权一直这样缺失下去，势必威胁到社会的稳定，一旦稳定不再，那么和谐法制社会也只能是空中楼阁。

（5）权利保障的需要

法制是以崇尚个人价值、限制公权、保护私权为指向的现代化治国方略。法治国家的明显特征是以权利为本位，法治社会的立足点是人的权利的解放与价值关怀。正是由于上述两点，可以使权利成为人在市场经济、民主政治社会关系中的法律表达。随着社会的发展进步，人们的权利意识不断增强，“为权利而斗争”也成了人们重要的理念追求。这一切都表明我们身处于一个走向权利的时代，欲建立法治国家就必须对人的权力加以保障。然而在农民工身上，理应属于人的最基本权利的话语权都难以得到

① 马长山：《公共领域兴起中的法治诉求》，《政法论坛》2005 年第 5 期。

保障，以致其他诸多方面的权利缺失，选举权和被选举权被虚置，社会保障权被忽略或剥夺，子女教育发展权被限制，工会维权乏力，通过法律援助维权的情况不理想等，如此诸多权利或是得不到落实，或是贯彻实行不力，难以对农民工形成真正有效的保障，严重阻碍了法制建设的进程以及法制目标的实现。

三 农民工话语权的现状

（一）农民工接触媒介的现状

农民工话语权的缺失，越来越成为一个不容忽视的问题。在他们话语权的行使前提下，良好的媒介素养是必不可少的条件。它可以促进农民工了解媒介及自身的各项权益，从而有效地行使话语权。那么农民工都在接触什么样的媒介呢？在众多的媒介之中，他们会怎么选择他们的信息源呢？

表 5－1　　媒介接触情况①

媒介	从来不用	偶尔、有时	经常使用
广播	31. 75%	59. 68%	8. 57%
报纸	14. 31%	65. 82%	19. 87%
电视	6. 83%	41. 90%	51. 27%
网络	22. 86%	45. 87%	31. 27%
手机	8. 10%	34. 92%	56. 98&

通过以上表格我们可以发现，农民工经常使用的是电视和手机，有51. 27%的人经常使用电视，56. 98%的人经常使用手机，其次是网络、报纸和广播。报纸和广播则占很少的比例，这两种媒介的使用在农民工群体中已经呈现下降的趋势。

手机在这里不做调查，作为比例占到51. 27%的电视，那么他们都会选择哪种类型的节目呢？②

① 数据来源：西安交通大学人文学院媒介素养科研课题组。

② 同上。

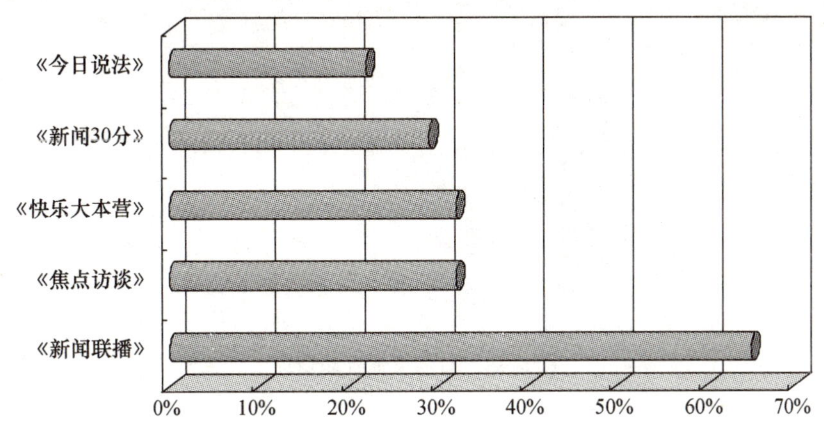

图5－1　农民工经常看的电视节目（前五位）

由上图可知，高达65%的农民工经常看《新闻联播》，《焦点访谈》和《快乐大本营》则并列第二位，占30%以上的比例，《新闻30分》和《今日说法》则相对较低。由此可以发现，农民工虽然比较关心国家事务，但是显然法律意识薄弱，这些节目中与他们权益最息息相关的《今日说法》仅占25%。

因此，在有关农民工接触媒介的调查中我们发现，他们对自身的权益并不是很关注，接触的媒介种类并不广泛，这不利于他们媒介素养的培养，也成为话语权实现的障碍。

（二）农民工使用并参与媒介的现状

媒介素养的重要内容之一，就是从媒介中获取和鉴别信息的能力，即学会参与媒介。表现在媒介中，就是与他人或媒介进行互动，正确认识媒介，掌握媒介信息功能。这是提高农民工媒介素养、构建其话语权的基础。由于农民工的经济地位和文化水平普遍偏低，对于信息社会下的大众媒介对其生活的影响缺乏相应的认知，他们没有能力也没有意识接触媒介和正确认识媒介。虽然，农民工群体中的第二代的社会见识和文化水平明显高于第一代，农村中也出现了不少网民，但总体来说大部分农民工对媒介的认知尚处于很低的层次。他们对媒介的认知与大众传播技术和设施发展速度相比，还有很大的距离。①

① 数据来源：西安交通大学人文学院媒介素养科研课题组。

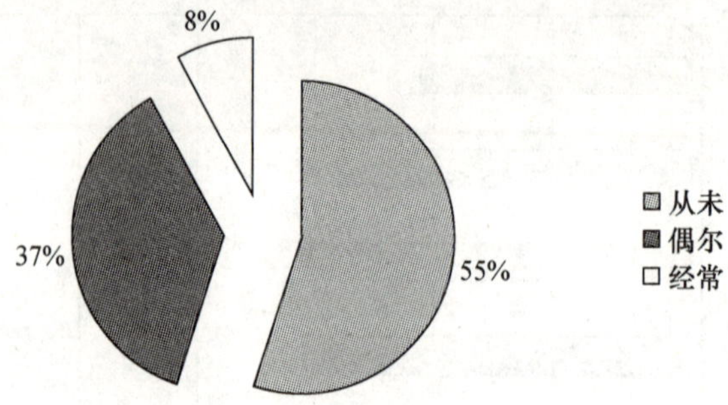

图 5-2　参与媒体互动情况

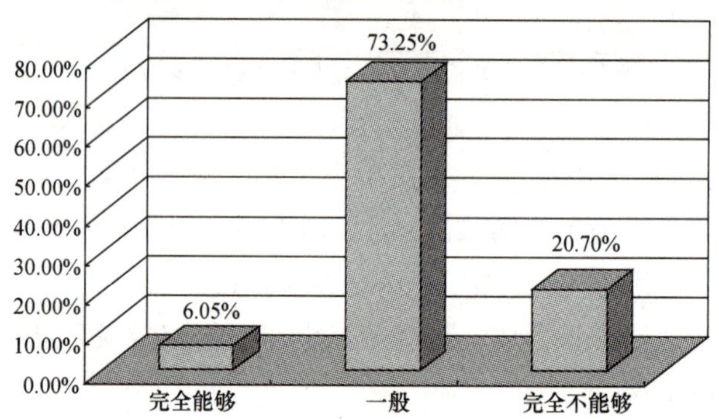

图 5-3　对媒体报道的真假进行辨别的情况

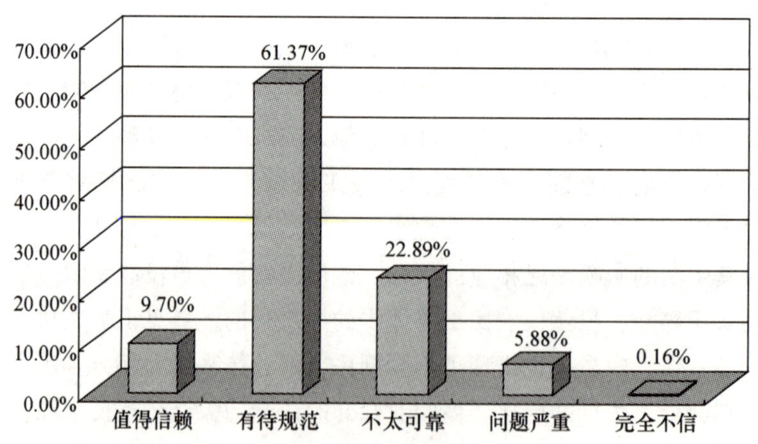

图 5-4　对媒体总体的认识

在参与互动情况中，51.83%的农民工选择“从不评论”，42.77%选择“偶尔发表评论”，5.41%选择“经常”。且不论他们发表的评论的对象和内容，仅从数字上看，5.41%这个比例可以满足广大农民工的利益诉求吗？我们在接触媒介时，只能从极少数的农民工口中听见他们的声音，而超过一半的农民工在沉默。

针对网民“自己对于媒体报道的真假辨别能力”这个问题的调查结果则显示，选择“较好”的占73.25%，比例最高；其次为“完全不能够”，所占比例为20.70%；最少的为“完全能够”，所占比例仅为6.05%。可见，农民工对于媒介报道并不能够很好地鉴别真假。在大众媒介商业化趋势日益浓厚的当下，这对农民工来说，无疑是极为不利的。无法鉴别真假，则无法进行判断，从而无法选择适合自己的信息或是错误选择了对自己无用的信息，这对他们的媒介参与与话语权的实现又是一大阻碍。

从图5－4中可看出农民工群体对于媒体的满意程度总体较低，61.37%的农民工认为媒体仍然有待于规范，22.89%认为现今媒体还不太可靠。然而问题在于，即使有这样偏低的满意程度，仍然极少有农民工会站出来寻找适当的途径来提出自己的建议与看法。

很多农民工受众对媒介还保持着一种隔膜和神秘感，这正是由于不了解媒介的运作模式而产生的。因此，对农民工开展的媒介素养教育，首先应该打破其对于媒介的隔膜和神秘感，只有主动接触媒介，正确认识媒介，才能掌握媒介信息功能。

（三）农民工表达利益诉求的现状

对媒介信息的整合与吸收，并利用其中的有效信息与媒介进行沟通与交流，是媒介素养的又一重要内容。农民工主体与媒介的反馈与互动往往是最难做到的，也是提高农民工媒介素养的难点。它分为由低到高两个层次，第一是考察农民工能否借助媒体搜集信息、理解与评价信息；第二则侧重于考察农民工能否具有从媒体发出心声的能力，是否具备为了自身利益与诉求的主动表达的能力，能否更好地获得社会认同并保护自己的合法权益的能力。这些能力的具备无疑对农民工的媒介素养提出了更高的要求，它要求农民工从对媒介信息的批判性的分析与读解，转到强调农民工如何在媒介面前保持主体性，更好地从媒体获取信息，并主动地使用媒体，参与大众传播活动，通过对媒介的使用，促进自身发展和话语权的构建。

下面通过几张图来了解农民工利益诉求的现状。①

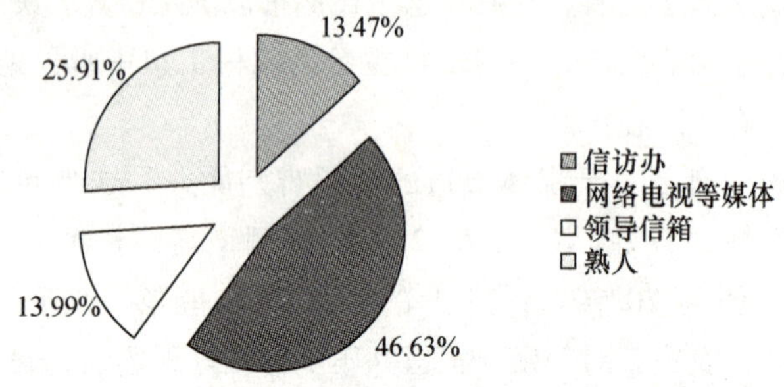

图5－5　通过何种渠道提建议

在调查“通过何种渠道提建议”中，46.63%的农民工表示通过网络电视等媒体，25.91%表示通过熟人，其次是通过领导信箱和信访办的渠道。然而众所周知，网络电视等媒体接触到相关部门的机会毕竟有限，他们不可能天天浏览邮箱与网页，因此用此种方法提的建议大多会石沉大海。

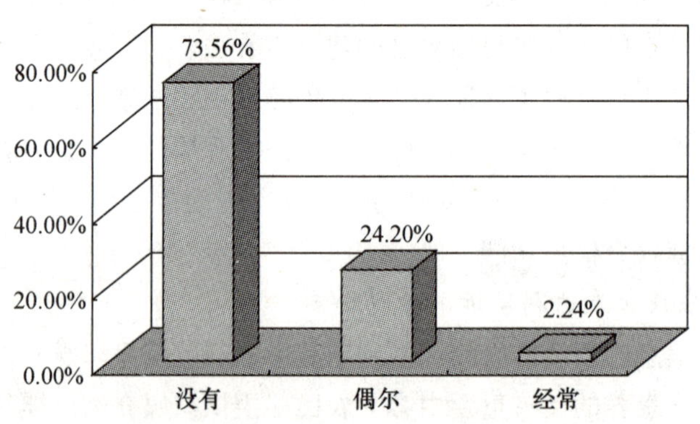

图5－6　是否向政府提过建议

在调查“是否向政府提过建议”中，73.56%的农民工表示没有向政府提过建议，占绝大多数，24.20%表示偶尔提过建议。这充分体现了农民工表达利益诉求的意识薄弱，没有良好的处理信息的能力，话语权的实现自然就有一定的难度。

① 数据来源：西安交通大学人文学院媒介素养科研课题组。

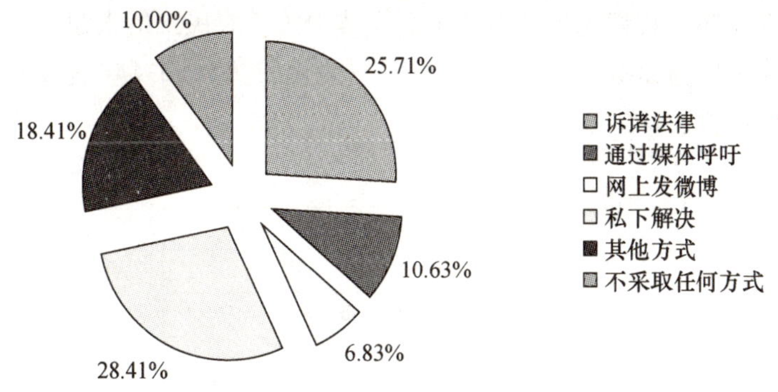

图5-7　权益受到伤害时的处理方式

对“您利益受到伤害时的处理方式”这一问题的调查结果显示，28.41%的农民工选择私下解决，占绝大多数。受访的一个农民工认为，如果通过媒体或是诉诸法律来解决，不仅仅是花费的问题，这种方式还有副作用。我们不能臆断他的说法是正确或是错误，但是在法律的保障下寻找合适的维权途径竟然成为大多农民工都不愿意做的事情，这除了农民工自身以外，相关的法律体系与保障制度也需要一定的完善。

第二节　农民工话语权的缺失及原因分析

有学者针对国内具有代表性的主流报纸关于农民工问题的表述进行了调查，归纳分析了大众媒介对农民工这一弱势群体在主要发展阶段的社会价值认同、生存状况描摹、拟态环境反映等方面存在的不足等问题。①

事实上，在社会生活中，农民工话语权缺失的现象随处可见，长久的农村生活使他们与现代化的设施几近隔绝，而进城务工之后，这些却成为其必须面对的问题。怎样维护自己的权益，怎样让人们听见他们的声音，这都需要农民工进一步地行使自己的话语权。

一　从主流媒体看农民工话语权的缺失

农民工作为城市建设的主力军，建设着中国各大城市，为改变国家的面貌努力地作着贡献，但我们却极少听到他们的声音，在大多数人眼中，

① 高剑宁等：《对农民工话语媒体表述的调查》，《甘肃联合大学学报》2006年第6期。

他们默默无闻，我们先来看看在主流媒体中关于农民工的报道。

下图分别为2010年《人民日报》、《农民日报》和《陕西日报》的有关农民工报道数量的折线图：①

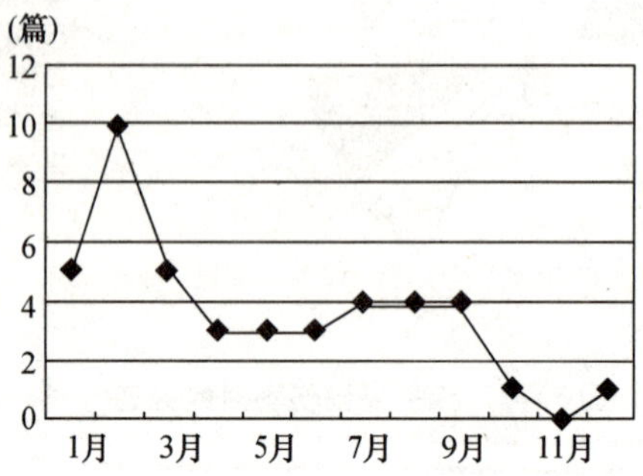

图5-8　2010年《人民日报》农民工相关报道数量

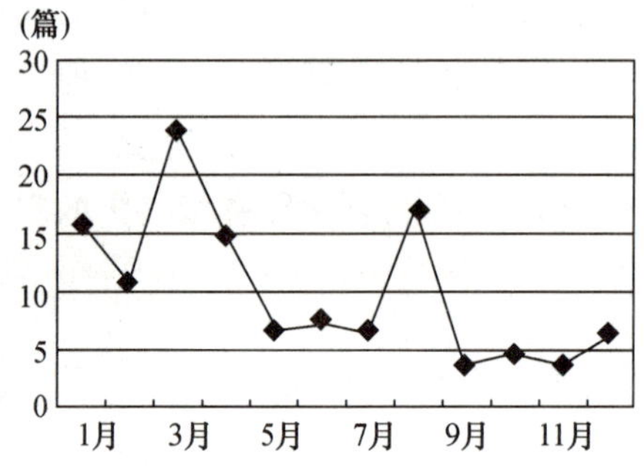

图5-9　2010年《农民日报》农民工相关报道数量

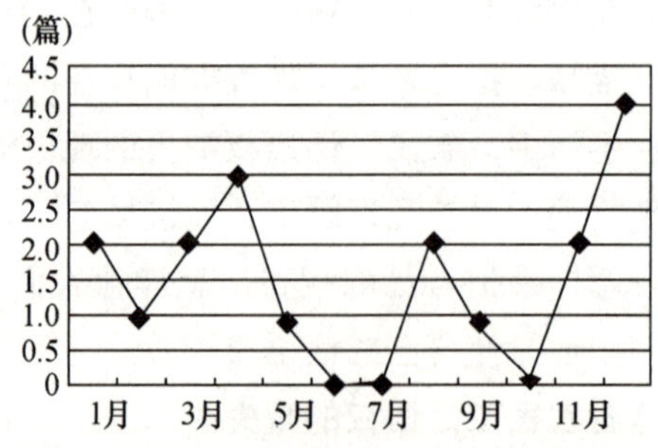

图5-10　2010年《陕西日报》农民工相关报道数量

① 桑苗：《新闻媒体中的农民工话语权》，硕士学位论文，陕西师范大学，2011年，第29页。

通过以上三张图不难发现，主流媒体如《人民日报》对农民工的关注呈现明显的下降趋势，由最高时期的10篇下降到最少的0篇；而地方媒体如《陕西日报》对农民工的关注也并不稳定，时而篇目众多，时而又下降至0篇；再看《农民日报》这样以农民工为主体的媒介，也有高峰与低谷。其实通过仔细比较表格中的数据，可以看到，媒介对农民工的关注都集中在春运。在这段时期，农民工的大幅流动显然成为了媒介报道的热点。然而在日常生活中，媒介关于农民工的报道却起伏不定，甚至主流媒体对其关注降至零点。由此可见，农民工在媒介中的话语权不断地缺失，并且由于自身的局限性，其话语权的提升虽然客观上有很大的空间，但主观上仍然缺乏较高的媒介素养。

那么媒介关注的都是农民工的什么话题呢？再看下图：①

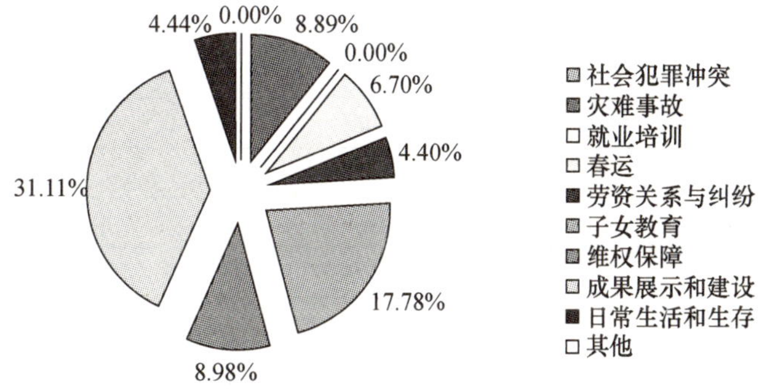

图5－11　《人民日报》话题分布

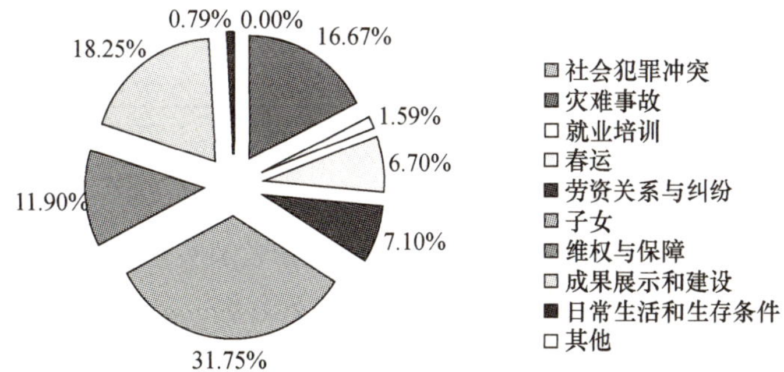

图5－12　《农民日报》话题分布

① 桑苗：《新闻媒体中的农民工话语权》，硕士学位论文，陕西师范大学，2011年，第32—33页。

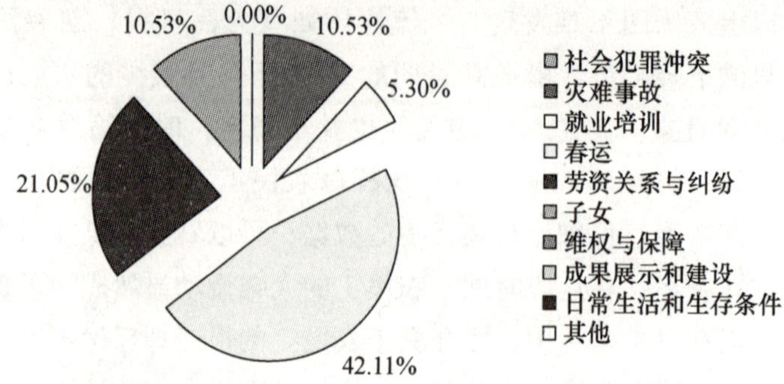

图 5－13 《陕西日报》话题分布

表 5－2 《人民日报》《农民日报》《陕西日报》话题统计

类别 \ 报种		《人民日报》	《农民日报》	《陕西日报》	三报总计
话语主题	社会犯罪冲突	0	0	0	0
	灾难事故	0	1（0.79%）	0	1（0.56%）
	就业培训	4（8.89%）	21（16.67%）	2（10.53%）	27（15.25%）
	春运	0	2（1.59%）	0	2（1.13%）
	劳资关系与纠纷	3（6.7%）	3（6.7%）	0	6（3.4%）
	子女	2（4.4%）	9（7.1%）	1（5.3%）	12（7.9%）
	维权与保障	8（17.78%）	40（31.75%）	8（42.11%）	56（31.64%）
	成果展示和建设	4（8.98%）	15（11.90%）	4（21.05%）	23（12.99%）
	日常生活生存条件	14（31.11%）	23（18.25%）	2（10.53%）	39（22.03%）
	其他	2（4.44%）	0	0	2（1.13%）

据图表可知，农民工的维权与保障是最大的报道热点，三报总计的比例达到了31.64%，日常生活条件和就业培养紧随其后，分别为22.03%和15.25%。再细看各个媒体的报道话题，不论是《人民日报》还是《农民日报》、《山西日报》，日常生活条件和维权与保障所占比例都较大，由此推测农民工的生活条件和权利实现不容乐观，暂且不论农民工的生活条件，农民工的权利的维护与实现始终都是难以解决的问题。而话语权作为权利的一种，显然与其他权利一样，都处于需要被维护的地位。媒介对于话题的选择再一次证明了农民工话语权的缺失，而随着其群体的日益庞

大，话语权需要被重视起来，农民工需要表达自己的声音、自己的想法，为了他们更好地生活而使用话语权。

再来看看媒介对农民工的报道持怎样的态度：①

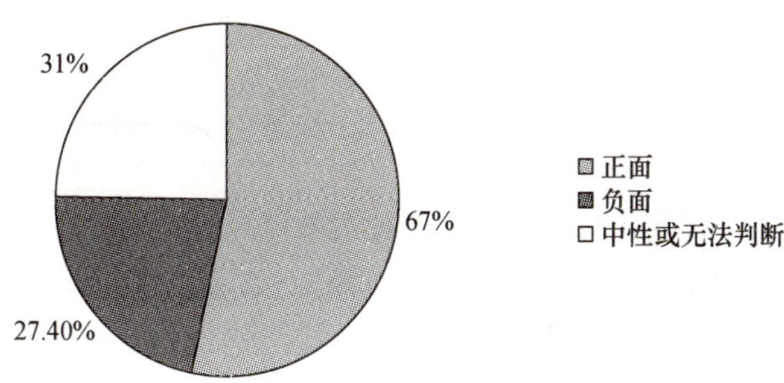

图 5－14　《人民日报》对农民工报道所持态度

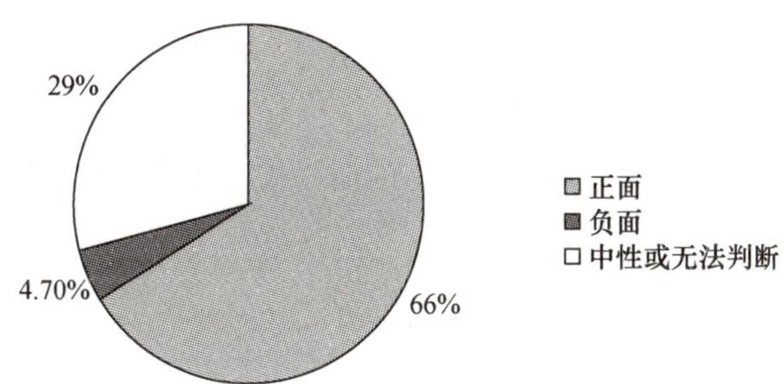

图 5－15　《农民日报》对农民工报道所持态度

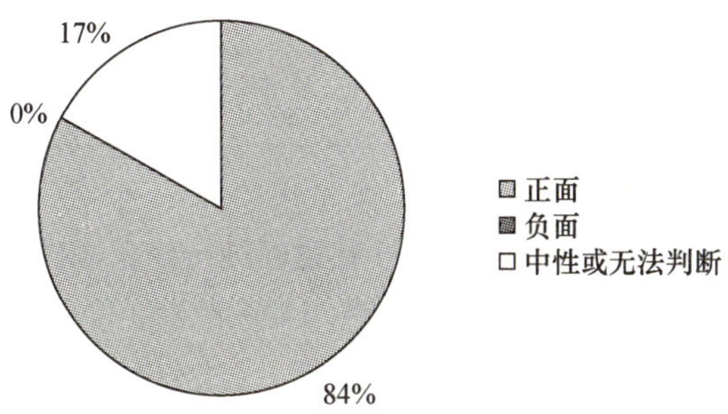

图 5－16　《陕西日报》对农民工报道所持态度

① 桑苗：《新闻媒体中的农民工话语权》，硕士学位论文，陕西师范大学，2011 年，第 34 页。

表 5-3　《人民日报》《农民日报》《陕西日报》对农民工报道所持态度统计

报道立场 / 报别	正面	负面	中性
《人民日报》	30（67%）	1（2.2%）	14（31%）
《农民日报》	85（66%）	6（4.7%）	35（29%）
《陕西日报》	16（84%）	0（0.00）	3（17%）

观察以上的图表不难发现，不同视角的媒介对农民工的报道态度是不同的，三种媒体中最为主流的《人民日报》，在报道中正面态度所占的比例也并不高，只有67%左右，中性态度则占到了31%，高于其他两种媒体。可以推断，农民工在广大媒介的报道中所处的地位并未同其庞大的人口成正比。再如，以农民工为主体的《农民日报》多为正面态度，与此同时，也敢于报道负面的新闻，应该说给社会一个较为完整的农民工形象。事实上，农民工的媒介素养偏低的情况，很大程度上阻碍了他们话语权的实现。

那么从农民工自身来看，农民工的话语权行使得怎么样呢？这是在网络中的调查：

表 5-4　农民工利用网络发帖情况①

选项	人数	百分比
有想过，但没有实践过	59	31.9%
发过这种帖子	24	13.0%
从来没想过要发这种帖子	92	49.7%
不知道可以发帖子曝光或求助	10	5.4%

显然，农民工在网络媒介中并没有很好地行使自己的话语权，从没想过发表帖子的人占到了49.7%，而发过帖子的人仅仅占到了13.0%。可以推测，利用网络的农民工只是占了农民工总量的很少一部分，但这仍然不影响表格的代表性。毕竟以大众的经验来说，网络上对于农民工的议论

① 李洁玉：《农民工网络媒介素养现状及提升对策研究》，硕士学位论文，暨南大学，2012年，第37页。

往往没有农民工自身的参与。农民工没有很好地行使网络媒体所赋予的话语权，而网络中的话语权作为大众广泛行使的一种权利，很多时候可以间接地影响到自身权益的维护，在这方面，农民工又成了弱势。

另外，为了使调查样本尽可能具有客观性、代表性、全面性，还选择了《人民日报》、《中国青年报》、《羊城晚报》、《解放日报》、《河南日报》等5家报纸，以代表其所处的不同社会层次。《人民日报》作为党中央的机关报，是党和国家的大报，具有明显的政策导向作用；《中国青年报》是共青团中央针对青年这一特殊群体的群体报；《羊城晚报》、《解放日报》为全国最大的劳务输入城市广州、上海两地报纸，这两个地方农民工数量庞大，社会问题较为集中，对农民工话语权的反映也具有典型意义；《河南日报》则是中国最大劳务输出省河南省的省委报纸。分别选取了1984年、1993年、2001年、2005年的春节前15天、春节后30天，共45天的时间段，其理由是：这段时间为农民工返乡、进城高峰期，也是农民工问题高发期。选取这样的年份，则依据：1984年中央首次明确农民可以进城务工；1993年中央明确提出发展劳动力市场，鼓励农村剩余劳动力向其他区间流动；2000年在“十五”规划中，提出要逐步实现城乡劳动力市场一体化，逐步取消对农民进城就业的不合理限制，因而选择2001年可以了解农民工在政策松动时的流动情况；2005年，由于农民工引发的诸多问题成为全社会广泛关注的焦点，“三农”问题突出。

通过抽样调查，共找出有效样本425个。从不同报纸关于农民工报道的合计数目看，都市类报纸《羊城晚报》最多，计132篇，比例明显高于其他四种党报。《人民日报》计97篇，《中国青年报》计66篇，《解放日报》计78篇，《河南日报》计52篇。报道时间最多集中在2005年，共289篇，占农民工报道总数的68.00%；最少为1984年，仅14篇，且大多分布在《羊城晚报》上。该调查主要统计七类情况：农民工的就业情况；农民工的治安管理、精神状况、子女生活等问题；农民工面临的困难、衣食住行等生活状况；农民工维侵权状况、社会保障问题；党和国家关于农民工的制度、政策宣传；社会职能部门所提供的服务内容、服务环境；农民工的社会地位、社会价值等判断。

从调查可以看出，农民工阶层拥有的主动话语权非常有限，话语空间相当狭小，不足1%（425个样本中只有3篇是农民工自己提供的），话语权同时是一个被社会普遍认知的动态过程。在这个意义上，一个社会群体若失去了话语权将严重影响其社会地位和社会形象的确立。大众媒介作为社会公共舆论机构，关于农民工的信息传播，对树立其阶层的社会形象，引导其社会地位的确立，负有不可推卸的责任和义务，应为农民工话语权的实现提供相应的渠道和更大的空间。

调查认为：(1) 随着农民工群体规模不断扩大，相应引发的社会问题也逐渐增多，媒介的报道量呈逐年增加趋势。21 年来，样本数量从 14 篇增加到 289 篇，增加了 20 倍。但考虑媒体扩版、农民工问题呈现愈加多样化的形态，其涨幅则显得微不足道。尤其是 2001 年以前，17 年样本数量从 14 篇发展到 58 篇，扩大了 4 倍，而报纸的版面则经历了由 1984 年的 4 版至 1993 年的 8 版，再至 2001 年 16 版的三级跳，扩版幅度也是 4 倍。报道数量仅可谓是维持现状。其中，2001 年较之 1993 年样本，总量甚至出现下降趋势，2005 年样本数量从各个方面才开始上升，表现出以人为本的社会意识有所增强，农民工阶层话语和形象表述才开始得到社会认可。

(2) 报道内容与农民工群体社会作用不符。从总体上说，五份主流报纸在报道农民工问题时，基本抓住了社会的脉搏，较好地反映了客观事态的发展变化情况，起到了传播新闻信息、引导社会舆论的作用。但对农民工阶层的话语重视仍然不够，对树立农民工正面社会形象作用有限。如 73.1% 的报道采用短消息的形式，这与当下“报纸杂志化”的趋势不符，也与受众呼唤深度信息的消费方式不符。相当数量的采访浅尝辄止，甚至还出现歧视弱势群体的问题（如盲流、跳楼秀等），对农民工本来就有限的话语空间形成表述偏差。农民工作为重要的社会阶层，社会版报道数量较少（32 篇），言论版（30 篇）；作为对 GDP 贡献近 1/5 的社会力量，经济版报道仅占到总量的 1/20（23 篇）。

(3) 报道主体意识有待加强。通过调查可以看出，各报议题内容都存在一定量的负面报道。如《解放日报》对农民工报道中停留在偷、抢、刁的信息营造和价值判断上。负面现实应该报道，但在报道时凸显行为人的农民工身份，会将个案与群体行为相混淆，而行为主体概念被置换，往往会造成受众的判断失误。就目前农民工报道的功能发挥来看，以新闻为主的报道多为表层信息，深度信息开发不足；以宣传为主的报道停留在文件的转发层面，政治话语缺少有效解读。这表现出功能发挥定位不够准，两种功能之间协调不够，新闻传播与宣传意图之间合力不充分，融合事实、道理、情感为一体的宣传佳作较少。

（4）农民工阶层整体素质有待提高。从传播层面分析，农民工不足1%的话语空间说明，媒介在为农民工提供有效话语空间的同时，也需要农民工主动借助媒介去争取和创造自身的话语空间。通过调查可以看出，农民工对获得话语权缺乏集体自觉意识，也缺乏获得话语权的必要手段。从社会层面分析，农民工阶层文化知识积淀、社会政策解读能力、新闻素养等方面有待进一步提高。

二　农民工媒介话语权缺失的原因分析

在上一节的图表中，我们可以看出主流媒体对于农民工报道的现状，报道数量下降，负面新闻增多，都表现出一种对农民工不利的话语权模式，然而在媒介对农民工态度不明确的同时，农民工自身的局限往往被忽视，大多数人一味地指责媒体，却忘记了农民工的主观原因。

诚然，媒体的传播作为一个客观存在，会对农民工的话语权产生一定的影响。一些话语霸权的出现，不利于群众的利益诉求，也对农民工实现话语权形成了很大的阻碍。但究其深层原因，不难发现，农民工对其话语权实际上怀着漠然的态度，这同样削弱了他们的话语权。①：

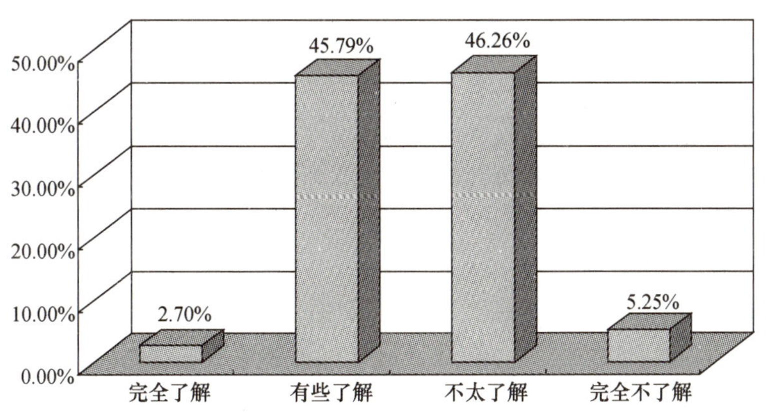

图 5－17　对农民工政策的了解程度

从图 5－18 可知，农民工对政策的了解大多处于不太了解和有些了解的层面上，对政府的提议调查中，“没有”竟占到了 73.56%。可以看出，农民工对于政策不了解的情况很严重，并且极少有农民工会向政府提议。

① 数据来源：西安交通大学人文学院媒介素养科研课题组。

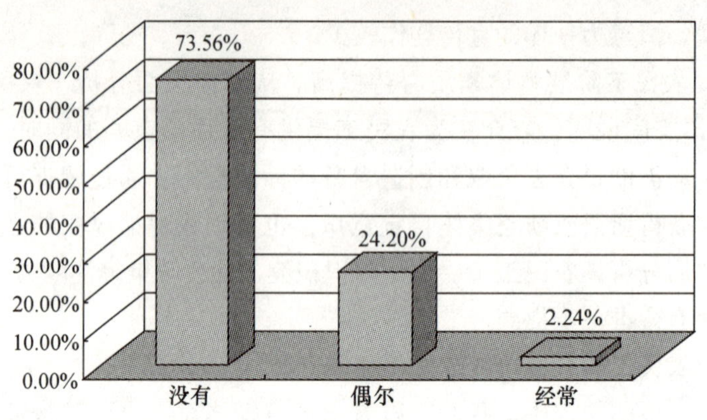

图5－18 是否向政府提过建议

那么这种漠然是怎么产生的呢？由于历史的原因，中国的城乡二元化现象已经持续了很多年。在城市飞速发展的同时，农村一直处于相对落后的状态。新生代农民工在媒介报道中处于弱势，缺乏参与传播活动的机会，较之他人，他们接近媒介的能力也相对低下，很少了解对与自身利益相关的问题，从而只能被动地接收信息。久而久之，他们便对媒介产生一种漠然的态度。

因此，归根结底，农民工媒介素养的低下是导致他们话语权缺失的重要原因。在中国的发展背景之下，农民工很难在进城务工之前便有机会接触各类新媒体，他们或许只看过报纸、电视，对于网络等第三次科技革命的产物怀有好奇、恐惧之情，接触的次数少，接受、分析及提取有用信息的能力相对较低，加之他们平日工作辛苦、休闲时间少、对网络等新媒体接触的机会极少，间接地导致了他们媒介素养低下。因此，他们面对扑面而来的信息，不懂得怎样接受、分析或加以创造，渐渐形成了一种“失语”状态。他们怕说错话，在适当的时机表达适当的观点对他们来说难上加难，即使有少部分农民工有着很大的自信和勇气表达自身的利益诉求，也往往因为表达不妥当或是相关利益诉求超出限度而被压制。换个角度想，这些农民工如果有相当高的媒介素养，或许他们的诉求就可以取得成功，表达出自己的观点与声音，在媒介的传播中发挥作用。

三 媒介素养对农民工话语权的影响

媒介素养理应是一种面向公众，涵盖各个阶层的社会素养教育。所谓媒介素养，“指人们面对媒介各种信息时的选择能力、理解能力、质疑能力、评价能力、创造和制作能力以及思辨的反应能力”。[①] 农民群体作为媒介受众中人数量庞大，却又经常被忽略的一个社会阶层，在大众传播视野下他们的媒介素养现状如何？农民的媒介素养能力与话语权之间究竟有着什么样的关系？这是首先要辨析清楚的重要问题。

农民工媒介素养主要包含了两个层次，第一指应具备对媒介信息的实际处理、鉴别能力，主要涉及农民工对媒介信息的认识和把握，增加对大众媒介的了解，学会以批判意识接触媒介信息，这是对农民工媒介素养的基本层面的要求；第二是农民工对媒介信息的使用和创造能力，要求农民工掌握与媒介交往的能力，懂得合理地运用媒介完善自我、服务自我。这一层面对农民工媒介素养要求比较高，它是第一层面媒介素养的提升。它不但要求农民工接近媒体、使用媒介，还要求农民工学会参与大众传播活动，形成自己的媒介话语权及一定的影响力。只有达到这个层面，农民工才可能真正享有话语权，在媒介资源的众多竞争中占领一席之地。农民工媒介素养与其话语权的构建有着重要的内在联系。大众媒介是表达其话语权的重要依托和载体，大众媒介素养是表达其话语权的重要能力。离开了媒介素养，农民工话语权构建就成为无源之水，无本之木。

素养决定能力。农民工媒介素养低下，他们就没有能力在媒介舞台上发出自己的心声，表达自己的“话语”，这就必然导致其在媒介上集体“失语”，成为媒介话语表达的“失语”阶层。长期以来，由于我国广大农村地处城市边缘，甚至更为偏远的山区，从而形成了一种相对封闭落后的局面。多年“面朝黄土，背朝天”的传统生产方式，缓慢低效的经济发展，封闭滞后的文化氛围，致使绝大部分农民工只受过小学教育，甚至有些年长的根本没有受过教育，如此令人担忧的教育水平，直接导致了农民工媒介素养水平的低下。这直接限制了农民工对大众媒介的认识、接收、分析、利用能力，造成大部分农民工对利用大众媒介进行涉农信息的传播表现出漠然和无知；在对信息的解读、选择和利用上具有很大的随意性、从众性和观望性。从更高层面上来讲，追求运用媒介表达农民工自身的话语权几乎成为当下的一种奢望。也就是说，农民工不仅不善于利用大众媒介获取自己需要的信息，更不善于利用媒介表达自身的利益需求。这

① 1992 年美国媒介素养研究中心给媒介素养下的定义，转引自张玲、徐雯《媒介素养教育初识》，《媒介研究》“信息时代的传媒素养”专辑，2004 年 3 月（卷 2 - 2），北京广播学院广播电视研究中心。

一点成为构建农民工话语权的主要障碍。因此，要构建农民工的话语权必须同时提高其媒介素养能力。如果仅仅单纯地着眼于媒介话语权的构建，而忽视农民工媒介素养的提高，农民工参与媒介传播活动的能力自然不可能提高，农民工的媒介话语权也就无法真正建构。

仔细分析农民工话语权缺失的现状，不难发现，“农民工并非生来就没有发言的本能，而是他们就没有为自身的最基本权利去争取的心愿，他们的‘失语’只不过是局限于特殊社会环境下的无奈的选择，这并不意味着他们会主动放弃说话的权利”。[①] 这里，除了媒体对农民工话语的漠视之外，农民工自身缺乏有效地了解和运用大众媒介的意识也是其媒介素养低下的重要原因。受自身文化素质和经济地位的限制，农民工内在的素养使之不具备接近媒介以表达自己利益诉求的条件，他们根本意识不到媒介话语表达的意义。所以，他们对媒体有着本能的隔膜和漠视，即使无奈之下接受媒介，其反应也常常是被动的。因此，如何提高农民工媒介素养以构建话语权是当下大众传播一个重要而有意义的、必须正视的问题。

第三节　农民工话语权与媒介素养

由上文的分析可知，农民工话语权的缺失绝非空谈，媒介对农民工的报道数量不断减少的同时，我们需要深思的不仅仅是媒介本身的局限性，更应看到农民工对媒介与生俱来的漠视，他们相对较低的媒介素养，与其话语权的难以实现有着内在的不可分割的关系。

媒介素养，一般认为有三个方面的含义：一是从信息的认知出发，侧重于信息的获取、分析和评价；二是从信息的传输出发，侧重于媒介对社会的反馈机制；三是从媒介利用的角度出发，侧重于公众使用媒介制造、传递信息的能力。

我们如果对农民工媒介素养的内容加以界定，简单来说，包括两个部分：第一部分是农民工对从媒介中所获取信息的处理与鉴别能力，即学会从媒介中获取自己所需要的信息，培养农民工的批判能力。第二部分则是

① 李小艳：《电视媒介中农民话语权的缺失与重建——以〈焦点访谈〉的“三农”报道为例》，硕士学位论文，湖南师范大学，2008年。

农民工对所获取信息的使用能力，如何在信息中提取对他们有利的部分，学会与媒介沟通与交流。

一　农民工话语权与获取信息

在社会生活中，农民工的失语现象是社会不稳定的因素之一。究其原因，首先要从农民工的媒介素养谈起，而媒介素养的第一部分就是农民工获取信息的能力。

农民工利益表达的缺失主要表现在三个方面：第一，由于大多数进城的农民工缺乏技能，通常由中介介绍工作，这些机构潜在地剥夺了农民工个人利益表达的机会，农民工与单位发生矛盾时，往往是中介出面调解，而他们自身只能忍气吞声；第二，政府部门在农民工权益受到侵害时，没有及时伸出援手，把维护自身合法权益的农民工拒之门外是家常便饭；第三，农民工呆滞的形象在媒介眼中没有得到改善，虽然媒介对农民工的认识在不断加深，为农民工说话的方式在不断增多，但总体上仍然不能全面地反映农民工的利益诉求。

下面是对农民工手机使用目的的调查：[①]

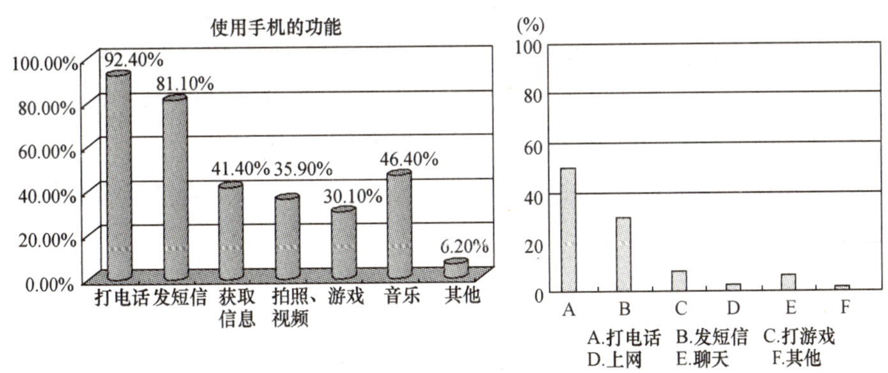

图5－19　农民工手机使用目的北京市新生代农民工和滨州市第二代农民工手机使用功能比较分析图

表5－5　　上海、武汉、湘潭三地使用手机目的的比例

	获得信息	发送信息
使用手机目的	98.9%	1.1%

① 李卫卫：《媒介素养——农民工使用手机情况的调查和分析》，硕士学位论文，辽宁大学，2012年。

从上图中不难发现，农民工依旧在用相对传统的方式获得信息，手机对于他们而言主要功能仍是联络沟通和交流，他们对于比较新兴的上网聊天等关注很少，这在一定程度上反映了他们信息源的缺失，获取信息途径的单一，让他们不能拥有更宽广的眼光来看待周遭世界，从而在进行判断时缺乏主见，间接导致了他们话语权的缺失。

信息源作为获得信息的重要途径，是媒介素养不可缺少的一部分，农民工信息源的单一不是少数现象，目前大多数农民工依旧处在这样的情况中。一味地强调提高媒介素养，在农民工看来只是空话，给他们提供更多接触新兴媒介的机会、更为广泛的信息源反而更有价值。

当然，调查数据也显示，41.4%的人使用手机获取信息，46.4%的人用手机听音乐，30.1%的人用手机玩游戏等。由此看来，随着手机功能的不断开发，资费更低廉以及 Wifi 的覆盖面更广泛，农民工利用手机获取信息的热情与能力会进一步加强。

二 农民工话语权与使用信息

媒介素养的另外一个重要部分就是对信息的处理，即使用和创造能力。考虑到中国城乡发展现状，农民工在信息获取上依然存在障碍，在运用信息的同时，面临的困难也可想而知。缺少使用与创造信息的能力，缺少与媒介的互动，不敢表达自己的想法，不懂得适时维护自己的利益，受侵犯时不懂得诉求，这对话语权的实现无疑有很大阻碍。

下图是农民工对信息进行思考的比例，由此可以分析农民工的媒介素养偏低的情况：①

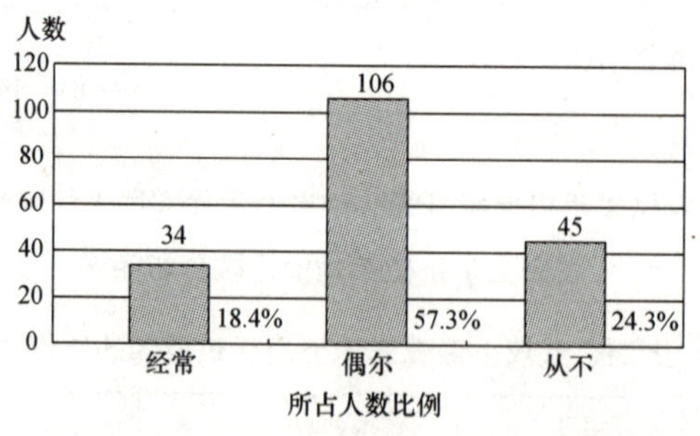

图 5－20　是否对信息进行分析思考

① 李洁玉：《农民工网络媒介素养现状及提升对策研究》，硕士学位论文，暨南大学，2012年。

由图可知，经常对信息进行的思考的农民工仅占18.4%，比例最低。“偶尔”和“从不”分别占57.3%和24.3%。由此可见，农民工的媒介素养中，对于信息的使用和创造这一阶段有很大的缺失，广大的农民工仿佛只是做了一个接受信息的环节，而最为重要的运用信息的能力却极为低下。这对他们的话语权的缺失有很大的影响，没有思考就没有质疑，没有思考便理所应当，被侵犯理所应当，久而久之，他们成为了失语的群体。

下表是国务院2010年对农民工的媒介素养的调查：

表5-6　　农民工信息获取传播和使用情况对照

变量	类别	频数（N）	有效百分比（%）
农民工收听收看时事新闻情况	较强	2750	47.3
	一般	2285	39.3
	较弱	781	13.4
农民工谈论国家政治问题情况	较强	1479	25.7
	一般	2794	48.6
	较弱	1475	25.7
农民工为媒体提供新闻线索意愿	较强	345	6.2
	一般	927	16.7
	较弱	4265	77.1

资料来源：国务院发展研究中心6232名农民工调查，2010年。

总体上，农民工信息获取能力较强的占47.3%，一般的占39.3%。在信息传播方面，传播能力较强的占25.7%，一般的占48.6%。在对媒介的利用即信息的使用上，较强的仅占6.2%，一般的占16.7%。由此可知，三项指标中农民工最弱的便是对媒介信息的使用。这是媒介素养不可或缺的一部分，表明了农民工的媒介素养低下的部分原因。

因此，要探析农民工话语权的缺失，我们的目光应转向他们的媒介素养。由于农民工自身媒介素养的限制，他们对媒介多是一种漠然的态度，一部分不懂得如何维护自己的权益，一部分不知如何表达自己的诉求，更有一部分也是很大一部分，宁愿忍气吞声息事宁人。这些不可取的做法，给农民工这一庞大的群体带来了很大的伤害，究其本质，不得不又归到他们的素质上来。所谓素质决定能力，在中国短暂的经济发展年代里，人民日益增长的物质文化需求和落后的生产力之间的矛盾是根本矛盾。从农民工就可看出，长期生活在农村的他们为了更好地生活不约而同地涌向东南沿海，但是他们的性情与习惯常常与周遭的环境有所冲突，想融入很难，甚至连正当地享受他们的合法权益都成为很大的问题。在这时，农民工成为失语群体，因为社会地位的低下和经济上的弱势，再加上他们对媒介的防御与恐惧，使他们的媒介素养也处于偏低的位置。

三　农民工话语权与参与信息

农民工的话语权与媒介素养有着如此紧密的关系，那么他们在媒介参与中的表现如何？作为媒介素养较低的群体，他们的媒介参与，都在关注些什么？他们想从媒介参与中获得些什么呢？①

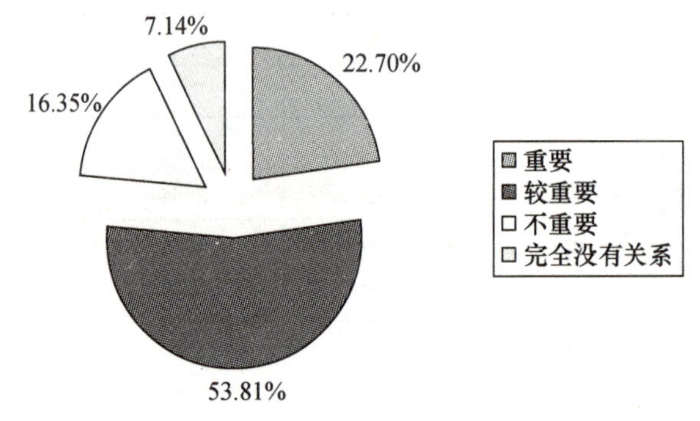

图 5－21　对公民权利的看法

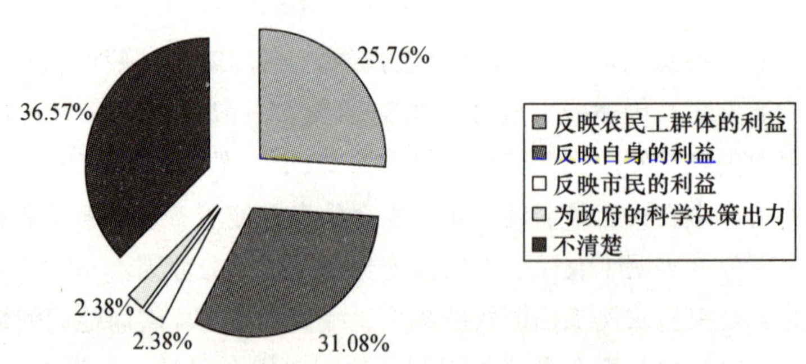

图 5－22　参加活动的目的

① 数据来源：西安交通大学人文学院媒介素养科研课题组。

对于公民权利，53.81%的农民工认为较重要，22.70%认为很重要，可见他们对于公民权利很看重却没有主动行使过。

调查显示，农民工对于参与社会的议题主要集中在向媒体表达关心的公共问题的看法以及为维护自己的权益向有关政府部门投诉，而对于在网络上参与讨论本市发展的事务以及对于接受记者采访、给新闻媒体提供线索、刊登广告启事都参与较少。可见，农民工监督的关注点聚焦于与自身利益相关的社会议题，而对于政府机关执法能力等重大事件关注力度相对较小。被问到“参与这些活动的目的”时，36.57%表示不清楚，31.08%表示为了反映自身的利益，25.76%的农民工认为是反映农民工群体的利益。

诚然，媒介的报道中存在着对农民工的边缘化，对农民工形象的扭曲，也充斥着精英结盟与话语霸权，但这也只是客观上对农民工群体造成的不利。主观上他们的媒介素养偏低，成为了不可忽视的重要原因。因此，提升农民工的媒介素养是构建其话语权关键。提升农民工的媒介素养，不仅可以为他们的媒介生活增色，还可以提升他们的生活质量，农民工应该从基本常识、原则、技巧、方法入手，培养自己独立思考、判断的能力。

第四节 农民工话语权获取途径

农民工话语权的缺失是由多种原因造成的，需要社会从多种渠道着手努力，才能使农民工不断取得话语权。

一 媒体的关注

媒体要加大对农民工的报道力度，客观公正地报道农民工群体，纠正在报道中歧视农民工的倾向。电视台、报纸、杂志应开辟专栏，深入到农民工当中去，了解他们的真实生活状况，挖掘其先进事迹、优秀人物，客观评价他们对我国现代化建设的作用，发掘他们的优秀品质，改变长期以来人们对农民工的印象。

新闻工作者要坚守职业道德，强化社会责任意识，在报道中多关注农民工的真实处境，给农民工表达自身利益诉求的渠道和机会，真正成为农民工的代言人。要通过舆论的力量呼吁全社会的力量来关注和帮助农民工，改变他们长期处于弱势地位的局面。要多邀请农民工走进演播室，与他们面对面地交流，倾听他们的心声，协助解决他们的实际困难。

大力发展“打工文学”等农民工自己的媒介评台。这类杂志讲的都是农民工的事情，是他们真实情感的表达，也是他们提升话语权，表达利益诉求的重要渠道。只有当媒体公正客观地报道农民工，真正站在他们的立场，为他们争取话语权时，他们的合法权益才能得到有效保障。①

二 制度设计层面的努力

良好的制度设计是社会正常运转的前提，政府应注重实现制度供给平衡，对占人口比重较大的农民工群体提供更多的制度和政策支持，以建立他们的利益表达机制，畅通他们发表见解的渠道，使其能较顺利地融入到国家和社会生活中去，从而更好地进行民主协商、参政议政，改善其话语权缺失的现状。②

首先是改革现有户籍制度。全国政协原常委、原深圳市委书记厉有为认为，“农民工”的城市户籍问题应依法逐步解决，但这绝不是说，凡是到城里做工的农村人口，都要落城市户口；而是要制定方针政策，设计“农民工”落户城市（镇）成为户籍人口的门槛，门槛的高低可由不同城市的主客观条件而定，为将来统一城市与农村的户籍政策创造条件。他提出，我国户籍政策的长远目标应该是统一的公民（居民）户籍，实现迁徙自由，完全消除城市（镇）户籍和农村户籍的分别。这样的长远目标要逐步实现。“农民工”的城市户籍问题也要在“统筹城乡发展”的大方针下分步解决。根据主客观的实际情况，区别对待，分步到位。对于已经具备长期居留城市（镇）的“农民工”，要给予他们城市（镇）户籍，使他们长期居留在城市（镇）。有两个基本条件必须具备：一是有稳定的就业，二是有稳定居所（包括租房）。③

其次是建立完善的就业制度。农民工权利在就业促进制度中的弱化现象，不仅不利于农村富余劳动力的转移，也不利于城乡收入分配格局的改善和地区经济发展的平衡，亟待从两个方面着手加以解决。一是应大力彰显农民工的就业权利。在相关立法中，应进一步明确农民工的就业竞争

① 官志平：《农民工话语权缺失及其保障途径探讨》，《福建省社会主义学院学报》2012年第1期。

② 程喆：《法治进程中农民工话语权根基的培育》，硕士学位论文，黑龙江大学，2007年。

③ 马璇：《解决农民工问题要改革户籍制度》，《深圳特区报》2012年1月10日。

权、自由择业权、平等就业权、职业安定权、公共就业保障权以及就业知情权，并细化相关规则，夯实权利保障的制度基础。同时，必须明确程序性权利，完善农民工就业权的救济制度，例如，完善公益诉讼制度、降低农民工的维权成本等。当然，在强调农民工个体权利的基础上，还应当注重农民工集体权利的作用，尤其注重通过农民工的团结权来促进就业权的实现。事实上，近年来，在政府的大力推动下，农民工会会员已经超过8000万人，应在此基础上继续提高农民工的组织化程度，强化就业权的保障。只有农民工的权利得到彰显和保障，他们的意愿才可能更加得到重视，他们的利益才能被维护得更好。二是应明确具体规则，规范政府行为。规则的完善，必须遵循目的原则和比例原则。目的原则要求政府的举措必须符合维护农民工就业权利、保障平等就业、促进充分就业的目的。比例原则进一步要求，政府所采取的措施，应该是所有可能的选择中最佳的，该种措施的消极影响最小、不利后果最少。例如，《就业促进法》规定政府有权引导农村富余劳动力转移就业，政府所采取的措施就必须符合上述原则，不能以牺牲农民工的就业权利来实现那些一时一地的短期、局部利益；即便有必要引导农村富余劳动力有序转移就业，也必须尊重农民工的意愿，符合劳动力要素流动规律，并以对农民工就业权损害最小的方式加以引导。在遵循目的原则、比例原则的前提下，必须尽快细化那些模糊的、粗略的规定。只有明确原则、细化规则，才能规范政府行为，减少决策失误。①

第三，健全社会保障制度。农民工作为一种社会现象，将会随着工业化、城镇化进程加快和城乡经济社会一体化的不断推进而最终消失。因此，农民工社会保障制度建设应循序渐进，既要解决眼前的困难，又要与城镇社会保障制度相衔接。在实际操作中，应注意以下几个问题：一是针对农民工的社会保障制度设计应符合其利益需要。一般说来，农民工最基本的需要是找份工作、拿到工钱，出了工伤、遭了意外、得了大病能够及时得到救治。目前大量出现的农民工工伤事故和为数不少的农民工职业病群体，使尽快建立农民工的工伤保险制度成为当务之急。农民工这一迫切需求已经在部分地区得到关注和重视。例如，北京市实施了来京农民工参加工伤保险和基本医疗保险暂行办法，规定保险费由用人单位缴纳，农民

① 何锦前：《以权利为基点 完善农民工就业促进制度》，中国政协新闻网，2012年9月3日。

工个人不缴费；广东省的《工伤保险条例》规定，各类单位都应当为雇工缴纳工伤保险费。二是要加强农村社会保障体系建设。虽然一些城市开始为农民工建立社会保险，但由于农民工户口所在的广大农村的社会保障制度建设严重滞后，造成农村社会保障与农民工社会保障相脱节，使返乡农民工的社会保险无法接续，削弱了农民工在城市参加社会保险的积极性，影响了农民工社会保障工作的有效开展。因此，完善农村社会保障制度，实现农民工社会保障与农村社会保障的有效衔接，是加强农民工社会保障的必要举措。三是要逐步建立城乡一体的社会保障制度。城镇社会保障制度在覆盖对象上应当是包括农民工在内的所有工资收入者，打破将城镇职工和农民工截然分开、差别对待的状况。从长远来看，建立城乡一体的社会保障制度是大势所趋。而随着城乡一体的社会保障制度的逐步建立，农民工这个概念也将成为历史的陈迹，农民工的社会保障当然也就不再成为问题。近年来，这种发展趋势在一些发达地区已初露端倪。①

第四，保障农民工参与社区选举的权利。进一步完善社区民主选举制度，探索农民工参与社区选举的新途径，在本社区有合法固定住所、居住满一年以上、符合《中华人民共和国城市居民委员会组织法》选民资格条件的农民工，由本人提出申请，经社区选举委员会同意，可以参加本社区居民委员会的选举。鼓励符合条件的农民工经过民主程序担任居民委员会成员、居民小组长、居民委员会下属委员会成员、楼栋长和居民代表。凡拟订社区发展规划、兴办社区公益事业、制定社区公约和居民自治章程等涉及农民工切身利益的重要事项，都应听取农民工及其代表的意见。在农民工聚居的社区，召开社区居民会议或居民代表会议应有一定数量的农民工或农民工代表参加，保障农民工参与管理社区公共事务和公益事业的民主权利。积极探索社区听证会、社区评议会、民情恳谈会、网上论坛等有效形式，鼓励支持农民工广泛参与，引导农民工理性、合法地表达自己的诉求，提高自我管理、自我约束的能力。②

第五，加强法律援助机构建设。法律援助机构应当加强农民工法律援助工作的规范化建设，结合各有关法律规定和文件精神，制定具体的农民工法律援助案件的操作规程，落实简化审批程序、降低经济困难标准、免

① 段玉恩、苏树厚：《尽快建立健全农民工社会保障制度》，《人民日报》2006年8月2日。

② 《民政部：完善制度切实保障农民工参与社区选举权利》，中国新闻网。

予经济状况审查、先受理后补充证明材料等措施；制定与各法律援助工作站的农民工法律援助业务运作规程，为农民工提供便捷、高效的援助。法律援助机构应加强指导、协调办案人员在农民工法律援助案件中灵活运用调解、申请先予执行等做法，既快又好地维护农民工的合法权益。法律援助机构应当注重农民工法律援助案件的质量跟踪和经验总结，规范服务质量监督管理。定期召开农民工法律援助工作座谈会，让经常办理农民工法律援助案件的律师与各有关部门共同探讨解决实践中遇到的问题。法律援助机构应当专门制订针对农民工的宣传计划，把宣传重点放在近年来国家及本地区出台的与农民工有关的法律、法规、政策、农民工法律援助典型案例、热心办理法律援助案件的法律工作者先进典范等。以农民工涉法纠纷类型划分不同主题，制作图文并茂、通俗易懂的宣传资料，定期进行宣传。此外，还可以与农民工较多的企业联合举办法律讲座或知识竞赛、在农民工较多的社区、企业甚至劳务市场举行咨询活动等，主动把维权知识送到农民工的身边。①

三　强化市民认同

前任国务院总理温家宝曾经说：我们要解决那些常年在城里打工，有固定工作和固定住所而又没有户籍的人们的困难，让他们融入城市，和城里人一样工作和生活，享受同样的权利和待遇。2006 年 11 月 16 日，上海市政府发布了《关于做好农民工工作的实施意见》（以下简称《意见》)。《意见》围绕切实维护农民工在劳动、生活和发展各方面的基本权利和保障提出了一系列明确的要求。上海是我国农民工跨省市流动的主要输入地之一，来沪农民工已成为推动上海经济发展的重要力量。2005 年人口调查数字显示，外省市来沪就业人数已达 400 万左右，其中农民工约占 85%。截至 2005 年 10 月，上海参加医疗保险的农民工已超过了 260 万人，其中已有 2.5 万人享受了工伤保险待遇，1.6 万人享受了住院医疗待遇，195 万人领取了 1 年以上的养老补贴凭证。为了加强农民工属地化管理，上海市将推进实施居住证制度，来沪农民工都应办理居住登记。其中符合“两个稳定”（稳定就业、稳定住所）条件的农民工，可以申领上海市居住证。持有上海市居住证的农民工，可以享有社会保险、教育培训、计划生育、卫生防疫等相关待遇。要通过居住证信息系统，整合暂住登

---

① 蔡照红：《关于农民工法律援助工作若干问题的思考》，中国法律援助网，2010 年 8 月 11 日。

记、暂住证等原有管理功能，将农民工的居住、就业、保险、治安、计划生育、卫生和统计功能一并纳入，提高服务管理效率。《意见》强调，要规范用人单位工资支付行为，严格执行上海最低工资制度，确保农民工工资按时足额发放给本人，做到工资发放月清月结或按劳动合同约定执行。用人单位在工资报酬、劳动条件、工作时间等方面，必须遵循来沪农民工与上海劳动者公平对待、一视同仁的原则。

让进城就业的外地农民工在工资待遇、劳动条件、工作时间等各个方面和本地市民享受同样的待遇，这种政策制度，不仅契合了当前追求公平正义的社会价值诉求，也传递了各级政府积极拉近城乡差距的政策信号。随着改革开放的深入以及各地城市化进程的推进，越来越多的农民工涌入城市，逐渐成为我国城市经济社会发展的强大推动力。但是，以城乡分离为特征的二元化结构户籍制度，使城乡人口之间形成了一种法定的隔离和差异。无法更改的农民身份，不仅让广大农民在住房、医疗、就业、教育、养老保险等诸多方面无法像城市居民一样享受到种种优越待遇和保障，更让其在背井离乡来到城市、付出劳动和血汗之后，频繁遭受各种歧视。所有这些都在消损着农民工对城市的认同感和归属感。制度性不公是最大的不公。那些违背了公平正义等基本社会价值诉求的制度，不仅不能保障社会公平正义的实现，更会从根本上严重消损民众对制度本身的认同和信服。因此，要构建社会主义和谐社会、全面实现社会公平正义，就迫切需要对现有不合理、不公平、非正义的制度安排进行改革和创新，积极清除那些对农民工存在制度性歧视与排斥的制度政策。近年来各地政府纷纷改善了对外来农民工的待遇，把外来工对住房、学校等设施的需求纳入城市整体建设规划，努力为农民工的工作和生活创造一个良好环境；但我们也不无遗憾地看到，不少地方对于外来农民工的关怀，更多还是停留于每年岁末年初，集中清理各种欠薪问题等相对表面的阶段，很少进入更为实质和深层的制度关怀阶段。不少城市的户籍管理、劳动用工、教育培训及社会保障等现行制度中，对农民工依然存在着较为明显的制度性差异和制度性歧视。①

四　提升农民工媒介素养

上文已经分析了农民工媒介素养与话语权之间密不可分的联系，在当

---

① 刘建：《市民待遇：身份认同助推农民工融入城市》，《法制日报》2006 年 11 月 20 日。

下的社会形势之下，农民工的社会地位和经济地位的局限，使其话语权受到了很大的侵害。追溯到中国的工业发展的前期，这时城乡差距就开始拉大，随着工业的不断进展，城市生活已经成为很多农民梦想的天堂，社会的转动也似乎以城市为主流，这时，媒体的舆论多是偏向于城市并且以城市为主流的，事实上，在各大媒体中出现的有关农民工的词语便是具有感情色彩的，如打工妹、外来人等，这些词语后来都变成了大众化的词语广泛流传，显然我们可以从这些词语中感受到强烈的优越感。甚至主流媒体如《焦点访谈》也曾经在报道厦门远华走私案时对农民工表现出明显的歧视，节目中多次提到“一个大学没毕业的人竟然能干出这么大的事”，主流媒体尚且如此，很难想象其他的媒体会对农民工持有的态度。

不论是有意识或是无意识，在我们日常接受的媒体信息中，农民工便是以一种低下的姿态出现的。媒体总是在强调他们的身份，甚至有意地突出农民工与社会不良现象的关系。在广大的农民工群体中，进城的农民工无疑是最让人担忧的，媒介对其总集中在扰乱治安问题等方面，例如城管与小贩的斗争中，作为小贩的农民工在法律上总是得不到应有的保障，这就不利于两者之间矛盾的解决。面对媒体的强势，农民工看似采取漠然的态度，实则为他们不知如何应对。

农民工进城后从事的往往是脏、苦、累的行业，在工作环境、劳保待遇、合法权利、社会保障等方面，他们是弱者，被欺压已经成为一种常态。这时，他们照理可以向媒体提出诉求，要求自己的权利的保障，但是他们似乎习惯了逆来顺受。从这个角度来看，社会的不公一直存在，提高农民工的媒介素养迫在眉睫。

那么，如何提高农民工的媒介素养呢？

第一，农民工流出地和流入地的政府应该加强对农民工的媒介素养的教育。农民工进城，往往是从经济较差的农村到经济较为发达的城市务工。农民工在追求自身生活质量提升的同时，也为城市的发展做出了巨大的贡献。流出地政府应改善农村的基础设施建设，让农民工有机会接触到各类媒介，如报纸、杂志、网络等，让广大农民工学会利用媒介来表达自己，维护自己；应该提高农民工子女的素质，让他们学会运用媒介，填补“知沟”。流出地政府的努力，很大程度上是为农民工减少后顾之忧，从根本上提高整体的媒介素养。对于农民工的流入地，当地政府应该清楚认识到农民工为城市建设所做的贡献，采取有力措施，创造农民工接近媒介的机会，加强农民工聚居地的基础设施建设，制定政策让各大媒介贴近农民工，消除媒介在农民工心中长期以来的神秘感。

第二，农民工要提高自身对信息的鉴别与运用能力。大众媒介强调受众是传播的主动者，他们并不是消极地接收信息，而是积极地寻求有用的信息为自己所用。并且认为媒介可以满足使用者的认知，情感整合和社会整合，缓解压力等方面的需要。但事实上大众媒体在经济利益的驱使下，往往追求感官刺激，渐渐丧失媒体理应负担的责任。农民工应了解媒介的使用方法，提高鉴别信息的能力，坚持正确的价值观。农民工还应积极参与政府的文化活动，丰富自己的业余生活，加强对于当代文化的理解。这样，农民工接触媒介时会逐步地变被动为主动。

第三，农民工应积极利用大众媒介发声，行使自己的话语权。大众媒体对社会具有检测作用，是公众的传声筒。在与大众媒介的不断接触中，农民工可以依据使用媒介的实践经验，不断进行自我完善，最终实现自身媒介素养的提高。几乎没有人的媒介素养是与生俱来的，社会各界都应重视农民工媒介素养的教育与引导，全面提高他们对媒介信息的获取、运用与创造能力，拓宽农民工参与媒介的渠道，加强他们的党、团、工、委建设，努力改变文化缺失的现状，在加强对农民工媒介素养教育的同时，使农民工与媒介形成互动的模式，通过媒体宣传与教育，最终达到构建他们话语权的目的。

五　提高农民工政治参与能力

近年来，农民工的非制度化参与呈扩大趋势，抗议游行、群体性骚乱、报复性攻击事件频繁发生。除体制性约束之外，这种情况在一定程度上也体现出农民工自身素质的局限性：他们不懂得、不善于通过合法有序的手段和方式维护其合法权益。因此，政府要加强对农民工的素质教育。政府通过对农民工进行政治参与基本知识的普及，推进农民工的政治社会化进程，使他们熟悉和掌握政治生活规则和规范，提高政治生活技能，成为一个具有政治人格和政治能力的政治群体，以利于他们进行有序的政治参与。[①] 实际上，从全国人大代表、厦门三度足浴有限公司职工刘丽的事例中，我们就可以看出农民工是有能力行使好自己的话语权的。刘丽说："我曾经是一名洗脚妹，因为记者朋友把我的事迹报告出去之后，才有了

---

① 高洪贵：《论农民工的有序政治参与及政府责任》，《学习与探索》2010 年第 6 期。

今天这个机会坐在这里和这么多的朋友在一起，来谈论我的故事，包括我的履职情况。对于如何履职，我从个人角度出发，归纳了三条：一是要学习。学习是为了更好的当一名合格、称职的人大代表。我相信有些人也去洗过脚，如果你没有学会洗脚之前是不可能去给别人洗脚的。作为一名人大代表首先要去学习宪法、法律等，只有这样你才能更好地去履职。二是认真履职。因为小时候我妈妈教育我说，做什么要有什么样，所以我觉得当上人大代表就得像个人大代表的样。打工20多年来我一直都是一名农民工，农民的身份干着工人的活、过着流浪者的生活。这种无固定收入、无固定住所的日子真的非常不容易。我知道自己当上人大代表之后，我也做了非常多的工作，因为对只读到小学五年级的我来说，非常高兴、非常激动，同时也觉得责任的重大。为了更好地了解到真实的、可靠的情况，我做了非常多的调查研究。这一次开全国‘两会’，我也带了一份建议，这个建议是有关农民工生活基础保障的系列问题，当然也包括了刚才他们几位讲到的还有一些他们没讲到的，这是我概括的履职的第二方面。三是坚持做人的原则。做一个好人，做一个对社会有用的人，做一个让父母值得骄傲的人，做一个兄弟姐妹认可的人，社会认可的人。我不知道我的回答有没有解释你的问题。”①

农民离乡进入城、镇打工，是农业发展史上的一个重要阶段，对我国城市建设和发展起到了不可替代的作用，同时也输出了农村剩余劳动力，为农村的长久发展夯实基础。在此过程中，我国的城镇化进程不断加快，农民的收入也稳步增长。但是，因为种种原因，农民工在实现自身价值的同时缺失了话语权，他们的利益诉求长期得不到满足。现有的事例已经充分证明，如果再不关注农民工的话语权问题，必然会出现一系列的社会问题。为此，必须正视、重视农民工问题，政府切实从制度设计层面为保障农民工话语权提供平台，社会各方面尽可能给予农民工更多的理解和宽容，农民工自身也要不断提升自己表达合法诉求的意识。只有这样，才能真正实现“公平正义比太阳还要光辉”。

---

① 人民网前方报道组：《从洗脚妹到人大代表刘丽：当上人大代表就得像样》，人民网，2013年3月10日。

第六章　城镇化进程中新生代农民工的媒介素养与社会融入

提起21世纪，很多人都会说，这是一个信息时代。而信息时代得以维系和发展的纽带，就是媒介。无论是加拿大媒介学家麦克卢汉所提出过的冷媒介和热媒介，还是以时间先后区分的旧媒介和新媒介，或者是更细化的微媒介、移动媒介等，都对信息化的社会起着至关重要的作用。尤其是当下网络媒介的兴盛，更让我们进入了信息全民化的时代。大量媒介涌入国内市场，很大程度上拓宽了国际国内的视野，对经济、教育等方面都产生了有力的推动作用。

然而，值得我们注意的是，长久以来，大众媒介对于农村生活和出身于农村的农民工以及初起的新生代农民工这一类弱势群体的关注却极为缺乏，这在许多方面造成了农村社会和农民工发展在原本就政策不利的基础上遭受到更严重的阻碍。

新生代农民工即使生在较为落后的农村社会，比起父辈来说，也能接触到更多与媒介相关的东西。在新生代农民工关注着大众媒介的同时，大众媒介却给新生代农民工群体开了长时间的空窗。加上一系列客观因素，造成了新生代农民工媒介素养较低的现状，并间接影响到他们在城市中的社会融入。

第一节　城镇化进程中的新生代农民工

一　"新生代农民工"的基本内涵

21世纪以来，新的概念不断涌入，旧式农民工也在不断改革中拥有了新的内涵。2010年1月31日，国务院发布的2010年中央一号文件

《关于加大统筹城乡发展力度进一步夯实农业农村发展基础的若干意见》①中，首次使用了“新生代农民工”的提法，这表明与旧式农民工有相对差别的新一代农民工开始受到国家的认可和社会的广泛接受。那么，对于新生代农民工又该如何界定呢？

从普遍认同的意义上来讲，“新生代农民工”，主要是指“80 后”、“90 后”中有农村身份的进城务工人员。“根据全国总工会的界定，‘新生代农民工’是指出生于1980 年以后，在异地以非农就业为主的农业户籍人口”。② 这批人目前在外出打工的1.5 亿农民工里面占到60%的比例，大约1 亿人口。他们毕业或是辍学之后就进城打工，相对来讲，对农业、农村、农民、土地等乡村元素不是那么熟悉。另外，他们渴望进入并且融入城市社会，因而在多方面生活习性上有意识地模仿城市人口，利用新媒介就是其中一个重要手段。同时，城市在高速发展中需要大量的农民工参与建设，这种需求使得农民工不断涌入。矛盾的是，除了工作方面的互相需求之外，城市在政治参与、生活习惯、日常娱乐等其他诸多方面，还并没有做好接纳这些与城市生活原本就格格不入的外来人口的准备。

在新媒介普及农村之前，这个问题尤为严重，直到新生代农民工逐渐开始在农民工群体中占主导地位，情况才开始有一点改变。那么与旧式农民工相比，新生代农民工又究竟“新”在何处呢？

最初，城市社会被大众媒介大肆渲染，也由此传入乡村社会中，引起了乡村人民的关注和向往。同时，由于自然环境不允许的先天条件限制或者是环境破坏、土地肥力流失等后天条件失衡，农村人民的生活日益艰难，于是，第一批农民工出于经济利益的考虑，开始了进城务工的生活。这种形式从此一发不可收拾，也由此延续到了新生代农民工身上。

但是比起旧式农民工，新生代农民工的特点更加鲜明。总体来说，新生代农民工受教育水平高，渴望融入城市，重视社会保障，维权意识更强。在农村社会，尤其是较为偏远的农村地区，比起通信发达的城市来说，消息比较闭塞，加上义务教育普及率低，喇叭、收音机、电视是老一辈农村人获得消息的主要途径。

相较之下，“80 后”、“90 后”一代出生在改革开放以后，伴随着城

① 中共中央、国务院2010 年一号文件。

② 杨英新：《城市融入之推手：新生代农民工的网络媒介素养》，《中国劳动关系学院学报》2012 年4 月第26 卷第2 期，第81 页。

镇化建设的推进，农村生活得到进一步发展，无论是从科技水平还是教育保障上，他们都比老一辈更有优势，也就更容易通过学校教育和逐渐普及的互联网来获取新鲜讯息。这不仅让他们得到更多的有益知识，例如新式技巧、法律维权、社会保障等，为他们日后进城务工和在城市生活打下良好的基础，也让他们频繁地接触到繁华的城市生活，尤其是在互联网上展示的图片、视频等给他们带来的直观感受，具有更深层次的动力和刺激因素，因而他们对城市生活的渴望更甚于老一辈。甚至可以说，融入城市生活，已经成了大部分新生代农民工进城务工的主要目的之一，这集中表现在新生代农民工进城之后更倾向于选择在城市安家落户。

这些新生代农民工，有着新一代的蓬勃朝气和希冀，一方面带着农村人的质朴单纯和滞后性，一方面又急切地渴求与一种超前于自身的流行文化相结合，使得这部分新生代农民工身上具有鲜明的时代特征和个性特征。

二　新生代农民工的主要特点

新生代农民工产生于新旧时代和新旧观念交替的缝隙间，身上难免会带着时代的印记，这也决定了新生代农民工自身特点的矛盾性。对于新生代农民工的主要特点，社会上也有不同的看法。

较为普遍的观点认为，新生代农民工以“三高一低”为特征，即受教育程度高，职业期望高，物质和精神享受要求高，工作耐受力低。对于这种被普遍接受的观点，我们也要以理性的态度看待和分析。

（一）受教育程度高

新生代农民工生活在改革开放后的新时代，九年制义务教育正在加大普及力度，这对于“80后”、“90后”一代来说是扩大知识面的最佳机会。因而比起前辈来说，新生代农民工掌握了更多的知识，对于社会和自我的关系等也有了更多的认识。更重要的是，受教育程度决定了他们对新媒介利用的程度。兴起于21世纪的新兴媒介，需要一定的媒介素养和知识水平才能更好地予以利用，“新生代农民工利用新兴网络媒体的能力较强，主要因为他们的计算机技能以及文化水平都比较高，利用网络获取信息是年轻一代文化程度较高的农民工的优先选项”。[①] 这也就是新生代农民工比前辈能够更快更好掌握新媒介的主要原因之一。

① 钟奉：《城镇化进程中的农民工媒介素养研究》，硕士学位论文，山东大学，2011年。

（二）职业期望高

新生代农民工是新时代中成长起来的一代，全国的生活水平都有了大幅度的提高。虽然乡村的增长比之城市较为有限，但于乡村本身来讲，已经有了明显的提高。那么比起前辈来说，新生代农民工自然也会有“人往高处走”的期望。加上他们受到新生代媒介的熏陶，对城市的生活水平存在盲目性的乐观和崇拜心理，也造就了他们对城市的期望值普遍偏高。

（三）物质和精神享受要求高

改革开放以后，中国经历了前所未有的高速发展的30多年，加上国家政策从“农村到城市”逐渐过渡到“城市反哺农村”，乡村人民的生活水平有了前所未有的提高。不得不说的一点是，计划生育政策的提出，使得独生子女家庭内部的关系产生了失衡，“80后”、“90后”一代，尤其是独生现象普遍的“90后”，在这种失衡的关系中不断地自我膨胀。在大环境和小环境的共同影响下，新生代农民工对于物质和精神的追求都比前辈提高了许多。这一点，在新生代农民工的衣食住行中有明显体现，比如对高档手机、电脑等的追求。

（四）工作耐受力低

正是由于新生代农民工多是独生子女，比起父辈来说更娇生惯养。而科技水平的提高，使得对人力劳动的要求降低，因而即便是从小生长在贫苦农村的一代，也稍微缺少了父辈吃苦耐劳的精神。这一点，无论是在家务农还是外出打工，这都对新生代农民工有很大的影响。这也是他们在城市社会中受到负面评价的部分原因。

三　研究新生代农民工媒介素养的意义

最初农民工进城的目的，多半是出于对经济利益的考虑。在新世纪初，作为信息传播主要途径的大众媒介，担负着重任，更多关注的是和国家的快速发展关系较为密切的城市社会。一个国家的经济命脉是以城市为基石，国家政策对城市的支持，引来大众媒介的广泛关注，这是从一开始就定下的核心内容。城市生活通过大众媒介传播到偏僻落后的乡村，于是农民萌生了进城“淘金”的念头，第一批农民工应运而生。

当今社会新生代农民工进城的目的，已经从父辈们单纯的经济考虑转移到了更为远大的理想考虑上。他们渴望将生活重心转移到城市社会中，从物质方面来说，城市的生活水准也的确比乡村高出许多倍。因此，新生代农民工来到城市以后，希望能够在这里安家立业，脱离贫穷落后的乡村生活。不过，作为外来人口，他们势单力薄，要对抗他们身上与城市社会格格不入的地方，却无法得到城市人的理解和接纳。其中很重要的一点原因就是，城市对他们的了解太少，所以不会冒着风险贸然接纳一个新生的群体。究其原因，自然就是大众媒介对新生代农民工的城市融入群体关注的缺失。在很长一段时间内，新生代农民工与大众媒体的联结是不存在抑或是虚弱单薄的。大众媒介天平的倾斜，一定程度上造成了新生代农民工在城市中遭受到不公平的待遇。

由此可以看出，新生代农民工的城市生活与大众媒介的走势和动向是息息相关的。然而现实是，在当前情况下，新生代农民工与大众媒介的结合并不紧密。

研究新生代农民工媒介素养的意义在于，新生代农民工与大众媒介结合的好坏，正越来越多地影响到新生代农民工的自我认同和社会认同，也同样关系着他们融入社会速度的快慢。如果要更好更快地解决新生代农民工的城市融入这一重大民生问题，就必须加强其与大众媒介的联系，要做到这一点，首先就是提高新生代农民工的媒介素养。

从个人来说，加强新生代农民工的媒介素养，可以提高他们的生存能力。在信息化时代，利用大众媒介，尤其是新兴的网络媒介，可以获取大量有效信息，快速增长个人认知，拓宽就业渠道，扩大人际交往，等等。这有利于解决长期困扰我国的一大民生问题，例如农民工就业难、就业低端化。新生代农民工还能通过大众媒介充分了解国家政策、法律法规，利用扶持政策和法律维权维护自己的正当权益。

从社会来说，加强新生代农民工的媒介素养，是加强全民媒介素养的一部分。在文化方面，由于地区发展不平衡，新生代农民工作为社会受教育群体中的弱势群体，也是国内全民素质问题的薄弱环节。因此，只有加强新生代农民工的媒介素养，才能更有效地提升全民的媒介素养，从而利用媒介的正确引导，提高全民的整体素质。在经济方面，新生代农民工媒介素养的提高让他们拥有更高的个人能力，可以为国内经济发展做出更多贡献。

我们研究的最终目的，也是希望在现有状况下不断提高新生代农民工的媒介素养。经过学者的调查研究发现，无论中外媒介，都极少注意呈现城乡之间的差异，媒介和教育将目标人群更多地对准城市中的人群，却忽视了在我国人口比例中占有很大地位的农村人群。“面对越来越多的所谓‘精英’的出现，我们不得不担心，如果失去了最广大的受众，他们的媒介素养得不到提高，社会的稳定和发展将会是一个值得怀疑的事情。”① 也就是说，提高新生代农民工的媒介素养，最终将关系着一个社会的稳定和发展。

第二节 新生代农民工的媒介素养现状

新生代农民工是在信息化时代中成长起来的一代，他们有一定的学历，也有高于父辈的媒介素养，这有利于他们在适应大众媒介的同时，利用大众媒介的优势力量，化被动为主动。

而大众媒介在接受着时间的考验不断地进行自我完善的过程中，它的关注点也在继续扩大。这为新生代农民工获得大众媒介的关注创造了便利条件，加上他们的主观努力，被忽视的情况得到持续改善。在这样一个互相迎合的进程中，尤其是处于积极主动地位的新生代农民工，必须对大众媒介有充分的了解。

这提醒我们，二者的相互促进，是建立在新生代农民工的媒介素养状况上的。那么新生代农民工的媒介素养现状如何呢？西安交通大学人文学院媒介素养课题小组于 2012 年对西安地区新生代农民工群体进行了问卷调查，主要包括四个方面内容：新生代农民工的基本情况；新生代农民工的认知情况；媒介接触与使用情况；媒介活动情况。

调查样本的性别结构、年龄结构、收入结构、文化结构和职业构成等特征分析如下：

（1）性别构成

在有效的 629 份调查问卷中，女性受访者为 175 人，占 27.8%；男性受访者为 454 人，占 72.2%；样本中，男性比女性多 44.4%。

表 6－1 性别构成

	人数	百分比（%）
男	454	72.2
女	175	27.8
合计	629	100.0

① 仇加勉：《超越保护主义：文化反哺视角的媒介素养教育》，《现代传播》2007 年第 4 期，第 115 页。

（2）年龄构成

根据对调查数据的分析，在此次受访新生代农民工中，年龄为30岁以上（包括30岁）的受访者占全部受访对象的32.3%；年龄段在25—29岁的占34.9%；20—24岁的占31.4%；年龄在20岁以下的占1.4%，其中无未成年人。

表6-2 **年龄构成**

	人数	百分比（%）
30岁及以上	203	32.3
25—29岁	220	34.9
20—24岁	197	31.4
20岁以下	9	1.4
合计	629	100.0

（3）收入构成

在此次调查中，月收入在1500—2000元范围内的受访新生代农民工达到40.51%，月收入在2000—2500元之间的受访者达到20.75%。数据表明，此次调查的新生代农民工具有一定的经济基础，让我们能够更直观地对比出新生代农民工的收入情况与媒介素养高低的关系。

表6-3 **收入构成**

	人数	百分比（%）
1500元以下	172	27.33
1550—2000元	256	40.51
2000—2500元	131	20.75
2500元以上	70	11.41
合计	629	100.0

（4）文化程度构成

此次调查中，拥有高中及大专学历的受访者占33%，初中学历者占48.5%，小学学历者占13.4%，小学以下的被调查者仅占5.1%。从中可以看出，此次受访新生代农民工大多数都完成了九年制义务教育，并且有的获得了更高的学历，其受教育程度良好。这样的受教育程度基本可以保证他们阅读时畅通无阻，但他们在对知识的理解和吸收方面还有很大的不足。与城市居民相比，即使新生代农民工具有比父辈较高的文化水平，但他们的整体受教育程度无法与城市居民画等号，知识沟的存在无疑使农民工媒介素养的提高受到极大的限制。

表6－4　　　　文化程度构成

	人数	百分比（%）
高中及大专	208	33.0
初中	305	48.5
小学	84	13.4
小学以下	32	5.1
合计	629	100.0

（5）职业构成

在这次调查中，做全日制工作的新生代农民工占48.3%，非全日制工作的占20.7%，临时性工作（打零工/散工、非稳定性工作）者占31.0%，通过表格可以清晰地看出职业构成分布人数与频率。

表6－5　　　　职业性质

	人数	百分比（%）
全日制	303	48.3
非全日制	130	20.7
临时性	195	31.0
合计	629	100.0

在这600多人中，建筑业从业者的百分比高达32.0%，采掘业、制造业及资源的生产及供应业从业者占26.7%，交通运输、仓储、邮电通信业及批发零售贸易、饮食业从业者占22.3%，从事社会服务业的人占19%。

表 6 -6　　职业构成

	人数	百分比（%）
建筑业	201	32.0
采掘业	60	9.5
制造业	62	9.9
电力、煤气、水的生产及供应业	46	7.3
交通运输、仓储、邮电通信业	49	7.8
批发零售贸易、饮食业	91.0	14.5
社会服务业	120	19.0
合计	629	100.0

在这样一个样本基础上，根据调查小组对获得的有效数据进行分析整理，显示出西安市新生代农民工媒介素养现状，下面我们将进行具体分析。

一　新生代农民工的媒介认知能力

21 世纪以来，随着城镇化进程的不断加深，农村生活水平逐渐提高，收音机、电视、手机、电脑等在农村普及开来。应该说，当代的城市人对这些媒介载体并不感到陌生，尤其是在媒介载体发展史的耳濡目染下成长起来的“80 后”、“90 后”一代。媒介载体以及新媒介所带来的诸多有利因素，使人类生活对其产生依赖，其使用频率迅速上升，甚至逐渐扩散到城市生活的每个角落。这些媒介载体为农民提供了一个与城市生活“亲密接触”的平台，也从多种渠道为新生代农民工提供了大量有用信息，提高了新生代农民工获取信息的能力。

随着媒介载体在乡村普及，比起父辈们来说，受过更高级教育的新生代农民工对其掌握也日益娴熟。新媒介不但让他们了解到乡村之外的广阔世界，还能让他们产生心理上的安慰感。使用新媒介，让他们觉得能够用城市人的方式接触这个陌生的社会，这也是新生代农民工将媒介的使用看作融入城市生活的重要手段之一的原因。

本次调查将媒介分为广播、报纸、电视、网络、手机，并将了解程度设置为完全了解、一般了解、不了解三个层次。调查结果显示，对电视完全了解的人最多，占 45.9%；其次为手机，占 38.3%；对网络完全了解和完全不了解的人数相当，均占 21.3%。可见新生代农民工群体对传统媒介的了解仍大于对新媒介的了解。

新媒介作为今天的主流媒介，在新生代农民工中受到冷落，反映出新生代农民工媒介认知范围较窄，也就在一定程度上造成了他们的认知能力水平较低。

中国的网络媒介时代，也是新生代农民工成长的时代。根据中国互联网络信息中心（CNNIC）在京发布的第31次《中国互联网络发展状况统计报告》统计，截至2012年12月底，我国网民规模达到5.64亿人口，互联网普及率为42.1%，保持低速增长。由于互联网是新时代的产物，较之思想更为保守的父辈来说，其与出生在新时代的“80后”、“90后”联系更为密切。而在这样一个代表新力量的群体之中，网络和网络信息对于新生代农民工有着更为深刻的意义。

虽然中国已经进入改革开放30年的黄金期，但在经济、文化等各方面发展不平衡的问题依然十分严峻，且随着时间的推进，城乡差距有愈演愈烈的趋势。单单是文化方面，包括网络信息媒介等大众媒介在农村的普及力度就远远不及城市。即便国家政策在全国推行九年义务教育，保证农村学龄儿童的受教育权利，并且出台了一系列立足于缩小城乡差距的措施，仍旧收效甚微。这可以用大众媒介中的“知沟理论”来解释，也就是当文化在传播的过程中，由于受到种种传播途径和客观条件的限制，先天就拥有较好基础条件的城市人的利益能够优先得到保障，相反，处于较劣势处境的农村人受到影响的程度较弱，其中就包括了新生代农民工群体。

新生代农民工作为农村群体中的新一代，比起老一辈受过更好的教育，无论是猎奇心态，还是对新科技的掌握能力，都高于老一辈。这也就奠定了他们对网络媒介的渴求。不过，即便是新生代农民工群体，相比拥有更优质的生活环境的城市居民来说，他们仍旧是一个文化弱势群体。在城市中，各种电子产品充斥大街小巷，网络光纤四通八达，这是农村地区尤其是偏远农村所无法比拟的优势条件。

在这样的条件下，新生代农民工的网络媒介素养的养成和发展要比城市居民更加困难。以新媒介为例，网络是一个开放的平台，如果要从中筛选有效信息，需要信息采集者拥有一定的网络媒介素养，重点是认知和辨别能力。应该说，新媒介是最利于锻炼新生代农民工媒介素养的平台。

除了对媒介种类的认知，判断新生代农民工的媒介素养能力还有一条重要标准，就是对媒介作用的认识。

在西安交通大学人文学院媒介素养课题组的调查中，大多数受访者认同媒介是了解社会的重要渠道（完全认同占28.9%，基本认同54.1%），认为媒体能充分展现社会的各种观点（完全认同占13.4%，基本认同占57.3%），并且有66.6%的受访者认为媒体能够起到监督作用，同时66.4%的受访者认为媒体在社会中的作用将越来越大。

值得注意的是，虽然仅有少数人不认可甚至完全不认可媒介的作用，但是对媒介作用模棱两可的人数也占到25%以上。与此同时，调查显示，表示信任媒介发布的信息的人数占72.8%，但能够完全理解其传播内容的人仅占16.9%，78.5%的人认为自己仅仅有时或者很少能理解媒介的传播内容，如新闻、评论、广告等。

由以上数据可知，大多数新生代农民工对媒介有着层次较高的认识并且认可媒介的社会价值，仅有少部分人认为他们不信任甚至完全不信任媒介，甚至不认可媒介的任何价值；但与此同时，对媒介的价值和传播内容不大了解或者不清楚的人也不在少数。其实，新生代农民工若要全面认识大众媒介，必须要从“有利”和“有弊”两个角度来看。

利用网络媒介的新生代农民工，比起老一辈农民工来说，在职业定向和选择方面，具有更广阔的方向和就业前景，并能依靠媒介提供的信息和资料不断地自我充实与提高。但要做到这一点，就必须首先对大众媒介信息有一个深刻的认知。只有正确的认知才能够给新生代农民工的生活提供便利，也就是说，从另一个角度来讲，网络作为新生事物，本身就存在着不足，需要时间的打磨和不断地改善。而网络媒介则是一个虚拟的平台，难以用实际的教条严谨规范。这两者结合在一起，使网络新媒介的不确定性增加，网民之中鱼龙混杂，网络信息良莠不齐，网络和新媒介成为一把“双刃剑”。尤其是对于经验不足的新生代农民工，他们对网络媒介一知半解，向往城市生活的迫切心理让他们容易冲动、急功近利，这给了不法分子有空可钻的机会。网络上许多虚假的职位信息，往往就是诱骗新生代农民工的最常见陷阱。所以新生代农民工必须要有分辨是非的能力，更要不断提高自我媒介素养，不能过分依赖和信任一切新媒介，对于铺天盖地的媒介信息也要有分辨是非真假的能力，取其精华去其糟粕。

二 新生代农民工媒介的接触与使用能力

（一）媒介接触动机

媒介主要为五种，分别为广播、报纸、电视、电脑以及手机。通过

"使用与满足理论"可知，人们接触媒介是为了满足自己的需求和欲望，即当人们接触媒介时，通常具有一个特定的目的。在接触媒介时，受众根据自身的需要作出判断，从而选择符合其接触需要的媒介进行信息接收。本次调研从信息量大、时效性强、娱乐性强、可信度高、使用方便等五个方面对新生代农民工选择媒介时的标准进行调查。

调查数据显示，对新生代农民工群体而言，25.1%的人最为看重媒介的娱乐性，因此当他们选择接触媒介时，娱乐性成为他们考虑的首要因素。但也不仅仅如此，因为新生代农民工除了选择娱乐性强的媒介之外，也会选择一些时效性强和使用方便的媒介。同时，新生代农民工群体中大多数人不看重媒介的可信度，认为媒介可信度是其选择媒介的首要标准的人仅占15.2%。在新生代农民工关注的媒介传播信息内容方面，农民工致富、农民工进城打工等信息是新生代农民工群体关注的重点。值得注意的是，出于各方面的原因，税收、民主选举、教育、反腐败等内容是最不被新生代农工群体重视的方面，也就是说，新生代农民工的政治思想和政治参与力度都较为堪忧。

（二）媒介接触使用情况

新生代农民工多为"80后"、"90后"，属于年轻群体，在新兴媒介快速发展的时代，作为对新事物充满好奇、充满热情的群体，新生代农民工对新兴媒介的接触与使用率高于传统媒介。而在新兴媒介当中，由于手机具有较强的娱乐性、时效性以及无可比拟的便携性，因此手机的使用率高于其他媒介的使用率。在我们的调查中，57.1%的受访者经常使用手机，23.4%的人每天使用手机的时间超过两小时，有时、偶尔使用的人也占到了34.8%，不使用手机的人仅有8.1%。

表6－7　　手机使用情况

经常使用	有时、偶尔使用	不用	合计
57.1%	34.8%	8.1%	100%

虽然新兴媒介总体而言在新生代农民工群体中较受欢迎，手机和电脑的接触与使用比例较高，但是作为传统媒介之一，电视进入市场的时间早，占领的市场份额大，具有时间和空间的双重优势，因而在任意群体中都是极受欢迎的媒介工具，新生代农民工群体也不例外。因此，在传统媒

介中，电视的使用率最高，经常使用的人数比例达到51.4%，仅次于手机的使用率，同时28.0%的人每天接触电视的时间超过两小时，在各类媒介的使用时间中居首位。在观看电视节目时，新闻的观看度最高，为47.9%，这从一个侧面反映了对国家以及惠农政策的关注；其次为娱乐类节目，占42.8%；艺术类及科技类节目的观看度仅为9.3%。

表6-8　　收看节目分布率

新闻	娱乐节目	艺术及科技类节目	总计
47.9%	42.8%	9.3%	100%

虽然新媒介的使用率总体而言较传统媒介高，但是由于条件的限制，与新媒介息息相关的互联网市场却并没有想象中那么宽广。在我们的调查中，家里没有互联网的受访者占57.6%，经常使用电脑网络的人仅有31.3%，22.7%的受访者基本不使用电脑网络。而对使用电脑网络的新生代农民工而言，满足娱乐需求（27.2%）和了解新闻信息（24.8%）是他们上网的主要目的。

除了使用手机、电视、电脑网络之外，在我们的调查中仍有大部分新生代农民工会选择报纸来接触信息，虽然仅有19.9%的人经常看报纸，但是完全不看的人也只有14.3%。而其阅读报纸的主要目的是了解新闻（52.5%）、消除无聊（30.5%）、寻找就业途径（25.8%）、了解农民工政策（22.3%）。

相比较而言，作为一种较为老式、限制条件较多的广播，在新生代农民工中的使用率为最低，经常使用者仅占8.6%。

采集数据以后，我们对西安新生代农民工媒介使用与接触现状进行了分析，从中可以看出新生代农民工媒介素养中的娱乐化倾向十分明显，这也体现出了大众媒介的双面性。大众媒介在给人们提供休闲的同时，也以大量庞杂的信息干扰人们的信息选择方向。这与我们媒介的“把关人”理论也有一定的联系。也就是说，我们的大众媒介要经过一定的筛选，将信息过滤给受众。对于新生代农民工群体，我们的媒介把关人必须要重视，对症下药。其实，大众媒介提供给人们的不仅仅是娱乐，更重要的是引导人们去接受有利于自我发展与完善的信息知识。这一点对于本身就处于弱势地位的新生代农民工群体来说尤为重要。

如果新生代农民工充分利用大众媒介的有利方面，对于他们融入城市生活会有巨大的帮助。以新媒介为例，网络媒介就为新生代农民工提供了大量工作、生活、娱乐等方面的信息。

老一辈农民工，因为大环境下的时代局限性和单一性，他们能够获取的关于职务岗位的信息量少且分散，加上他们受教育程度低，所以获得出卖体力劳动岗位的机会较大。然而步入21世纪的中国社会，接受着来自国内外的多重挑战，科教兴国的路线得到肯定和遵循，教育的普及、科技的提升、人民观念的逐步开放，种种因素都造就了新生代农民工必须具有的区别于父辈农民工的个性特点。

新生代农民工受教育程度较高，对科技的接受力较强，能够较为熟悉地使用媒介载体和新媒介，这些都是在当前的城市务工环境下对职位竞争十分有利的要素。尤其是，当今社会已经进入一个信息化网络时代，大量的职务信息会通过网络媒介进行刊登发布。比如在国内最大搜索网站百度上输入“网络招聘职位”，可得到约2500万条相关讯息，比起父辈农民工盲目且单一的务工准则和方向，通过网络媒介平台进行职位定向和选择，无疑让新生代农民工获得了更多的便利和机会。网络媒介的优势就在于信息量大、方便快速、消息集中，新生代农民工通过网上搜索，能够得到大量的有利信息和反馈，即便是同类别的工作，也能有所比较，使新生代农民工在进行工作岗位选择时能更加贴合自己的实际情况，准确定位。这样不但方便了农民工，也有效提高了社会劳动效率。

网络媒介技术还能给新生代农民工提供有效交流的平台，有助于他们不断提高自我的业务能力，比如用QQ、微信、MSN等聊天工具彼此交流经验，能够取长补短，相互促进。另外，在学习中遇到疑问的时候，新生代农民工还可以利用贴吧、微博、网络百科等工具，向更多的人发起提问，解决难题。比起父辈农民工狭窄的交际圈，新媒介无疑为新生代农民工提供了一个更为便利高效的平台。不得不说的是，在当今社会，能够熟练地掌握和运用新媒介技术，本身就是一种难能可贵的技能品质，有时候它甚至可以为新生代农民工的务工提供额外的帮助。这样做的一个好处就是，在人与人的交流之中，新生代农民工扩大了自己的交际范围，培养了交际能力，对于他们快速融入城市社会有较好的帮助。

网络媒介给新生代农民工提供的便利不仅仅是在工作方面，在生活中更是无处不在。

农民工在最初进城务工的时候，多半是一个人单打独斗，即便在工作岗位上稍微扩大交际圈，也多半是与自己身世背景相似的农民工兄弟。有些人甚至原本就是打着去投靠老乡和家人的主意，怀着发家致富的梦想，毫无准备地就来到了陌生的城市。他们与城市彼此之间的隔阂感，使他们被禁锢于一个狭小的交际圈内。

而新生代农民工，在这一点上，做得则要比父辈好得多，其中有很大一部分得益于他们的媒介素养。不能否认的是，新生代农民工作为“80后”、“90后”一代，比父辈接受过更为全面的教育，也有着更为开阔的视野和心胸，更能用新的眼光思考自己的处境地位和审视时代变化，接受新的事物。加上他们对城市社会的渴望，使他们并不满足于身边促狭的交际圈。这个时候，媒介载体和新媒介能为他们提供便捷有效的帮助。在新生代农民工去城市之前，他们能够通过媒介平台掌握外界的资讯，对于自己即将面对的生活也有了较为全面的了解。他们并非毫无准备地闯入陌生的城市。媒介给他们提供了几乎所有他们需要的城市资料，他们能够从中学习怎样与城市和城市人相处，使他们能够快速甚至是提前适应城市生活。除了人际关系以外，新媒介还能为新生代农民工在日常生活中的行为指引方向、提供便利。

以购买火车票为例。铁路运输部门的繁忙向来是众所周知的，尤其是在春运前后，是购票的高峰期，农民工就是其中一大主要需求人群。父辈农民工必须在这个时候等待在售票厅内，经过长时间的排队购买火车票，甚至有可能因为票数有限等原因错失购票良机。对于能够长期接触新媒介的新生代农民工来说，这个问题就要容易解决得多。铁运部门现已推出电话订票和网上售票功能，并为农民工开辟了专门的售票平台，这大大地提高了售票的效率，也方便了农民工群体。新媒介的力量就在于，它能够集中、快速、便捷地处理多项事务，新生代农民工熟练地掌握了新媒介技术，加以合理的利用，便能够在生活方面得到便利。

又如，现在许多种植果蔬的新型农村开始利用大众媒介进行宣传，甚至是利用网络平台进行全国联网销售，这样不但替农民增加了利益，还尽可能避免了资源浪费。可以说，组成这样的营销模式的农民群体也是一种新型的“农民工”。

同样地，新媒介能够提供给城市人的其他便利，新生代农民工都能够得到。比如网络导航，让农民工在陌生的城市里能够随意穿梭；又如网上购物，不管是实质物品还是虚拟货物，一应俱全。这让新生代农民工在享受到便利的同时，也能更加贴切地感受到现代化城市的生活气息。除此之外，新生代农民工通过媒介平台，能够了解到所在城市市民的生活习惯，使他们既来之则安之，心态更加平稳。

三 新生代农民工媒介的参与现状

如今，各类媒介飞速发展，新兴媒介异军突起，由于媒介的进步，在传播过程中传播者和受传者的界限越来越模糊，二者之间的交互性也随之增强。因此，受传者不再仅仅是信息的被动接收者，他们积极参与传播活动，对传播者造成影响。由于大多数新生代农民工的思想意识依然停留在自己仅仅是信息的被动接收者上，因此他们对参与媒介活动表现得并不活跃。

本次调查显示，54.8%的新生代农民工表示从未参与过媒体互动，经常性参与的人仅为8.2%，并有51.8%受访者表示自己从未在媒体上发表自己的看法；同时经常因传播信息而产生自身思考的受访者也仅占8.3%。

作为传统意义上的信息接收者，媒介对新生代农民工的影响较大。虽然新生代农民工并不认为他们完全会被媒介的传播内容和媒体的观点所影响，但是认为自己在较大程度上受到影响的人占到了总体人数的65.6%，且有25.5%和58.5%的受访者认为媒体非常重要或对他们有所帮助。

新生代农民工群体虽然不善于参与媒介活动和反馈意见，且易受媒介传播的内容和观点的影响，但是他们作为有个性有主张的年轻一代，并没有完全成为传播过程中被动的“靶子”。相反，61.3%的人认为现今媒介并不完善且有待规范，并有22.9%的人对媒介的传播内容持怀疑态度。

其实，新生代农民工与大众媒介之间必须是互动的态度，才能有效促进新生代农民工媒介素养的提高。正如前面一节所提到的，大众媒介对新生代农民工这一弱势群体有过长时间的忽视，即便是在今天，相比起城市生活和城市人来说，新生代农民工受到媒体的关注也是较少的。但归根结底，关键问题还是在新生代农民工的主动性上面。

新生代农民工是“80后”、“90后”一代，所以从小就有一定的条件能够接触到媒介载体，这给他们营造了一个便利的环境。他们对大众媒介的接触和了解，比起父辈来说要多得多，从小建立起的媒介素养为他们日后与大众媒介的互动打下了良好的基础。新生代农民工只要懂得合理利用大众传媒，对他们融入城市社会有极大的益处。

在日常生活中，新生代农民工就能够接触到广播、收音机、电视等媒介载体，因此大众媒介对他们的影响是深刻而巨大的。可以说，新生代农民工对外界的了解，除了长辈们的口述以外，更多地来源于这些大众媒介的宣传。就是通过大众媒介，他们了解到与乡村截然不同的城市生活，与自身所处环境进行比较，产生了对城市的渴望。据不完全统计，我国农村的彩电普及率在90%左右（以家庭为单位），而手机普及率也在50%以上（以个人为单位）。这充分说明了，大众媒介在逐步地渗透到乡村生活当中，主动地参与乡村生活，也使他们能够了解到更多关于新生代农民工的问题，并且能够站在对方的角度上考虑问题，关注点也就更加全面和可靠。而新生代农民工能够参与到大众媒介的传播中，比如购买彩电、手机等媒介载体的行为，是具有自发性和自觉性的，也就是说，新生代农民工在自我媒介素养的促使下，能够迎合媒介市场，而不是将自己看作孤立的部分。

在这样的状况下，新生代农民工与媒介载体的关系是密不可分又相辅相成的。新生代农民工为了加强对城市生活的了解和取得城市社会的关注，必须利用媒介载体，而随着大众媒介视角的不断调整，他们也需要落脚在新生代农民工这一类的弱势群体上，来提升自己的职业素养。也就是说，新生代农民工一面迎合当代的媒介市场，一面利用大众媒介，如QQ、微博、贴吧等网络论坛和社区等新媒介，来增加自己的“知名度”。随着自身媒介素养的不断提高，对大众媒介的认识加深，新生代农民工还能利用大众媒介来公开维护自己的合法利益。

在日常生活中，新生代农民工也能够通过大众媒介的平台来展示自我。无论是在电视台的镜头下，还是在网络虚拟世界中，新生代农民工都向城市社会展示出了他们的各个方面。的确，他们身上存在着从乡土中带来的贫穷与落后的部分，但也彰显着新时代涂抹在他们周身的光芒。比起父辈来说，他们的发展条件已经有了很大的改观。随着未来城乡体制的完善，相信大众媒介与新生代农民工的互动还会联系得更加紧密。比如现在正紧锣密鼓进行着的城镇化建设，大量农村人口改换了身份进入到城市社会中，这对于他们融入城市社会也是有很大帮助的。

说到大众媒介与农民工的相互成就，可以举出许多例子。比如近几年来受到热议的“草根明星”——旭日阳刚组合。一开始，他们不过是两个平凡的农民工，却因为借助了网络媒介的力量获得了社会的广泛关注，也得到了许多人的喜爱。他们利用新媒介，将农民工的心酸和坚韧展现得淋漓尽致，这种打动人心的力量，让城市社会开始反思，自我完善，主动与农民工群体进行磨合。这一成功的例子，可以成为新生代农民工的典范，对于受到过较高程度教育和有着一定程度媒介素养的新生代农民工来说，利用大众媒介受到关注的路径是十分便利的。但同时也要注意，新生代农民工在渴求关注的同时，也要坚持正常合理的渠道，不能刻意制造媒体舆论，背离媒介素养的道德观，这是他们建立口碑并被城市所接纳的重点。

在新生代农民工参与媒介活动中，有一点尤为重要，就是新生代农民工的政治参与。它充分体现了新生代农民工的话语权，也是新生代农民工通过大众媒介参与到提高自我生活、提高社会建设水平的重要途径。因此，我们的调查小组也对受访新生代农民工进行了政治参与度的调查，下面从认知与动机、参与渠道、参与行为三方面来看。

（一）政治参与的认知与动机

首先，我们要从新生代农民工的政治参与认知方面来看。新生代农民工作为社会公民的一个群体，是政治参与的主体部分之一，并且同样具有政治文化心理特征以及政治需要。比起普通农村居民来说，新生代农民工有机会接触到更多关于城市的现代化设备和讯息传播渠道，因而他们比父辈更熟悉现代化媒介，且能够较为熟练地运用这些新媒介参与到政治讨论中来。这与他们急于融入城市社会的心理有关。他们渴望社会的认同，更需要的其实还有政府的认同与扶持。相信近几年来国家更多地关注到新生代农民工群体问题的很重要一点原因，就是政府已经意识到了新生代农民工这个正在日益壮大并渗透到国家建设的许多环节中去的群体，也具有政治参与的必要。这也就说明，主流意识形态已经承认了新生代农民工具有政治参与的认知与动机，而多年的城市生活，也使得他们的认知和参与能力达到了一定的水平，能够参与到政治讨论环节中来。我们国家的经济建设需要新生代农民工，政治建设也同样离不开他们的参与。

在西安交通大学研究小组的调查报告中显示，大部分的新生代农民工已经意识到公民政治权利的重要性。在受访的新生代农民工中，高达76.5%比率的人认为公民政治权利重要，且有87.8%的人认为个人和民间舆论能够影响政府的决策。在关于自身利益受到损害时是否会采取何种措施的选项上，90%以上的受访者表示肯定，甚至有25.8%的人认为将会诉诸法律。尽管另外仍有28.5%的人考虑私下解决，却不能完全抹杀新生代农民工群体性的政治参与意识。

由此可知，新生代农民工群体意识到了公民权利的重要性并且面对不公平待遇时大多数人不再隐忍，而是主动寻求解决途径。虽然仍有相当一部分人不懂得利用法律媒介等有效渠道来反抗不公，但是新生代农民工维护自身权益的意识已日渐增长。

其次，新生代农民工的政治参与动机方面。人们根据特定的政治需求参与政治活动，政治需求是主体内部缺乏政治满足状态的心理反应，希望通过一系列行为或活动使政治需求得到满足，于是便产生了政治参与动机。对新生代农民工这一特殊群体来说，其政治参与也有着特定的政治动机。政治动机指的是政治主体在参与政治活动时为了达到一定的政治需求的内在驱动力，它是驱使主体进行政治参与的根本动力。在这个过程中，进行政治参与的政治动机直接作用于主体以及主体的行为。与第一代农民工相比，新生代农民工对政治权益有着更深入的认识，这是新生代农民工不同于传统农民工的特征之一。新生代农民工政治参与动机不再只局限于个人功利主义思想，他们具有更高的社会责任感，也就是说，他们的社会责任感逐渐增强，同时也激发了他们追求平等的政治意识。调查中，58.4%的新生代农民工进行政治参与的动机是反映农民工群体的利益，他们要求政治参与权利的目标在于寻求本阶层的整体利益，并激发本阶层全体成员改善共同处境、维护共同利益的意识，也就是说，偏重个人功利性的狭隘的政治参与观有所改变，仅为了自身利益而进行政治参与的新生代农民工只占调查总数的25.6%。

（二）政治参与的渠道

新生代农民工的政治参与渠道概括起来主要有以下几种：

第一，政治选举。政治选举是指一个国家或其他政治组织按照一定的法律程序和法律规则，由公民决定由何人充当集团某种权威职务的政治过程。其常见的政治意义是选举者授予参选者在法律中的权威地位，使参选者有机会发挥社会决策者和评判者的职能。新生代农民可以工通过政治选举来影响政府，同时政治选举也是新生代农民工实现村民自治组织的制度化的控制手段。但是，新生代农民工通过政治选举来参与政治活动的积极性并不高。本次调查数据显示，51.3%受访者从未参加过投票选举，28.8%受访者很少参加，仅有4.2%的人经常或较经常参与政治选举。因此政治选举渠道对新生代农民工的政治参与而言并不畅通。

表 6-9　　参与政治选举

从未参加	很少参加	经常或较为经常参加
51.3%	28.8%	4.2%

第二，政治团体活动。政治团体活动是指新生代农民工因为某种目的按照组织、原则的具体内容而组建起来的社会政治组织，其主要形式为工会组织。新生代农民工参加工会组织，对工会制定的相关政策提出意见和建议进行民主监督和舆论监督，通过参与这些团体性的政治活动可以提高他们的民主意识和政治责任，同时也使党和政府的政策建议被整个新生代农民工集体有效吸收。但在实际调查中，经常或较经常向组织单位提意见的新生代农民工仅有 3.2%，经常或较经常向人大代表或政协委员提意见的人也只占 2.1%。

第三，政治信访。政治信访是公民为解决个别政治问题的政治行为。通过信访，新生代农民工可以为寻求个人或少数人的利益以邮递或请愿书的形式向政府部门反映其政治需求，但新生代农民工中对这一渠道“不太了解”、“完全不了解”和“不清楚”的人占了总受访人群的绝大多数，为 68.4%，通过信访办向政府提建议的新生代农民工也只有 13.0%。

第四，利用现代媒介。媒介是传递信息和接受信息的主要渠道，政府信息的发布也与媒介息息相关，网络、电视、报纸等媒介平台成为了政府传播执政理念和宣传政策法规的有力平台。不仅如此，政府亦可通过媒介实现与公民互动对话，获取公民的反馈信息。与此相应，媒介因其传播快、信息量大、覆盖广、门槛低等特点，亦成为公民获取政治信息、进行政治参与的有效渠道。在媒介渠道中，52.5% 新生代农民工通过电视获取政治信息，16.7% 的人通过报纸获得，12.9% 通过广播，12.2% 通过网络，5.7% 选择其他途径。当新生代农民工向政府提出建议时，46.9% 受访者选择利用网络、电视等媒体来提出建议。

表 6-10　　媒介渠道选取

通过电视	通过报纸	通过广播	通过网络
52.5%	16.7%	12.9%	12.2%

（三）政治参与的行为

在法制民主的社会主义国家，国家的权利属于人民，人民有权参与政治。一般来说，公民享有的政治参与权利一般包括投票、进行选举、实现政治接触、在法律实施过程中参与听证、诉讼等。为了实现自身的政治需求，广泛地进行政治参与对新生代农民工而言是最为有效的手段。

参加全国人民代表大会的选举是最常见的或最普通的公民政治参与行为，也是公民在现有制度框架内按照法律法规实现制度化的政治参与的有效途径。由数据可知，在新生代农民工群体中，通过政治选举来实现自身政治参与行为的状况是不乐观的。课题组问卷调查表明，80.1%新生代农民工很少或从未参加过投票选举人大代表，79.6%新生代农民工从未为自己所支持的人大代表拉过票。

虽然72.1%受访农民工表示自己很少向媒体表达关心的公共问题的看法，但参与人数相较其他项目而言较多，占4.5%。新生代农民工群体中，其他相对而言参加人数较多的政治活动为在网络上参与国内外重大事件（5.2%）、在网上讨论本市的发展事务（5.0%）。

尽管当代新生代农民工相对于第一代农民工来说，其文化程度更高，现代性观念更强，但在现实中，他们中绝大多数人同样未能借助新闻媒体的力量来表达自己的意见和要求，成为一个“沉默”的群体。

由以上分析可以看出，新生代农民工的媒介活动参与情况，尤其是政治参与仍需加强。

四　新生代农民工媒介素养小结

（一）新生代农民工媒介素养现状

西安交通大学人文学院媒介素养课题组在对西安市新生代农民工媒介素养现状的调查基础上，对所得数据进行统计和分析，得出以下结论：

1. 新生代农民工具有一定的媒介接触选择能力

此次调查结果显示，“了解新闻”是西安市新生代农民工接触媒介的最主要动机，之后两位分别是“放松自己”以及“消磨时间”。这一方面说明西安市新生代农民工迫于生活需要了解国家政策，特别是新生代农民工的相关政策；另一方面也表明，新生代农民工在接触媒介的过程中容易迷失方向，甚至无所适从只好消磨时间。在被媒介信息充斥的社会中，终身学习能力和自学能力是不可缺少的现代基本能力。在此次调查中，主动进行知识学习和与人沟通的新生代农民工比例较低，这一现象表明，新生代农民工不能充分利用媒介渠道来获取知识、训练技能、自我改进。

在媒介的选择类型上，大多数受访者将手机和电脑作为他们优先选择的大众媒介，这表明西安市新生代农民工在接触和使用媒介时，新兴媒介代替传统媒介成为了这一群体首要的传播工具。互联网和手机的特点是方便、快速、互动性强，这些特点极大地满足了新生代农民工的信息需求，并迅速成为新生代农民工群体的“媒介宠儿”。但与此同时，我们不可否认互联网和手机充满了大量的负面新闻，容易诱发新生代农民工向违法犯罪的道路迈去。这就要求新生代农民工具备改善信息和识别信息的能力，去除媒介信息中的糟粕，吸收其中的精华；另外，社会责任感应受到媒介活动中的传播者的重视，对新生代农民工进行积极引导，防止不良信息的负面影响荼毒新生代农民工。

2. 对媒介的选择和判断能力较弱

在媒介社会功能方面，新生代农民工认识到媒介有助于了解政策、监督政府及社会，这反映了新生代农民工认识到媒介的政治属性、社会属性，并且大多数新生代农民工认识到媒介对现实生活产生的影响。

但是，大多数受访新生代农民工所具备的媒介选择及判断能力较弱。大多数新生代农民工认为自己在查找信息过程中，不能很好地选择合适的媒介，运用各种媒介来获取所需信息的能力也一般。在对媒介发布信息的信任度方面，大多数受访者表示对其内容基本信任或完全信任，并且大多数人认为自己会被媒介传播信息影响。同时，相当一部分被调查者不认为自己具有区分和理解媒介内容的能力，不能够很好地对媒体报道的真假进行辨别，且大多数人反映自己不太思考媒体的报道内容。

所以，提高新生代农民工媒介素养的重要环节就是着重提高他们对媒体判断的认知能力。

3. 参与能力明显较弱

在参与媒介活动方面，多数新生代农民工表示从未参与过媒体互动，经常性参与的人还不到总人数的1/10。同时，经常在媒体上发表意见进行反馈的新生代农民工仅为极少数，过半受访者表示自己从未在媒体上发表自己的看法。在感到失落和挫败时，过半受访新生代农民工表示偶尔或者从来不在网络等媒介上宣泄情绪。

调查显示，大多数新生代农民工不能正确利用媒介，更不能利用媒介进行反馈，将自己的声音传播给大众。但大多数新生代农民工还是意识到媒介对他们来说具有重要作用，只是尚未意识到自身作为受众对传播者和媒介能够产生主观能动性。

（二）影响因素分析

通过对西安市新生代农民工媒介素养现状进行分析，可以看出西安市新生代农民工已经初步具备了媒介素养，但其媒介素养的水平还无法达到信息时代所要求的程度。我们认为，影响及制约新生代农民工媒介素养的因素主要有以下两点：

1. 经济条件较差

在讨论农民工问题时，我们无法回避目前国内经济建设存在的城乡差距问题。尽管自21世纪以来，政府大量提倡城市反哺农村促进农村经济发展，从而追求总体经济发展平衡，但实际效果却并没有预想中那么好，城乡差距仍在不断扩大，比起发达的城市来说，农村的总体水平仍是处于较为落后的状态。这不仅仅表现在经济方面，还表现在文化、思想、科学技术等方面。这在一定程度上，使农村社会与城市社会产生“知识沟”。“知识沟假说”认为随着大众传播媒介向社会传播的信息增多，社会经济状况好的人将比差的人以更快的速度获取信息，两类人之间的“知识沟”因此而扩大。新生代农民工要弥补“知识沟”首先必须要提高自己的经济实力，增加收入，尽可能多地占有大众媒介资源，如电脑、报纸、手机等。这也可以说是新生代农民工提高媒介素养的物质条件。

2. 文化程度较低

据《受众的媒介信息处理能力——中国公众媒介素养状况调查报告之一》，公众媒介信息处理能力的高低与个人教育水平也有着密切的关系：教育程度越高，其媒介信息处理能力的平均值也越高。西安市大多数新生代农民工受教育程度都在高中以下，其接触媒介、处理媒介信息的能力也相应较低，这在一定程度上制约了西安市新生代农民工的媒介素养水平。这是新生代农民工提高媒介素养的知识条件。

通过调查分析，西安市新生代农民工已经具备了一定的接触选择媒介的能力，对媒介也具有了一定的理性认识，他们认为媒介不但为社会大众服务，也为政府服务，但是由于受教育程度普遍不高以及经济收入的限制，他们利用媒介改善自我的能力还相对薄弱。

由上述结论可知，新生代农民工媒介素养的提升应当从其薄弱环节着手，有针对性地对其媒介素养的弱势方面制订相应的提升方案。同时还应以新生代农民工特殊的经济条件和文化水平为方案制订背景，这样才能有效地提高新生代农民工的媒介素养水平。

第三节　新生代农民工的媒介素养与社会融入

新生代农民工是成长在乡村、拼搏在城市的一代，他们身上存在着新与旧、去与留、突破与束缚等多方面的矛盾点。这种矛盾在他们身上所呈现出来的，就是反差现象。

最平常的表现，就在于乡村生活和城市生活的反差，这几乎是每一个新生代农民工甚至是父辈农民工都必须面对的问题。飞速发展的中国社会，在给乡村和城市一齐带来发展的同时，也在不断拉大城乡差距。在略显单调的乡村环境下成长起来的新生代农民工，一时间难以适应五光十色的城市生活也是在所难免。新生代农民工从小接触到的是乡村的宁静、质朴，当然也有贫穷和落后，才让他们萌生了进城务工的想法，也渴望能在城市闯出一片天地。而这样的乡村生活，同样又是干净、纯粹的，无论是物质上还是精神上，都没有城市那么严重的世俗化，抑或是拜金主义。除却这两样，对于适应了乡村缓慢的生活步调的新生代农民工来说，城市的快节奏生活也同样让他们感觉吃不消。

另外，相比于乡村生活，城市显得更为浮躁、浮夸，也更加充满了多种多样的诱惑力。在这样巨大的反差下，生理和心理的双重刺激，使新生代农民工无法承受压力，可能导致其心理抑郁、自我认同感低，也让他们在社会上的口碑参差不齐。这一点也同样因为务农生活和务工生活的反差而表现出来。

不可否认的是，新生代农民工比本地生长的城市人更早担负起生活的重担，也提前品尝到了生活的艰辛。但比起面朝黄土背朝天、过着辛勤的务农生活的前辈，新生代农民工的生活环境则要优越一些。他们虽然面对黄土，并且也在一定程度上担负起耕耘的工作，但年轻一代毕竟缺乏经验并且受到过度的保护，加上教育的普及，他们用在学习知识上的时间增加，研究土地的时间也就相应减少。他们对土地的观念变得越发淡薄和朦胧，对于城市的向往却与日俱增。然而真正的城市生活又与他们从小生存的环境全然不同。新生代农民工在城市中的生活以务工为主，而务工与务农是完全不同的两个概念。除了同样需要付出辛勤的劳动以外，务工也许还意味着更多的脑力劳动。

正是在这样的反差中，新生代农民工不得不利用大众媒介来进行调和。“与城里年轻人相比，网络对于新生代农民工有着更为深刻的含义，网络的有效利用，可以获得新知识，开阔视野，促进自身发展，培养人的现代意识，因此对于新生代农民工的社会融入有着特殊的渗透力和影响力。”①

媒介所能提供的无论是工作、生活，还是娱乐方面的资料和信息，都能让新生代农民工由浅及深地了解他们所面对的城市社会和务工生活。不得不说，新生代农民工利用大众媒介来接受和吸收新文化，是明智的举动，但这种明智从多方面来讲，也是建立在一定的媒介基础上的。

首先，他们要比较娴熟地掌握媒介技术，才能通过媒介平台获取新的知识和文化，并且扩展自己的交际平台，通过这一步，他们同样能够增长见识，加速融入城市社会，适应城市的生活节奏和方式。其次，他们还得有自己的判断力和辨别力，正如前面所述，要从海量的媒介讯息中挑选出真实可靠并且适合个人的资料信息并非易事，稍有不慎就可能落入误区。因此，新生代农民工要想消除自己身上存在的矛盾和反差，就必须要谨慎细心。我们一再强调的是，大众媒介虽然有着极为广泛的益处，尤其是对于人生地不熟又处于技术和身份认同的劣势地位的新生代农民工而言，但也考验着他们的媒介素养。

一 社会认同与城市融入

城市，作为一个在长期的发展中逐渐形成的整体，一旦尘埃落定之后，就有了自己固定的模式，这种模式从骨子里排斥外来文化的进入和干扰。尤其是在人口飞速增长的现代社会，一个逐渐饱和的城市，更加容不下外来人口对城市资源的分享。其实，新生代农民工涌入城市，在很大程度上为城市的发展做出了不可磨灭的贡献。但是，由于城市与生俱来的排斥感和新生代农民工自身存在的种种问题，使新生代农民工在城市里的认同感偏低，例如曾被报道过，农民工在城市中乘车、乘地铁，放着空位不坐，选择蹲在角落，一方面是他们自我认同度低，另一方面则是我们的城

① 杨英新：《城市融入之推手：新生代农民工的网络媒介素养》，《中国劳动关系学院学报》2012年4月第26卷第2期。

市社会对他们抱有偏见甚至是歧视的态度。这就需要借助大众媒介来进行调和。在信息社会里，媒介提供的信息是经过一定媒介运转之后的信息，是多种因素作用的结果，批判认知能力正是基于对此的解读、使用能力，保持独立的思考，从而培养一定的信息免疫能力。

第一代农民工进城务工的主要动机是经济因素，即为赚更多的钱，给家庭带来更好的生活条件。有一段流传甚广的笑话这样说：有人采访农村的孩子长大后的梦想，得到的回答是赚钱。那么赚钱干什么呢？盖房子。盖了房子之后能娶妻生子，生了孩子让他继续赚钱，然后重复父辈的生活，循环往复。虽然这只是一个笑话，但却在一定程度上反映了农民工的心路历程。这就让笑话不仅是让人笑笑而已的作用，而是发人深省。即便是有些新生代农民工，也同样对自己的未来表示迷茫。但越是开放和发展的社会，给人们的心理带来的变化也就越为巨大。新生代农民工更多考虑的是追求个人的长远发展，融入到城市生活当中。而想要取得社会认同的条件之一就是对于城市信息的了解与认知，所以出于这个方面的原因，新生代农民工对于媒介信息的依赖更大，关注更多。

如今大众媒介的发展是大势所趋，新生代农民工想要了解一座城市、融入一座城市，就必须要通过大众媒介。首先，新生代农民工通过大众媒介可以不断地提高自己的城市意识和自我修养，在前面提到过的工作、生活、娱乐方面，都进一步地接近城市生活。比如在工作方面，通过前面所述，利用媒介讯息和新媒介来提高自己的工作能力，不但能拓宽自己的事业，提高业务能力，还能掌握到更多的技术，使自己受到新型企业的青睐。这些对于新生代农民工在城市站稳脚跟是有利无害的。其次，公众通过大众媒介，能够主动地接受和了解新生代农民工，他们的习惯、认知、处境，都通过媒介的平台展现在众人面前，让大众对于新生代农民工有了更多的思考，也更容易接纳这样的外来人口。

展开来说，社会对新生代农民工的认同感来自两个方面：

（一）新生代农民工自我修养的提高

这是内在的主观因素，也是新生代农民工取得城市认可的至关重要点。在工作方面，新生代农民工偏向于体力劳动，而现代社会更加需要的是技术型人才，尤其是在城市社会中，技术型人才更容易得到社会的认可与尊敬。当然，我们不能否定体力劳动的重要性，但即便是这样，对于新生代农民工业务素质的综合考虑也是不可或缺的。应该说，这更多的是新生代农民工对自我发展方向的长远考虑。在提倡科教兴国的时代，成为技术型人才远远要比一味地出卖体力容易得到社会的认可与接纳也是无可厚非的。于是，适当地利用大众媒介成为了具有关键作用的途径。

（二）大众媒介对新生代农民工的定位

“80后”、“90后”一代，大多都是温室成长起来的一代，即便是乡村儿童也不例外，至少比起父辈来说，他们吃苦耐劳的精神和意志力已经大打折扣。加上他们又多少沾染了新一代的浮躁不安、容易焦虑、好高骛远等不良习气，在工作岗位上不能勤勤恳恳、踏实肯干，使大众媒介对他们有了一些负面评价。而他们身上所具有的不少特性来源于大众媒介。正因如此，才需要新生代农民工拥有一定的鉴别能力和自持力，不能为了获得城市社会的认同而忘本。

二 城市融入中的自我发展

与新生代农民工的自我认同和社会认同一样具有主动和被动关系的是，新生代农民工在媒介的流动中并非只是被动的接收者。随着技术的发展、受教育程度的日益提高，农民工已渐渐通过博客、微博等方式使用自己的话语权，表达自己的观点，维护自己的权益。这也是新生代农民工使用媒介信息外化的过程，不断地自我发展、自我提高。

在大众媒介与新生代农民工的关系中，我们一直在不断地强调后者的主动权。新生代农民工作为具有一定媒介素养基础的一代，是有这个能力和必要来进行自我调节以期取得长足发展的。先前我们提到过，在工作方面，新生代农民工可利用大众媒介来完善自己的知识结构，形成更加完整的知识体系，这样在业务能力上面能够取得长足的发展。而在生活和娱乐方面，新生代农民工要懂得保护自己的利益，在媒介大流的不断冲刷下保持自己的优势，维护自己的权利，不能人云亦云，更不能被媒介所主导，陷入误区。这一切的基础，就是新生代农民工自我媒介素养的提高。

一如所说，大众媒介是一把双刃剑，新生代农民工进行自我发展的时候，要避免误区。一来，网络信息量大，但并非全都是有效信息，在利用这些信息的时候，新生代农民工要有所选择，去粗取精；二来，网络信息鱼龙混杂，新生代农民工要避免有害信息的荼毒，能够自觉地过滤，培养起较高的媒介素养。新生代农民工利用大众媒介来进行自我发展，主要就是两方面的提升：

（一）思想上的转变

比起父辈来说，新生代农民工的乡土观念虽然更为淡泊，但他们毕竟是乡土间长大的群体，即便是进入城市中，也难以完全转变观念。这一点让新生代农民工从自身方面就与城市产生了隔阂。尤其是新生代农民工，面对五光十色的城市生活和熟练地周旋在媒介技术中的城市人时，容易产生自卑心理，加之城市人的不理解和排斥，新生代农民工就更加难以从自我的角度考虑问题。如果他们只是一味地追求与城市人外在的相似，而忽略了本身内涵的提升，也不过是治标不治本，最终可能会遭到城市生活的淘汰。所以，在保证能够接受到良好的媒介信息的基础上，新生代农民工必须由此转变自己的固有观念。

首先，新生代农民工必须承认自己与一般城市市民的差距。自我的发展建立在自我认识的基础上，只有承认差距，才能想办法迎头赶上。这种认识是可以通过大众媒介来获得的。当新生代农民工通过大众媒介的途径接触到城市社会的时候，不光要看到城市的发达，也要思考这种发达与自身所处环境的差异，以及造成这种差异的原因。只要了解了这两个方面，相信新生代农民工才会更加坚信自我发展与提升能够给自身带来的变化，使自己在城市生活中更容易站稳脚跟。当然，新生代农民工必须清楚地意识到，他们通过网络等媒介所看到的城市社会，并不是城市生活的全部，除了关注城市好的方面，他们也不能忽视城市所固有的缺陷。

其次，新生代农民工在认识到差距的同时，也不要妄自菲薄。过度的神经敏感会导致自卑心理的产生，极容易萎靡不振乃至陷于抑郁的状态。正如前面所说，媒介所呈现出来的城市，是较为片面的、不完整的，甚至可能是美化了的，所以当新生代农民工关注城市美好方面的同时，也必须同时认识到城市所存在的不足与缺陷。而这些不足和缺陷，也许恰好就是农村人口能够弥补的。从生活态度上来讲，农民人口偏向于质朴、宁静，而城市则要浮躁和浮夸得多，更追求物质与精神的享受，容易流于俗套；农村的质朴更有利于人的心态的正常发展。另外，农村人口长期与土地打交道，经历着较为原始落后的农耕生活，养成了吃苦耐劳的好习惯，这是更容易享受到安逸的物质生活的城市人所欠缺的，所以新生代农民工要继承父辈的优良传统，这是他们在城市社会中打拼的有利资本。这也可以说明，在许多方面，新生代农民工并不逊色于城市本地务工人口。所以，他们要有自信心，凭着自己的努力和拼搏，通过自我发展在城市占据一席之地。

（二）技能技术的学习

新生代农民工要想融入当今的城市社会，一份合适的工作便是他们开始新生活的基础。对他们而言，在城市里寻找工作不仅仅是和父辈农民工一样对金钱的渴求，还有对城市生活的渴望，他们迫切地希望得到城市的认可和接纳。然而在这个竞争日益激烈的时代，找工作并非一劳永逸的事情，对于本身就处于弱势的新生代农民工来说，就更加要稳扎稳打、步步为营，才能在原先的工作岗位上立足，还能争取有所提升。但是，比起拥有更好的先天条件和基础的城市人来说，新生代农民工要如何做才能迎头赶上呢？花钱进修是一种方式，但这必须得到时间和金钱双重条件的允许，所以更为便利和便宜的方式，就是通过媒介载体和新媒介进行自学。

首先，通过电视、网络等媒介载体，利用媒介技术，收集自己需要的相关资料，进行一定的整理，去粗取精，在这个过程中本身就能获取丰富的经验和大量的知识。

其次，要有计划、有目的地进行学习，最好是能先巩固、后加深，也就是先针对目前工作的偏向性进行学习，然后再做其他的拓展，层层递进地提高自己的能力，在这一过程中，新媒介的优势在于，新生代农民工能够通过新媒介，如前面提到过的 QQ、微信等工具，或是各大网站贴吧、百度百科等工具，来解决自己的专业难题，得到有效提高。

值得一提的是，在媒介平台上除了能够学习到许多工作技巧方面的知识，还能够获取关于农业方面的知识，这更有利于农村人口靠山吃山，便捷地踏上发财致富之路。例如现在很多大学生村官正尝试引进新兴的科学技术，改善乡村生活。

第四节　新生代农民工与新媒介

新生代农民工虽然年轻时就离开家乡，但是总体来说，他们生在农村、长在农村，人际交往的圈子几乎完全是在他们从小生活的农村地区建立起来的。也正因为如此，在进入城市以前，他们所能接触到的人，几乎都和他们有相同或者相似的生活习性、认知习惯等。所以，当他们来到城市，面对着陌生的环境，本来就有诸多不适应，而他们所接触到的人，又和他们从前的人际圈子里的人完全不同，便会感到不知所措，也就可能造成新生代农民工产生自卑、自我封闭、交往畏惧的情绪，对于其融入城市社会是极为不利的。

因此，在通信方面有着突出便利作用的新媒介在这里显得尤为关键。

新媒介可以联系旧的交际圈，维系固有的情感。新生代农民工走出乡村，来到城市，就等于从一个熟悉固有的圈子里，突然进入了另一个基本陌生的环境。在融入城市的缓慢过程中，他们只能靠从前的人际圈子来维系正常交际。毕竟，才走出乡村的他们，还没有被城市的铅华所改变，他们最熟悉的还是乡土，还有同样在乡土成长起来的小伙伴们。

一　新生代农民工手机使用与人际交往

手机、网络都是新媒体视野下的新兴产物，但是手机却已率先成为了大众传播的主流载体。

据国家工信部调查数据显示，截至2010年9月底，我国手机用户总数累计已达8.33亿。农民工流动性较强，造成他们对手机媒体的依赖，手机使用成为了他们日常生活的重要一环。但是，农民工并不是一个高度同质化的群体。改革开放以后出生的新生代农民工和计划经济时代成长起来的老一代农民工，不论在成长的社会环境还是在家庭环境方面都发生了根本性的转变，这在很大程度上决定了这两部分亚群体在文化、观念和行为，尤其是对生活的看法和自我身份认同上有明显差别。这些差别反映在他们对手机的使用上。

手机不仅仅是新生代农民工用来进行联络与沟通的工具，是他们寻求自我发展及获取信息的重要工具；更是消费的对象，是用来娱乐和打发闲暇时光的生活必需品。同时，我们也看到新生代农民工具有更强烈的权利诉求，他们相较父辈们具有较强的民主意识、权利意识、法律意识和维权意识，更需要获得社会的认同。因此，手机已然成为新生代农民工最重要的接收信息、使用和参与信息的工具。据西安交通大学人文学院媒介素养课题组调查，手机在农民工中的普及率高达90%以上，尤其是新生代农民工，几乎人手一部手机。而且，作为追求新鲜、猎奇的“80后”、“90后”群体，特别是现在的“90后”，都崇尚时尚、尖端，多使用智能手机，包含的功能一应俱全。这是他们维系自己的人际圈子的重要手段之一。

新生代农民工到城市打工的目标不仅是多赚钱改善家境，更重要的是希望“开开眼界”，体验和农村生活不一样的生活方式。城乡流动的结果是个人同家庭和社区相分离，它激发了个性的发展。尽管属于社会中低收入阶层，农民工对于高品质生活的理解和消费欲望却恰恰反映了中产阶级的“品位”和“生活方式”。新生代农民工会对城市生活文化主动学习吸纳，并且自觉地内化和外显地模仿趋同。信息技术是现代性的符号，新生代农民工显然很清楚地意识到信息传播技术，包括手机的现代化意涵，以及手机所承载的个性表达功能。

手机对于新生代农民工的各方面成长都很有益处，尤其是人际交往。从手机本体出发，它最初始也最重要的作用就是能够让两个人跨越距离取得联系。在新生代农民工本来的交际圈中，一部分人会留乡务农，一部分人去往不同的地方，所以他们需要手机这一类方便快捷的联系工具，来维系原有的交际圈。这也是他们在融入城市生活的过程中的一个过渡期。手机发展到今天，功能不断地被开发，从单纯的语音通话、短信聊天，到可以看见对方的视频通话，将人与人之间的距离变得更小，也将彼此之间联系得更加紧密。

从手机上网的功能来看，与电脑相比，手机的普及率高、携带方便。所以，从扩大人际交往这方面来讲，手机或许比电脑做出的贡献更大。利用手机，不但可以通过通话、短信聊天来保持联系，还能利用 QQ、MSN、微博等网络工具来扩大交际圈。

二　新生代农民工微博、微信使用与社会融入

现今国内广泛使用的聊天软件中，QQ 占有最大比例。新生代农民工可以利用 QQ 构建规模较大的社交网络，作为社会资本的社交网络不仅可以提供情感支持，也可以提供实际支持。这也从一个侧面说明了以“低门槛、参与、平等”为特点的新媒体技术能够在一定程度上为边缘的弱势群体提供帮助，而不是使数字鸿沟越来越大。由此可见，通过使用新媒体，农民工可以实现某种程度的自我赋权，为自己在城市中的谋生获取来自官方及体制外的支持。

微博作为一个网页开放平台，比 QQ 具有更广泛的可见性。据 DCCI 数据公布，中国国内的微博用户占中国网民总数的 88.81%，大多数微博用户每天访问微博一到两次，或者更多，以至于出现了类似于“微博控”的词语。

微博，源于博客，是一种通过网络记录文字来抒发博主心情的新媒

介，以其短小、易于阅读占据优势，逐渐取代博客而成为主流的网络传播工具。通过微博，我们还可以获取各方面的情报，新闻、常识、广告等络绎不绝，信息源源不断。同时，微博所具有的留言、私信等功能，使它同时具备了老牌聊天工具的网络通信功能。近来，微博也推出了更为直接的类似于QQ的对话框形式，进一步地方便了用户之间的交流。

由于城市的网络通信比起农村更发达，所以市民使用微博的频率要高于农民。新生代农民工通过这个平台，不仅能够获取各方面的资料，更为全面地了解所在城市，而且能够频繁地接触到城市居民。与此同时，他们可以在这个平台上发表自己的观点，公布自己的生活，让市民了解其群体需求，也让彼此在某些方面达成共识。新生代农民工也可以利用微博来扩大交际圈，事实证明，这是非常便捷有效的。例如，微博认证用户中频繁出现关注民生、关注弱势群体（包括农民工群体）的博主，他们在城市居民与新生代农民工之间的互相了解与交流中起着非常重要的作用。

微信是快速与人联系的一种新型手机语音工具，微信集微博和QQ等交流工具的优点于一身，缩短了人与人之间的交流距离，开创了新颖的信息交流模式。所有的用户可以通过微信与好友进行形式上更加丰富的类似于短信、彩信等方式的联系。因为微信软件本身完全免费，也因为更灵活、方便、智能，且节省资费受到大家——特别是新生代农民工的喜爱。这个2011年初才推出的软件，到2012年3月底，微信用户已破1亿，耗时仅433天。2012年9月17日，微信用户破2亿，耗时缩短至不到6个月。截至2013年1月15日，微信用户达3亿，时间进一步缩短至5个月以内，而且仍在加速普及中。微信作为现下流行的通信工具，因其方便、省钱而广受青睐。全球最大的数字消费研究机构Global Web Index发布的一份全球智能手机十大应用的排名中，微信排名第五，使用率为27%。微信推出的“摇一摇”等功能，可以让新生代农民工结识到附近的陌生人，扩大他们的交际圈。同时，微信还有许多附带的娱乐功能，排名游戏的推出，更进一步地扩大了微信的推广范围。它从一个简单的通信工具，向着全面化和多元化发展，也就吸引了更多新生代农民工的眼球。

三 新生代农民工与互联网

我国互联网的快速普及和发展，带来的不仅仅是技术领域的一系列变革，更重要的是，也将会在人类的互动过程、思维方式、生活形态乃至社会结构的重新建构方面产生革命性的影响。与此同时，毫无疑问，互联网也已经成为衡量人们生活方式现代化程度的一个重要指标，并逐渐演变成为一种社会资本，渗透到人类生活的经济、政治、文化等方方面面。同样引起关注的是，第一代农民工慢慢退出进城务工的大军，新生代农民工正悄悄崛起，逐渐成为进城务工大军中的主力。与第一代农民工相比，新生代农民工城市融入的现状是正处于从适应城市社会到融入城市社会的过渡过程，并呈现出了自己鲜明的特质。

通过对农民工的深度访谈我们了解到，新生代农民工上网需求非常大，而且他们常常通过网络信息的使用和参与以更好地发展自己。

“我买电脑就是为了方便上网”，曾经的建筑工人郭磊对记者说，年轻一代的打工者更有想法，更想融入社会。上网成为年轻打工者进入城市后的共同爱好。郭磊说，别看他在工地上时脏兮兮的，只要方便，他每天晚上都会换上干净的衣服和工友去网吧。游戏打够了，就看各种新闻、信息，更多的是看社会对农民工的评价、国家的相关政策，和网友讨论自己的前途。2007 年记者采访过的这位“80 后”建筑工，如今已经改行做服务业了，郭磊的梦想是在城里开一家自己的餐馆。

而外表憨憨的郑玉斌也有自己的想法，为了能更方便上网，平时省吃俭用的他在 2008 年花 3000 块钱攒了台电脑，“CUP 是双核的，内存 1G，搁现在也不次”。消息灵通的郑玉斌在网上了解到国家对农村给予了很大的优惠政策，而他们老家山东又是蔬菜、副食品基地，因此他便有了上网学养殖，尔后回家创业的想法。“做保安轻松，但学不到技术，没前途。”

电脑不仅帮助了郑玉斌，更让来自江苏的小张姑娘找到了工作和幸福。2010 年 20 岁的小张出来打工已经 3 年了，有着超越年龄的成熟。去年，小张用自己挣的钱攒了台电脑，并在网上学了会计。她还通过互联网找到了一份卖汽车保险的工作，每月能赚 2000 多元。

而且，今年小张还通过聊天结识了男友，“他有北京市户口，还有一定积蓄。对我可好了，他答应送我一台苹果笔记本电脑”。小张盘算着，她打算今年通过远程教育，利用业余时间补学文化知识，“至少我要学到大专，然后我学着自己做生意”。

据了解，有 90% 的“90 后”农民工在进入大城市后，为了沟通和娱乐，很快学会了使用电脑。他们不仅打手机给同乡，了解用工信息，更愿意上网搜索更好的工作机会。

“‘80 后’、‘90 后’农民工更愿意在信息化上做投资。”农民工信息化专家肖克文解释说，“80后”、“90后”农民工有更高的追求，他们在心理上并不认为自己比城里人差，他们需要沟通，更想融入城里人的生活。城里人用的时髦电子设备，他们要用；城里人用的电脑和网络，他们也要用。而且在“英雄不论出身”的网络世界里，他们更能获得认同感。

虽然新生代农民工从外表、言谈、使用IT设备等方面极力弥补自己与城里孩子们的差别，但残酷的现实往往还是会给他们造成很大的心理落差。

初见26岁的张向明，他身穿时尚的运动衣衫，脚穿一双慢跑鞋，胸前挂着MP3。很难让人把他和“农民工”联系在一起。他家住河北农村，技校毕业后经熟人推荐来到北京，在一家农用卡车制造厂当上了电焊工。虽然这几年，张向明普通话说得很溜了，地理环境也很熟悉，但是他依然感到很难融入城市生活。①

然而，目前政策环境、法律环境、社会意识对他们和城市户口居民的区别对待，保险、教育、医疗等享受地方优惠政策困难的问题，让他们很难有社会归属感。“虽然，近几年舆论对农民工的关注越来越多，但依然是说得多做得少，很多城市人依然‘戴着有色眼镜’看待农民工群体。”出身农民工的肖克文感言，一些幸运的女性农民工或许能嫁给本地人，但在家里受到歧视，而男性就更尴尬了，很多找不到出路挣“大钱”的年轻农民工将来依然只能选择回老家。

这种现实社会的失落感，促使大批新生代农民工选择到网上释放自己、寻找慰藉。“在网上没人管你是哪儿的人，什么身份，只要你游戏玩得好、话说得逗，就会有人崇拜你。”张向明说，他每天都会上网打游戏、聊天，从中获得成就感。

调查表明，90%以上的新生代农民工都会上网，他们几乎每晚都会泡在工厂、工地、宿舍附近的网吧里，或是自己买的电脑前，每周平均上网时间在5—10个小时之间。而他们上网的最主要选项就是游戏、聊天、看电影，以及看八卦新闻。

“我们确实需要有慰藉心灵的空间，网络就是这样一个地方。”河南籍女工小翠抱怨道，她和同乡把时间都浪费在网络上了，但也找不到更好

---

① 李敬：《新生代农民工清苦e生活》，《计算机世界》2010年第10期。

的办法能解决现实的问题。①

从更长远的方向来看，新媒介能够开阔眼界，对于提高新生代农民工的媒介素养和个人修养具有关键作用。这主要集中在新媒介的网络传播功能上。网络上传播的各种信息，一方面考验着新生代农民工的媒介素养，一方面又在这种筛选的过程中使其不断发展。更重要的是，新生代农民工在使用互联网的时候，伴随着媒介素养和个人修养的提高，也会不断地加强他们在城市中的话语权，也就是媒介参与。

前面一直提到的媒介使用，都是单方面的信息传播和接收，而媒介参与则更多地需要新生代农民工和信息的互动。相较于传统媒体，网络媒介的互动性和低门槛为其使用者提供了更为广阔的媒介参与平台。例如新生代农民工能够参与到微博话题的讨论中，无论是从工作、生活，还是政治参与等方面来说，都有着极大的公开性和更高的参与度。

以政治参与为例。现在一些国家政府部门已经开放网络平台，比如地方公安局，通过网上平台发放了许多案件的进展信息，大大促进了法律的公开、公平、公正化。一些民生问题也通过网络媒介获取更多关注，前一段时间网络平台关注的农民工“临时夫妻”现象，就引起了社会的广泛关注，相信也在一定程度上促进了问题的解决。现下中国证监会也已开通腾讯微博，并承诺将在第一时间通过微博向社会公众公开关于全国证券期货市场的重要信息。

新生代农民工也可以通过网络平台了解到很多与自身相关的民生问题。在网络上，他们能够第一时间获得与自身相关的政策信息，也能够随意发表自己的意见，网络的开放性减少了他们的心理负担。同时，通过网络这个虚拟平台，他们可以获得和城市人平等的权力，自我认同感也会迅速提高，有利于他们提高自己的权利意识和话语权。

第五节　新生代农民工的媒介素养教育

新生代农民工的媒介素养，关系着他们在城市社会中的方方面面。在前面的讨论中，我们已经得出的结论是，新生代农民工的媒介素养教育还

① 李敬：《新生代农民工清苦e生活》，《计算机世界》2010年第10期。

有待加强。

媒介素养教育的研究发轫于西方发达国家的20世纪30年代，流传至我国，最初被翻译为“媒介认知能力”，后来“媒介素养教育”这种说法才被大众普遍接受。“‘媒介素养’是指人们获取、分析、评价和传播各种媒介信息的能力以及使用各种媒介信息服务于个人的工作和生活的能力。而‘媒介素养教育’，就是要教育受众正确使用和有效利用各种媒介。”① 如果能够加强新生代农民工的媒介素养教育，就能从根本上改善新生代农民工的媒介素养状况，提高其对媒介素养的认知和使用能力，让大众传媒真正地做到为新生代农民工谋福利。

那么，针对加强新生代农民工的媒介素养教育这一目的，应该采取怎样的措施，以及实施的具体内容是什么呢？下面，我们将对此展开具体的分析。

一　如何加强新生代农民工的媒介素养教育

（一）新生代农民工的自我加强

外因通过内因起作用，也就是说，要加强新生代农民工的媒介素养教育，首先要从新生代农民工自己做起。

总的来说，也就是新生代农民工要转变自己的思想。如今，大众媒介的泛娱乐化现象较为严重，相比从小接触大众传媒的城市居民来说，被好奇心和新鲜感驱使的新生代农民工群体则更容易受到大众传媒泛娱乐化现象的影响。由于当今社会的迅速发展，尤其是城市社会，经历了改革开放30多年的黄金期之后，物质生活水平突飞猛进，对精神文化的要求不断提高。而在城市中，快节奏的生活给城市居民造成的压力巨大，需要通过特定的方式和特殊的平台来释放心情。这就导致了城市居民对大众传媒娱乐化的要求，且大众传媒是一个完全开放的平台，很难受到第三方的具体控制，因此，依靠外部力量消除或者大力减弱大众传媒的泛娱乐化现象显然是费力不讨好的事情。那么，新生代农民工要想利用大众传媒收获一些对自我素质有提高作用的信息和知识，就必须从根本思想上开始转变，不再将大众传媒看作是单纯的娱乐工具，而主要是用来学习和自我提高。这样的方法，可以看作是新生代农民工的自我教育，也充分考验了新生代农民工的自持力。

① 马意翀：《农民工媒介素养教育初探》，《东南传播》2009年第7期（总第59期）。

另外，新生代农民工还要自觉接受国家和社会的教育，配合大众传媒这个平台的宣传和展示。在这一方面，国家和社会起着举足轻重的作用。

（二）政府的相关支持

国家支持力度，对于增强新生代农民工与大众传媒之间的联系起着非常重要的作用。正是由于国家近年来对新生代农民工问题的正视，才让大众传媒加大了对这一弱势群体的关注度。对于新生代农民工的媒介素养教育问题，国家同样也要提高重视，想办法从根本上解决外部因素对新生代农民工接受媒介素养教育的问题。在这一点上，国家能够做到的分为两个方面：一是出台国家政策扶持，二是国家相关部门的直接参与。

1. 出台国家政策

通过国家政策改善新生代农民工的媒介素养教育问题，要从两个方面着手，其一是加强正面教育，其二是尽力消除负面影响。

新生代农民工群体多是“80 后”、“90 后”一代，尤其是“90 后”一代，在一定程度上，这一群体中还有较大数量的青少年人口。2001 年，共青团中央、文化部等单位向社会正式推出了《全国青少年网络文明公约》，提倡善于网上学习，不浏览不良信息，增强自我保护意识，等等。这样一个条约，在某一程度上对于保护新生代农民工中的青少年网民群体起了规范和保护的作用。但是，“公约”并非具有强制性约束力的法律条款，这是需要新生代农民工自觉遵守的，也就包括在前面的自我意识的转变中。在呼吁国家社会关注的同时，新生代农民工必须要学会自我保护。当然，国家的政策并不仅限于提倡新生代农民工的自我保护和自我约束，毕竟作为一个城市中的弱势群体，无论是在受教育程度还是社会保障程度上，新生代农民工都有着先天不足，因此国家还陆续推出了一系列国家干预的政策来努力消除大众传媒中的负面影响，如《出版管理条例》和《广播电视管理条例》，禁止色情、暴力等信息的传播。虽然其中的条文很大程度上只是泛泛而谈，且受限于我国新闻传播法律规范和新闻传播法制建设的初级阶段的缺陷，但还是在一定程度上发挥了应有的作用。

大众传媒作为一个公共开放的虚拟平台，要通过法律法规来进行有效的规范和制约是有一定难度的，这就需要政府部门的直接参与来落实这些条规，并且通过特有手段来加大新生代农民工的媒介素养教育。

2. 国家部门参与

我国大众传媒在本质上属于国有事业单位，是政府的一个组成部分，承担着宣传国家方针政策、指导公众健康发展的功能，政府必须认识到媒介素养对于社会转型期的新生代农民工的重要意义。①

在国家部门当中，与新生代农民工的媒介素养教育问题有最直接联系的就是大众传媒本身。通过前面的了解我们发现，新生代农民工的媒介参与力度不高，与媒介的互动性也较低，这在一定程度上是因为大众传媒本身具有缺陷。当代中国的大众传媒起步晚，不够规范，在发展的同时精髓与糟粕同在。虽然新生代农民工在选择大众传媒的信息时，要有自我的辨别能力，但作为媒体的“把关人”，我们的新闻媒体人必须要有专业的职业道德和操守，自觉地引导新生代农民工接受大众传媒的素质教育，这样才能提高新生代农民工对大众传媒的信任度，使双方进行有利互惠的交流。

另外，国家教育部门也应该有所作为，毕竟媒介素养教育，在大众传媒飞速发展和起着广泛作用的今天，也应该纳入素质教育的重要环节。我们的教育机构应该将媒介素养教育普及到九年制义务教育当中，新生代农民工作为改革开放后成长起来的一代，很大一部分是能够有效地接受九年制义务教育，那么对于他们的媒介素养问题，也可以从此处抓起，并且有效保障新生代农民工的受教育权利。另外，国家教育部门应该广泛动员当前的各大高校、社会有识之士，在新生代农民工群体中普及媒介素养知识，提高他们的媒介素养教育。

不得不提到的一点是，当今网络媒体的泛滥，致使一些网络色情暴力和大量虚假不实信息不受控制，而对媒体辨识能力较低的新生代农民工比城市人更容易受到这类信息的影响。作为政府部门，必须加大对网络媒介的监管力度和打击力度，震慑犯罪分子，为新生代农民工甚至是更广大的网民群体营造一个清新的网络环境。

（三）社会团体的帮助

政府部门从大框架上改善新生代农民工的媒介素养教育问题，这是必不可少的，但是在日常生活中，新生代农民工接触更加频繁的是许许多多

① 王英占：《新生代“农民工”媒介素养教育研究——以重庆市为例》，硕士学位论文，西南政法大学，2011年。

的社会团体。

当今社会有许多社区义工、爱心组织，新生代农民工作为城市社会中的弱势群体，应当受到这类组织的关注和重视。在这些社会团体中的志愿者，大部分是受过高等教育的知识分子，尤其是高校大学生群体，其中尤以城市人口为主。作为从小从各方面接受到大众传媒媒介素养教育的城市户口高校生，有能力在新生代农民工中普及媒介素养知识，帮助新生代农民工转变对大众传媒的认知。其次，这些志愿者还能够通过个人能够接受程度的募捐，收集媒介设备统一发放给经济困难的新生代农民工群体，让他们有机会接触大众传媒，也就在一定程度上帮助他们加强了媒介素养教育。还有一些教师群体，可以免费开放讲座，在新生代农民工中普及媒介素养教育。

但值得注意的是，在各个环节保障新生代农民工受教育权利的同时，对于加强新生代农民工媒介素养教育的内容也要有定向性和实质性。

二　新生代农民工的媒介素养教育内容

确保加强新生代农民工的媒介素养教育，不但要从落实教育力度出发，还要定制有针对性的教育内容，才能达到既定目标。新生代农民工要从根本上提高媒介素养教育，总的来说应该加强以下三个方面的能力：

（一）加强媒介认知能力教育

简单来说，加强媒介认知能力，就是要让新生代农民工群体了解基本的大众传媒的内容，比如对媒介载体的使用。收音机、广播、电视等媒介工具已经广为人知，即便是生活在乡村地区的“80后”、“90后”一代，对这一类媒介工具也具备足够的了解和认知。也就是说，提高新生代农民工的媒介认知能力，主要是加强其对于新媒介和网络媒介的认知。

新媒介和网络媒介，作为在20世纪初才开始在国内传播并在近几年来得到飞速发展的媒介载体，虽然已经逐渐被社会各界所接受和广泛使用，但是，农村社会作为中国社会现代化发展的薄弱环节，对于新媒介和网络媒介的接触并没有城市社会那么频繁。而且，农村社会使用一种较为原始落后的生存方式，过着较为封闭的生活，对于新事物的接受和融入需要比城市社会更漫长的时间，这就造成了新生代农民工群体的媒介认知能力低于在城市成长起来的同龄人。

教育新生代农民工的媒介认知，就是要让他们充分了解到大众传媒，尤其是与他们未来生活息息相关的新媒介和网络媒介的优劣，并且让他们明白，未来是一个信息时代，只有切实掌握了大众传媒的规律和特点，新生代农民工群体才能在城市社会中更好地立足和生存。

（二）加强媒介接触能力教育

在新生代农民工的媒介素养教育问题上，对于媒介接触能力的培养是至关重要的一点。在当今社会，掌握了大众传媒的传播方式，与大众传媒进行充分的交流互动，能够让新生代农民工，更加迅速地融入到城市社会当中。

对于新生代农民工来说，接触到大众传媒之后，首先就是学会辨别信息优劣和真伪。新生代农民工通过大众传媒进行自我充实与提高，难免会接触到良莠不齐的信息，因此，他们需要具备一定的媒介辨识能力，避免受到不良信息的干扰。其次就是对大众媒介的使用。新生代农民工在与大众媒介的接触中，不是处于被动接收的地位，但要进行有效的互动，甚至是利用大众媒介为自身谋福利，新生代农民工还需要加强对媒介的使用能力。只有合理且有效地使用了大众传媒，它才能为新生代农民工“办实事”。这也就表明，在加强新生代农民工媒介素养教育的过程中，对媒介接触能力的提高对新生代农民工起着至关重要的作用。

（三）加强媒介解读能力教育

对媒介的解读是媒介认知的进一步深入和发展，也就是说，新生代农民工不仅要明白大众传媒对他们融入城市社会和自我升华的重要性，还要有足够的能力解析大众媒介所传播的信息内容，将其化为对自己有利的东西。当代新生代农民工群体对大众传媒的不信任态度，一方面是由于大众传媒自身的缺陷导致，另一方面是由于新生代农民工群体的媒介解读能力较弱，对于大众传媒传播的内容不能够深入和彻底地了解明白，造成了大众传媒和新生代农民工之间的互动障碍。

因此，国家必须针对媒介解读能力，加强对新生代农民工媒介素养的教育。只有充分地理解，才能充分地利用，让大众传媒和新生代农民工做到真正的有利互惠。

下编　实证研究

第七章　农民工媒介素养与话语权

——以西安市农民工调查为例

第一节　绪论

我国是一个农业大国，农民占我国人口相当大的比例。所以，农民工问题是中国的一个重要问题，关系着国家经济的整体发展水平，也决定着社会的素质水平。从传播学角度来关注农民工问题具有深刻的文化意义，特别是对于农民工的话语权表达有着深刻的政治意义。在媒介迅速发展、新媒介和传统媒介加速融合的时代，对于社会传声筒的媒体而言，关注农民工群体的话语权既是时代所需，也是历史赋予的重大使命。因此，分析在大众传播媒介环境之下农民工话语权的问题，探寻其原因，以及如何构建农民工话语权，使其最大限度地使用传播资源、享有基本权利，也是我国大众传播事业发展中的一个重要问题，在理论上和实践上都有着深远的政治意义和文化意义。

在新媒介环境下，媒介素养是指一个人对于媒介的认知、接触与参与，以及能够主动运用媒介为生产、生活提供服务的一种能力。由于农民工自身媒介素养低下，缺乏对媒介的认知、理解，使用水平不足，他们很难清醒地认识到话语权缺失的悲哀，也很难真正实现自己的话语权。只有当农民工学会主动表达，懂得积极运用媒介的时候，他们才能发出自己的声音。构建农民工的话语权不能仅仅依赖于外界的改变，更需要其内在的需求和素养作为支撑。因此，在传播学视野下对农民工话语权缺失的现象进行分析和研究具有重要的现实意义。本章运用传播学的相关知识，在前人研究的基础上，采取了调查问卷与深度访谈相结合的方法，选取了全国各地不同年龄段、不同工作类型与不同省份的农民工为调查对象，以西安为基点扩散开来。这次调查的范围不仅涉及西安、成都等众多省会城市，也包括了咸阳、商洛等中小型城市。调查内容包括农民工媒介素养与农民工话语权构建两大部分的相关问题，我们通过数据分析了农民工媒介素养现状，农民工媒介素养对其话语权构建的影响，最后就农民工如何提高媒介素养、政府与媒体应采取的措施等方面进行了论述。

由于制度上的缺陷、媒介素养教育滞后等原因，我国农民工的媒介素养普遍较低，缺乏对媒介的认知、理解、使用及参与能力。但是，农民工话语权的构建是一个漫长的过程，最重要的是观念上的转变，这要以自身需求和媒介素养为基础。因此，本章在传播学视野下对农民工因缺乏媒介素养而导致其话语权缺失的现象进行分析和研究具有积极的现实意义。

一 文献综述

（一）研究背景

追溯起来，“媒介素养”（media literacy）这个概念始于20世纪30年代的英国。由英国学者弗兰克·雷蒙德·里维斯（F. R. Leavis）及丹尼斯·托马森（Denys Thompson）在1933年发表的文章《文化和环境：批判意识的培养》（*Culture and Environment: the Training of Critical Awareness*）中首次提出并阐述了“媒介素养”这一概念。他们首次提出这个概念的主要目的是反对以电影为主的大众媒介中的一股流行文化，为的是唤醒人们内在的一种批判意识，从而呼吁维护传统的价值观念和文化。在此后的80多年里，随着大众媒介技术的进步和大众文化的普及和发展，媒介素养的内涵也在不断变化，越来越宽泛，主要是由最初对媒介的“免疫模式”逐渐走向了一种“超越保护主义”。①

然而世界各国对于这一概念的表述也大不一样，其中1992年美国媒体素养研究中心（Center for Media Literacy, CML）对这一概念做出的定义最具代表性：媒介素养实际指的是人们在社会中面对各种媒介所发布的各种信息时的一种能力，集中体现在一种有辨认和选择的能力（ability to choose）、理解认知能力（ability to understand）、质疑批判能力（ability to question）、评估能力（ability to evaluate）、创造和生产能力（ability to cre-

① 党芳利：《20世纪英国媒介素养教育理论发展和实践》，《海南师范学院学报》（社会科学版）2006年第3期。

ate and produce）以及思辨的反应能力（ability to respond thoughtfully）。[①]

与此同时，与西方发达国家相比，中国学者对媒介素养的研究显然起步较晚，而且中国早期对于媒介素养的研究方法还比较欠缺，以翻译和介绍外国的研究成果为主，仅仅局限在新闻传播界。直到1997年，“媒介素养”这个概念才作为一个“舶来品”来到了中国，之后慢慢传播开来。中国社会科学院的副研究员卜卫写的《论媒介教育的意义、内容和方法》最早向我们介绍了“媒介素养”这一概念在西方的发展过程，内涵演变的历史进程，同时也指出了中国的媒介教育进程发展。在这之后，媒介素养才真正传播开来，国内的很多学者才开始真正地对这个问题进行研究。

农民工不仅是我国特有的城乡二元制度之下的产物，也是我国在现代化进程中所产生的一个独特的数量庞大的社会群体，社会的发展离不开他们。但是，由于长期受到制度上的限制，如户籍制度、社会救济保障制度、就业制度等，他们很难真正拥有幸福的生活。他们已经成为一个独立的群体。他们离开了家园，却又不能很好地融入城市。也正因如此，这些农民工就自然而然地构成了我国目前特殊的社会结构中的“第三元”。可以说，他们既不是真正意义上的城镇居民，也并不是传统意义上的农村居民。因为国情的特殊，我国的城乡二元的体制也导致了很多农民工问题。由于农民工学历低，缺少工作经验，他们大多在城市最底层行业工作，因而很难甚至无法正常地建立起与城市人的社交圈。他们把自己封闭在一个狭小的圈子里，一些思想观念还比较落后。他们虽然生活在城市，但是没有完全融入其中，所以他们不是我们所说的城市居民；他们在农村长大，户口在农村，之后又在城市生活。从严格意义上来说，他们其实是徘徊在城市和乡村之间的“边缘人”。

现今，农民工作为一个数量庞大的社会群体，有着自己极其特殊的社会地位和职能。目前，农民工可以算作是我国社会的一个相对弱势的群体，所以加强对这个群体特殊性的分析也是我国社会学研究的当务之急。

随着大众媒介时代的到来，传统媒介和新媒介融合式的迅速发展，使人们越来越多地依赖媒介获取必要的知识和信息。媒介素养在于培养民众拥有一种健康正确的媒介解读和批判能力，培养民众可以充分利用媒介资

① Elizabeth Thoman, Skills and Strategies for Media Education. Center of Media of USA, 1992, p. 11.

源来提升自己，完善自我以及对于社会公共事务的参与能力。在现代信息社会里，媒介素养已成为现代社会大众素质的一部分，加强媒介素养教育，提高大众媒介素养已成为当前社会的一种普遍需要。农民工作为特殊群体，他们在我国社会生活中扮演着重要角色。农民工的媒介素养内涵宽泛，不仅指对大众媒介的认知、接触、理解、评判、质疑等，其话语权也一定程度上促进了民众对于政府的舆论监督，有利于推进社会民主的发展。

（二）农民工媒介素养研究现状

通过查找以及阅读相关文献，可以看出学界对于农民工媒介素养研究主要集中在以下几个方面：

（1）对于在新媒体环境下农民工媒介素养现状的调查研究。这些研究的亮点在于其主要采用一种定量的研究方法，而不是定性研究。他们主要考察农民工的媒介素养能力水平。主要划分为三个层面：第一，对于媒介信息判断、辨别和认知的能力；第二，对于媒介信息的质疑与批判水平；第三，对于媒介资源的利用能力。这样就把一个抽象概念进行了具体化呈现。并且在分析现状的基础上，又指出了有效改善的具体实施方式、措施办法、建议等，非常具有现实意义。如杜忠锋和史晓宇（2011）的研究，他们以昆明大学的一个建筑工地为个案，以工地的农民工为研究调查对象。在研究的主要方法上采取了统一问卷调查、随机抽样调查、个人访谈等。在研究中他们主要考察的是对于农民工受众在大众媒介影响下的消费态度和选择，农民工对于媒介信息的认知与判断能力，农民工对于媒介信息的理解、解读及批判能力以及应该怎样利用媒介资源的能力。他们从四个方面进行了详尽的描述与分析。其研究的创新之处在于设定了四个标准——农民工对于媒介所提供的大量信息内容的真实度的看法、大众传播媒介对于农民工受众生产生活的重要程度、农民工对于大众媒介所给予的内容信息的选择、现在各类新闻报道怎样干预农民工社会生产生活及其影响程度。主要是从这几个方面来考察农民工的媒介素养水平，重点集中在对于大众媒介信息的理解能力与批判能力。作者最后得出了重要的结论：现今，农民工所接触到海量的媒介信息慢慢走向多元化，社会上的一些娱乐新闻、娱乐化的信息更加受到农民工的青睐；农民工的媒介接触经验和他们的生产生活经历，这两者共同影响了农民工群体对于大众传播媒介信息的认知与理解；农民工群体使用媒介的能力有多个制约因素，他们媒介使用能力的培养主要也由硬件条件来决定，比如说时间、职业、精力等。魏业群、张伶俐、徐晶（2011）主要对杭州等一些南方的大、小城市的农民工的媒介素养进行实际调查，主要运用的方法是问卷调查法、个人单访以及深度访谈法。该研究的亮点在于突出了四个方面：农民工对于媒介的使用接触、对于媒介的认知、农民工受众对于媒介内容的评价、农民工的媒介参与。主要是为了对农民工群体媒介素养的现状在整体上有一个直观的了解。最终是为了培养农民工对于使用媒体来认知、了解社会，从而表达舆情以及理性批判，提高他们接受处理媒介信息的能力。又如师建辉（2011）的研究，他主要是从理论上来论证，亮点在于理论性很强，通过怎样提高农民工群体媒介素养的价值意义以及实现途径两个方面来进行论证和表述。还如景江瑛（2010）的研究，主要以重庆市九龙坡工业园中的一些农民工为研究对象，亮点在于对他们进行了围坐调查，这是一种很新颖的形式，主要是想通过围坐问卷调查的形式来总结出他们所拥有的大众传播媒介的整体环境、农民工使用传播媒介的现实情况、农民工的信息需求以及农民工整体对于媒介的评价这几个主要方面来概括出他们的媒介素养现状，并从他们的媒介素养现状出发，探求现状中存在的问题，客观提出了他们的媒介素养中的一些现实问题，之后对提升工业园区的农民工们的媒介素养提出了一些具体对策。

（2）对于农民工的媒介素养教育的理论意义与价值分析研究。比较典型的是贺文发的研究，在他的文章《反对不民主的伪精英和不精英的伪民主——媒介素养的中国视角》中，就直接提出了自己的观点：现在大众传播媒介素养的内涵很宽泛，而媒介素养的本质，其实主要是对大众文化的一种认知能力和解读能力，这不仅是一种对于文化的理解，也是当下中国社会发展的重要一步，推进社会主义民主进程的一种重要形式。他总结出，在当下的中国社会，教育的途径很多，但是要找到一个正确的方式需要很长的时间来探索。媒介素养的教育方式应该要有全球化的眼光和角度，不仅要学习和模仿好的经验，更应当依据本土的实际情况进行创新。白传之的研究也比较典型，在他的文章《推进媒介素养的研究，培养高素质的阅听人》中，作者主要从“媒介素养教育”的角度，对这一概念给予了很大的关注，亮点在于他在文章中对中国媒介素养的研究现状、存在的问题，以及媒介素养教育在我国实践的现状进行了详尽的梳理，由点及面，以小见大，并且在文章的最后提出了自己的观点。他认为，在各个国家，媒介素养教育都已经成为一个人整体素质的一部分。媒介素养教育的最终目的就是为社会培养高素质的阅听人，一个人的媒介素养提高，一定程度上整体素质也会提高，社会的整体素质就同样会提高。对于媒介素养教育，很多国外的学者也进行了大量的研究。比如加拿大的学者巴里·邓肯和卡罗琳·威尔逊在《全球研究和媒介教育：新世纪的出路》一文中对媒介素养教育的途径进行了有效而深刻的探索。

（3）对于农民工的媒介素养与话语权建构的结合问题研究。经过查阅文献发现这部分研究在前人的文献中相对较少，只有几篇比较有代表性的研究。比如魏泓飞在文章中指出，现今中国在政治、经济、文化上都处于一个重要的转型期，我国的农民工是社会的一部分，这个群体随着社会的发展已经从城市比较“边缘化”的位置，慢慢走入了大众传播媒介的视线。但是在大量的研究中发现，大众传播媒体对农民工、农村的报道仍旧存在很多问题，还有许多需要改进的地方，还需要下大力气来扭转这种趋势。之后他的研究主要分析了农民工的媒介素养以及话语权表达的现状，从而提出了一些改善农民工媒介素养及其话语权现状的具体措施，具有很强的现实意义。还有像亦萌和傅麟（2009）的研究，其研究的创新之处在于主要分析了在新媒介快速融合、新媒介和传统媒介两者共同发展的媒介环境下，农民工话语权的获得途径有哪些，这些途径大多不仅仅是理论上的；并提出了自己的有效观点，认为想要解决农民工对于社会议题的积极参与的话语权问题，途径应该有很多，但是主要的目光应该集中在这些问题上：首先，教育水平是关键。要完善制度加速提高农民工群体的受教育水平，想办法提高他们的学历水平，这样才能更好、更充分地行使他们的话语权，这是基础；其次，要建立健全农民工群体权益表达的制度规范，比如给予农民工舆情表达的合理程序的建构以及给予农民工群体解决问题的渠道；再次，立足点应该放在社会舆论表达的氛围上，应该为农民工的权益表达创造良好的氛围和平台，以便让农民工更为便利地表达意见、抒发观点。这些观点都是为了农民工能够获得最基本的权利——话语权的奠基石。还有董迅石（2011）的研究，他的创新之处在于把整个研究的眼光放在大众媒介环境与农民工群体的话语系统中，研究的主要方式是调查问卷、当面访问、个案访谈、深度访谈等，主要考察了在新媒介环境下，以农民工的媒介接触行为为研究对象，他的研究观点结论也为解决农民工问题提供了良药，更多体现的是一种对于农民工群体的观照及其话语权的维护。

（三）农民工话语权的研究现状

通过阅读文献，可以总结出现在国内学界对于农民工话语权的研究主要集中于以下两点：首先是对于农民工的话语权表达缺失的调查分析探究，研究者大多分析了这种现象的成因，预测其发展趋势；其次是对于农民工的话语权失衡的实证分析研究。

第一类是从话语权角度出发对农民工群体媒介话语权的现状和缺失原因进行探究，主要是针对在大众媒介环境下农民工媒体素养的现状，并在此基础上分析了在我国媒介中农民工的话语权缺失状况，这些研究大多以某种大众媒介为例，互联网和电视居多，并有大量的调查数据和结论，所以显得真实可信，很有说服力。

比如张娟（2006）主要描述了在我国大众传播媒介迅速发展的大环境下农民工话语权表达的现状，结合了在传播学、统计学等学科背景下，重点分析了农民工话语权缺失的现况，并且进一步探求了形成这一现象的原因，在此基础上，又分析了农民工因为话语权缺失而产生的种种弊端，比如农民工采取极端的表达方式。其研究亮点首先在于从现代社会处于急剧的转型过程当中，我国大众传播媒介环境的政治、经济、文化属性等标准，社会普遍存在的话语霸权等问题和这种现状造成的农民工在生产生活中的不便，农民工在文化接受上与普通市民的差距、接受新鲜观念上普遍表现出来的困顿等方面来分析农民工话语权缺失的根本原因；其次在于以电视为样本来论证这个问题，以小见大，通过对大量调查数据的分析，得出自己的结论：农民工对大众传播媒介信息的需求程度已经越来越高，农民工群体对社会各种信息的偏好种类之多，也进一步显示了农民工群体对于媒介信息渠道选择以及在媒介环境下对信息内容、数量的需求。最后作者把目光聚焦在构建农民工话语权的政治意义及文化意义上，从两个角度出发，分析了媒体作为社会传声筒，有责任帮助农民工构建话语权的深层原因，最后从如何建立、健全有利于农民工群体、维护农民工权益的社会制度、如何快速有效地消除媒介话语霸权现象，怎样提高农民工群体的媒介素养水平等三方面论述如何构建农民的话语权。比较有代表性的还有杨伟东（2011）的研究，以往的研究大多是从传播学的理论来解释分析现象，而他却从媒介生态学的角度来分析，把社会看成一个生态环境，论证了在现代社会这样一个整体的传播媒介生态环境中，特别是在农民工受众的生态环境中，他们在社会中的地位怎样、是否拥有话语权、社会上能不能听到农民工的声音，之后又从大众传播媒介的结构、如今国家对于大众传播的政策及农民工群体的媒介素养的角度，扩散开来分析农民工话语权问题中存在的问题及其产生的深层原因。文章最后，作者又试图用大众传播、社会学理论来探索解决这些问题的办法。作者从四个方面来提供解决办法——通过改变现在社会的结构，即达到社会结构的一种平衡；在社会化大生产下，优化社会分工；增强媒介社会责任感；农民工受众自身的媒介素养的提高。陈晓慧和王伟（2011）主要的研究对象是我国东北的农村受众，主要研究方法是向东北农村受众发放调查问卷以及深度访谈，然后在回收的问卷中进行抽样调查，主要针对的是东北农村受众的媒介素养现状及其在大众传播媒介环境下话语权的现状，特别是从话语权和大众媒介两者之间的关系入手，先探索了东北农村受众的心理，他们在媒介迅速发展的今天，对于话语权意识的程度高低，由此总结出大众传播媒介下农民工的话语权表达的现状。他研究的主要创新之处在于他设定了几个指标，农村受众对社会上关于农民、农村的报道信息状况的满意度及其在银幕前所呈现出来的形象的满意度；农民受众是否能够主动运用大众传播媒介为生产生活服务；能否利用话语权向当地政府表达自己的意愿；农村受众对大众传播媒介作用和整体满意度的看法等进行了详细考察。最后作者得出研究结论：现今，中国农村受众所拥有的信息资源与城市市民相比，在量上和质上都相对短缺；同时，在农民的心里，在银幕上所看到的农村、农民的形象和他们期待的有一定落差，这让他们产生很大的失落感；他们行使话语权的机会、平台也较少，话语权力基本没有；农民对作为社会公器的媒体缺少认识，对于媒介在构建农民话语权上责任的认知和理解都与实际情况存在很大的偏差。作者认为，要想扩大甚至是完善大众传播媒介在农村受众中的有效传播，媒介应该肩负起构建媒介话语权的社会责任，并且与农民建立一种和谐的互动共生关系，即在农村受众和大众传播媒介之间营造一种和谐、共赢的协调关系，这也是推动社会主义新农村建设的重要一步，具有非常重要的作用。

第二类是在大众传播媒介分化的大环境下，对我国农民工群体受众普遍存在的一种“失语”现象的实证调查分析。这类研究不同于以上几类研究，它主要是把农民工的话语权缺失问题当作一个现象来加以研究，即农民工话语权不对等不平衡的实证调查分析报告。比较有代表性的有王立慧（2010）的研究，作者调查以农民工群体对社会的贡献和力量，以及由社会生活中的各种制度、人们的思想观点所产生的农民工地位的不对等的现象为起源，运用典型的实际案例，研究方法上用传播学、社会学等学科相结合的方式，并且加入了国内与这个问题相关的一些学术理论和分析研究，主要分析了农民工话语权的不平衡现象，作者从传播学、社会学相结合的综合角度来探究农民工话语权不平衡的深层原因。马意翀（2009）的研究对象主要是首都地区各大工地的农民工群体，作者通过亲自探访、实地研究、调查问卷、个案深度采访、个人访谈等方法，主要探究了北京的农民工在现今媒介融合的实际环境下话语权表达的现实状况，并且通过分析，了解了农民工主要运用的话语权表达渠道，如微博、博客等；首都农民工掌握话语权利的舆情表达；实现舆论监督的特殊渠道以及对于它们的利用的频繁程度、满意度的现状。陈成文和彭国胜（2006）的研究主要是从社会学的角度，对农民工群体话语权表达意识的淡薄以及这种现象进行了深入剖析和解读，指出我国社会当前的农民工阶层属于“保持沉默的阶层”、“沉寂的阶层”，这种“沉寂”主要表现在社会上其他阶层对于农民工阶层的冷漠、质疑和农民工阶层整体来看的一种话语表达权利的失去。由于“农民工”是我国特有的社会现象，他们一直处于“沉默”的失语者的低下地位，这不利于整个社会经济、政治、文化的稳定发展、和谐共处。所以，社会各个阶层都必须采取相应措施，致力于提高农民工群体话语表达的水平。

二　研究的重点难点

目前学术界对于在大众传播视野下农民工媒介素养对其话语权建构的研究几乎没有，对农民工话语缺失的现状、原因以及如何构建农民话语权，使农民工等弱势群体最大限度地使用和拥有传播资源和权利的研究很少，几乎没有可借鉴的资料。所以本研究具有一定的创新价值和难度，希望通过问卷调查结合理论研究的方式，对当下的大众传播中的“农民工”问题传播现状、农民工媒介素养现状以及与农民工话语权之间的关系等方面进行实证调查研究。本研究将进行一定尝试，力求完善大众传播结构与受众媒介素养教育两方面的构建，最终为农民工话语权的建构提供重要的参考依据；研究分析在大众传播语境下，农民工媒介素养与建构农民工话语权之间的理论模型和作用机制；研究如何有效地开展农民工媒介素养教育，使农民工能够积极主动接触大众媒介，有效地利用大众媒介获取信息和利用媒介平台反映自己的利益诉求，最大限度地使用和拥有传播资源和权利。

三 基本观点

本章的基本观点主要是以下两点。首先，利益的表现是权利，利益的表达是话语，表达的途径是媒介。就是说，话语权的实现很大程度上依赖于大众传播媒介。不同于别的发达的工业化国家，中国是农业大国，农业孕育了农民，中国也是一个农民大国，农民占我国人口相当大的比例，所以农民问题是中国的一个重要问题，可以说农民群体关系着国家经济整体的发展水平，更决定着社会综合素质的水平。以传播学角度关注农民有深刻的文化意义，特别是对于农民话语权表达的关注更是有着深刻的政治意义。在媒介迅速发展、新媒介和传统媒介加速融合的时代，对作为社会的传声筒的媒体而言，关注农民群体的话语权表达也是时代所需，是历史赋予的重大使命。其次，观念是行动的先驱，农民工只有从观念上真正了解到大众媒介的作用，才能够唤醒其接近媒介、利用媒介的意识，积极、主动地接触大众媒介，有效地利用大众媒介获取和发布信息，才能使他们开阔视野，解放思想，转变落后观念，大步迈向现代化。因此，争取农民工话语权问题的核心实际上是提高农民工媒介素养。提高农民工媒介素养是构建农民工话语权的重要前提，没有农民工媒介素养的提高，农民工话语权的建构就缺乏根本的支撑。

四 研究思路设计

本次调查采用“问卷调查法”收集资料，将定量研究与定性研究相结合，同时也加入了深度访谈。为了能较为全面而又准确地反映当前农民工媒介素养状况，我们选取了不同年龄段、不同工作类型与不同省份的农民工为调查对象，既包括西安、成都等大型省会城市，也包括咸阳、商洛等中小型城市。我们采取随机发放问卷的形式，共收回问卷 1000 份，其中有效问卷共 830 份，有效率为 83%，符合统计要求。

本章的思路是从构建农民工话语权的角度出发，以农民工的媒介话语权为研究对象，立足于大众媒介传播的现实状况，通过实证调查研究，关注大众传播环境下农民工媒介素养与其话语权之间的关系和影响。进而从农民工媒介素养、话语权等方面深入分析和论证了农民工话语权缺失的原因以及构建的必要性和现实性。探求在大众传播媒介语境下，如何完善媒体传播的结构功能，最大限度地反映农民工的利益诉求，深化农民工的媒体表达意识，提高其媒介素养，构建农民工的话语权：一方面，试图深入分析媒介传播和农民工话语权缺失的现状、原因以及媒介如何构建农民工话语权的对策，希望能够在社会为农民工提供话语平台和媒体为农民工进行话语表达的实践中，提供相应的理论支持；另一方面，以培养农民工媒介素养为重点，并且把消除媒介霸权现象作为提高农民工话语权利、实现其话语权构建的重要因素来探讨，要想让农民工提高媒介素养水平，获取话语权，不能仅仅看重外界的改变，更是对自身的一种内在要求。通过开展有效的农民工素养教育有助于实现其话语权的建构。

第二节　问卷调查

一　问卷的设计和主要构成

调查的主要对象是陕西省西安市的农民工，但是在问卷调查过程中，我们把一些其他省市的农民工也同样作为调查对象，包括四川、甘肃、辽宁、内蒙古等。一共发放了 1000 份问卷，主要是大的省会城市。共收回问卷 1000 份，其中有效问卷共 830 份，有效率为 83%。问卷由三个部分组成，分别为个人基本情况、媒介素养现状调查以及话语权情况调查。由于此次调查针对的是农民工受众，文化程度普遍较低，所以我们在设计上不采取开放式问题，主要是封闭性问题。

二　问卷的发放完成形式

此次问卷调查采取了分层抽样、系统抽样以及随机抽样等方法，问卷调查的主要方式为个人面访。亮点在于把传播学、统计学、社会学以及模糊数学的研究方法相结合，通过问卷调查获得数据，建立实证模型进行数据处理，并且使用 SPSS、SAS 等统计软件对数据进行定量的操作，特别是工科模糊数学的方法，其中相似聚类方法运用广泛，以几个指标的形式来表现农民工的媒介素养，对于农民工话语权等抽象概念，也给予了简化。

第三节　调查数据录入及分析报告

一　农民工媒介素养

（一）受众的构成以及基本情况

在此次调查问卷的有效样本中，男性 627 人，占样本总数的

75.53%，女性173人，所占比例为24.47%（见图7-1）。

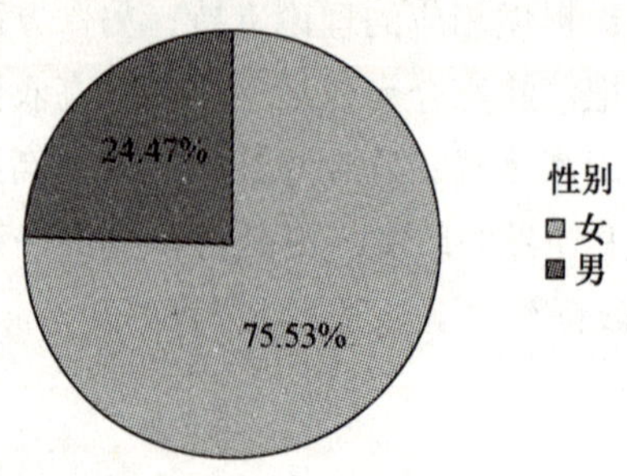

图7-1 男女比例

样本对象在各个年龄段的分布情况如图7-2所示。此次问卷调查结果显示，农民工中21—30岁的年轻人所占比例最高，达到46.6%；其次为31—40岁的农民工（29.9%）和40岁以上的农民工（17.7%）。在有效问卷的调查对象中，年龄最小的农民工仅15岁，年龄最大的农民工为61岁，年龄跨度高达46岁。由此可见，农民工群体的构成仍然以21—30岁的年轻人为主，其比例远远高于其他年龄段的农民工而占据绝对优势，农民工在年龄结构上呈现年轻化的态势。

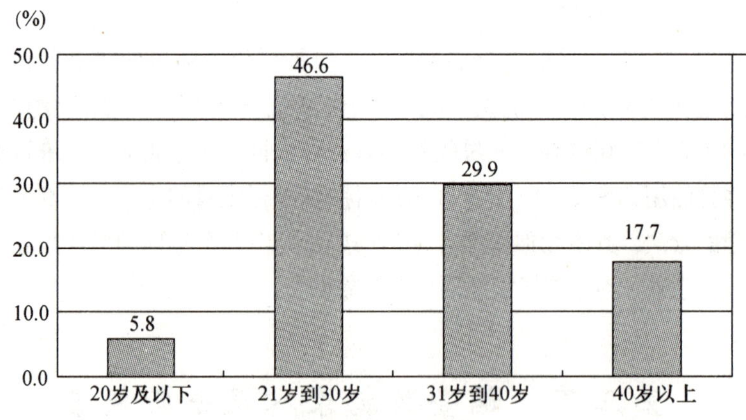

图7-2 年龄分布

在学历教育方面，总体来说普遍较低，初中所占比例最高，为49.0%；其次是职业高中学历与小学学历，分别为31.8%和13.2%；小学以下所占比例为4.8%；普通高中与技校所占比例最少，分别为1.0%和0.2%（见图7－3）。

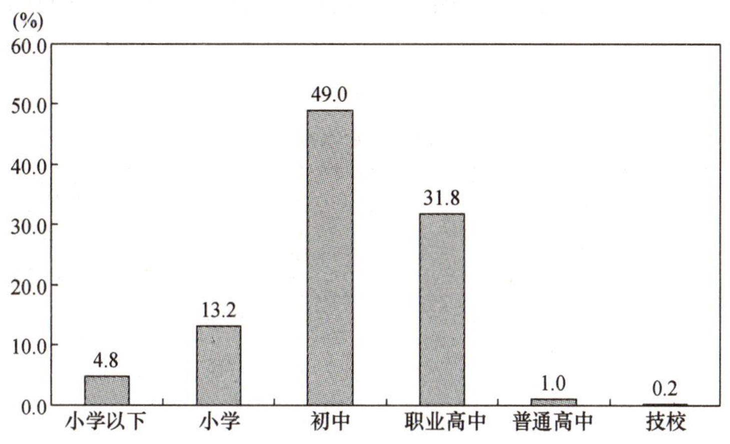

图7－3　受教育程度

在工作类型方面，问卷调查中共设置了七大类选项，包括建筑业，采掘业，制造业，电力、煤气、水的生产及供应业，交通运输、仓储、邮电通信业，批发零售贸易、饮食业，社会服务业。排在前三位的工作类型依次是建筑业（32.45%）、社会服务业（18.47%）及批发零售贸易、饮食业（14.25%）（见图7－4）。

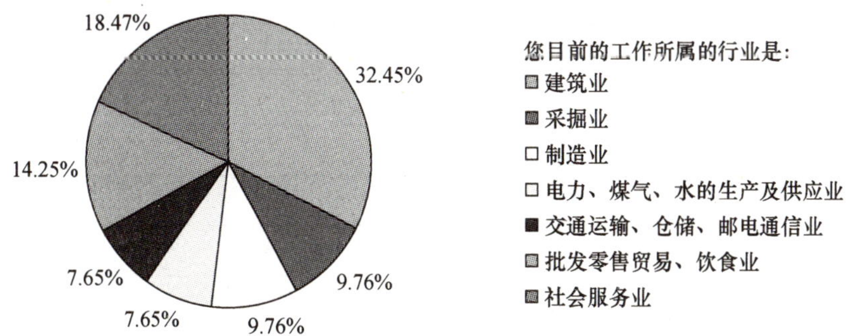

图7－4　工作类型分布情况

（二）受众认知媒介的状况

进入21世纪以来，我国居民生活水平与购买能力有了很大的提高，对于新媒体的认识程度也越来越高。然而农民工对媒介的认知状况却不尽如人意。当被问到是否对广播完全了解时，有72.06%的选择一般了解。特别是对于近些年迅速发展起来的网络，仍然有21.43%的人表示完全不了解。由此可见，农民工更倾向于选择电视这种较为简单的传播媒介（见表7-1）。

表7-1　媒介认知程度

	完全了解	一般	完全不了解
广播	17.62%	72.06%	10.32%
报纸	27.78%	63.97%	8.25%
电视	45.87%	50.16%	3.97%
网络	21.27%	57.30%	21.43%
手机短信	38.25%	53.65%	8.10%

随着互联网的普及程度越来越高，人们在日常生活、学习和工作等方面与其联系越来越紧密，对其使用也越来越频繁。在这次调查中，我们发现13.2%的受访者每天平均上网时间大于3小时，34.1%的平均时间为2—3小时，30.8%选择1—2小时。农民工平均每天使用网络的时间为2.74小时（见图7-5）。

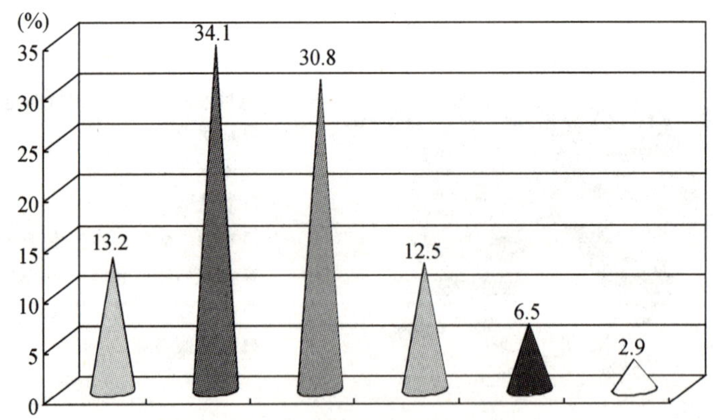

图7-5

在对于媒体的作用的认知上，有28.89%的农民工认为媒体是了解社会的重要渠道，有44.29%比较同意媒体可以充分展现社会的各种观点，38.25%对于媒体能促进社会和谐表示说不清的态度，66.51%认为媒体能够起到舆论监督的作用，44.6%受访者认为媒体将在未来发挥越来越大的作用（见表7-2）。

表7-2　　　　媒介作用了解程度

	非常同意	比较同意	说不清	不太同意	非常不同意
媒体是了解社会的重要渠道	28.89%	53.97%	14.92%	1.90%	0.32%
媒体能充分展现社会的各种观点	13.33%	44.29%	27.14%	13.81%	1.43%
媒体能促进社会和谐	11.43%	35.4%	38.25%	12.7%	2.22%
媒体能起到舆论监督的作用	15.4%	51.11%	25.87%	6.51%	1.11%
媒体将在未来发挥越来越大的作用	21.75%	44.6%	27.62%	5.40%	0.63%
大众传媒具有协调社会、传承文化、提供娱乐的社会功能	21.27%	46.35%	23.17%	6.03%	3.17%

（三）受众接触媒介的现状

1. 报刊、电视、网络、广播的接触

调查发现，农民工经常使用的媒介是电视和手机，广播曾经是农村最重要的传播媒介，但是在电子产业迅速发展的时代背景下，电视和手机迅速崛起并取而代之，成为农民工最重要的传播工具。有51.27%的人表示经常使用电视，56.98%的人表示经常使用手机；其次是网络、报纸和广播。而报纸、广播这两种媒介在农民工群体中的使用呈现出下降趋势（见表7-3）。

表7-3　　　　媒介接触程度分布

	从来不用	偶尔、有时用	经常使用
广播	31.75%	59.68%	8.57%
报纸	14.31%	65.82%	19.87%
电视	6.83%	41.90%	51.27%
网络	22.86%	45.87%	31.27%
手机	8.10%	34.92%	56.98%

在报纸种类的选择上，40.2%的农民工选择《人民日报》，其次是

《西安晚报》和《华商报》，分别为38.42%、36.05%（见图7－6）。

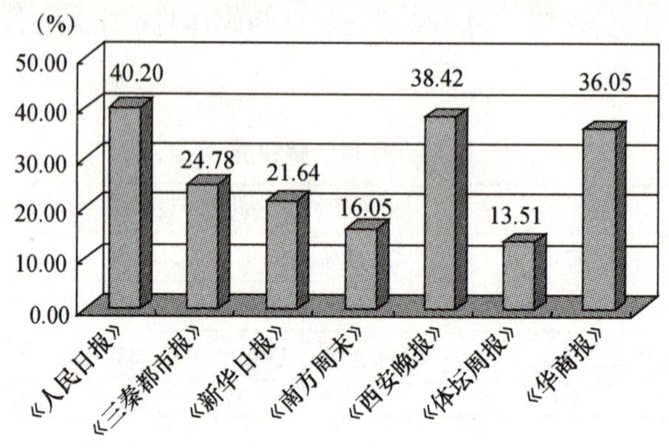

图7－6 报纸选择

在调查的21种电视节目中，我们发现，新闻类节目和娱乐节目最受欢迎。调查数据显示，经常看的电视节目前五位分别为《新闻联播》（68%）、《焦点访谈》（32%）、《快乐大本营》（31%）、《新闻三十分》（31%）和《今日说法》（25%）（见图7－7）。

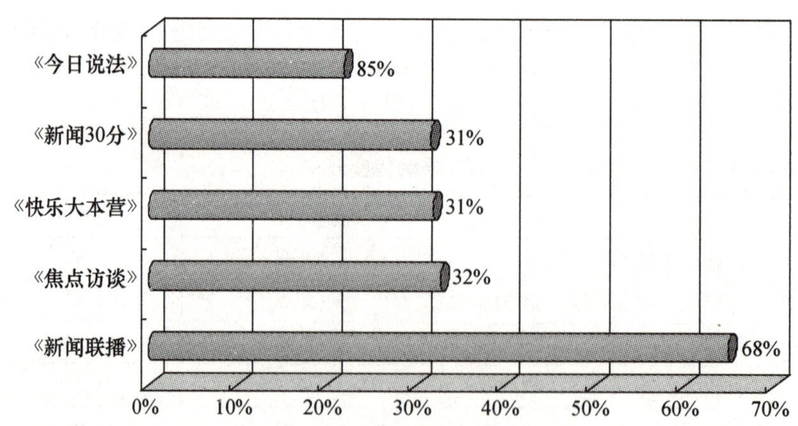

图7－7 经常看的电视节目

2. 接触态度的比较

在“您接触网络媒介的原因是什么?”这道题中，选择“为了满足好奇心，为了好玩”与“了解新闻信息”的比例占到总数的一多半，而选择“及时反映农村人民群众的呼声”与“获得生产资料来源与产品销售渠道的信息”的比例仅为12.84%与18.32%，可见网民上网的原因仍以娱乐和了解信息为主（见图7-8）。

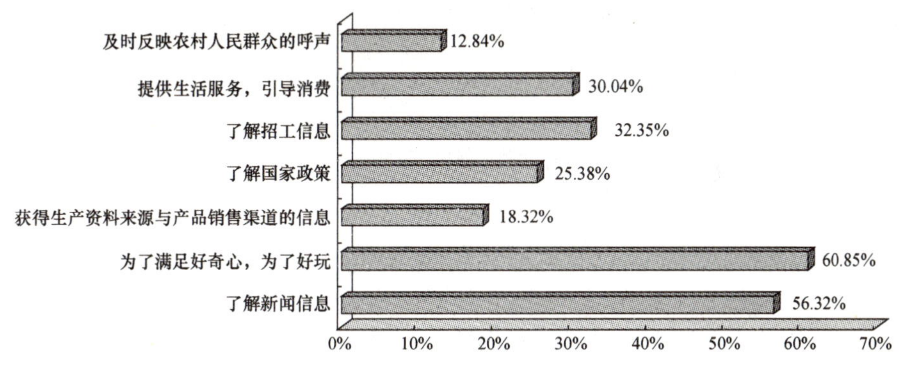

图7-8　上网目的

3. 媒介内容的选择分布以及偏好分布

对“自己选择媒介的标准”的调查结果显示，25.08%的农民工选择了“娱乐性强”，可见他们在选择媒介上还是偏向娱乐方面；其次是“时效性强”（20.61%），“使用方便”（20.61%），“信息量大”（18.53%），“可信度高”（15.18%）。

对“选择媒介能力的判断”这个问题的调查结果显示，选择“一般”的占54.30%，比例最高；其次为“较好”，所占比例为39.49%。比例最少的为“很差”和“精通”，分别为4.78%与1.43%（详见图7-9与图7-10）。

（四）使用及其参与媒介的现状

互联网与人们日常生活的关系日益密切，但是农民工参与媒介行为的频率仍然较低。“是否参与过媒体互动（多选）”调查结果显示，选择“从未”选项的农民工所占比例为55%，选择“偶尔”的所占比例为37%，选择“经常发表评论”的仅占8%（见图7-11）。农民工与媒体

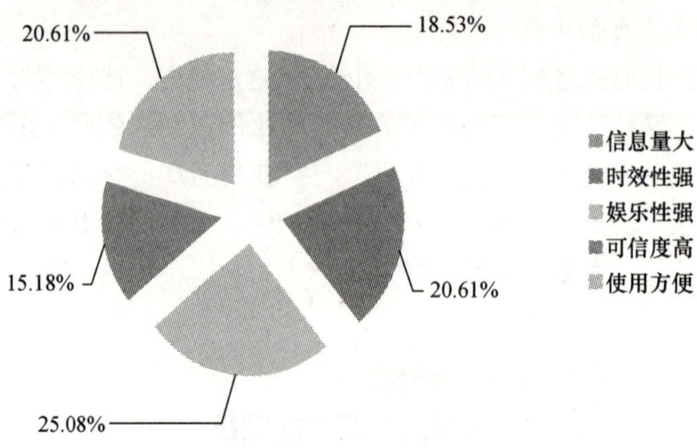

图 7－9　选择媒介标准

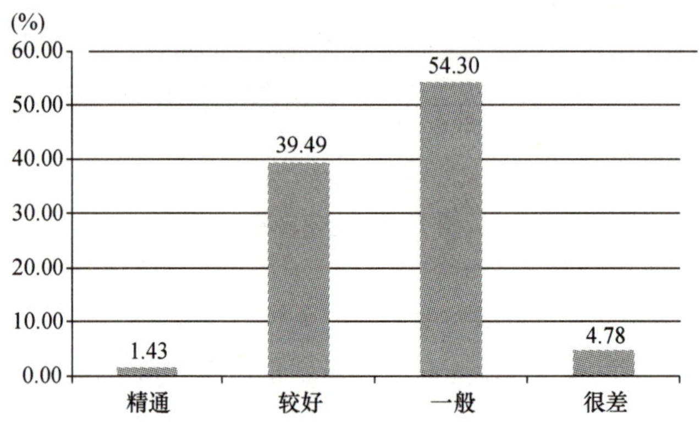

图 7－10　选择媒介能力的判断

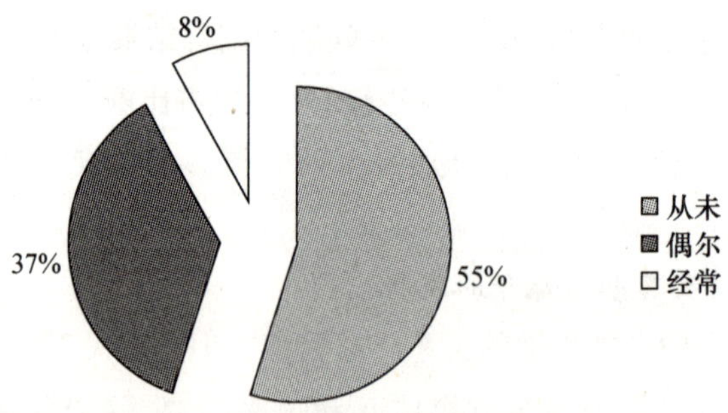

图 7－11　参与媒介互动的情况

互动的调查结果在一定程度上表明农民工对媒介的使用程度仍然较低。

在“您是否在媒体上发表过自己的看法”这一问题上，有51.83%的农民工选择“从不评论”，42.77%选择“偶尔发表评论”，5.41%选择“经常”（见图7－12）。

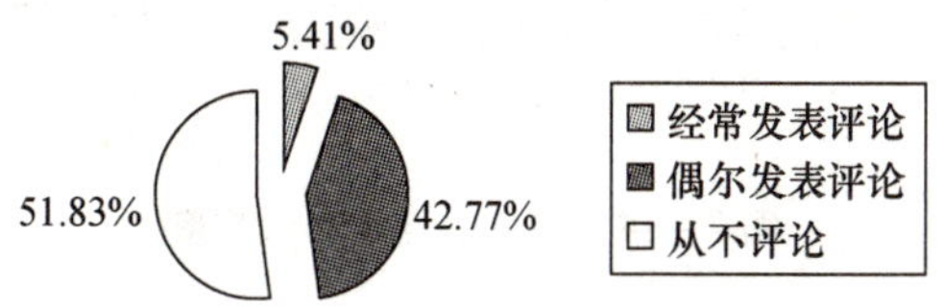

图7－12　在媒体上发表看法的情况

1. 对于媒介的信任度

对于农民工“自己对媒体报道的真假辨别能力”这个问题的调查结果显示，选择“一般”的比例占到73.25%，所占比例最高；其次为“完全不能够”，所占比例为20.70%；而所占比例最少的为“完全能够”，仅为6.05%（见图7－13）。

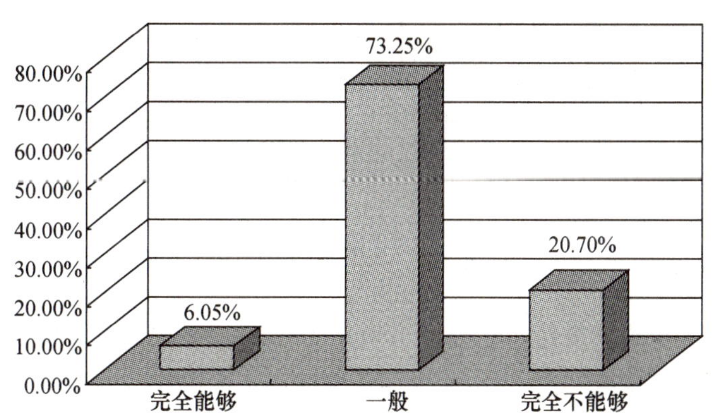

图7－13　对媒体报道的真假辨别力

在媒体观点影响个人的调查中，选择“有些”的比例最大，占到59.46%，其次是“一般”和“很少”，分别为22.74%和8.74%（见图7－14）。

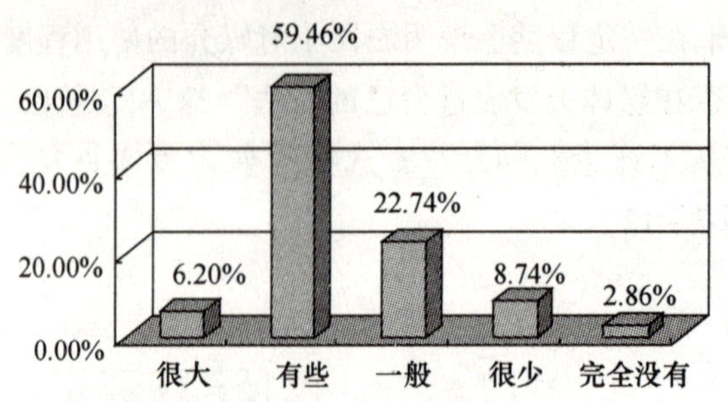

图7－14　媒体观点的影响程度

2. 参与的媒介选择以及满意度

调查显示，对于媒体所起的作用，在农民工这个群体中还是比较认可的，58.66%的农民工认为“媒体有些帮助”，25.44%认为“非常重要”，11.92%认为“可有可无”（见图7－15）。

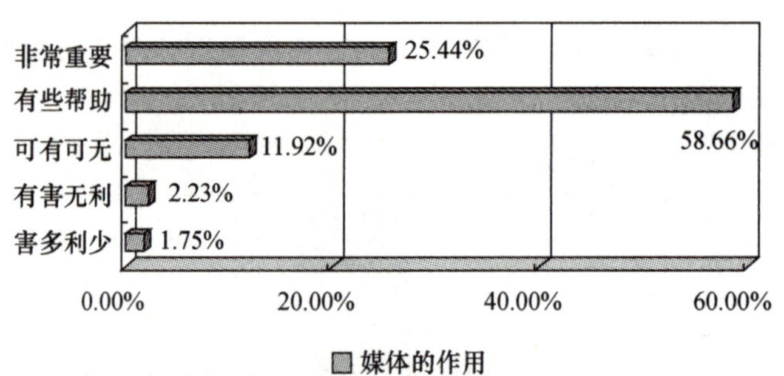

图7－15　对于媒体作用的理解

对于媒体的满意程度在农民工中总体较低，61.37%的农民工认为媒体仍然有待于规范，22.89%认为如今媒体还不太可靠（见图7－16）。

3. 参与的议题偏好

在选择媒体内容的偏好上，调查显示，农民工大多关心的是和自己有关的社会议题，如农村致富门路、乡镇建设、科学养殖、农村新闻、农机产品医疗器械，其中最关心的是农民工进城打工和农产品价格，分别占约73%和77%（表7－4）。

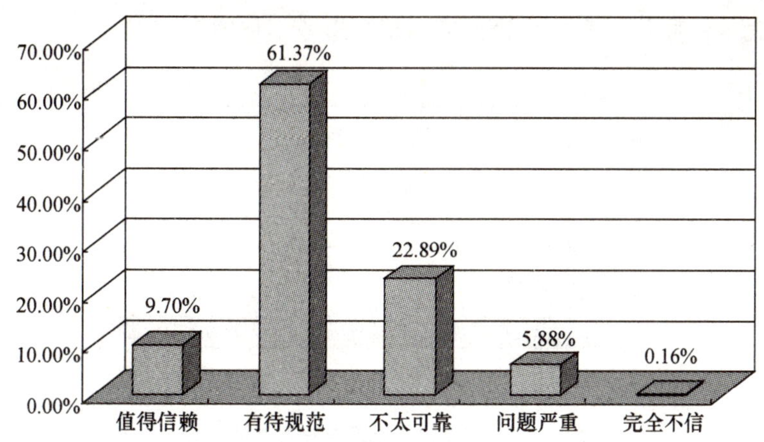

图 7－16　对于媒体总体的认识

表 7－4　参与议题的偏好

	很关心	关心	无所谓	不关心	很不关心
农村致富门路	25.08%	43.97%	25.08%	4.76%	1.11%
环境保护	6.20%	38.47%	41.02%	11.45%	2.86%
北京申办奥运会	15.08%	43.81%	29.37%	8.57%	3.17%
教育改革	14.29%	43.39%	27.62%	13.02%	1.59%
城市发展变化	11.59%	37.94%	34.29%	12.54%	3.65%
农民工进城打工	32.06%	41.11%	17.94%	7.97%	0.95%
乡镇建设	21.46%	47.38%	21.14%	7.63%	2.38%
税收	18.41%	39.37%	27.94%	11.59%	2.70%
民主选举	10.32%	26.67%	40.95%	17.14%	4.92%
农产品价格涨跌	36.35%	39.84%	15.71%	6.51%	1.59%
科学养殖	19.21%	35.36%	29.84%	14.13%	1.27%
国家政策法规	13.97%	41.11%	29.68%	12.06%	3.17%
农村新闻	18.25%	43.39%	28.89%	8.41%	0.95%
农机产品医疗器械	16.51%	36.83%	31.75%	12.70%	2.22%

4. 对于媒介的质疑及批判

在“媒介报道是否会引起自身的思考”这一问题中，有 53.90% 的农民工表示有时会思考，36.25%表示很少思考（见图7-17）。

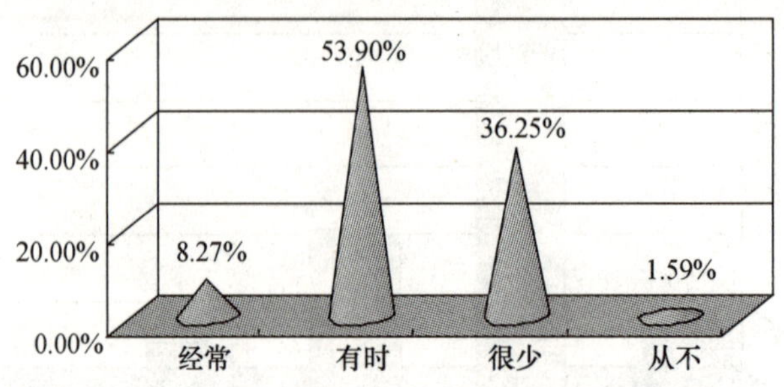

图7-17 媒体报道引起自身思考的情况

在“您对网络媒体发布信息的信任度”这一问题中，有5.8%的农民工选择“信任”，50.8%选择“基本信任”，39.4%选择“说不清”，仅有4%选择“不信任”（见图7-18）。

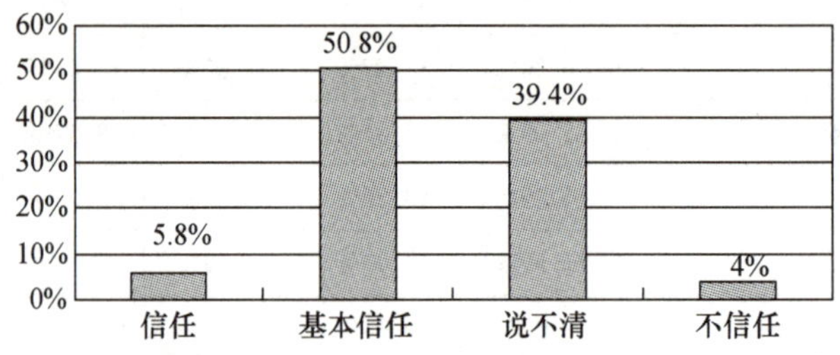

图7-18 农民工对于媒体发布信息的信任度分布

5. 媒介传播在农村的有效性

生产力是城市发展的标志，也是城市进行各种社会活动的基础。在一个地区，传播媒介的发展水平和这个地区生产力的发展水平是密切相关的。在某些地区，由于生产者对于农村信息传递的滞后，导致信息传播效率低下，因此很难高效地销售自己的产品。广告作为充斥在人们生活的各个角落的媒介，提供了一个重要且有效的交流渠道。而有多少农民工了解这种传播方式并且积极运用这种传播手段呢？针对这个问题的调查结果显示：有一半以上的农民工选择了“从不”，占到55.01%；24.96%选择“很少”，18.28%选择了“有时”，仅有1.75%选择了“经常”。

可见对于广告的态度，有一部分农民工已经产生了认同，这也代表着一种新的观念在慢慢发展（如图7－19）。

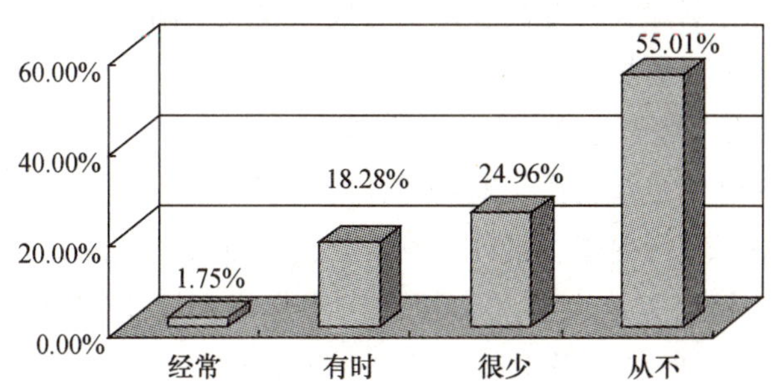

图7－19　农民工主动利用广告服务生产的情况

（五）农民工媒介素养现状特点

通过对有效数据进行分析与解读，我们认为农民工媒介素养主要呈现以下特点：

（1）从农民工对媒介和媒介的选择与认知能力看，媒介已经与农民工的日常生活紧密结合在一起，成为影响农民工进行选择、判断与思考的重要因素，特别是电视和手机的影响。农民工每天身处于各种各样的媒介活动中的时间越来越长。调查结果显示，绝大多数的农民工在搜索和获取信息方面会选择《新闻联播》、《人民日报》及很多大型搜索引擎和大型门户网站，因此他们在搜索需求信息上所花费的时间也大大减少，充分说明他们在获取信息的能力已经有很大的提高。然而，由于从媒介中得到娱乐放松与了解社会的变化情况是农民工接触媒介的最主要原因，因此，农民工利用媒介进行知识学习与寻找实用信息等方面的能力还有待提升。

（2）从农民工对媒介以及媒介发布信息的理解能力和理性批判质疑能力的调查结果上看，现阶段农民工对媒介信息的批判能力还有待加强，应该以更加理性的态度分辨各种信息，对媒体发布的信息不应该是一味地信任，对网络媒体报道内容的真假也能够进行有效的辨析。由于农民工文化水平较低，农民工群体对媒介的运作及媒介发布新闻的途径等知识都还处在一个较低的水平，有些方面尚是盲区，尚未达到自我判断与自我接受阶段。

（3）从农民工传播信息、运用媒介、积极参与媒介以实现自身发展的能力看，农民工在媒介互动内容和类型选择上已有很大的提升，对媒介内容的参与范围也是越来越大。整体而言，农民工媒介工具使用与参与媒介的能力虽然有了很大的提高，但仍有较大发展空间。

二　农民工话语权

（一）农民工对自身政策的了解程度以及满意度

农民工话语权是指农民工通过媒介对国家政治、经济、教育等事务及社会热点现象等进行揭露、批评，发表自己的看法、观点，并提出意见和建议的行为，起到舆论监督的作用。在“您对农民工政策的了解程度”问题中，有45.79%的农民工选择了“有些了解”，46.26%选择了“不太了解”，5.25%表示“完全不了解”。由此可见，农民工对于有关自身政策的了解程度整体还是比较低的（见图7－20）。

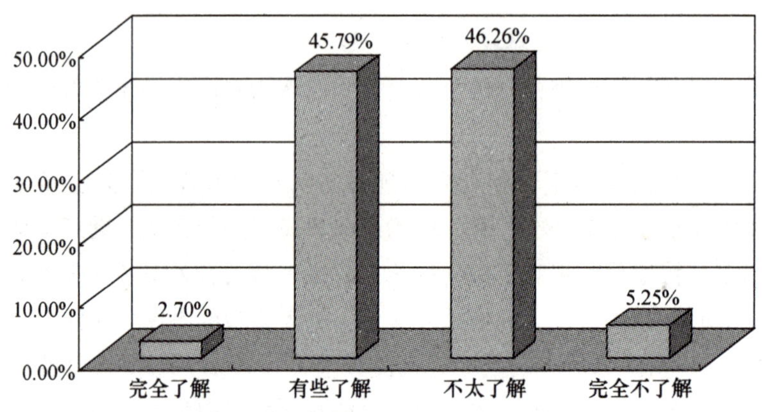

图7－20　农民工对国家政策了解程度

在问到“通过哪些途径了解到政策”时，有53.62%的农民工选择了电视，其次是报纸（16.89%）、广播（12.88%）和网络（12.24%）（见图7－21）。

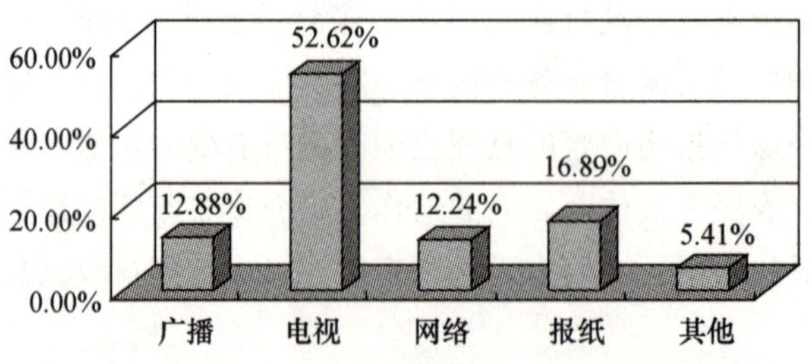

图7－21　农民工对于国家政策了解的途径选择

（二）农民工向当地政府提建议的渠道选择及偏好

“通过何种渠道提建议”的调查结果显示，有46.63%的农民工选择通过网络电视等媒体，25.91%选择通过熟人，其次是通过领导信箱和信访办的渠道（见图7－22）。

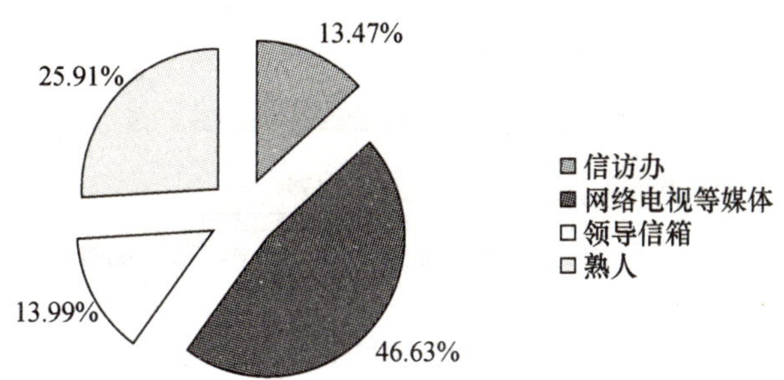

图7－22　农民工提建议的渠道分布

有73.56%的农民工表示没有向政府提过建议，占绝大多数。24.20%表示偶尔提过建议（见图7－23）。

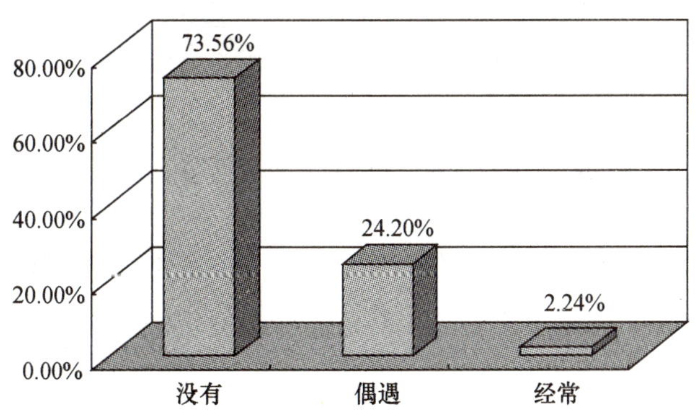

图7－23　是否向政府提过建议

（三）当地政府对于意见的采纳状况

在调查中，我们询问了一些向当地政府提过建议的农民工，对于所提意见是否被采纳，他们大多都表示不清楚。

（四）农民工对于监督权的理解

监督权是农民工话语权的重要组成部分，对于“是否了解自己拥有监督权”，52.86%的农民工选择了“不太了解”，23.17%的农民工表示

“完全不了解”，选择“非常了解”的只占1.59%。有56.99%的农民工表示从未主动使用过这项权利（如图7－24、图7－25）。

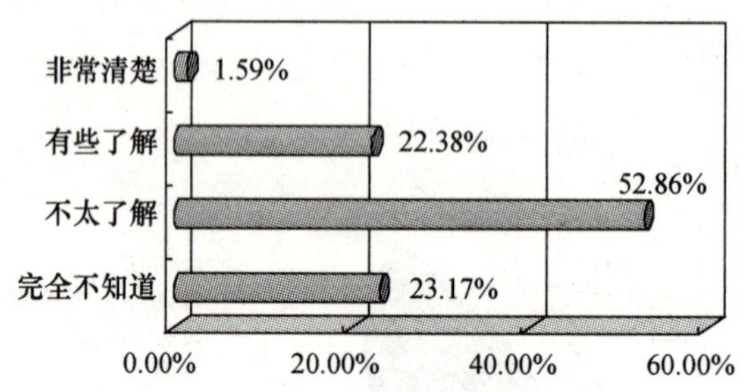

图7－24　对于监督权的了解程度

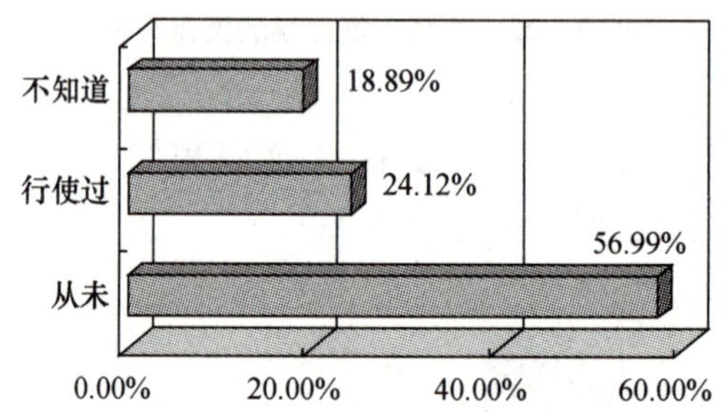

图7－25　是否行使过监督权

对于公民权利，53.81%的农民工认为“较重要”，22.70%认为“很重要”，显示他们对于公民权利很看重（如图7－26）。

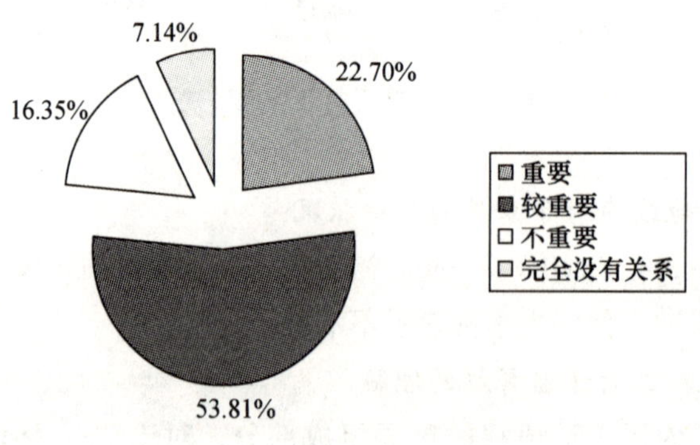

图7－26　对于公民权利的看法

（五）农民工对于社会议题的参与

此次调查显示，农民工对于社会议题的参与主要集中在向媒体表达关心的公共问题的看法以及为维护自己的权益向有关政府部门投诉，而对于在网络上参与讨论本市发展的事务以及接受记者采访、对新闻媒体提供线索、刊登广告启事都参与较少。由此可见，农民工参与的关注点主要在于与自身利益相关的社会议题，而对于政府机关执法能力等事件上的关注则相对小一些。在问到“参与这些活动的目的”时，36.57%的受访农民工表示不清楚，31.08%表示为了反映自身的利益，25.76%认为是为了反映农民工群体的利益（见图7－27）。

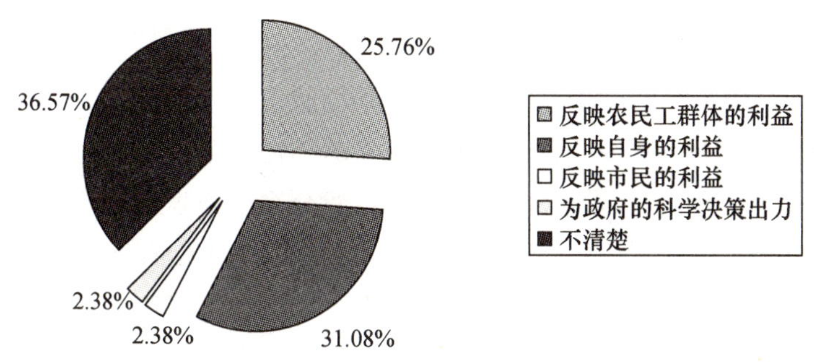

图7－27　参加社会议题活动的目的

在问及一些参与过村镇选举的农民工“选举中自身投票的作用”时，有47.62%的农民工表示“说不准”，36.03%认为“不起任何作用”（如图7－28）。

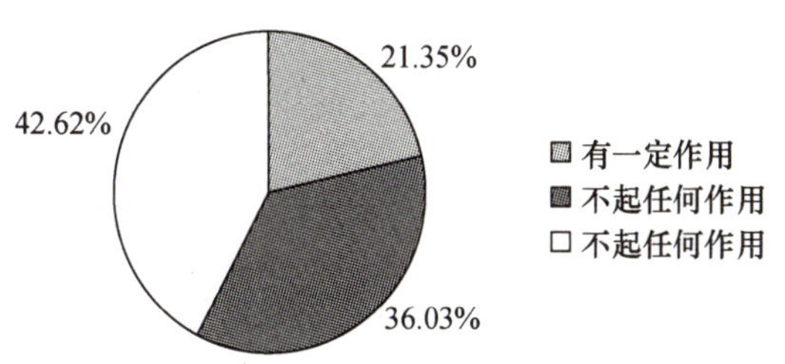

图7－28　选举中自身投票的作用

关于“您利益受到伤害时的处理方式”这一问题的调查结果显示，68.41%的农民工选择私下解决，占绝大多数。一位受访农民工表示，如果通过媒体或者诉诸法律来解决，不仅仅是花费的问题，甚至还有负作用

(见图7－29)。

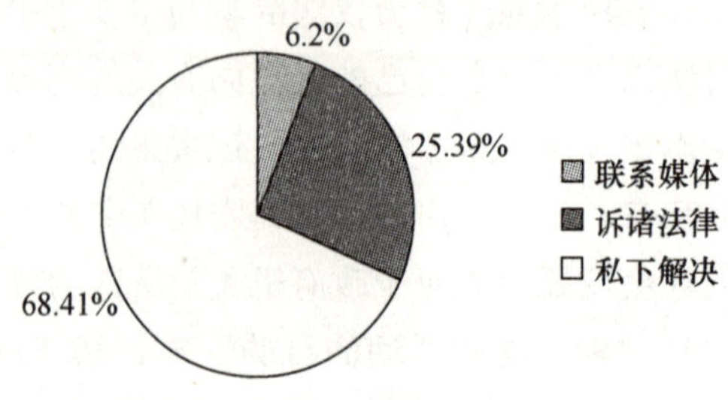

图7－29 利益受到伤害时的处理方式

(六)农民工话语权现状特点

综上所述，现阶段农民工话语权呈现以下几个特点：

首先，农民工的话语权结构呈现不平衡状态，尚不能代表该阶层的利益。我们在调查中发现，我国农民工在年龄结构上呈现低龄化的态势，学历教育普遍较低。他们的诉求还难以通过媒介途径来表达，这就使他们在道德观念、文化素质与法律常识等方面与社会其他阶层存在差异，导致他们容易走向非理性、随意化与表面化，甚至做出过激与违法行为。

其次，网络信息鱼龙混杂，真假难辨，农民工在行使话语权时容易被误导，同时情绪易偏向两极化，产生一些非理性、辱骂他人等不道德行为或侵犯他人隐私权等违法行为。开放性、及时性和匿名性是话语权的重要特点，只有真正了解自己拥有的话语权，才能使农民工在对国家事务进行话语权表达及舆论监督时，能大胆发表自己的真实想法，揭露腐败，建言献策，共计民生。但是，匿名性与群体化的特点使农民工在进行舆论监督时很容易出现非理性的情况，网络匿名性在拓宽网民自由言论的同时，也降低了道德与法律对网民的约束力度，使得一些网民在网络上发布虚假、不良甚至有害的信息，农民工辨别信息的能力较差，较容易导致农民工在行使话语权的时候被误导。

三 农民工媒介素养以及话语权的构建

(一)影响关系及构成现状的原因分析

农民工作为社会的弱势群体，话语权的较大缺失导致社会主流较少听到他们的声音。在城市中，农民工基本处在一个默默无闻的位置，成为“沉默的失语者”，因此，他们的媒介素养起到重要的作用。媒介素养的内涵很宽，其中包括了对于媒介的认知解读、接触、参与，以及主动运用媒介为自己的生产生活提供便利的能力。媒介素养水平提高，他们则能够更多地利用媒介，主动积极地发表自己的观点与意见。在国家有关政治经济的政策决策上，非常缺少能够真正代表农民工心声的团体，因此政府较少能积极有效地提出一些符合农民工自身权益的议案和政策。虽然近些年来，政府重视民主化发展，农民工开始出现在人民代表大会上，为民生发展建言献策，但是彻底维护农民工权益的政策还是少之又少。因此社会中很难倾听到农民工的声音，甚至出现了一种现象：漠视、质疑甚至讨厌农民工。一些社会的强势群体，虽然也会站在农民工的立场，为农民工的利益说话，但是他们毕竟不是农民工群体本身。真正来自农民工的声音是少之又少。比如在维权诉讼中，因为农民工群体缺少有效维护自己的武器，所以在受到无理侵害时，他们很难找到适当的方法来保护自己，其中最主要的原因是诉讼资金的缺乏。探询这种现象的原因可以得知，首先是由于农民工群体阶层自身的缺陷造成的，因为他们文化水平普遍较低，对于法律法规的了解不是十分透彻，所以不能很好地保障个人及群体权益；其次是农民工群体缺少发布信息的渠道，这与他们的媒介素养有较大关系。导致这种情况出现的主要原因如下：从文化层面上看，我国缺乏一种普遍的“市民”文化；从制度层面上看，城乡二元结构下的户籍制度存在问题。

如今，越来越多的眼光落到了农民工身上，特别是他们所拥有的话语表达权利上。农民工的话语权有了保障，才能够做好群体的舆论监督工作，进一步推进社会主义民主建设的大幅度发展。媒介有着不可或缺的责任，作为社会传声筒的媒介，关注农民工话语权利表达是责任，也是社会、国家赋予的重大使命。要想行之有效地保障农民工话语权利，就必须多管齐下：在国家体制上要完善社会制度来保障农民工权利，在社会宣传上要逐渐消除媒介霸权的现象，同时开展农民工媒介素养教育，切实提高农民工内在的媒介素养。

总之，农民工媒介素养的高低对其话语权有直接的影响。直观来说就是，在普遍情况下农民工媒介素养水平越高，他们运用媒介进行舆论监督、表达观念的能力相对越高，反之，就相对较低。我们可以想象，一个受过媒介素养教育，对媒介参与、理解、辨析能力都较高的人在媒介舆论监督、发表观点方面的能力必然胜过一个文化水平较低，对媒介接触相当少或者接触媒介行为仅局限于游戏、娱乐的人。

首先，从在网络中获取有效信息的能力上看，现阶段我国农民工平均每天上网时间已大幅度增加，随着花费在互联网上的时间越来越多，他们参与网络活动尤其是进行舆论监督、发表自己意见的机会也会增多，这为农民工行使媒介话语权做好了前期准备。在利用媒介获取自己所需要的信息时，很多农民工都会选择方便快捷的大型搜索引擎或登录大型门户网站、论坛。他们在浏览页面时，会遇到很多良莠不齐、混乱纷杂的信息，而大型搜索引擎等网站则提供了异常丰富的资料，帮助农民工在发表意见时在各种信息的指导下分辨真假，对事件进行准确的判断，对事件进行合适的评论，使农民工行使媒介话语权发挥有效的作用。

我们的统计论证过程均用 SPSS17.0 分析完成，针对网络这一传播媒介，主要采用对应分析法分析网络媒体对于农民工话语权的影响。“促进起到舆论监督的作用判断”与“最喜欢网络媒体”进行分析发现（此题是多选题，此次样本数量选取其中单选选项量），“最喜欢的网络媒体”主要由大型门户网站（如网易、雅虎等）和搜索引擎网站（如百度、谷歌等）构成，统计结果显示：二者占到总人数的比例为 78.5%。

表7－5、表7－6是对应分析的直观分析表，行频数百分比分析表显示了农民工最喜欢的网络媒体在不同网络媒体话语权舆论监督的作用行为上的比例。大型门户网站（如网易、雅虎等）与搜索引擎网站（如百度、谷歌等）分别有 25.9% 和 21.7% 的农民工选择“非常同意”，而 BBS、博客与其他在“非常同意”这一选项中的比例分别为 7.7%、5% 和 17.1%。这说明使用大型门户网站与大型搜索引擎网站的农民工在“非常同意网络媒体能起到舆论监督的作用”上远远超过了选择“BBS、博客及其他”的网民，经常使用大型门户网站与大型搜索引擎的网民在农民工话语权表达舆论监督方面的能力要超过使用博客、BBS 等的农民工。

表7－5　网络媒体能起到增强话语权意识舆论监督的作用判断与最喜欢网络媒体的交叉列联表（人）

网络媒体能起到舆论监督的作用	您最喜欢的网络媒体是哪些					
	大型门户网站（如网易、雅虎等）	搜索引擎网站（如百度、谷歌等）	BBS	博客	其他	有效边际
非常同意	15	55	1	1	7	79
比较同意	24	118	8	14	14	178
说不清	8	49	4	4	12	77

续表

网络媒体能起到舆论监督的作用	您最喜欢的网络媒体是哪些					
	大型门户网站（如网易、雅虎等）	搜索引擎网站（如百度、谷歌等）	BBS	博客	其他	有效边际
不太同意	10	29	0	1	8	48
有效边际	57	251	13	20	41	382

表7－6　最喜欢网络媒体与网络媒体能起到舆论监督的作用判断的行频数百分比列表

您最喜欢的网络媒体是哪些	网络媒体能起到舆论监督的作用					
	非常同意	比较同意	说不清	不太同意	非常不同意	有效边际
大型门户网站（如网易、雅虎等）	0.259	0.414	0.138	0.172	0.017	1.000
搜索引擎网站（如百度、谷歌等）	0.217	0.466	0.194	0.115	0.008	1.000
BBS	0.077	0.615	0.308	0.000	0.000	1.000
博客	0.050	0.700	0.200	0.050	0.000	1.000
其他	0.171	0.341	0.293	0.195	0.000	1.000
质量	0.205	0.462	0.200	0.125	0.008	

其次，从对网络信息的解读与批判能力来看，农民工对于网络上充斥着的各种信息进行辨析的能力虽然普遍较低，但是并非群体性盲从，对发布在网上的信息并不是一味地相信。如果农民工对网络信息的选择、理解、应用的媒介素养水平很高，他们对一些突发事件、热点事件的获取速度很快，信息来源也比较准确和广泛，那么他们就能够对事件有比较清晰、客观和准确的认识，提出的意见也比较中肯和理智，这就避免了对信息解读、认识有误而发表一些低俗的情绪化的言论。可见，如果农民工的信息解读与批判能力提高，那么相对应地，他们行使媒介话语权的能力也会提高，在进行舆论监督时能更客观、更理智地在网上发布与接收信息，不会对一些事件进行夸大其辞的渲染，不会出现危害他人利益，甚至触犯法律的行为。

最后，从参与大众媒介的能力看，农民工参与大众媒介能力越高，他们接触各种官方的、真实的、理性的信息来源的可能性就越大，农民工媒介话语权也就更客观真实，真正发挥作用。

由此可见，农民工参与大众媒介能力的高低对农民工媒介话语权的行使有着显著的影响。

（二）对农民工开展有效的传媒素养教育，最终实现农民工媒介话语权的建构

不同的人对于媒介认知有着不同的理解，但共识是：媒介消费者必须培养出一种“能力”或者“技巧”，以便能够更好地对媒介内容进行解释。对于农民工来说，他们普遍学历较低，这种媒介素养教育就显得更为重要。有效的媒介认知要求我们全方位地参与到文化当中去，大众传播媒介在制造和维持着我们的文化，文化又帮助我们认识和解释自己，这种本领尤为重要。

四 应采取的措施

著名的社会心理学家马斯洛将人的需求分成五个层次：生理、安全、社交、尊重和自我实现五种需求，其中生理需求是比较低的层次。在中国经济稳健态势的发展下，我国的农民工群体已经不仅仅满足于靠“打工”来养家糊口，他们的思想观念越来越新潮，越来越时尚。他们的知识面逐渐拓宽，权利意识也在不断增强，对于“生活幸福感”的理解也更为深刻和全面。然而农民工在社会中受到的偏见，以及他们来到城市后表现出来的经验不足等，都让他们成为了城市的边缘人，难以真正地立足城市。他们内心盼望着融入城市的生活，希望能够成为城市中的一员，而不仅仅是一个观望者。他们想要平等地拥有作为一个城市建设者的基本权利，从满足温饱的低级需求已经慢慢转化为更高的需求，同时这种需求还在不断地变化和进一步提升的过程当中。农民工在面临困惑时的呼声越来越呈现多样化，如权利的缺失、工资增长缓慢、无法定节假日，孩子教育的缺失等，但是，社会对于这种呼声的反应比较滞后。因此，随时倾听他们的意见与建议，让他们表达自身利益诉求就显得尤为迫切。

通过对调查问卷的数据进行整理、分析，我们发现我国农民工媒介素养水平还有待提高，现阶段农民工媒介话语权表达也存在很多不足之处。农民工媒介话语权行使涉及社会生活的各个方面，包括经济、政治、文化等，对于社会的和谐稳定发展起着至关重要的作用。针对前文中出现的问题及调查问卷整理出的数据，我们认为要想积极有效地发挥农民工舆论监督的作用，就必须从以下几个方面入手：

（一）政府措施

1. 变被动为主动，为农民工参与社会议题营造良好氛围

既然政府部门是农民工媒介话语权表达的主要诉说对象，那么政府应该变被动为主动，充分尊重城市农民工群体的知情权与监督权，建立透明的行政机制与监督机制，以便农民工能及时迅速地了解政府机构如何运行，确保相关法律法规的公开化、透明化，增加政府的公信力。同时政府相关部门也要及时与农民工进行沟通，树立良好的政府形象。在处理一些突发事件或网络热点事件时，政府应当积极利用网络媒介对网民特别是农民工群体进行引导，在第一时间内披露新闻信息，掌握话语权，有效地引导舆论。对于网络上流传的虚假或不确定的信息，政府也要及时站出来澄清，防止谣言产生，化解农民工因为信息缺失而产生的不满与对抗情绪。

2. 正面宣传，营造平台，增强话语表达权利，实现思想和观念的融合

要加大对于农民工群体的关注程度，给他们更多的媒介话语权，创造更多的平台，让他们的呼声变为现实。同时应在媒介传播中多树立积极向上、健康阳光的农民工形象，宣传农民工对于城市发展的辛劳与贡献，创造有利于他们行使话语权的社会环境。在这个过程中，媒体对于农民工正确的舆论引导必不可少，政府要力求在农民工与市民两者之间肩负起沟通的桥梁作用，营造和谐的交流平台。这样不仅可以让农民工与城市市民之间进行良好、有效的沟通，还可以消除他们之间的误解和隔阂，彼此了解并包容对方的想法和观念，逐渐促成他们的共识，在潜移默化中慢慢改变双方的思想，最终成为农民工融于城市的一道重要保障。

同时，农民工媒介话语权表达已成为对政府进行监督的有力武器，政府也应当规范与引导农民工舆论监督，引导他们真正发挥维护社会稳定与和谐的作用。现阶段农民工的媒介话语权地位仍然很轻，此次调查问卷分析显示，农民工发言权无很大分量，这样设立“农民工人大代表”就很有必要。“农民工人大代表”的出现使广大农民工有了代言人，他们的发言权在一定程度上得到保障，而政府决策在“农民工人大代表”的参与下，也将更好地倾听农民工的心声，体察民情。

3. 加强农民工的媒介素养教育，提高他们的媒介参与和使用水平

我国是法制型社会，社会生活的各个方面都应该包括于法律制度之内。就当前网络环境而言，网络的匿名性给予网民身份上的掩护，使其能

够畅所欲言地揭露黑暗，维护民主与社会公平；另外，由于网络上不易追查来源而使一些网民失去约束，在网络上发布大量虚假的、违反法律法规与道德原则的信息，为社会的稳定发展埋下了不稳定因素，危害社会的长治久安。因此健全法律法规，实施依法管网、依法治网就显得极为迫切，为良好的网民舆论监督环境提供重要的制度上的保障。由于农民工的学历水平相对较低，这样会使他们不被一些错误的信息舆论迷惑，更能发挥他们的媒介话语权并发挥舆论监督的作用。媒介素养教育的本质是提高一个人在纷繁的媒体环境下，面对种种信息时的选择与认知能力、理解能力、质疑能力、批判能力及使用媒介和参与媒介的能力。在这样一个充斥着各种媒介声音，新媒介加速融合的大环境下，媒介素养教育尤为重要。农民工作为媒介话语权表达权利的执行者，他们的选择、理解、辨析信息的能力很大程度上也决定了农民工舆论监督的水平。很难想象，一个缺乏基本媒介素养的农民工如何在农民工媒介话语权表达、舆情舆论监督中发挥保障群体利益、维护社会稳定的作用。因此，要想对农民工舆论监督进行正确的引导，就必须首先提高农民工的媒介素养。

（二）媒体的措施

1. 加强责任感，实事求是，坚持客观公正的报道

媒体的责任是非常艰巨的，因为它们肩负着社会传声筒的责任。作为媒体，首先在发布信息时必须非常客观、公正，媒体人也要遵守职业道德并进行自律。媒体在对农村和农民工进行报道时，应该听取社会各个方面的呼声，按照客观事实来进行报道，给公众一个客观正确的农村和城市农民工形象。

首先，从网络媒体来说，网络环境可以有效地发挥预防虚假不良信息与监督网络舆论的作用。在日常的新闻报道中，网络媒体必须增强新闻工作者自身的职业责任感，坚持实事求是，杜绝各种失实的虚假新闻报道及侵犯他人合法权益的现象。对一些与农民工切身利益相关的社会热点现象，媒介也应积极引导，对于非真实的报道加以改正，同时将事件调查清楚，确保农民工获得信息的真实可靠性，尤其是在互联网活动中使用较频繁的大型搜索引擎与大型门户网站。提高网络媒体编辑人员自身的职业操守与法律意识也很重要，他们要有能力分辨网络上各种信息的真假，对网络上发布的不良信息与虚假信息进行删除，不能为了追求点击率、博眼球而制造噱头，不管不顾地让有害信息充斥网络，危害社会的稳定。

其次，从传统媒体来说，虽然网络作为第四代媒体发展迅速，但传统媒体仍占据很大的市场，与网络媒体相比，传统媒体在新闻报道等方面的可靠性与真实性要高于网络，而且在很大程度上能够发表权威性的消息。这就要求传统媒体在面对一些有关农民工处境的社会热点事件、突发性事件时能够积极有所为，及时发布信息，做到不缺席，稳定公众由于信息缺乏而产生的不稳定情绪，使不明真相的社会大众及时得到来自权威部门的消息，辨析各种信息的真假；在传统媒体的正确引导下让农民工对事件有清晰的认知，预防网上各种虚假信息的出现。在网络上出现各种虚假的不实报道时，传统媒体也应及时站出来澄清，帮助网络媒体进行正确的舆论引导，引导良性的农民工舆论监督与媒介话语权的表达。

2. 为农民工提供更多获取信息的途径，缩小与城市居民的差距

在城市与农村二元体制的对立下，由于农村政治、经济以及文化水平条件的落后，很多农民变得非常“封闭”，他们对外部世界知道得太少，这就导致农村的信息接收和城市人信息接触之间产生了很大的鸿沟。但是农民工以“文化使者”的身份来到城市，媒介的接触让他们渐渐脱离原来封闭的樊篱，重新认识世界。媒介给予农民工新的信息和知识，让他们了解到城市的新的思想和观念，逐步缩小了农村与城市之间的距离，让他们更好地融入城市。

（三）农民工自身提高的措施

1. 培养认知能力

在网络中充斥的大量信息面前，如果媒介素养低，就会缺乏正确的认知方式。这些信息对于农民工不仅不会有帮助，甚至还有害处。因此，对信息进行有效的理解，才是掌握媒介认知能力的关键所在。只有这样，农民工在面对媒介发布的众多信息时，才可以正确地辨别它们，保持一种批判意识，时时刻刻保持头脑清醒，在经过冷静思索后再做出决定和选择，避免成为“网络暴民”。如果农民工在信息的汪洋大海中具备去伪存真的能力，那么他们在网络博客、论坛中就能够增强自身分析、判断的能力，自觉抵御各种不良信息与违法信息的侵害；同时也能在网络热点事件中以理性、客观的态度发表自己的看法。良好的媒介素养是农民工进行媒介话语权表达，个人及舆论监督、参与公共事务的先决条件之一，只有提高农民工媒介素养，农民工舆论监督才能更好地发挥效力。同时，农民工尤其要提升在法律知识方面的素养水平，更好地规范自身媒介话语权的行使以

及舆论监督行为。

2. 培养参与能力

在当今中国社会媒介迅速发展的环境下，新媒介不断融合，同时新媒介也与传统媒介不断融合，如微博就是最近几年兴起的一种媒介形式。农民工群体在参与各种媒介活动时应该有主观能动性，变被动为主动，自觉参与社会各项议题的讨论，扩大参与媒介的范围，提升农民工群体媒介话语权的表达能力，体现个体对于国家与社会公共事务的关注，这是推进社会主义民主进程的重要一步，最终可以促进社会的繁荣发展。

3. 培养运用能力

农民工媒介素养的提高，不仅仅是被动的认知和接触，一个重要的指标是农民工积极主动运用媒介为自己的生产生活寻求便利。新媒介形式已经成为一种有效轻松地与他人进行交流，发表各自想法与提出建议的新途径。而网络论坛也因其开放性、平等性、互动性等特点，成为重要的公共话语空间，也是农民工媒介参与的一个新平台，农民工应该主动地在博客、微博、论坛中显露身手，主动表达群体需求，让他们在一种新的生活方式中寻求到自己的价值，真正感受到自己是城市的一员。

第八章 新生代农民工媒介素养与政治参与研究

——以西安地区为例

第一节 绪论

一 选题背景

近年来，新生代农民工群体开始活跃于社会舞台并受到广泛关注。与传统意义上的农民工不同，新生代农民工是现今社会的新生群体，具有鲜明的时代烙印。目前在我国进城务工的农民工大约有1.5亿，而由“80后”和“90后”组成的新生代农民工占到其中的60%。2010年，在国务院发布的中央1号文件中，“新生代农民工”被首次提出，文件要求有关部门采取有针对性的措施以解决新生代农民工在社会、文化、经济、政治等层面遇到的问题，使新生代农民工逐步实现市民化。①

与老一辈农民工不同，新生代农民工是在改革开放后成长起来的新一代群体。新生代农民工既无法回归农村政治生活又不能融入城市政治生活，成为事实上的“政治边缘人”②。城市人口是现代城市生活的主要群体，他们对媒体发布的内容有较大影响力。新生代农民工因为漂流在城市的边缘，且这一新兴群体缺乏保护和约束，从自身角度出发，新生代农民工较难接近媒体，而由于种种原因他们也很少受到媒体的关注。同时由于不具备较高的媒介素养，新生代农民工也缺乏利用媒介进行政治参与、发

---

① 《中共中央、国务院关于加大统筹城乡发展力度进一步夯实农业农村发展基础的若干意见》1号文件，2010年1月。

② 邓秀华：《“新生代”农民工政治参与研究：华南师范大学学报》（社科版）2010年第2期。

出自己声音的能力。[①] 提高自身媒介素养是新生代农民工在当下的重要任务之一，只有提高媒介素养，新生代农民工才有能力利用媒介发出自己的声音，保护群体的合法权益，改善其社会地位和生活现状。新生代农民工是城市建设的主力军，为我国的社会主义现代化建设做出了巨大贡献，他们有充分的权利去享受与城市人口平等的媒介权利和政治权利。也就是说，新生代农民工应当享有利用媒介传播自己的声音的权利，更应当有权利利用媒介进行政治参与，同时提高自身对媒介的理解能力和使用媒介的能力。

由于新生代农民工在社会中的特殊境遇，他们的媒介素养问题应当受到研究者的广泛关注。如何提高农民工媒介素养，并且引导他们利用媒介实现有效的政治参与，以获得与城市大众平等的政治权益，应成为现阶段研究者讨论的热点问题。[②] 与设想不同，目前我国的媒介素养研究者更多地将研究目光投向了城市人口，缺乏以农村人口为考察对象的实证研究。以新生代农民工为考察对象来进行媒介素养研究，就是要求研究者考察新生代农民工对媒介的认识、接触与使用媒介的能力以及参与媒介活动的能力，从而探究新生代农民工和大众媒介之间的实质性关系，并在此基础之上填补媒介和新生代农民工之间的鸿沟，提高新生代农民工的媒介素养，使他们实现其政治权益。新生代农民工媒介素养的提高和政治参与的加强有助于加快我国社会主义现代化建设，使我国城镇化进程达到另一高度，从而保持我国经济平稳快速发展。[③]

二　选题的理论意义和应用价值

（一）理论意义

（1）研究新生代农民工媒介素养和政治参与问题，对进一步消除我国贫富差距以及“三农”问题具有一定的借鉴意义。

（2）对新生代农民工媒介素养和政治参与问题的研究，扩充了我国研究者在媒介素养领域和政治参与领域的研究内容（国内研究较少以新生代农民工为考察对象，研究其媒介素养和政治参与之间的内在联系）。

（3）利用提高媒介素养这一途径来探析新生代农民工的政治参与问

① 李一龙：《从“边缘人”到“新市民”：传媒与新生代农民工的城市融合》，《新闻爱好者》2012 年第 4 期。

② 钟奉：《城镇化进程中农民工媒介素养研究》，研究生论文，山东大学，2011 年。

③ 同上。

题，既可以体现传播学理论在现实中的应用价值，也对我国新生代农民工的政治权益问题进行理论上的指导。

（二）实践意义

（1）分析媒介素养对新生代农民工政治参与影响因素，可为有关部门提供解决有关问题的依据和方法。

（2）在实地调查过程中可以获知新生代农民工获取信息或传播信息的方式和侧重点，能帮助媒介对这一特殊阶层进行传播时选取合适的方法。

（3）通过提高媒介素养，使新生代农民工实现其政治参与诉求，并针对其政治参与过程中的问题和困难提出相应对策，为新生代农民工有效进行媒介参与和政治参与扫清障碍。

（4）研究新生代农民工的政治参与现状以及政治参与过程中存在的问题，对保护这一数量庞大却又处于社会底层的新兴群体的合法权益、维护其参政议政的权利具有积极的实践意义。

三　主要研究内容和方案

（一）主要研究内容

（1）新生代农民工媒介素养现状特点和存在问题研究。从媒介认知、媒介接触与使用、媒介参与三个层次对新生代农民工进行问卷调查。

（2）从媒介素养的角度来考察新生代农民工政治参与情况。系统研究新生代农民工政治参与现状，以新生代农民工政治参与的认知与动机、政治参与的渠道以及政治参与行为作为调查内容，对新生代农民工的政治参与现状以及存在的问题进行深入分析。

（3）新生代农民工媒介素养与其政治参与关系的研究，并在此基础上分析媒介素养因素对新生代农民工政治参与造成的影响。

（4）对提高新生代农民工媒介素养和政治参与能力提出对策建议。从新生代农民工自身、政府以及媒介三个方面着手，探讨提高新生代农民工媒介素养以及政治参与能力的对策。重点以新生代农民工的媒介素养为探讨对象，分析影响新生代农民工进行政治参与的媒介障碍，提出有方向性的对策建议。

（二）研究基本思路

（1）从新生代农民工媒介素养和政治参与的基本概念入手，通过大量的文献资料对上述问题进行综述，并将媒介素养和政治参与的普遍性与新生代农民工这一特殊群体相结合，分别界定新生代农民工媒介素养的概念和新生代农民工政治参与的概念。

（2）对新生代农民工的媒介素养及政治参与现状进行问卷调查，分析新生代农民工的媒介素养现状以及相关问题和政治参与现状等。

（3）通过实地调查所得的数据，分析对新生代农民工政治参与造成影响的媒介素养因素及二者之间的影响关系。

（4）探讨如何通过提高媒介素养，使新生代农民工实现其政治参与诉求，并针对其政治参与过程中的问题和困难提出相应对策，为新生代农民工有效进行政治参与扫清媒介障碍。

（三）研究方法

（1）文献复习分析方法：查阅与新生代农民工媒介素养和政治参与有关资料，对搜集的资料进行提炼、选择、提取和整理分析。

（2）调查研究方法

研究对象：新生代农民工。调查样本：随机调查。调查范围：西安市城中村、劳务市场、建筑公司、餐饮机构等。

调查表进行调查：从媒介认知、媒介接触与使用、媒介参与三个层次对新生代农民工进行问卷调查；以新生代农民工的政治参与认知与动机、政治参与渠道、政治参与行为等方面为调查内容，从农民工媒介素养角度对新生代农民工的政治参与现状进行调查。用统计工具 IPDATA 及 SPSS 对新生代农民工媒介素养的发展现状及其对新生代农民工的政治参与的影响因素进行分析。

访谈：就调查问卷内容对新生代农民工进行深度访谈，找出存在的突出问题。

（3）数据和资料分析方法

在研究中主要采用统计软件 SPSS17.0 进行统计分析，所采用的统计方法主要为描述统计；描述统计主要利用数据频率来对数据来进行描述。

四　理论基础

（一）认知结构理论

在认知这一复杂过程中，人们依据自身的社会背景、经济条件、文化程度以及社会经验等，对其接收到的感官刺激予以解释，从而在脑海中形成一个图像世界。这一图像世界具有连贯性，且因主体的不同而具有不同的意义。[①] 因此，认知的过程中人本身担当着一个积极而重要的角色。在认知过程中，人们的意识会受到“先结构”的影响。人们对自己事先了解、把握以及经历过的事情在意识里进行总和，从而构成了“先结构”。现代认知心理学研究表明，“先结构”由多种因素构成，如个体所在地域的文化传统、个人素质修养、生活阅历、社会阶层、经济现状等因素。由于个体之间存在着巨大的差异导致个体之间的这些因素也彼此互不相同，因此“先结构”也不尽相同。因为先结构的差异，个人对媒介信息的传播和接受程度也同样具有明显的差异。在传播活动中，受众在自己特殊的“先结构”的引领下对媒介信息进行接受和理解，受众需要理解的主要内容有：媒介传播的信息包含着一种什么样的社会价值观，以一种什么样的立场代表和维护受众的利益需求，体现了一个什么类型的道德准则。“先结构”理论被学者界定为一种主观的判断，该理论的核心是关于正确和错误地认定信息和公正客观地判断信息，并可能进一步上升到另一层次，即透视其中隐含的世界观。[②] 新生代农民工由于自身媒介素养不高、文化水平较低，因此这一群体在对媒介信息进行解码、译码以及评价信息内容时往往会出现错误的判断。

（二）受众理论

本章所讨论的是大众传播媒介受众的媒介素养。受众是大众传播活动中信息接收一方人群的总称，同时也被称为受传者，在传播活动的过程中，受众具有这样的角色特征：[③]

（1）在进行信息传播时，对传播者而言，受众具有不确定性，从某种程度上说，传播者难以及时了解和掌握受传者。

（2）在现代社会，受传者往往同时接收不同媒介的传播信息。

（3）受众在接收信息时不被限制或强制，而是根据其需求、动机、目的等个人因素对媒介信息进行自主的选择。

（4）受众在接收媒介信息后，经过对信息的评价以及对信息内容是否达到自身要求进行衡量之后，将得出的结论再传播给媒介，即进行反馈。

---

① 蔡琪：《论媒介认知能力的建构与发展》，《国际新闻界》2001 年第 5 期。

② 赵延东：《受访者推动抽样——研究隐藏人口的方法与实践》，《社会学研究》2007 年第 2 期。

③ 蔡琪：《论媒介认识能力的建构与发展》，《国际新闻界》2001 年第 5 期。

(5) 受众不仅仅是独立的行为个体，还置身于某个阶级、阶层、团体、组织和社区之中。

(6) 在双向传播中，受众既是信息的接收者，又是反馈信息的传播者。受众在信息传播活动中具有积极的能动性。

(三) 知识沟理论

1970 年“知识沟假设”理论被提出，在《大众传播流动和知识差别的增长》一文中，美国传播学研究者蒂奇纳、多诺霍和奥里恩首次对这一概念进行描述，其核心思想为：处于不同社会背景、社会地位以及拥有不同知识层面的人在接受大众媒介传播的信息时，社会地位较高且文化程度较好的受众会比处于较低层次的受众获取信息的速度更快。[①] 因此，知识差距在二者之间不断扩大。在当今社会之中，难以逾越的“知识沟”将新生代农民工和城市人口分隔，而导致这种“知识沟”产生的原因就是二者之间具备不同的传播技能和知识储备。贫富分化带来经济的差距，经济的差距也会带来知识上的差距。为了使现存的“知识沟”缩小，新生代农民工应当积极利用报纸、电视、网络等大众媒介提高自身的媒介素养。填补“知识沟”是媒介素养教育的主要目的之一，提高新生代农民工的媒介素养，缩小他们与城市居民之间的差距，才能使其更好地融入城市并取得政治权益。

(四)“使用与满足”理论

这一理论由学者卡茨于 1959 年首先提出。“使用与满足”理论将受众放置在传播活动中的主动方，强调受众是传播的主动者而非媒介或传播者的“靶子”，受众并不是无条件地接受来自媒介及传播者的信息，而是以自身的目的和需求为出发点，积极地对有利于自身的信息进行搜索。在卡茨的研究中，大众传媒作为一种交流工具，其主要作用是使人与人之间、群体与群体之间取得联系，并满足用户的认知和情感，从而缓解受众的心理压力。同时，这一理论的核心概念是在传播活动中，主动方由传播者转变为受传者，认为受众的个人需求和兴趣在很大程度上决定了其行为，媒体仅仅是满足受众需求和兴趣的工具，因此传播效应的测量和评价也以受众的反应为准。[②] 如果要使传播成为有效活动，媒介应当满足受众

---

① P. J Tichenor, G. A. Donohue, C. N. Olien, "Mass Media Flow and Differential Growth in Knowledge", *The Public Opinion Quarterly*, Vol. 2, 1970, pp. 159 – 170.

② [美] 伊莱休·卡茨：《个人对大众传播的使用》，1974 年。

所需的信息，而这种需求往往出于不同的原因和动机。卡茨在此之后提出了“使用满足”理论的基本模式，其中部分内容至今仍被研究者所重视：

（1）为了满足信息需求，人们接触与使用媒介来实现其目的，并且这种需求往往因社会环境和个人心理因素等条件的不同而产生区别。

（2）具备接触媒介的机会和基于以往对媒介的使用产生对媒介的印象，是接触并使用媒体的先行条件。

（3）对特定的媒介和内容的选择基于受众的需要。

（4）受众对媒介的接触与使用的结果通常有两种：一种是媒介传播的信息满足了受众需求，另一种则是未满足受众需求。

（5）不管传播结果是否满足受众的需要，这些媒介经验会影响受众以后对媒介的选择和使用。受众根据媒介是否满足自身需要这一结果，修改现有的媒介印象并改变期望使用的媒介。

虽然“使用与满足”理论仍有许多不足，但它强调主观能动性在受众的传播活动中的重要性，改变了以往传播活动的模式，即从传播者的角度分析传播效果。这一理论主要从受众的角度来探讨受众如何使用媒体信息，这个视角与媒介素养教育的目标相一致。

（五）话语权

法国著名思想家米歇尔·福柯赋予了“话语”一词在文化分析活动中的政治学含义。福柯认为：“在当今社会里，广义地说在任何社会里，权力关系纷繁复杂，社会机体正是由这些权力关系渗透、标志并构成。这些权力关系的建立、巩固和改进取决于某种话语的生产、积累、流通和应用。如果离开了某种真理话语权，权力的行使就无法实现。”[①] 从另一层意义上来说，话语是存在的。在现代研究中，“话语权”这个词频繁地出现在学科领域之中，随着社会的发展，研究人员也做出了不同的定义来揭示这一概念的内涵。从政治的角度来看，这一概念说的是以一个特定的上下文情景或口头形式进行权力扩张，如概念、定义、逻辑、价值标准等主体特定的词汇所具有的内涵的话语，具有很强的影响力，且明显地诱导着其他人群。[②]

---

① ［英］阿兰·谢里登：《求真意志——米歇尔·福柯的心路历程》，上海人民出版社 1997 年版，第 160 页。

② 李军、朱新山：《“翻译者”模式与村治实践》，《中共四川省委党校学报》2005 年第 1 期。

在我国传播学研究领域中，中国人民大学教授郑保卫从新闻传播学的角度出发给予“话语权”新的定义。郑教授将“话语权”定义为：公民作为传播受众，利用媒体关心国家事务、社会事务和各种社会现象并提出相关建议和意见，这种行为既是一种不可剥夺的公民权利，也是不可剥夺的民主权利。① 城乡二元化使农民群体无法享受与城市居民相等的待遇。在这样的历史背景和社会环境中，新生代农民工是传播活动和政治参与活动中的边缘群体，一方面，他们缺乏进行媒介活动的机会和参与政治活动的渠道；另一方面，他们也不具备接近媒体和政府的条件和能力，所以他们很难获得各种各样的信息来满足群体的切身利益，也不能令社会和政府听到自己的需求，相反地，被动接受媒体信息的传播是新生代农民工的常态。在目前我国的社会现状和背景下，新生代农民工非常缺乏话语权，他们既没有成为媒体关注的主要对象，也无法像城市受众一样进行媒介参与。在这种情况下，新生代农民工利益表达基本无法在日常社会活动中得以实现。

五　国内外媒介素养研究现状分析

（一）国外研究现状

电影和广播在20世纪30年代起随着媒体大众文化在欧洲和美国越来越受欢迎，其传播的价值观与审美情趣和许多传统文化思想产生冲突与矛盾。1933年，英国研究者E. R. 利维斯（E. R. Leavis）和他的学生丹尼斯·桑普森（Denys Thompson）发表了著作《文化和环境：培养批判意识》。这本书是英国第一次提出让媒介素养教育体系进入学校的著作，提出媒介素养教育的问题，并就如何实施媒介素养教育提出一项完整的设置。② 此后，关于媒介素养的研究及其教育研究在世界范围内正式展开并得到发展。通过分析国外文献，可以总结出国外关于媒介素养的研究现状：

（1）研究范围和领域广泛。由于国外关于媒介素养的研究已经有几十年的历程，媒介素养相关的理论研究也较为成熟，其研究的范围也非常广泛，不仅包括媒体相关专业人员的媒介素养研究，也包括了诸如学生、政府人员、教育人员等群体的媒介素养研究。

（2）实践研究充分。大多数外国媒介素养研究结果的获得基于实践，

---

① 高榕：《论弱势群体媒介话语权的维护》，《安阳师范学院学报》2005年第6期。

② 宋小卫：《学会解读大众传播（上）——国外媒介素养教育概述》，《当代传播》2000年第2期。

通过实践研究结果可以更加真实或更直接地反映问题。

（3）研究程度较深。国外关于未成年人的媒介素养研究领域里，研究者注重培养学生的独立判断能力和批判性思维，更关注媒介素养和未成年人具备的文学、政治、经济和其他领域的知识的相互关系。

在实践研究方面，在20世纪70年代，英国、加拿大、美国等国家已逐渐把媒介素养教育纳入正式的学校课程体系，设置的课程体系和教学方法也取得了较为完善的成果。现在，在澳大利亚、法国、德国等国家，媒体素养教育已经被设置为中小学在该国的一些地区的正式教育内容，并成为青少年媒介素养常识教育的一部分，通过培养学生的媒介素养来提升他们的综合能力。亚洲，日本、印度等国家也在很长一段时间内一直关注不断发展的媒介素养教育，并尝试对未成年人进行媒介素养教育。[①]

由此可知，在世界范围内许多国家和地区进行媒介素养教育，并已逐渐成为中小学课程体系中的一部分。经过多年的实践，媒介教育、媒介研究、媒体批评的正式课程逐渐展开。学校和社会开展媒介素养学习活动，其衍生品从学校教育进入到社会。

经过总结，全球范围内的媒介素养教育的开展共经历了四个阶段：①在20世纪30年代的起始阶段提出“媒介素养”命题；②60年代后进入“研究分析”阶段；③80年代后媒介素养教育被纳入课程即“介入课程”阶段；④自21世纪开始又进入深化阶段，即被设置为“终身教育”。

（二）国内研究现状

媒介素养研究在中国始于1997年，中国社会科学院新闻研究所卜卫主张开展媒介素养研究工作。经过十多年的发展，媒介素养研究在中国已经形成了一个颇具规模的学术领域。总体而言，我国关于媒介素养的研究主要集中在以下领域：

（1）媒介素养教育研究及教学研究。在中国的媒介素养研究领域，媒介素养教育系统的建立和教学方法的改进是部分研究者的主要研究课题。卜卫《论媒介教育的意义、内容和方法》（1997），孙卫国、祝智庭《媒体素养教育：现代教育新理念》（2006），张开《媒介素养教育在信息时代》（2005），张学波《我国媒体素养教育发展策略研究》（2009）等，

① 宋小卫：《学会解读大众传播（上、下）——国外媒介素养教育概述》，《当代传播》2000年第2、3期。

研究均从我国媒介素养现状出发，在媒介素养概念与理论的基础之上，探讨媒介素养教育在我国实施的重要性和紧迫性，立足于实际，提出了在我国进行媒介素养教育的方式和方法。

（2）对媒介现象和社会现象进行深入反思。研究者立足于我国特殊的社会现象，通过对某一现象进行深入分析，探讨其社会影响，并提出对策和建议以改进人们对媒介的认识。在丁国蓉于2006年发表的《“恶搞”风行中的媒介素养教育》一文中，从受欢迎的“恶搞”文化，到后现代语境下提出的媒介环境以及在全球媒介素养教育应用的基础上，强调媒介素养教育应注重“阅读”和“写作”的能力，提倡学生利用“恶搞”文化中的模仿方式进行社会活动参与和民主建设，并借此提高自身媒介素养。① 在章洁和方建移发表的《从偏执追星看青少年媒介素养教育——浙江青少年偶像崇拜的调查》（2007）一文中，作者根据大量的调查数据，深入分析了青少年的明星崇拜现象，研究表明，媒体成为青少年选择偶像崇拜的第一选择，追星是一种常见的现象，偏执的追星是一种病态的社会互动，媒介素养教育是加强青少年病态社会互动的有效干预手段。②

（3）比较和研究中国与外国的媒体素养。比较中国和外国媒体素养和媒介素养的研究是一个重要的学术区域。如袁军《媒介素养教育的世界视野与中国模式》（2010），张艳秋《加拿大媒介素养教育透析》（2004），吕霓、王颖《美国媒介素质教育的传播学分析》（2006），陈晓慧、袁磊《美国中小学媒介素养教育的现状及启示》（2010），吴鹏泽《中日学生对媒体态度的比较研究及提高媒体素养的策略》（2006）等，通过比较中外学生媒介素养的差异，借鉴国外媒介素养教育的成功之处，探讨提高我国学生媒介素养教育的方法和对策；同时此类研究在分析中国学生对媒介态度的基础上，运用心理学、教育传播理论以及媒介态度形成过程提出提高学生媒体素养的策略。

（4）对某一特定群体的媒介素养进行研究。在我国媒介素养研究领域，对一些特定群体的媒介素养研究是传播学学者研究的重点。大学生和中学生是媒介素养研究的主要群体。如鲍海波、杨洁、王喜严《象牙塔里看媒介——西安大学生媒介素养现状调查》（2004），刘佳《上海大学

---

① 丁国蓉：《“恶搞”风行中的媒介素养教育》，《新闻界》2006年第6期。

② 章洁、方建移：《从偏执追星看青少年媒介素养教育——浙江青少年偶像崇拜的调查》，《当代传播》2007年第5期。

生媒介素养现状调查报告》（2006），张男星、王炳明《当前我国大学生媒介素养调查研究报告》（2008）等研究对象均为学生群体，并从不同的层面和不同的角度出发对学生群体的媒介素养现状进行调查和分析，反映我国学生的媒介素养水平，同时针对当下存在的问题提出了对策性建议。石裕雄《高中生传媒素养的提升策略》（2011），王炎龙、邓倩《网络语言传播与未成年人网络素养——基于中学生使用网络语言的调查报告》（2008）等对媒介素养教育在中学生中的现状进行研究并在学校进行了教学实践。

六　农民工政治参与国内外研究现状

（一）国外研究现状

尽管农民工是我国的特殊人群，但在一些西方国家的历史阶段中出现的大量的农民劳工，与我国的农民到城市里工作情况相似。“农民工”是中国独特的词汇。西方国家把“农民工”一词翻译成“Immigrant Peasant”（农民移民），我国农民工政治参与研究受到国外农民移民政治参与相关对策与建议的影响，其研究结果给我们一定的启示，值得我国研究者借鉴。①

尽管农民移民的时代背景、历史背景和社会环境和当前国内农民工政治参与的社会现状具有众多不同之处，但西方国家基于社会和经济地位视角对农民移民的政治参与研究，和由于落后的经济地位和导致边缘化的中国农民工政治参与研究有很多共同点，因此国外相关的理论和研究结果对我国农民工政治参与的研究而言具有很大的参考价值。安斯坦在 *A Ladder of Citizen Participation*（1969）中提道：“公民参与是一种公民权利的运用，是一种权力的再分配，使目前在政治、经济等活动中，无法掌握权力的民众，其意见在未来能有计划地考虑。”② 卡斯尔斯（2006）等研究者在研究农民移民的政治参与时，强调农民移民身份边缘化影响农民移民政治参与进程这一问题，他们分析了处于边缘化和社会底层的农民工被资本主义剥夺廉价劳动力的社会境遇以及其形成原因，农民移民的边缘化决定

① 陈双双：《社会管理创新下的农民工政治参与研究》，硕士学位论文，南昌大学，2013年。

② Arnstein, Sherry, “A ladder of Citizen Participation”, *Journal of American Institute of Planneo*, Vol. 35, 1969.

了农民移民政治参与的缺乏。①

在农民移民的政治参与研究领域，罗石（2001）和汗（2001）调查了美国政治的状态，并提出关于农民移民参与政治活动等一系列的问题。在特定的环境下，农民移民参与政治选举会呈现与集体利益相结合的选择趋势，政治家、政党、利益集团、社会活动家进入社交网络，使得动员活动成为可能。② 从功利主义的角度来看，农民移民个体在政治活动中进行的投票行为，从本质上讲并不是一个合理的决定，因为这些活动仅仅为参选者带来了利益，而对农民移民来说所取得的经济利益十分有限。此时，农民移民团体在农民移民进行个人投票时扮演极为重要的角色，因为团体为农民移民所带来的经济利益可以使农民移民的选举投票的行为变得具有理性。

从国外研究成果看，制约农民移民参政议政的主要因素，是农民移民国家的法律法规和政治制度。艾尔兰（1996）强调，一些农民移民政策、划分的区域和行政实践会导致各种农民移民群体活动，他利用系统分析方法，对法国和瑞典的农民移民的政治活动进行解释：农民移民东道国政治系统是农民移民进行政治参与的关键变量，它限制了农民移民政治组织的构建。③

同时农民移民的政治参与也在很大程度上受到社会化机制的影响。2002 年，温迪塔姆在他的文章中描述了关于社会的机制，指出尽管地位状态变量，如年龄和教育等方面为政治参与提供了可能，但它们的影响可能不如一个人通过社会化过程因素的影响。④ 通过分析外来人口的投票率，他指出，农民移民群体的状态变化和选民投票之间没有显著的相关性，因为不同的社会决定了一个人可以受益于政治参与，而正是这一利益对农民移民群体的政治参与产生了影响。

（二）国内研究现状

20 世纪 80 年代以来，民工潮开始呈现上升趋势，由于形势的变化和状态的改变，农民工的逐渐增加影响了我国的社会主义现代化建设，农民

① 陈双双：《社会管理创新下的农民工政治参与研究》，硕士学位论文，南昌大学，2013 年。

② 同上。

③ 同上。

④ 同上。

工阶层成为城市发展的主要劳动力，也成为城市建设的重要组成部分。在我国，伴随农民工进入城市，这一过程中产生的问题也逐渐突出，研究者意识到其重要性并将这些问题列为我国学术界研究所关注的热点，也取得了一定的成就。到目前为止，我国学术界对农民工政治参与的研究大多集中在以下几方面：

（1）农民工政治参与的形成、发展和形势。在《中国农民工问题》一书中，刘怀廉系统、科学、准确地分析了“民工荒”现象，认为“民工荒”现象的出现是市场化力量在为农民工争取平等的国民待遇。因我国特殊背景下的严峻形势，解决农民工问题的必要性被提出，解决农民工目前存在的迫切问题，核心是要形成对农民工的社会属性的新的正确的理解，在改革现行户籍制度的同时，对农民工问题要标本兼治，形成科学、全面的政策法规和制度体系。[①] 农民工政治参与的过程存在着诸多问题，主要研究方向有：任中平在《论构建和谐社会进程中的农民工政治参与——不可忽视的“四农问题”》（2006）中提出农民工政治参与在过渡时期的主要特点，如政治参与边缘化、政治期望和政治冷漠的存在、没有明确的政治参与的目标、缺乏足够的政治信任等。艾丽颖（2006）在特定地区的实证研究中指出，农民工政治参与的目标具有不确定性，政治参与行为发生的地区以及参与人群的参与能力均呈现不均匀现象，农民工的政治和经济地位低，参与政治活动的强度弱，对我国的政治活动仅有十分有限的影响力。对于新生代农民工政治参与的研究现状，邓秀华（2010）通过对新生代农民工政治参与的研究提出，“新生代”农民工既无法回归农村政治生活又不能融入城市政治生活，成为事实上的“政治边缘人”，而“新生代”农民工的这种“政治性贫困”主要缘于目前的城乡二元体制，扫清“新生代”农民工政治参与的二元户籍等制度性障碍，提高“新生代”农民工组织化程度，拓宽“新生代”农民工进行利益表达的渠道，不断提高“新生代”农民工政治参与能力，以其政治影响力积极影响政府（或单位）的决策，才能让“新生代”农民工共享均等化的城市公共服务，逐步实现其融入城市的梦想。

（2）研究农民工政治参与方式。研究人员认为，农民工的政治参与一般分为两种，分别为正常的政治参与和非常态政治参与。正常的政治参

① 刘怀廉：《中国农民工问题》，人民出版社 2005 年版。

与是制度化的参与，主要形式为各级人民代表大会的选举、投票和参与村庄会议等；非制度化政治参与主要表现为集体上访、发起大规模事件、群体骚乱等不利于社会安定的行为。廖艺萍（2006）得出结论，制度化参与一般具有合法性、合理性；非制度化参与的形式往往是非理性和破坏性的。王春光（2005）指出，农民工政治参与非常态形式主要有集体上访、走上街头抗议等容易造成重大群体性事件的组织的活动。在常态政治参与方面，艾丽颖（2006）指出，制度化的农民工政治参与主要包括政治协会、农民工制度化政治选举、政治表达和接触等类型。总之，尽管当前我国研究人员在农民工政治参与途径方面的研究成果较为丰富，但仍然缺乏制度化研究以及个体方面的研究，现今的研究成果还不够全面不够深刻，农民工政治参与的研究需要以一个新的角度和新的方法来做进一步的深入讨论。

（3）研究农民工政治参与的因素。在这项研究中，研究人员主要从经济制度、政治制度、文化氛围和社会影响等角度分析影响当代农民工政治参与的因素。朱彬彬和朱文文（2006）认为，导致农民工政治参与边缘化的主要因素是城市和农村的二元制度和现有的户籍制度，经济状况是影响农民工政治参与的另一个直接的因素。同时，传统文化水平低和教育水平低已经成为阻碍农民工制度化政治参与的负面影响因素。王立梅和胡刚二人（2006）指出，农民工的自身因素，如身份的边缘化、兴趣吸引度不高以及政治参与度不高是阻碍农民工进行政治参与的主要因素。

（4）改善农民工政治参与途径和对策研究。研究人员在分析农民工政治参与现状时提出各种各样的解决方案，并提出了一些想法。温淑春（2010）对造成当前农民工政治参与损失的负面影响进行了分析，提出解决农民工政治参与边缘化问题的建议，并指出农民工状况并未根本改变，在允许农民工参加人民代表大会选举的区域中，农民工代表比重明显偏低，农民工在整体上依然处于政治边缘化状态。邵德兴（2005）提出“三个结合”：农民工政治参与问题与提高国民待遇结合，开展改善农民工政治权利的政治活动和改善城乡统筹、建立合理的利益表达机制相结合，一起分担相应的责任；改善政府决策体系，促进城市政治参与制度的创新。王立梅、计军恒（2006）提出了经济激励机制，对农民工政治参与的误工补贴和给予相关成本的刺激来激发农民工政治参与的热情，满足农民工在追求职工权益时的公平性和合理性。满足经济利益的同时，一些学者认为其并不是唯一促进农民工的政治参与的动力，研究者应该更重视培养和激发农民工的政治权利意识。

七　综述总结

从以上综述可以看出，媒介素养研究与农民工政治参与研究目前已被国内外大批学者从多角度、多方面深层剖析，既有经验总结式的分析，也有立足于实地调查的实证研究。但目前这两方面的研究成果仍然存在着不足：

（1）媒介素养研究较少以农民工群体作为研究对象，尤其是“新生代”农民工。媒介素养研究对象大多是青少年群体，而新生代农民工群体因其独特的社会处境和所面临的城镇化鸿沟，其媒介素养状况理应被纳入到考察的视野之中。

（2）缺少媒介素养研究与农民工政治参与研究的有机结合。运用大众媒介是农民工实现其政治参与的主要渠道，而他们目前的媒介素养使得其无法合理使用媒介来进行有效的政治参与。因此提高农民工的媒介素养是解决其政治参与问题的关键途径。

（3）缺少相关因素分析。农民工，尤其是“新生代”农民工，其媒介素养对其政治参与有无影响，影响因素有哪些，目前还少有相关研究。

因此，本章将从这三点不足之处着手，将媒介素养研究和农民工政治参与研究相结合，在调查新生代农民工媒介素养现状和其政治诉求的同时，探讨新生代农民工的媒介素养对其政治参与的影响。

第二节　新生代农民工及媒介素养的基本概念与内涵

一　新生代农民工的基本概念

“新生代农民工”概念于2001年由王春光首次提出，并将其定义为两层含义：第一层含义为：年龄低于25岁，20世纪90年代早期的外来务工人员和农村流动人口，与第一代农村流动人口在社会经验上具有明显的差异；第二层含义为：新生代农民工不是第二代农村流动人口，因为这群农民工不是跟随第一代农村流动人口在城市中出生和成长，而是过渡于第一代农民工和第二代农民工之间的农村流动人口。①

我国政府和学者也早就开始关注“新生代农民工”这个问题，并给出了相应的意义。2010年1月31日，国务院在2010年发布的中央文件《关于加大统筹城乡发展力度，进一步夯实农业农村发展基础的若干意见》中，第一次使用“新生代农民工”这一概念，并认为“新生代农民工”是20世纪80年代末以来主要的农民工群体。在我国，新生代农民工主要指的是80年代、90年代出生的农民工群体，这个群体目前在我国1.5亿农民工中占60%，约1亿人。②

本章考察的新生代农民工主要是指出生在80年代和90年代之间的农民工群体，他们是于20世纪末21世纪初到城市去工作，或从事其他非农业产业的农村人口。这个新兴群体目前在我国1.5亿人的农民工群体中占到60%，约为1亿人。从某种程度上说，新生代农民工对农业、农村和农民的概念并不熟悉；另外，新生代农民工渴望进入城市并融入城市生活，但没有准备好也缺乏融入城市的条件。

二　新生代农民工的特征

在现阶段，我国农民工总人数大约为2亿人，其中大约1.5亿人为外出农民工。中国青少年研究中心发布的研究报告显示，1980年以后出生的新生代农民工逐渐成为农民工群体的主体，数量超过1亿人。③ 新生代农民工所具有的主要特征是导致其无法融入城市生活和获取社会地位的重要原因，因此，对于理解新生代农民工这一群体的发展、变化以及提出相应问题的对策、建议而言，分析新生代农民工的特点是十分重要的。与传统意义上的农民工相比较，新生代农民工具有以下几个鲜明的特点：

（1）具有较高的文化程度。根据《中国农民工调研报告》的内容，从20世纪90年代中期到末期，农村流动劳动力中50%的人具有初中教育水平，并且受教育程度呈现逐步上升的趋势。④ 在本次调查中，受访的新生代农民工群体的受教育程度相对较高，大多数人接受过九年义务教

① 罗霞、王春光：《新生代农村流动人口的外出动因与行动选择》，《浙江社会科学》2003年第1期。

② 《中共中央、国务院关于加大统筹城乡发展力度，进一步夯实农业农村发展基础的若干意见》，2010年1月。

③ 项开来、徐旭忠、刘鹏：《新生代农民工的城市筑梦情结》，《今日南国》2008年第8期。

④ 国务院研究室课题组：《中国农民工调研报告》，中国言实出版社2006年版，第530页。

育，部分人达到了高中、大专的文化程度。较高的文化程度使新生代农民工具备了一定程度的文化知识，也使得新生代农民工可以通过报纸、电视以及网络等媒介，获得自己所需的知识和信息。

（2）消费观念较为开放。通过比较，新生代农民工消费观念与以往不同，与传统农民工相比较，新生代农民工的消费内容更加广泛。因为大多数的新生代农民工从一跨出学校大门便直接进入城市并开始工作，他们没有进行农业生产的经验，也有的人出生于城市，随着之前进入城市打工的父辈在城市中成长。由于这些经历，新生代农民工的消费观念受到了城市人口的影响。与他们的父母不同，新生代农民工拥有自己的消费观念，存钱不再是他们生活中的主要组成部分，他们更需要物质的满足以及和城市人口一样的生活方式，他们更懂得享受生活，消费观念也因此得到改变，变得开放起来。

（3）生活目标明显转移。在生活目标方面，大多数新生代农民工缺少乡土情结，他们渴望融入城市并永久地在城市居住，而传统农民工则认为城市只是打工赚钱的临时居住地，农村才是自己的归宿。和父辈相比，新生代农民工宁愿留在城里，有强烈的城市依恋感和城市归属感。

（4）生活方式具有显著差异。从生活方式的改变来看，新生代农民工和传统的农民工在吃穿方面均具有明显差异。新生代农民工从小接触城市文化，他们与城市的同代人相比并没有明显的差距，他们的日常穿着、说话方式基本与城市人的方式相同。受城市流行文化和时尚文化的影响，他们也注重享受现代生活。

总之，与前辈相比，新生代农民工具有截然不同的特点：他们受过较为高等的教育；消费观念不再受家庭储蓄的局限，变得更加开放；他们的生活目标明显发生转变，更愿意留在城市生活；生活方式的差异使他们比传统的农民工更加城市化，他们注重吃穿用度、说话习惯和生活习惯。

三 媒介素养的基本概念

作为连接传输和接收双方的中介，媒介是媒体的总称。在本章中，报纸、广播、电视等传统大众媒体，以及包括互联网、手机等新兴传播媒体是主要研究的媒介对象。

20世纪30年代，“媒介素养”这一概念被提出。在文化批评论著《文化和环境：培养批判意识》中，英国学者利维斯和丹尼斯·桑普森第一次提出了“媒介素养”这一概念，具体阐述了媒介素养教育在学校中开展的问题，并依据其理论提出了系统的教学建议，维护传统的价值观和传统文化、对抗大众媒体流行文化是他们提出“媒介素养”概念的主要目的。[①] 随着科技的不断进步和社会的不断发展，媒体技术的研究和开发已经取得了令人瞩目的成就，从前单一的印刷媒体时代已逐渐淹没在历史的洪流中，取而代之的是报纸、广播、电视、互联网和手机等媒介与其他媒体共存和相互竞争的信息时代。在动态的、多样化的媒体环境以及信息时代的背景下，“媒介素养”的概念也悄然发生了改变。“媒介素养”渐渐演变成一个有多重含义、多方角度、多面层次的概念，它包括人们对各种类型的媒体信息的认知能力、思维能力，也包括人们对媒介的反应能力和使用能力。

准确的媒介素养概念一直存在争议，争议一直持续到 1992 年 12 月，一次关于媒介素养的会议在美国媒介素养研究中心召开，从此学者们对媒介素养的概念达成了共识。他们认为，“媒介素养”即为“人们应具备的获取、分析、评价与传播各种媒介信息的能力”。这个定义以信息认知过程为侧重点，即注重受众对媒介的认知能力。鲁宾认为，研究者应同时兼顾媒介素养的三个方面，即“能力模式”、“认知模式”和“理解模式”。[②]

总体而言，“媒介素养”主要是指受众的一种能力，即受众的解读和批判各种媒介及媒介信息的能力、使用媒介的能力、利用媒介满足个人和社会发展需求的能力，包括受众选择媒体、对媒体信息的理解、评价等问题，最后将个人意见反作用于媒介的能力。媒介素养不仅对受众个体来说具有重要意义，它对于整个社会的价值也是无法估量的。媒介素养的高低同社会文化、政治、科技、经济甚至文明程度等方面的良性发展都有着密不可分的联系，媒介素养可以被看作是社会中的每一个人所必须具备的生存能力。

四　新生代农民工应当具备的媒介素养

在信息化的时代背景下，人们对世界的认识与了解主要来源于媒介传播的信息内容，换句话说，人们所看到的世界实质上是媒介所呈现出的世界。媒介与人类的日常生活具有十分紧密的联系，如果离开了电视、

① 阴化冰：《媒介素养教育及其作用》，《当代传播》2005 年第 2 期。

② 减海群：《传播学教育新方向从媒介研究到媒介素养》，《现代传播》2003 年第 6 期。

广播、网络等大众媒介，人们就会陷入信息闭塞的环境之中。媒介为受众传播信息以填补受众知识储备中的未知领域，因此媒介也被人们看作是第二课堂或者是虚拟学校。与此同时，由于媒介以及其传播的信息在人们生活中的重要性，对人类而言，信息环境已发展成为在自然环境、经济环境、政治环境和文化环境之外另一个重要的社会环境。在这样的时代背景和特定的社会环境中，新生代的农民工应该学会如何处理媒介问题和媒介信息。本章认为，新生代农民工的媒介素养应具备以下三方面内容：

（1）新生代农民工应当具有批判的认知能力。在媒介环境下，通过政治、经济、文化等多种因素相互作用，媒介信息得以传播。培养新生代的农民工的媒介批判能力、认知能力和使用能力，其目的就是要培养他们如何准确地分析媒介信息、如何有效地利用媒介和信息达到目的和满足自己以及为社会服务的能力。

（2）新生代农民工应具备媒介的接触与使用能力。在和媒介的接触过程中，新生代农民工首先必须具备接触和使用媒介的基本能力。这种能力是新生代农民工必须把握的媒介素养的最基本能力，知道如何积极和有选择地接触媒介，从新生代农民工自身需求出发来选择媒介，能够理解并有能力分析媒介信息，从而由受者转化为传者，将收到的信息再加工或者是重新创造信息并影响媒介和他人。尤其是在网络面前，新生代农民工更要提升自身的媒介接触与使用能力。因为目前网络呈多元态势发展，既包含能填补未知的正面信息，亦含有暴力情色等不良信息，网络已经在多重类型信息的影响下成为一把双刃剑。在某种程度上，网络给了公民言论自由，也使得人们有机会行使自己的话语权，但是网络上某些不良信息也荼毒着社会，比如匿名传播和扩散色情文化，虚假报道和信息掩盖了真实信息，网络谣言缺少控制体系和把关人等。这些现象都要求新生代农民工提升自身媒介素养，在良莠不齐的媒介信息面前依然能够保持冷静并且进行独立思考，同时对失德的媒介信息保持应有的批评态度。

（3）新生代农民工应自觉提高媒介参与能力。新生代农民工要避免成为媒介靶子，仅仅满足于单方面接收媒介传播的信息是不够的，他们应当提高主观能动性，把自己的想法和态度回馈给媒介以及社会，从而使更多人了解这一特殊群体的观点和需求。只有熟练掌握并使用媒介，并且通过媒介这一大众平台表达主张和发出声音，新生代农民工群体的社会地位才能得以改变，更好地融入城市生活。

新生代农民工通过媒介进行认识和理性选择信息是一种内化的过程，而他们同时也需要外化过程，即通过提高自身素质运用媒介信息，从而能够更好地适应社会，改变生活境遇和社会地位，行使政治权利，融入城市。培养并提高新生代农民工进行媒介参与的能力，就是要求其通过媒介这一开放平台有效地行使公民应有的权利，同时使自己的需求被媒介关注，甚至是被政府关注。

第三节　西安市新生代农民工媒介素养现状及调查分析

一　新生代农民工媒介素养调查样本特征分析

根据上述分析，从新生代农民工的显著特点出发，调查问卷主要从性别结构、年龄结构、收入结构、文化程度和职业构成等五个方面对西安市新生代农民工进行了调查。

（1）性别构成

在有效的629份调查问卷中，女性受访者为175人，占27.8%；男性受访者为454人，占72.2%；样本中的男性人数比女性多44.4%。

表8-1　　性别构成

	频率	百分比（%）
男	454	72.2
女	175	27.8
合计	629	100.0

（2）年龄构成

根据对调查数据的分析，在此次受访的新生代农民工中，年龄为30岁以上（包括30岁）的受访者占全部受访对象的32.3%；年龄段在25至29岁的人数占34.9%；20—24岁占31.4%；年龄在20岁以下的占1.4%，其中无未成年人。

表 8 - 2　　年龄构成

	频率	百分比（%）
30 岁及以上	203	32.3
25—29 岁	220	34.9
20—24 岁	197	31.4
20 岁以下	9	1.4
合计	629	100.0

（3）收入构成

在此次调查中，月收入在 1500—2000 元范围内的新生代农民工达到 40.51%，月收入在 2000—2500 元之间的达到 20.75%。数据表明，此次调查的新生代农民工具有一定的经济基础。

表 8 - 3　　收入构成

	频率	百分比（%）
1500 元以下	172	27.33
1500—2000 元	256	40.51
2000—2500 元	131	20.75
2500 元以上	70	11.41
合计	629	100.0

（4）文化程度构成

调查结果显示，拥有高中及大专以上学历的受访农民工占 33%，初中学历的占 48.5%，小学学历的占 13.4%，小学以下学历的仅占 5.2%。从中可以看出此次被调查的新生代农民工大多数都完成了九年义务制教育，并且有的获得了更高的学历，其受教育程度良好。这样的受教育程度基本可以保证他们在阅读时畅通无阻，但在对知识的理解和吸收方面还有很大的不足。与城市居民相比，即使新生代农民工具有比父辈更高的文化水平，但他们的整体受教育程度仍无法与城市居民画上等号，“知识沟”的存在无疑使农民工媒介素养的提高受到极大的限制。

（5）职业构成

此次调查的受访者中，做全日工作的新生代农民工占 48.3%，非全日工作者占20.7%，临时性工作（打零工/散工、非稳定性工作）者占31.0%。

表8-4 职业性质

	频率	百分比（%）
全日制	303	48.3
非全日制	130	20.7
临时性	195	31.0
合计	629	100.0

其中建筑业从业者占32.0%，采掘业、制造业及资源生产及供应业从业者占26.7%，交通运输、仓储、邮电通信业及批发零售贸易、饮食业从业者占22.3%，从事社会服务业者占19.1%。

表8-5 职业构成

	频率	百分比（%）
建筑业	201	32.0
采掘业	60	9.5
制造业	62	9.9
电力、煤气、水的生产及供应业	46	7.3
交通运输、仓储、邮电通信业	49	7.8
批发零售贸易、饮食业	91	14.5
社会服务业	120	19.1
合计	629	100.0

二 西安市新生代农民工媒介素养调研分析

媒介素养现状调查问卷主要包括四个部分：新生代农民工的基本情况；新生代农民工对媒介的认知情况；媒介接触与使用情况；媒介活动情况。通过以上四个类别的调查，可以获得有关西安市新生代农民工媒介素养的客观数据，能够有效和准确地分析西安市新生代农民工媒介素养现状及相关问题。

此次对西安市新生代农民工媒介素养现状的考察主要从三个方面入

手，即从媒介认知能力、媒介接触与使用能力和媒介活动的参与能力这三个方面展开描述和分析。

需要说明的是，由于有关媒介素养的水平高低的评价系统尚未明确，其措施也缺乏公认的标准，所以为了科学和客观原因，本章以魏业群、张伶俐、徐晶等人于2010年发表的媒介素养现状调查报告《媒体环境下农民工媒介素养现状调研与分析——基于杭州、武汉、广东的实证调查》①、上海复旦大学新闻学院李晶于2008年发表的《城镇化进程中的农村居民媒介素养——对浙江金华农村居民媒介素养现状的实证调查》②，以及郑州大学新闻与传播学院副教授郑素侠于2010年发表的《农民工媒介素养现状调查与分析——基于河南省郑州市的调查》③中的调查指标为参考，对西安市新生代农民工的媒介素养现状进行分析和论述。

（一）媒介认知现状

媒介分为广播、报纸、电视、网络、手机五类，并将了解程度分为完全了解、一般了解、不了解三个层次。其中对电视完全了解的人最多，占45.9%，其次为手机，占38.3%；对网络完全了解和完全不了解的人数相当，均占21.3%。可见在新生代农民工群体中，对传统媒介的了解仍大于对新媒介的了解。

在媒介的作用方面，大多数受访者认同媒介是了解社会的重要渠道（完全认同占28.9%，基本认同占54.1%），认为媒体能充分展现社会的各种观点（完全认同占13.4%，基本认同占57.3%），并且有66.6%的受访者认为媒体能够起到监督作用，同时66.4%受访者认为媒体在社会中的作用将越来越大。值得注意的是，虽然仅有少数人不太认可甚至完全不认可媒介的作用，但是对媒介作用表示"说不清楚"且模棱两可的人数占到25%以上。与此同时，调查显示，表示信任媒介发布的信息的人数占72.8%，但能够完全理解其传播内容的受访者仅占16.9%，78.5%的人认为自己仅仅有时或者很少能理解媒介的传播内容，如新闻、评论、

① 魏业群、张伶俐、徐晶等：《媒体环境下农民工媒介素养现状调研与分析——基于杭州、武汉、广东的实证调查》，《大众文艺》2011年第20期。

② 李晶：《城镇化进程中的农村居民媒介素养——对浙江金华农村居民媒介素养现状的实证调查》，《"传播与中国"复旦论坛（2007）：媒介素养与公民素养论文集》，2007年。

③ 郑素侠：《农民工媒介素养现状调查与分析——基于河南省郑州市的调查》，《现代传播》2010年第10期。

广告等。由以上数据可知，大多数新生代农民工对媒介有着较高层次的认识并且认可媒介的社会价值，仅有少部分人表示不信任或完全不信任媒介，甚至不认可媒介的任何价值；与此同时，对媒介的价值和传播内容不大了解或者不清楚的人也不在少数。

（二）媒介的接触与使用现状

1. 媒介接触动机

通过“使用与满足理论”可知，人们接触到媒介是为了满足自己的需求和欲望，即当人们接触媒介时，通常具有特定的目的。在接触媒介时，受众往往先根据自身的需要做出判断，从而选择符合其接触需要的媒介进行信息接收。本次调研从信息量大、时效性强、娱乐性强、可信度高、使用方便等五个方面对新生代农民工选择媒介时的标准做调查。调查数据显示，对新生代农民工群体而言，25.1%的人最看重媒介的娱乐性，因此当他们选择接触媒介时，娱乐性成为他们考虑的首要因素。除了选择娱乐性强的媒介之外，时效性强和使用方便也是较多受访者选择媒介时考虑的重要因素。同时，新生代农民工群体中大多数人不看重媒介的可信度，认为媒介可信度是其选择媒介的首要标准的受访者仅占15.2%。在媒介传播信息内容方面，农民工致富、农民工进城打工等信息是新生代农民工群体关注的重点。相反，税收、民主选举、教育、反腐败等内容却不被他们重视。

2. 媒介接触使用情况

新生代农民工属于年轻群体，在新兴媒介快速发展的时代，作为对新事物充满好奇和热情的群体，新生代农民工对新兴媒介的接触与使用率高于传统媒介。而在新兴媒介当中，由于手机具有较强的娱乐性、时效性以及无可比拟的便携性，因此手机的使用率高于其他媒介的使用率，57.1%的受访者经常使用手机，并且23.4%的受访者每天使用手机的时间超过两小时，有时或偶尔使用者也占到了34.8%，不使用手机的人仅占8.1%。

总体而言，虽然新兴媒介在新生代农民工群体中较受欢迎，手机和电脑的接触与使用程度较高，但是作为传统媒介之一，电视的接触与使用程度丝毫不比新兴媒介逊色。在传统媒介中，电视的使用率最高，经常使用的人数比例达到51.4%，仅次于手机的使用率；同时28.0%的人每天接触电视的时间超过两小时，在各类媒介的使用时间中居首位。在观看电视节目时，新闻的观看度最高，为47.9%，从侧面反映了新生代农民工群体对国家以及惠农政策的关注；其次为娱乐类节目，占42.8%，艺术类及科技类节目的观看率仅占9.3%。

虽然新媒介的使用率总体上较传统媒介高，但是由于条件的限制，家里没有互联网的受访者占57.6%，经常使用电脑网络的人仅占31.3%，22.7%的受访者基本不使用电脑网络。而对使用电脑网络的新生代农民工而言，满足娱乐需求（27.2%）和了解新闻信息（24.8%）是他们上网的主要目的。

除了使用手机、电视、电脑网络之外，仍有大部分新生代农民工会选择使用报纸来接触信息，虽然仅有19.9%的人经常看报纸，但是完全不看的人也只有14.3%。他们阅读报纸的主要目的是了解新闻（52.5%）、消除无聊（30.5%）、寻找就业途径（25.8%）、了解农民工政策（22.3%）。广播的使用率最低，经常使用者仅占8.6%。

（三）参与媒介活动的情况

如今，各类媒介飞速发展，新兴媒介异军突起，由于媒介的进步，在传播过程中传播者和受传者的界限越来越模糊，二者之间的交互性也随之增强。因此，受传者不再仅仅是信息的被动接受者，他们积极参与传播活动，对传播者造成影响。由于大多数新生代农民工的思想意识依然停留在自己仅仅是信息的被动接收者上，因此他们参与媒介活动的情况并不活跃。

54.8%的新生代农民工表示从未参与过媒体互动，经常性参与的人仅为8.2%；51.8%的受访者表示自己从未在媒体上发表自己的看法。同时，经常因传播信息而产生自身思考的受访者也仅占8.3%。

作为传统意义上的信息接收者，媒介对新生代农民工的影响较大。虽然新生代农民工并不认为他们完全会被媒介的传播内容和媒体的观点所影响，但是认为自己在较大程度上受到影响的人占到了总体人数的65.6%，且分别有25.5%和58.5%的受访者认为媒体非常重要或对他们有所帮助。

新生代农民工群体虽然不善于参与媒介活动和反馈意见，且易受媒介传播内容和观点的影响，但是他们作为有个性、有主张的年轻一代，并没有完全成为传播过程中被动的“靶子”，相反，61.3%的人认为现今媒介并不完善且有待规范，并有22.9%的人对媒介的传播内容持怀疑态度。

（四）西安地区新生代农民工媒介素养调研分析

这部分力图在西安市新生代农民工媒介素养调研结果的基础上，对调查所得的新生代农民工的媒介素养现状进行总结，对其媒介认知情况、媒介接触与使用情况、媒介活动情况三个方面进行分析，同时对新生代农民工媒介素养现状背后的因素进行分析。

1. 西安市新生代农民工媒介素养的现状分析

在调查西安市新生代农民工媒介素养现状的基础上，本章对所得数据进行统计和分析，概述了西安市新生代农民工媒介素养的现状。

（1）西安市新生代农民工具有一定的媒介接触选择能力。此次调查结果显示，“了解新闻”是西安市新生代农民工接触媒介的最主要动机，之后两位分别是“放松自己”以及“消磨时间”。这一方面说明西安市新生代农民工迫于生计，需要了解国家政策，特别是新生代的农民工的相关政策；另一方面也表明，新生代农民工在接触媒介的过程中容易迷失方向，甚至无所适从只好消磨时间。在充斥着媒介信息的社会中，终身学习能力和自学能力是不可缺少的现代基本能力。在此次调查中，主动进行知识学习和与人沟通的新生代农民工所占比例较低，这一现象表明，新生代农民工不能充分利用媒介渠道来获取知识、训练技能、自我改进。

在媒介的选择类型上，大多数受访者将手机和电脑作为他们优先选择的大众媒介，这表明，西安市新生代农民工在接触和使用媒介时，新兴媒介代替传统媒介成为了这一群体首要的传播工具。互联网和手机的特点是方便、快速、互动性强，这些特点极大地满足了新生代农民工的信息需求，并迅速成为新生代农民工群体的“媒介宠儿”。但与此同时，我们不能否认互联网和手机中充满了大量的负面新闻，可能引诱新生代农民工走上违法犯罪的道路。这就要求新生代农民工增强认识信息和识别信息的能力，去除媒介信息中的糟粕，吸收其中的精华；另外，社会责任感应受到媒介活动传播者的重视，对新生代农民工进行积极引导，防止他们受到不良信息的荼毒。

（2）对媒介的选择和判断能力较弱。在媒介社会功能方面，新生代农民工认识到媒介有助于其了解政策，监督政府及社会，这反映出新生代农民工认识到媒介的政治属性、社会属性，并且大多数新生代农民工认识到媒介对现实生活产生的影响。

但是，大多数受访新生代农民工所具备的媒介选择及判断能力较弱。

大多数受访者认为自己在查找信息过程中，不能很好地选择合适的媒介，运用各种媒介来获取所需信息的能力也一般。在对媒介发布信息的信任度方面，大多数受访者表示对其内容基本信任或完全信任，并且大多数人认为自己会受媒介传播信息影响。同时，相当一部分受访者不认为自己具有区分和理解媒介内容的能力，不能够很好地对媒体报道的真假进行辨别，且大多数人表示自己不太思考媒体的报道内容。

所以，提高新生代农民工媒介素养的重要环节就是着重提高他们对媒体判断的认知能力。

（3）参与能力明显较弱。在参与媒介活动方面，多数新生代农民工表示从未参与过媒体互动，经常性参与的人不到总人数的 1/10。同时，经常在媒体上发表意见进行反馈的受访者极少，过半数的受访者表示自己从未在媒体上发表自己的看法。在感到失落和挫败时，过半受访者表示偶尔或者从不在网络等媒介上宣泄情绪。

调查显示，大多数新生代农民工不能正确利用媒介，更不能利用媒介进行反馈，将自己的声音传播给大众。但大多数新生代农民工还是意识到媒介对他们来说具有重要作用，只是尚未意识到自身作为受众对传播者和媒介的主观能动性。

2. 新生代农民工媒介素养的影响因素分析

通过对西安市新生代农民工媒介素养现状进行分析，我们可以看出西安市新生代农民工已经初步具备了媒介素养，但其媒介素养的水平还无法达到信息时代要求的程度。本章认为，影响及制约新生代农民工媒介素养的因素主要有以下两点：

（1）经济条件较差

“知识沟”假说产生于美国社会对于平等教育机会的呼吁之中，该理论的基本内容是随着大众传播媒介向社会传播的信息增多，社会经济状况好的人将比社会经济状况较差的人以更快的速度获取信息，因此两类人之间的知识沟会扩大，而不是缩小。调查显示，西安市绝大多数新生代农民工的月工资在 2500 元以下。而据中华全国总工会于 2010 年 2 月 20 日发布的一份新生代农民工调查报告，新生代农民工的平均月收入为 1747. 87 元，仅为城镇企业职工平均月收入的 57. 4%。由于经济因素导致新生代农民工的媒介占有率明显偏低，从而导致了新生代农民工与城市人口之间巨大的“知识沟”。经济因素的两极分化是导致新生代农民工与城市人口知识两极分化的重要原因。新生代农民工要追补已存在的“知识沟”，必须提高经济水平，增加收入，占有尽可能多的大众媒介如电脑、报纸、手机等。这是新生代农民工提高媒介素养的客观物质条件。

（2）文化程度较低

据《受众的媒介信息处理能力——中国公众媒介素养状况调查报告之一》指出，公众媒介信息处理能力的高低与个人教育水平也有着密切的关系：教育程度越高，其媒介信息处理能力的平均值也越高。西安市大多数新生代农民工受教育程度都在高中以下，其接触媒介、处理媒介信息的能力也相应较低，这在一定程度上制约了西安市新生代农民工的媒介素养水平。这是新生代农民工提高媒介素养的主观文化条件。

通过调查分析，西安市新生代农民工已经具备了一定的接触选择媒介的能力，对媒介也具有了一定的理性认识，他们认为媒介不但为社会大众服务，也为政府服务，但是由于受教育程度普遍不高以及经济收入的限制，他们利用媒介改善自我的能力还相对薄弱。

由上述结论可知，新生代农民工媒介素养的提升应当从其薄弱环节着手，有针对性地对其媒介素养的弱势方面制订相应的提升方案。同时还应以新生代农民工特殊的经济条件和文化水平为背景制订方案，这样才能有效地提高新生代农民工的媒介素养水平。

第四节　西安市新生代农民工政治参与的现状及问题分析

一　从媒介素养的角度透视西安市新生代农民工政治参与的现状

新生代农民工具有鲜明的时代特征。相应地，在政治活动的参与中，他们有着特殊的参与动机、参与渠道及参与行为等。

（一）政治参与的认知与动机

（1）新生代农民工的政治参与认知。新生代农民工与其他公民一样，都是政治参与的主体，作为一个群体，新生代农民工表现出了共同的政治文化心理特征以及政治需要。最初，新生代农民工以其自身具有的自然力对客观世界进行改造，对所获得的知识进行实践，并培养情感中的意志力。作为重要的政治参与群体，新生代农民工具有相同的政治心理和政治本能，他们同样也具有政治参与需求。新生代农民工的意识形态和文化水平与普通农村居民相比有着较高的水准。在相对发达的城市环境中，新生代农民工有机会靠近政治中心，利用大众传媒获取数量大、时效性强、传播速度快和传播范围广的政治信息。基于自己一定的文化基础和经济基础，新生代农民工生活在城市环境中，逐渐被政治社会化氛围影响，从而提高了他们的政治认知水平。在受访新生代农民工中，76.5%的人意识到公民政治权利的重要性，87.8%的人认为个人和民间舆论能够影响政府的决策，虽然32.6%的人认为这种影响十分有限，但认为个人与民间舆论无法影响政府决策的新生代农民工只占12.2%。当新生代农民工群体的利益受到损害时，90%的受访者表示会采取方式来维护自己的合法权益，其中25.8%的人选择诉诸法律，10.5%的受访者表示会通过媒体呼吁来维护自身权益，利用网络微博或其他方式解决的人分别占10.5%和18.4%，28.5%人则考虑私下解决。

由此可知，新生代农民工群体已经意识到了公民权利的重要性并且面对不公平待遇时大多数人不再哑忍，而是主动寻求解决途径。虽然有相当一部分人不懂得利用法律等有效渠道来反抗不公，但是新生代农民工维护自身权益的意识已日渐增长。

（2）新生代农民工的政治参与动机

人们根据特定的政治需求参与政治活动，政治需求是主体内部缺乏政治满足状态的心理反应，希望通过一系列行为或活动使政治需求得到满足，于是便产生了政治参与动机。对新生代农民工这一特殊群体来说，其政治参与也有着特定的政治动机。政治动机指的是政治主体在参与政治活动时为了达到一定的政治需求的内在驱动力，它是驱使主体进行政治参与的根本动力。在这个过程中，进行政治参与的政治动机直接作用于主体以及主体的行为。与第一代农民工相比，新生代农民工对政治权益有着更深入的认识，这是新生代农民工不同于传统农民工的特征之一。新生代农民工政治参与动机不再只局限于个人功利主义思想，他们具有更高的社会责任感，也就是说，他们的社会责任感逐渐增强，同时也激发了他们追求平等的政治意识。调查中，58.4%的新生代农民工进行政治参与的动机是反映农民工群体的利益，他们要求政治参与权利目标在于寻求本阶层的整体利益，并激发本阶层全体成员改善共同处境，维护共同利益的意识，偏重个人功利性的狭隘的政治参与观有所改变，仅为了自身利益而进行政治参与的新生代农民工占调查总数的25.6%。

（二）政治参与的渠道

新生代农民工的政治参与渠道概括起来主要有以下几种：

（1）政治选举。政治选举是指一个国家或其他政治组织按照一定的法律程序和法律规则，由公民决定由何人充当集团某种权威职务的政治过程。其常见的政治意义是选举者授予参选者在法律中的权威地位，使参选者有机会发挥社会决策者和评判者的职能。新生代农民工通过政治选举来影响政府，同时政治选举也是新生代农民工实现村民自治组织的制度化的控制手段。但是新生代农民工通过政治选举来参与政治活动的积极性并不高，51.3%的受访者从未参加过投票选举，28.8%的受访者很少参加，仅有4.2%的人经常或较经常参与政治选举。因此政治选举渠道对新生代农民工的政治参与而言并不畅通。

（2）政治团体活动。政治团体活动是指因为某种目的按照组织原则的具体内容而组建起来的社会政治组织，其主要形式为工会组织。新生代农民工参加工会组织，对工会制定的相关政策提出意见和建议，进行民主监督和舆论监督。通过参与这些团体性的政治活动可以提高他们的民主意识和政治责任，同时也有助于党和政府的政策建议被整个新生代农民工集体有效吸收。但是实际调查中，经常或较经常向组织单位提意见的受访者仅有3.2%，经常或较经常向人大代表或政协委员提意见的人也只占2.1%。

（3）政治信访。政治信访是公民为解决个别政治问题的政治行为。通过信访，新生代农民工可以为寻求个人或少数人的利益，以邮递或请愿书的形式向政府部门反映其政治需求，但新生代农民工中对这一渠道表示“不太了解”、“完全不了解”和“不清楚”的人占了总受访人群的绝大多数，为68.4%，通过信访办向政府提建议的新生代农民工为13.0%。

（4）利用现代媒介。媒介是传递信息和接受信息的主要渠道，政府信息的发布也与媒介息息相关，网络、电视、报纸等媒介平台已成为政府传播执政理念和宣传政策法规的有力平台。不仅如此，政府亦可通过媒介实现与公民的互动对话，获取公民的反馈信息。与此相应，媒介因其传播快、信息量大、覆盖面广、门槛低等特点，亦成为公民获取政治信息、进行政治参与的有效渠道。在媒介渠道中，52.5%的新生代农民工主要通过电视获取政治信息，16.7%的人主要通过报纸获得，12.9%的人主要通过广播，12.2%的人主要通过网络。当新生代农民工向政府提出建议时，46.9%的受访者选择利用网络、电视等媒体来提出建议。

（三）政治参与行为

在法制民主的社会主义国家，国家的权力属于人民，人民有权参与政治。一般来说，公民享有的政治参与权利包括投票、选举、实现政治接触、在法律实施过程中参与听证、诉讼等。为了实现自身的政治需求，广泛地进行政治参与对新生代农民工而言是最为有效的手段。

参加全国人民代表大会的选举是最常见且最普通的公民政治参与行为，也是公民在现有制度框架内按照法律法规实现制度化的政治参与的有效途径。通过调查数据可知，在新生代农民工群体中，通过政治选举来实现自身政治参与行为的状况并不乐观。问卷调查表明，80.1%的受访者很少或从未参加过投票选举人大代表，79.6%的受访者从未为自己所支持的人大代表拉过票。

虽然72.1%的受访农民工表示自己很少向媒体表达关心的公共问题的看法，但参与人数相较其他项目而言较多，占4.5%。

新生代农民工群体中，其他相对而言参加人数较多的政治活动为在网络上参与国内外重大事件（5.2%）、在网上讨论本市的发展事务（5.0%）。

尽管新生代农民工相对于第一代农民工来说，文化程度更高，现代性观念更强，但在现实生活中，他们中绝大多数人同样未能借助新闻媒体的力量，来表达自己的意见和要求，成为一个“沉默的群体”。

二 媒介素养视角下的新生代农民工政治参与存在的问题分析

（一）新生代农民工政治参与缺乏有力组织

新生代农民工的政治参与主体具有分散性和强烈的个性。以组织为单位的参与程度是衡量制度化政治参与水平的一个重要指标。社会团体的政治参与是一个重要的主体，聚集分散的个体参与者，为个体参与者提供力量，表达其整体利益，从而在一定程度上影响政府及政府政策。作为一个日益增长的群体，新生代农民工参与政治活动时，必须要有一个坚强的组织或团体为依托和载体。在现实社会中，代表新生代农民工的利益集团仍然是不成熟的，约占一半比例的新生代农民工没有一个真正属于他们自己的组织来代表和反映其利益，他们缺乏一种机制和平台来表达自身利益。新生代农民工政治参与的主要形式是个人自发或“小团体”。分散的政治参与和小团体行动，为个体新生代农民工提供个人的力量或“小团体”力量，使他们有能力直接面对来自社会甚至政治机构的压力，而不是当利益受到侵犯时忍气吞声。但即使新生代农民工个体上访或集体请愿来解决其问题，他们的群体利益还没有实现，其群体性需求仍然悬而未决。新生代农民工以个性化的、分散的组织进行政治参与活动，是个体利益的特殊性覆盖了普遍性的问题，政治系统解决农民工群体问题的总体效果并不明显。新生代农民工以个人为单位上诉利益需求，只是反映了少数人或个别区域的利益，是缺乏对整体利益理解的表现，不能长期和深远地从根本上解决问题，更找不到影响整体利益的深层的根源。新生代农民工的个性化、多样化的权利维护和解决的需求不能合理解决新生代农民工群体的整体问题，缺乏整体且科学的解决方法。

（二）新生代农民工的民主政治权利不能有效履行

新生代农民工的民主政治权利无法有效执行，导致他们的政治参与活动行为无法顺利进行。传统的户籍管理系统在我国确定了属地管理机制的行政工作，居民只有个人符合户籍时才能享有公平公正的法律权利。新生代农民工在城市环境中生活，但他们本应享有的政治权利和社会保障力仍滞留在农村。在实际的政治生活中，他们没有能力进行政治参与，他们也没有选举权和被选举权，缺乏政治权利去维护他们的群体政治利益。新生代农民工作为弱势群体，追求政治利益能力不够，政治参与机会少，影响政治生活的能力低。公共政策产生于政治生活，但公共政策是政府权力根据整个社会价值的分布而进行的分配。新生代农民工远离政治生活的中心力量，缺少社会政治资源，尽管新生代农民工群体数量庞大，但他们的政治权益诉求在社会中很难表达。他们不太可能参与社会政治活动，无法影响公共政策。新生代农民工很难依靠自己的力量摆脱不利的境遇，无法解决权益保障问题。

（三）制度化政治参与渠道不畅通

制度化的政治参与，即在现有的法律制度范围内进行政府和政治事务的参与，这种形式的参与具有合法性、规则性等特点，例如法律所允许的政治示威、选举、集会、结社等；非制度化的政治参与，是突破现有法律规范进行的政治参与行为，它是非法的、无序的，如政治骚乱，集体越级上访和其他形式的活动。破坏性的非制度参与往往带来巨大威胁，影响社会稳定。新生代农民工的制度化政治参与主要包括政治选举、民主管理和民主监督等途径的政治活动，如参与村民自治，但由于新生代农民工大部分的时间花费在城市之中，多种因素导致他们不想或不能履行法律权利，回到村庄进行村民自治。因此，新生代农民工的制度化的政治参与实际上处于一种虚拟的状态。从另一角度来说，新生代农民工长期生活在城市中，城市生活与他们密切相关。无论是在生活中还是在工作中，新生代农民工的利益经常得不到保护，他们希望能够参与城市政治表达和维护自己的利益。由于新生代农民工特殊的身份和地位，他们和父辈一样无法融入城市生活甚至被排斥，并且我国当前的政治参与“属地性”导致新生代农民工不能正常参与政治活动。调查数据显示，新生代农民工理解政治参与渠道的能力是非常有限的，有能力通过渠道来实现政治参与行为的新生代农民工十分少。新生代农民工制度化政治参与形势不容乐观，他们的政治参与行为受到政治参与系统设置、二元化社会体制等因素的限制，政治参与制度边缘化，这一群体的政治参与的供给和需求之间形成了错位。

新生代农民工比第一代农民工受到了更高层次的文化教育，属于农村精英，但是生活在城市的底层可能让他们产生心理上的不平衡，激发他们的对抗情绪，一旦他们的对抗情绪无法得到舒缓，就可能加剧社会矛盾。自我意识增强以及地位的提高使新生代农民工有更高的理想和追求，他们的目的不再仅仅是生存，还追求更高层次的现代生活，他们追求尊重和平等的社会地位。但现阶段我国机构设置和长期的社会氛围导致新生代农民工制度化政治参与渠道不畅通，新生代农民工不得不通过异常的方式维护自己的权益，例如当工资被拖欠时，他们可能会选择跳楼、集体上访、使用暴力等行为来维护权益。当新生代的农民工无法通过制度化的政治参与或无法通过媒体宣传来维护他们的权利或达到目的时，非制度政治参与将会扩大，形成一定的压力，作用于政府，甚至对社会稳定造成严重的影响。

（四）新生代农民工政治参与能力有待提高

著名学者赵海月认为，个人文化素质直接影响其有意识地参与政治过程和参与政治活动的积极性以及自由表达的兴趣。受教育程度的影响，文化水平较低的新生代农民工对政治参与的认识不足且不到位，缺乏对政治参与的理性思考，导致其政治参与呈现被动性、非理性和盲目性等特征。在某种程度上，新生代农民工进行非制度化方式的政治参与行为时有发生。从客观角度来说，如上所述，政治参与制度安排不合理、城乡二元体制以及城市环境等因素的存在使新生代农民工在实际的政治活动过程中没有实现真正政治意义上的政治参与。因此，新生代农民工消极的政治参与的实际行为与其逐渐觉醒并日益高涨的政治意识和政治热情形成了巨大差异，新生代农民工的政治参与能力还有待提高。

第五节　媒介素养对新生代农民工政治参与的影响因素分析

把新生代农民工政治参与程度看作是一个变量，有各种各样的因素对它产生影响。从主观因素上来说，作为政治参与的主体，新生代农民工是否具有政治参与的意识和政治参与的能力，以及其参与意识和参与能力的强弱程度，都将影响新生代农民工政治参与的热情。现今媒介时代已经到来，新生代农民工接触到各种各样的信息，在一定程度上释放了他们被长期压抑的政治参与的意愿。提高新生代农民工媒介素养，使其对媒介内容和政府信息有一定的理性思考，对媒介的本质具有一定的理解和批判的思考，可使新生代农民工在面对数量浩大的信息时，做出理性的判断，不会因媒体内容感到困惑，更不会被动地接受媒体加工之后的信息。媒介素养的提高不仅激发新生代农民工政治参与的热情，还可以提高新生代农民工的政治参与能力，积极拓宽新生代农民工参与政治的、正常的、合法的渠道，真正实现新生代农民工有效地进行政治参与行为。

一　分析方法

（一）多元回归分析法

1. 多元回归的概念简介

研究采用多元回归分析法探究新生代农民工媒介素养影响其政治参与的因素。如果在回归分析中存在两个或两个以上独立的变量，即被称为多元回归。事实上，一种现象常常受到诸多因素的共同作用和共同影响，为了获得最优组合，采取多个自变量来预测或估计因变量，比只用一个自变量来预测或估计更有效也更实用。所以多重回归比一元回归更具有实际意义。

研究变量之间的关系是对数据进行处理时的主要任务之一。变量之间的关系，一般分为两种。一个是完全确定的关系，即函数关系；另一种关系是相关关系，即变量之间虽然存在着密不可分的联系，但不能在变量之间由一个或多个变量来确定另一个变量的值。例如，学生的高等数学、概率与统计、物理学习会影响统计物理的学习，尽管它们有密切关系，但是很难从前几个课程的学习结果准确地计算统计物理学的学习结果。但是，为了使变量之间的联系更加紧密，人们总希望建立一个特定的公式，来求得变量之间的确切关系。用数学公式来描述相关变量之间的关系就是回归分析的核心任务。

2. 多元回归的应用范围

（1）确定变量之间是否有关系，如果它们之间存在关系，找到合适的数学表达式来反映几个特定的变量之间的关系；

（2）根据样本中一个或几个变量的取值，实现对另一个变量的值进行预测或控制，并且确定这一过程所导致的精确程度；

（3）因子分析。例如在相互影响的多个变量（因素）之中，找出哪些因素是最重要，哪些因素是次要的，以及这些因素之间的关系等。

在本章中，利用多元回归分析方法来进行因素分析，具体来说，是通过多元回归法确定影响新生代农民工政治参与的媒介素养因素，并探求其影响程度的大小。

（二）层次分析法

1. 层次分析法的概念简介

层次分析法是将与决策有关的元素分解成目标、准则、方案等层次，在此基础之上进行定性和定量分析的决策方法。该方法是美国运筹学家匹茨堡大学教授萨蒂于20世纪70年代初，在为美国国防部研究“根据各个工业部门对国家福利的贡献大小而进行电力分配”课题时，应用网络系统理论和多目标综合评价方法，提出的一种层次权重决策分析方法。这种方法的特点是在对复杂的决策问题的本质、影响因素及其内在关系等进行深入分析的基础上，利用较少的定量信息使决策的思维过程数学化，从而为多目标、多准则或无结构特性的复杂决策问题提供简便的决策方法。尤其适合于对决策结果难于直接准确计量的场合。

2. 层次分析法的基本步骤

（1）建立层次结构模型。在深入分析实际问题的基础上，将有关的各个因素按照不同属性自上而下地分解成若干层次，同一层的诸因素从属于上一层的因素或对上层因素有影响，同时又支配下一层的因素或受到下层因素的作用。最上层为目标层，通常只有1个因素，最下层通常为方案或对象层，中间可以有一个或几个层次，通常为准则或指标层。当准则过多时应进一步分解出子准则层。

（2）构造成对比较阵。从层次结构模型的第2层开始，对于从属于（或影响）上一层每个因素的同一层诸因素，用成对比较法和1—9比较尺度构成对比较阵，直到最下层。本章采用A. L. Sarry的1—9比率标度法，此方法可以用5种判断很好地表示事物质的区别；需要更高的精度时，还可以在相邻判别之间做出选择，形成9种判别（见表8-6）。

表8-6　　　　比率标度含义

标度	标度含义
1	表示两个指标具有同等的重要性
3	表示一个指标比另一个指标稍微重要
5	表示一个指标比另一个指标明显重要
7	表示一个指标比另一个指标强烈重要
9	表示一个指标比另一个指标极为重要
2，4，6，8	各为上述两相邻判断的中值
标度的倒数	如果指标i与指标j比较的标度是b_{ij}，则指标j与指标i比较的标度$b_{ji}=1/b_{ij}$

（3）计算权向量并做一致性检验。对于每一个成对比较阵计算最大特征根及对应特征向量，利用一致性指标、随机一致性指标和一致性比率做一致性检验。若检验通过，特征向量（归一化后）即为权向量：若不通过，需重新构成对比较阵。

指标权重公式：$W_i' = \sqrt[m]{a_{i1} \times a_{i2} \times \cdots \times a_{im}}$　　（5-1）

归一化权重系数公式：$W_i = \dfrac{W_i'}{\sum_{i=1}^{m} W_i'}$　　（5-2）

二　新生代农民工政治参与的媒介素养影响因素分析

（一）影响因素的选取

假设新生代农民工媒介素养对其政治参与具有影响，分别从媒介素养的三个层面——媒介的认知、媒介接触与使用、媒介参与中选取可能对新生代农民工政治参与造成影响的因素。具体影响因素选取如下：

表 8－7　影响因素

媒介素养层面	影响因素
新生代农民工媒介素养	媒介认知
	媒介了解程度
	媒介信息理解能力
	媒介信息信任度
媒介接触与使用	媒介使用频率
	税收信息关注度
	民主选举信息关注度
	反腐信息关注度
	媒介选择能力
	使用媒介的熟练程度
媒介参与	媒介互动参与频率
	在媒体上发表意见看法的频率
	辨别真假信息的能力

以上媒介素养指标仅作为暂时性因素，具体影响指标将通过多元回归分析来确认。

同时新生代农民工的政治参与行为考察的主要内容有：参加投票选举人大代表；为维护自己的权益向政府部门投诉；向人大代表、政协委员提意见；向媒体表达关心的公共问题的看法；在网络上参与讨论国内外重大事件等活动内容。

（二）利用层次分析法确定指标权重

媒介素养的本质是一个定量分析的过程，即用数字去反映调查对象的媒介素养现状，因此需要对测评指标进行量化。每个影响因素都反映着调查对象的媒介素养的状况和特征，而每一影响因素的变化对政治参与的影响程度是不同的。反映影响程度的重要性尺度是权重。为了明确各项因素不同的重要程度，需要分别赋予各项指标以不同的权重数。权重确定与分配是影响因素分析中非常关键的一个步骤，对于能否客观、真实地反映新生代农民工的媒介素养起着至关重要的作用。新生代农民工媒介素养影响因素的权重确定则采用层次分析法，通过影响因素两两比较，使复杂无序的定性问题能够进行量化处理，将评价专家的经验和定量推导有机地结合起来。

为确定西安市新生代农民工媒介素养的权重，首先由专家填写调查问卷，按九级分制给出各影响因素的标准值，对重要程度的划分情况见表5－1。并由各位专家根据附表3和附表4列出的影响因素层次，两两比较，分别给出同层次影响因素间的相对重要性数值，并进行加权平均，形成各影响因素层次上的判断矩阵，然后求其权重。

1. 媒介素养三层次的权重计算

表8－8　媒介素养三层次权重

	媒介认知	媒介接触使用	媒介参与
媒介认知	1	1/3	5/1
媒介接触与使用	3	1	1/3
媒介参与	5	3	1

计算影响因素层次权重

按公式：$W_i' = \sqrt[m]{a_{i1} \times a_{i2} \times \cdots \times a_{im}}$ 计算初始权重系数 W_1' 得 $W_1' = \sqrt[3]{1 \times 1/3 \times 1/5} = 0.4055$　$W_2' = \sqrt[3]{3 \times 1 \times 1/3} = 1$

同理得 $W_3' = \sqrt[3]{5 \times 3 \times 1} = 2.4662$

按归一化权重系数公式：$W_i = \dfrac{W_i'}{\sum_{i=1}^{m} W_i'}$ 计算得

$W_1 = 0.4055/0.4055 + 1 + 2.4662 = 0.1068$

同理得 $W_2 = 1/0.4055 + 1 + 2.4662 = 0.2572$　$W_3 = 0.6360$

最终得出全部影响因素权重：

表8－9　媒介素养影响因素权重

媒介素养层面	影响因素	权重
媒介认知		1
	媒介接触度	0.4055
	媒介了解程度	0.0390
	媒介信息理解能力	0.3275
	媒介信息信任度	0.0390

续表

媒介素养层面	影响因素	权重
媒介接触与使用		0.2572
	媒介使用频率	0.0144
	税收信息关注度	0.0002
	民主选举信息关注度	0.1069
	反腐信息关注度	0.1069
	媒介选择能力	0.0144
	使用媒介的熟练程度	0.0144
媒介参与		0.6360
	媒介互动参与频率	0.3816
	在媒体上发表意见看法的频率	0.1272
	辨别真假信息的能力	0.1272

2. 政治参与行为权重

方法同上，可得出各政治参与行为的权重如下：

表 8－10　　政治参与行为权重

	人大投票	向政府投诉	向人大政协提意见	媒体向媒体表达看法	网络讨论重大事件
权重	0.3052	0.3052	0.3052	0.0602	0.0242

（三）影响因素的检验与分析

本部分将新生代农民工媒介素养三层面因素分别与其政治参与行为进行多元回归分析。根据所选取的指标，利用 SPSS17.0 软件分析和确定新生代农民工媒介素养对其政治参与的影响因素。

1. 媒介认知影响因素

由分析结果可知，由于“媒介了解程度”和“媒介信息理解程度”两个自变量的 Sig. 值，即 P 值小于 0.01（P≤0.05 说明影响程度显著；P≤0.01 说明影响效果极其显著；P≥0.05 则无明显影响），因此新生代农民工对媒介的了解程度和对媒介内容的理解程度，对其参与人大投票选举活动的影响显著。因自变量“媒介信任程度”的 P 值远远大于 0.05，因此新生代农民工对媒介的信任程度不会对其进行人大投票选举造成影响。通过比较 t 的绝对值可知，对人大投票选举行为而言，新生代农民工“媒介信息理解程度”的影响效果大于“媒介了解程度”的影响效果。

表 8 - 11　　影响“参加人大投票选举”的认知因素

Model		Unstandardized Coefficients		Standardized Coefficients	t	Sig.
		B	Std. Error	Beta		
1	(Constant)	0.021	0.001		32.422	0.000
	媒介了解程度	-0.033	0.007	-0.178	-4.506	0.000
	媒介信息理解程度	-0.003	0.001	-0.204	-5.201	0.000
	媒介信任程度	-0.007	0.004	-0.060	-1.562	0.119

表 8 - 12　　影响“向政府部门维权投诉”的认知因素

Model		Unstandardized Coefficients		Standardized Coefficients	t	Sig.
		B	Std. Error	Beta		
1	(Constant)	0.013	0.001		12.170	0.000
	媒介了解程度	0.075	0.012	0.240	6.152	0.000
	媒介信息理解程度	0.004	0.001	0.184	4.762	0.000
	媒介信任程度	0.013	0.007	0.066	1.726	0.085

影响新生代农民工进行向政府部门维权投诉的政治参与行为的媒介认知影响因素为新生代农民工的“媒介了解程度”和“媒介信息理解程度”。同时“媒介了解程度”的影响大于“媒介信息理解程度”的影响。

表 8 - 13　　影响“向人大代表、政协委员提意见”的认知因素

Model		Unstandardized Coefficients		Standardized Coefficients	t	Sig.
		B	Std. Error	Beta		
1	(Constant)	1.827	0.177		10.312	0.000
	媒介了解程度	4.173	1.982	0.086	2.106	0.036
	媒介信息理解程度	0.288	0.139	0.084	2.076	0.038
	媒介信任程度	3.261	1.217	0.107	2.680	0.008

由分析结果可知，表中三个自变量对新生代农民工“向人大代表、政协委员提意见”政治参与行为都具有影响。但是，“媒介了解程度”和“媒介信息理解程度”对这一行为的影响并不大。相反，对之前两种政治参与行为并未造成影响的“媒介信任程度”因素，对新生代农民工“向人大代表、政协委员提意见”这一行为具有重要影响。

表 8－14　影响“向媒体表达对公共问题的看法”的认知因素

Model		Unstandardized Coefficients		Standardized Coefficients	t	Sig.
		B	Std. Error	Beta		
1	(Constant)	0.490	0.182		2.696	0.007
	媒介了解程度	10.393	2.034	0.195	5.109	0.000
	媒介信息理解程度	1.077	0.142	0.286	7.568	0.000
	媒介信任程度	2.528	1.249	0.075	2.024	0.043

新生代农民工“向媒体表达关心的公共问题的看法”这一行为会受到其“媒介了解程度”、“媒介信息理解程度”和“媒介信任程度”的影响，其中“媒介信息理解程度”的影响最大。

表 8－15

Model		Unstandardized Coefficients		Standardized Coefficients	t	Sig.
		B	Std. Error	Beta		
1	(Constant)	0.814	0.143		5.683	0.000
	媒介了解程度	10.364	1.602	0.255	6.469	0.000
	媒介信息理解程度	0.378	0.112	0.132	3.372	0.001
	媒介信任程度	1.014	0.984	0.040	1.030	0.303

影响新生代农民工进行“在网络上参与讨论国内外重大事件”行为的媒介认知影响因素为新生代农民工的“媒介了解程度”和“媒介信息理解程度”。同时“媒介了解程度”的影响大于“媒介信息理解程度”的影响。

2. 媒介接触与使用影响因素

表 8-16　　影响“参加人大投票选举”的接触与使用因素

Model		Unstandardized Coefficients		Standardized Coefficients	t	Sig.
		B	Std. Error	Beta		
1	(Constant)	0.442	0.077		5.709	0.000
	农民工进城打工	0.003	0.014	0.009	0.193	0.847
	税收	59.230	68.597	0.041	0.863	0.388
	民主选举	-0.619	0.179	-0.166	-3.452	0.001
	反腐败	0.027	0.178	0.007	0.151	0.880
	国家政策法规	-0.116	0.188	-0.030	-0.618	0.537
	农村新闻	0.026	0.015	0.082	1.744	0.082
	媒介使用频率	-9.615	3.498	-0.111	-2.749	0.006
	媒介信息判断能力	-0.045	0.058	-0.031	-0.778	0.437
	媒介熟练运用程度	-2.690	2.095	-0.052	-1.284	0.200

新生代农民工对民主选举的关注以及使用媒介的频率都对其参加人大投票选举产生影响。同时，对民主选举信息的关注程度对其投票行为产生的影响更大。

表 8-17　　影响“向政府部门维权投诉”的接触与使用因素

Model		Unstandardized Coefficients		Standardized Coefficients	t	Sig.
		B	Std. Error	Beta		
1	(Constant)	0.973	0.066		14.678	0.000
	农民工进城打工	-0.025	0.012	-0.094	-2.077	0.038
	税收	141.343	58.970	0.111	2.397	0.017
	民主选举	-0.189	0.154	-0.058	-1.232	0.218
	反腐败	0.461	0.153	0.138	3.017	0.003
	国家政策法规	0.132	0.161	0.039	0.820	0.413
	农村新闻	-0.012	0.013	-0.043	-0.940	0.347
	媒介使用频率	-18.711	2.998	-0.244	-6.240	0.000
	媒介信息判断能力	0.002	0.056	0.001	0.028	0.978
	媒介熟练运用程度	-4.325	2.042	-0.087	-2.118	0.035

“农民工进城打工”、“税收”、“反腐败”等媒介信息以及“媒介熟练运用程度”会对新生代农民工为维护自己的权益向政府部门投诉这一行为造成影响，“媒介使用频率”对这一政治参与行为也具有较大的影响。

表8－18 影响“向人大代表、政协委员提意见”的接触与使用因素

Model		Unstandardized Coefficients		Standardized Coefficients	t	Sig.
		B	Std. Error	Beta		
1	(Constant)	0.404	0.072		5.615	0.000
	农民工进城打工	0.031	0.013	0.110	2.371	0.018
	税收	9.994	63.759	0.007	0.157	0.875
	民主选举	－0.517	0.167	－0.148	－3.103	0.002
	反腐败	0.121	0.166	0.034	0.730	0.466
	国家政策法规	－0.085	0.175	－0.024	－0.486	0.627
	农村新闻	0.002	0.014	0.006	0.131	0.896
	媒介使用频率	－10.795	3.251	－0.133	－3.320	0.001
	媒介信息判断能力	－0.038	0.053	－0.028	－0.718	0.473
	媒介熟练运用程度	－1.376	1.944	－0.029	－0.708	0.479

新生代农民工“向人大代表、政协委员提意见”这一政治参与行为会受到“农民工进城打工”和“民主选举”等媒介信息和内容的影响，使用媒介的频率也影响着这一行为的参与度。

表8－19 影响“向媒体表达对公共问题的看法”的接触与使用因素

Model		Unstandardized Coefficients		Standardized Coefficients	t	Sig.
		B	Std. Error	Beta		
1	(Constant)	0.103	0.016		6.648	0.000
	农民工进城打工	0.007	0.003	0.109	2.351	0.019
	税收	8.383	13.794	0.029	0.608	0.544
	民主选举	－0.116	0.036	－0.154	－3.223	0.001
	反腐败	－0.037	0.036	－0.047	－1.020	0.308
	国家政策法规	－0.046	0.038	－0.059	－1.214	0.225

续表

Model		Unstandardized Coefficients		Standardized Coefficients	t	Sig.
		B	Std. Error	Beta		
	农村新闻	0. 001	0. 003	0. 017	0. 358	0. 720
	媒介使用频率	-1. 941	0. 702	-0. 111	-2. 764	0. 006
	媒介信息判断能力	-0. 009	0. 011	-0. 031	-0. 803	0. 422
	媒介熟练运用程度	-1. 742	0. 415	-0. 168	-4. 199	0. 000

对“农民工进城打工”、“反腐败”等媒介信息的关注会对新生代农民工“向媒体表达关心的公共问题的看法”这一行为造成影响。“媒介的使用频率”和“媒介熟练运用程度”对这一行为也具有重要的影响作用。其中新生代农民工对“民主选举”媒介内容的关注程度以及其媒介运用熟练程度对这一行为的影响最大。

表 8-20　影响“在网络上参与讨论国内外重大事件”的接触与使用因素

Model		Unstandardized Coefficients		Standardized Coefficients	t	Sig.
		B	Std. Error	Beta		
1	(Constant)	0. 038	0. 006		5. 901	0. 000
	农民工进城打工	-0. 159	0. 287	-0. 022	-0. 552	0. 581
	税收	10. 674	5. 630	0. 088	1. 896	0. 058
	民主选举	-0. 076	0. 015	-0. 241	-5. 150	0. 000
	反腐败	-0. 030	0. 015	-0. 093	-2. 047	0. 041
	国家政策法规	0. 001	0. 015	0. 002	0. 044	0. 965
	农村新闻	-0. 002	0. 001	-0. 064	-1. 399	0. 162
	媒介使用频率	0. 004	0. 001	0. 160	3. 538	0. 000
	媒介信息判断能力	-0. 003	0. 005	-0. 027	-0. 732	0. 465
	媒介熟练运用程度	-1. 110	0. 166	-0. 256	-6. 681	0. 000

“民主选举”、“反腐败”的信息关注度，以及“媒介使用频率”、“媒介熟练运用程度”是影响新生代农民工在网络上参与讨论国内外重大事件的因素，其中“民主选举”、“媒介使用频率”、“媒介熟练运用程度”的影响力较大。

3. 媒介参与影响因素

表 8－21　　影响“参加人大投票选举”的媒介参与因素

Model		Unstandardized Coefficients		Standardized Coefficients	t	Sig.
		B	Std. Error	Beta		
1	(Constant)	0.097	0.031		3.108	0.002
	参加媒体互动频率	0.226	0.040	0.218	5.602	0.000
	在媒体发表看法频率	－0.068	0.042	－0.062	－1.596	0.111
	鉴别报道真假能力	0.073	0.037	0.076	1.959	0.051

由上表可知，新生代农民工参加媒体互动的频率会对其进行人大投票选举活动产生影响。

表 8－22　　影响“向政府部门维权投诉”的媒介参与因素

Model		Unstandardized Coefficients		Standardized Coefficients	t	Sig.
		B	Std. Error	Beta		
1	(Constant)	0.069	0.113		0.608	0.543
	参加媒体互动频率	1.003	0.146	0.262	6.848	0.000
	在媒体发表看法频率	－0.233	0.154	－0.058	－1.513	0.131
	鉴别报道真假能力	0.427	0.135	0.121	3.166	0.002

上表显示，新生代农民工参与媒体互动的频率以及其鉴别报道真假的能力，都会对新生代农民工向政府部门进行维权投诉行为产生影响。

表 8－23　影响“向人大代表、政协委员提意见”的媒介参与因素

Model		Unstandardized Coefficients		Standardized Coefficients	t	Sig.
		B	Std. Error	Beta		
1	(Constant)	0.073	0.029		2.534	0.012
	参加媒体互动频率	0.241	0.037	0.250	6.443	0.000
	在媒体发表看法频率	－0.076	0.039	－0.075	－1.936	0.053
	鉴别报道真假能力	0.022	0.035	0.024	0.631	0.528

从表中数据可知，“参加媒体互动频率”对新生代农民工“向人大代表、政协委员提意见”这一行为影响显著。

表 8 - 24　影响“向媒体表达对公共问题的看法”的媒介参与因素

Model		Unstandardized Coefficients		Standardized Coefficients	t	Sig.
		B	Std. Error	Beta		
1	(Constant)	0.016	0.006		2.696	0.007
	参加媒体互动频率	0.079	0.008	0.379	10.295	0.000
	在媒体发表看法频率	-0.033	0.008	-0.151	-4.125	0.000
	鉴别报道真假能力	-0.002	0.007	-0.010	-0.261	0.794

新生代农民工“参加媒介互动频率”以及“在媒体上发表看法频率”会影响其向媒体表达对公共问题的看法这一行为，其中，“参加媒介互动频率”这一因素的影响程度较大。

表 8 - 25　影响“在网络上参与讨论国内外重大事件”的媒介参与因素

Model		Unstandardized Coefficients		Standardized Coefficients	t	Sig.
		B	Std. Error	Beta		
1	(Constant)	0.008	0.002		3.313	0.001
	参加媒体互动频率	0.035	0.003	0.405	11.198	0.000
	在媒体发表看法频率	-0.016	0.003	-0.173	-4.783	0.000
	鉴别报道真假能力	-0.004	0.003	-0.050	-1.388	0.166

新生代农民工在媒体上进行互动的频率和在媒体上发表看法的频率都会影响其在网络上参与国内外重大事件的讨论。

综合以上分析，对新生代农民工的政治参与行为产生影响的主要媒介素养因素有：媒介了解程度、媒介信息理解程度、农民工进城打工信息关注度、反腐败信息关注度、媒介的使用频率、媒介的熟练运用程度、参加媒体互动频率、在媒体发表看法频率、鉴别报道真假能力等。因此，从媒介素养的视角出发，在提高新生代农民工的政治参与能力的过程中，应当重视以及把握以上影响因素对新生代农民工政治参与的影响。

第六节　讨论与建议

提高新生代农民工媒介素养水平，增强他们获取和鉴别信息的能力、提升他们利用媒介的水平是研究者提倡媒介素养教育过程的终极目标。通过媒介素养教育使新生代农民工具有驾驭媒介信息的素质，对传播媒介由过去的被动接受和绝对信任，上升到今天新生代农民工对现代传媒的主动选择和相对质疑，从而成为具有健康的媒介批评能力的现代媒介受众群体。显然，媒介素养不是与生俱来的能力，而是通过后天的媒介素养教育习得的。在今后一段时期内，研究者应当努力强化对新生代农民工的媒介素养教育，全面提高他们的媒介素养，引导他们更多地进行制度化政治参与。同时也要重视新生代农民工的政治参与诉求，完善新生代农民工政治参与的体制机制，拓宽制度化政治参与渠道，加强新生代农民工的党、团、工会、妇联等组织建设，优化新生代农民工政治参与的文化氛围，提高他们的政治参与能力，减少非制度化的政治参与。

一　从新生代农民工自身角度提高其媒介素养及政治参与的能力

在当前政府投入不足、社会重视不够的情况下，新生代农民工树立媒介素养的自我意识，对于提高媒介素养水平，是非常重要的。这需要新生代农民工自我教育的动机，而且这个动机一旦养成，将优于其他任何外在强加的教育；另外，新生代农民工可以通过各种方式如读报、学习上网技术等主动学习来提高媒介素养。随着社会的发展，教育的个性化将成为必然的发展趋势。这种意识一旦树立起来，新生代农民工可以有的放矢地自我教育，自我提高，自我改善。新生代农民工可以通过以下三种方式进行自我教育：

（1）学习媒介基本知识，增加对媒介的理解。媒介基本知识主要包括新闻学和传播学的一些基本理论和概念。通过学习，新生代农民工可以明白新闻、传播是什么，新闻是怎样生产的，报道是如何策划出炉的，媒体报道会产生什么影响。了解了这些基础知识，广大新生代农民工就可以更加积极和自信地去接触和利用媒介，并通过对媒介的接触与利用获得更全面的政治信息。

（2）掌握媒介基本操作技术，提高媒介使用的能力。媒介操作基本技术主要是指掌握与媒体交往的常识，并懂得合理利用媒介完善自我、服务自我。熟悉报纸刊物投稿写信的技巧；熟悉电台热线、电视台热线联系的技巧；熟悉计算机操作方法及查询资料、获取就业信息、收发邮件、聊天技巧；熟悉收发短信操作办法；学习一些基本的应用文写作；在媒体上发布广告，进行广告策划，也是较深层次的能力。掌握如何运用媒介，新生代农民工就可以在此基础之上利用媒介渠道表达意见，进行政治参与。

（3）强化理性判断和分析能力，培养媒介使用的道德。在了解和掌握了媒介基本事实和基本操作技术的基础上，广大新生代农民工还要能够透过表层信息洞察其背后所隐匿的深层含义，看透其价值取向以及传播者的意图，从而进行理性判断和分析。在利用媒介特别是互联网时，一个具有较高媒介素养的人应能自觉地规范自己的言行，不发表不负责任的言论，不进行人身攻击，更不能发布虚假消息。这是一个负责任的媒介使用者所应具备的媒介素养。只有拥有这样媒介素养的人，才能够真正达到营造和参与社会公共讨论平台的资格。只有广大新生代农民工拥有高标准的媒介素养，我国的精神文明建设才能真正达到高水平发展阶段。新生代农民工树立媒介素养自我教育意识就是要主动学习媒介基本知识，增加对媒介的理解，切实掌握媒介基本操作技术，提高媒介使用的能力，同时还要强化理性判断和分析能力，培养媒介使用的道德。只有这样，新生代农民工的自我教育意识才会增强，其自我教育能力也会得到进一步提高；同时能够引导新生代农民工利用正规的渠道进行政治参与，不被消极片面的政治企图蛊惑，从而避免因进行非制度化政治参与而给自己引来法律纠纷。

二　从媒介方面提高其媒介素养及政治参与的能力

（1）明确己任，搭建对新生代农民工信息传播的公平公正平台

我国《宪法》第 37 条第 1 款和第 3 款规定：公民的人身自由不受侵犯；禁止非法拘禁和以其他方法非法剥夺或者限制公民的人身自由。大众媒介也不应以任何形式对公民合法的接触和享用媒介资源的人身自由予以非法剥夺和限制。新生代农民工作为中国公民当然应该受到媒介的公平公正关注。媒体不应该根据自己的利益追求，设置过多的具有购买力的城市受众所需的信息，大众媒介的议程设置应该平等地关注相对弱势的新生代农民工群体。同时，媒体不应该因为追求猎奇、噱头才接近新生代农民工，而要真正地走近新生代农民工，让他们产生亲近之感，从而排除对媒体的神秘感。近年来由于政府的议程设置作用，新生代农民工成为社会关

注的焦点，终于从“媒介边缘人”成为媒体的主流关注对象。但是各类媒体因为追求其自身利益的关系使得报道仍有或多或少的猎奇、煽情性，媒体应尽力在报道中做到真正的人文关怀，减少新生代农民工对媒体的疏远。

（2）宣传教育，提升新生代农民工正面形象

一是加强对新生代农民工的正面宣传。电视、报纸、广播、网络等新闻媒体应大力宣传新生代农民工为城市和社会所做出的巨大贡献，消除社会大众对这个群体存在的偏见；客观地反映新生代农民工的现实状况，让社会公众了解他们工作的辛苦、报酬的低廉和生存的不易，建立起社会大众对这个群体的客观认识。二是教育新生代农民工提高自身素质。增强新生代农民工对城市的归属感，让他们认识到自己也是城市的主人，注意城市公共卫生、自身形象、社会礼仪等。三是培育市民与新生代农民工的现代市民意识。一方面加强农村基础教育和城市新生代农民工的培训工作；另一方面在市民头脑中树立起文明、开放、兼容的新观念，创造平等融洽和谐的社会氛围。在调查中，调查对象在选择电视频道中地方台卫视高居榜首，根据这一情况，地方台可以加大对新生代农民工实用信息的传播，注意使用独具特色的地方语言和地方案例，使得科教文化类信息具有一定的趣味性、接近性以方便新生代农民工对这类知识的理解。

三　从政府方面提高其媒介素养及政治参与的能力

（1）加大农村信息基础设施建设，促进信息资源的大范围覆盖。新生代农民工来自农村，造成他们媒介素养不高的原因还在于农村的经济条件差，无力使网络媒介成为日常消费品。大多数中国农村接触不到报纸、杂志、网络等媒介，信息资源的缺失是导致城乡经济差距过大的一个主要原因。当代社会是信息社会，掌握更多的信息就意味着拥有更多的财富，所谓“工欲善其事，必先利其器”，政府在促进农村经济建设过程中，应加大信息资源设施的建设。媒介设施的建设是信息资源流向农村的前提，所以政府应加紧农村的媒介设施建设，从而使媒介信息在农村的广泛覆盖成为可能。这也是让农民的子女享受到信息资源对个人素质的提高、弥补“信息沟”的重要途径。政府加大对农村信息资源建设就是在农民工的“源头”展开媒介素养教育的重要保证。

（2）政府还应发挥人际传播的优势走进新生代农民工，做深入调查传播新生代农民工需要的有效信息，对新生代农民工理解困难的科技类信息，可以用人际传播进行阐释，这样更便于他们的理解，从而使其有效利用。

（3）创造新生代农民工与城市居民人际传播的良好环境。美国社会学家彼得·布劳认为，异质群体之间的交往，即使不亲密的交往也能够促进人们之间的相互理解，促进宽恕精神的发扬。由于传统的二元体制影响，我国城市人口和农村人口存在隔阂，城镇化建设需要农民工尽快融入城市，这就需要政府为城市人口和新生代农民工之间搭建良好的信息传播环境，帮助新生代农民工和城市人口之间消除隔阂意识。这也是促进和谐社会发展的有效途径。

（4）政府应积极发挥其组织传播功能。政府可以组织多种社会传播力量对新生代农民工进行信息传播，这是最有效的政府对新生代农民工传播信息的途径。政府可以根据自己的传播内容，组织不同媒体进行不同内容的传播，比如新生代农民工喜欢通过报纸了解求职信息，那么政府可以组织纸质媒体加大这方面的信息投入量；新生代农民工喜欢通过人际传播掌握科学知识，政府可以组织技术骨干给予培训。同时，加强宣传，增强新生代农民工的依法维权意识，充分发挥已有法律法规在保障新生代农民工政治参与权利方面的作用。新生代农民工所受教育程度较高，对维护自身合法权益的意识较上一代农民工强。应进一步加大法律知识的宣传力度，使新生代农民工认识到自身平等的公民资格和应享有的公民待遇。由于法律执行与法律条文之间的差距，加之执法环境不理想，保障新生代农民工政治参与权利的法律法规在执行中并未实现预期效果。因此，加强新生代农民工政治参与的法律法规保障不仅要建立完善的法律法规体系，还要加大宣传，使已有法律在实践中切实发挥作用。

第七节　结论和展望

一　主要结论

本章利用课题组 2012 年农民工媒介素养与政治参与调查资料，以西安市内新生代农民工为主要研究对象，利用一系列统计学分析方法，对新生代农民工的媒介素养现状、政治参与现状以及影响新生代农民工政治参与的媒介素养因素进行分析。主要结论如下：

（1）西安新生代农民工具有一定的媒介接触选择能力，但对媒介的选择和判断能力较弱，并且媒介参与能力明显较弱。

（2）通过调查发现，从新生代农民工政治参与的客观方面来说，新生代农民工政治参与缺乏有力组织、制度化政治参与渠道不畅通，导致其民主政治权利不能有效履行；从主观方面而言，新生代农民工政治参与能力还有待提高。

（3）通过回归分析，明确了媒介了解程度、媒介信息理解程度、农民工进城打工信息关注度、反腐败信息关注度、媒介的使用频率、媒介的熟练运用程度、参加媒体互动频率、在媒体发表看法频率、鉴别报道真假能力等媒介素养因素对新生代农民工的政治参与行为具有影响。因此，从媒介素养的视角出发，在提高新生代农民工的政治参与能力的过程中，应当重视以及把握以上影响因素对新生代农民工政治参与的影响。

二　研究的局限之处

通过调查，基本掌握了西安地区的新生代农民工群体的媒介素养和政治参与现状以及存在问题，同时将看似分离的媒介素养与政治参与有机结合，分析媒介素养因素对新生代农民工政治参与的影响，并提出相应对策。

在研究的过程中由于种种原因，还存在以下几个局限：

（1）在分析数据时大多采用了中等难度的处理方法。在统计学中，存在着更加完善和严谨的分析方法，但由于专业的局限性，并未采用这些方法进行更深层次的分析。

（2）在影响因素研究中，媒介素养和政治参与都没有明确的指标体系，因此在影响因素和因变量的选取方面还存在不足之处。

（3）未建立更为完善的新生代农民工媒介素养评价体系，指标选取的主要来源是媒介素养三个层面的内容，因此在实证研究领域中还应进一步构建媒介素养评价指标体系。

三　展望

媒介是公民获取政治信息以及进行政治需求表达的重要渠道。掌握媒介的使用原理并对其进行有效利用，可以帮助公民在政治参与过程中更加有效地追求政治权益。因此，媒介素养及媒介素养教育在政治参与领域也扮演着重要角色。但教育是一个动态且持久的过程，由于条件的约束，研究中并未实现这一过程，也没有建立相关评价体系。在未来的研究阶段中，将立足于本次的研究成果，进一步完善自身知识储备，优化分析技能，以建立一个完整科学的评价体系为长远的研究目标。

参考文献

专著

1. ［美］安东尼·奥罗姆：《政治社会学——主体政治的社会剖析》，张华青、孙嘉明译，上海人民出版社 1989 年版。

2. ［美］福兰克·帕金：《马克思主义与阶级理论》，哥伦比亚大学出版社 1979 年版。

3. ［美］加布里埃尔·A. 阿尔蒙德、G. 宾厄姆·鲍威尔：《比较政治学——体系、过程和政策》，曹沛霖、郑世平等译，东方出版社 2007 年版。

4. ［法］卢梭：《社会契约论》，商务印书馆 2003 年版。

5. ［美］洛克：《政府论》，中国社会科学出版社 1999 年版。

6. ［英］斯坦利·巴兰，丹尼斯·戴维斯著：《大众传播理论：基础，争鸣与未来》，曹书乐译，清华大学出版社 2004 年版。

7. 国家统计局：《2012 年农民工监测调查报告》，2013 年 3 月。

8. 中华全国总工会：《关于新生代农民工问题的研究报告》，2010 年 6 月。

9. 杨光辉：《走向传媒——如何开展媒介教育》，载蔡帼芬等主编《媒介素养》，中国传媒大学出版社 2005 年版。

10. 郑素侠：《媒介化社会中的农民工：利益表达与媒介素养教育》，中国社会科学出版社 2013 年版。

报纸期刊

11. David Buckingham，“Media Education in the UK：Moving Beyond Protectionism”，Journal of Communication，Winter 1999.

12. Renee Hobbs，“The Seven Great Debates In The Media Literacy Movement”，Journal of Communication，Winter，48（1），1998.

13. 艾丽颖、孟拥国：《浅析农民工在城市中政治参与的现状》，《湖南科技学院学报》2006年第1期。

14. 包凌雁、徐静：《宁波市农民工媒介使用调查及对策》，《新闻爱好者》2010年1月（下）。

15. 陈赵阳：《当代青年农民工政治参与问题研究——对福州市区青年农民工的调查与分析》，《青年研究》2007年第4期。

16. 邓秀华：《“新生代”农民工的政治参与问题研究》，《华南师范大学学报》（社会科学版）2010年第1期。

17. 高洪贵：《青年农民工非制度化政治参与论析》，《中国青年研究》2010年第10期。

18. 高剑宁等：《对农民工话语媒体表述的调查》，《甘肃联合大学学报》2006年第6期。

19. 官志平：《农民工话语权缺失及其保障途径探讨》，《福建省社会主义学院学报》2012年第1期。

20. 贾勇贞：《论农民工政治参与的主要障碍》，《探求》2008第2期。

21. 刘建：《市民待遇：身份认同助推农民工融入城市》，《法制日报》2006年11月20日。

22. 罗月蝉：《农民工政治参与的制约因素》，《湖北社会科学》2006年第6期。

23. 李一龙：《从“边缘人”到“新市民”：传播与新生代农民工的城市融合》，《新闻爱好者》2012年第12期。

24. 廖艺萍：《刍论社会转型期我国农民工的政治参与——以建设和谐社会为视角》，《理论导刊》2006年第1期。

25. 廖艺萍：《农民工政治参与的困境与出路》，《探索》2006年第1期。

26. 倪婷、金宇、刘莹：《新生代农民工的网络使用与社会融合研究》，2010年人民网优秀论文奖第一名。

27. 任中平、刘刚：《论构建和谐社会进程中的农民工政治参与——不可忽视的“四农问题”》，《云南社会科学》2006第2期。

28. 仇加勉：《超越保护主义：文化反哺视角的媒介素养教育》，《现代传播》2007年第4期。

29. 邵德兴：《城市外来人口政治参与：现实障碍与对策思考》，《南京社会科学》2005 年第 3 期。

30. 王春光：《农村流动人口的半城市化问题研究》，《社会学研究》2006 年第 5 期。

31. 王春光：《当前中国社会阶层关系变迁中的非均衡问题》，《社会》2005 年第 5 期。

32. 王辉：《农民工在城市社会融入研究》，《国务院发展研究中心课题报告》2011 年 1 月。

33. 王立梅、胡刚：《农民工政治参与边缘化的原因探析》，《西北农林科技大学学报》（社会科学版）2006 年第 4 期。

34. 王立梅、计军恒：《当前我国农民政治参与的制约因素及对策探讨》，《理论导刊》2006 年第 1 期。

35. 温淑春：《农民工政治参与缺失的成因及对策探析》，《社科纵横》2010 年第 2 期。

36. 杨英新：《城市融入之推手——新生代农民工的网络媒介素养》，《中国劳动关系学院学报》2012 年第 4 期。

37. 杨英新：《寻找“世纪迁徙”中的数字路标——农民工媒介素养教育前瞻》，《中国劳动关系学院学报》2010 年 10 月。

38. 朱彬彬、朱文文：《农民工制度化政治参与的边缘化及消解》，《中共石家庄市委党校学报》2006 年第 10 期。

39. 赵萌萌：《新生代农民工城市社会融入问题研究》，《人口研究》2001 年第 1 期。

40. 钟世潋：《全媒体背景下农民工媒介素养提升策略浅谈》，《科技视界》，2013 年 2 月。

41. 朱彬彬、朱文文：《农民工制度化政治参与的边缘化及消解》，《中共石家庄市委党校学报》2006 年第 10 期。

42. 朱月、许学峰：《村受众生态环境的失衡及其重构 - 浅析如何提高农民工媒介素养来改善农村受众生态环境》，《采编写》2009 年第 4 期。

43. 《中国农民工战略问题研究》课题组：《中国农民工现状及其发展趋势报告》，《改革》2009 年第 2 期。

硕博论文

44. 郭科：《融入与冲突—新生代农民工的社会认同》，硕士学位论文，西北大学，2009 年。

45. 李洁玉：《农民工网络媒介素养现状及提升对策研究》，硕士学位论文，暨南大学，2012 年。

46. 桑苗：《新闻媒体中的农民工话语权》，硕士学位论文，陕西师范大学，2011 年。

47. 魏向平：《农民工政治参与问题研究》，硕士学位论文，郑州大学，2011 年。

48. 肖伟：《农民工消费观念的变迁》，硕士学位论文，湖南师范大学，2008 年。

49. 钟奉：《城镇化进程中的农民工媒介素养研究》，硕士学位论文，山东大学，2011 年。

网络资源

50. 《民政部：完善制度切实保障农民工参与社区选举权利》，中国新闻网，2012 年 1 月 4 日。

51. 蔡照红：《关于农民工法律援助工作若干问题的思考》，中国法律援助网，2010 年 8 月 11 日。

52. http：//medialiteracy. education. uconn. edu.

53. 百度百科，http：//baike. baidu. eom/view/141567. htm.

54. 《中国有 2.5 亿农民工 官方十方面维护其权利》，http//news. sohu. com/20121112/n357394320. shtml.

55. 中国国家统计局：《2012 年全国农民工监测调查报告》，http：//www. stats. gov. cn/tjfx/jdfx/t20130527_ 402899251. htm.

56. 《中国有 2.5 亿农民工？官方十方面维护其权利》，http//news. sohu. com/20121112/n357394320. shtml.

57. 中国国家统计局：《2012 年全国农民工监测调查报告》，http：//www. stats. gov. cn/tjfx/jdfx/t20130527_ 402899251. htm.

后　记

该书的写作是在西安交通大学人文学院媒介素养课题小组（其中包括三位教师、两位研究生和六位本科生）对“西安市农民工媒介素养与话语权”、“新生代农民工媒介素养对其政治参与的影响”两个课题的设计、调查基础上完成的。整个课题从开始到实际完成历时五年多。这期间，课题小组对整个课题的研究方案、指标的选择、研究方法等做了多次的讨论，最后在参考大量文献资料的基础上，咨询了有关专家，设计出了两份研究方案与调查问卷。在问卷调查的实施过程中，课题小组的同学与老师顶着酷暑，跑工地，进工厂，穿大街、走小巷，顺利地完成了课题所需的所有问卷。做课题的过程，是一个非常辛苦的过程，也是我们不断学习和认识社会的一个过程。在这个过程中，课题组收获很大，特别是课题组中的学生，他们从初期的懵懵懂懂不知科研为何的门外汉，到参与课题资料的收集、综述的写作、问卷调查、录入数据，直至后来分析数据，撰写论文，期间的成长之快也超过了他们最初的想象。当课题组决定让参与课题的学生们和我们一起来完成最终的写作时，我们深深感受到了学生们内心的激动与忐忑。他们一个个挑灯夜战，放弃了休息时间，大量地阅读文献资料，分析调查数据；他们写心得、记笔记，在指导老师的带领下，仔细研究资料，认真讨论并提交写作大纲，经过课题组老师的反复修改，最终于2013年10月完成了初稿。当把所有撰写的书稿内容进行统稿之后，我们看到的不仅仅是一部著作，更是学子们成长历练的结晶。

虽然，我们的研究成果即将付梓出版，但我们知道我们所研究的内容还有很多问题，还不够精良，许多地方的研究还不完善，甚至还存在这样那样的缺陷。但是，我们毕竟勇敢地迈出了这一步，我们让学生们体会到了科研的过程，体会到了做研究的艰辛与努力，让他们懂得了任何的研究都是在不断学习的基础上才能够完成的。只有努力学习，打好基础，才能在科研的路上走得更远。

当然，拿出这样一部作品，我们作为作者内心也很忐忑。我们的研究成果到底有多大的学术价值，能否真正能够为城镇化进程中农民工的信息需求与媒介素养水平的提高做出一点努力，是否能达到我们最初的研究目的，我们还不得而知。但我们期待读者的批评与指正，期待社会的评价。正是因为有了读者的批评和社会的评价，才能使我们在研究的道路上走得更远，才能成为我们下一步在科研上的取得更好成绩的巨大动力！

党静萍

2013 年 10 月于西安